现代物流仓储与配送系统智能优化方法

郑晓军　童小英　著

重庆大学出版社

内容提要

本书主要内容源自作者及其团队多年所取得的研究成果,重点介绍了智能优化算法在现代物流仓储与配送系统中的应用。全书共4大板块,分别为:绪论、现代仓储问题智能优化、车间配送问题智能优化和城市配送问题智能优化。绪论主要介绍了现代仓储和配送系统的研究意义及特点,典型的智能优化算法;现代仓储问题智能优化部分(第2—4章)主要介绍了智能算法在双端口自动化立体仓库、起重机-AGV联合调度、智能车库车位分配等领域的应用;车间配送问题智能优化部分(第5—7章)主要介绍了智能算法在车间集配货、绿色路径规划,以及地面车辆与天车之间协同调度等方面的应用;城市配送问题智能优化部分(第8—12章)主要介绍了智能算法在城市物流中车辆装箱、车辆路径规划、城市间多式联运、应急配送等方面的应用。

本书可供物流工程、物流管理、工业工程、应用数学等专业及相关的管理工程应用领域的教学与研究人员阅读参考,也可作为相关专业的研究生教材或教学参考书,还可供从事物流相关工作的管理人员阅读与参考。

图书在版编目(CIP)数据

现代物流仓储与配送系统智能优化方法 / 郑晓军,
童小英著. -- 重庆:重庆大学出版社,2025.4.
ISBN 978-7-5689-5099-2

Ⅰ. F253-39;F252.14-39

中国国家版本馆 CIP 数据核字第 2025ZS4039 号

现代物流仓储与配送系统智能优化方法

郑晓军 童小英 著
策划编辑:谢冰一

责任编辑:姜 凤 版式设计:谢冰一
责任校对:刘志刚 责任印制:张 策

*

重庆大学出版社出版发行
出版人:陈晓阳
社址:重庆市沙坪坝区大学城西路21号
邮编:401331
电话:(023)88617190 88617185(中小学)
传真:(023)88617186 88617166
网址:http://www.cqup.com.cn
邮箱:fxk@cqup.com.cn(营销中心)
全国新华书店经销
重庆市国丰印务有限责任公司印刷

*

开本:720mm×1020mm 1/16 印张:22.25 字数:475 千
2025 年 4 月第 1 版 2025 年 4 月第 1 次印刷
印数:1—1 000
ISBN 978-7-5689-5099-2 定价:79.00 元

在国内经济繁荣与电子商务兴起的双重驱动下,现代物流系统的高效运作日益成为企业竞争力提升的重要支柱。现代物流系统已成为连接生产与消费、促进经济高效运行的重要纽带。仓储与配送,作为现代物流体系中的两大核心环节,其效率与智能化水平直接影响着供应链的响应速度、成本控制以及客户满意度。面对供需动态失衡、库存冗余导致的资源浪费,以及市场需求的不可预测性,传统模式显得力不从心,无法提供及时有效的应对策略。现代物流系统的仓储与配送正在逐渐向一个异构大数据和信息汇聚的智能优化系统演变,成为实现物流高效运作与决策支持的关键环节。这种演变不仅提升了物流行业的整体效率与服务质量,也为企业的可持续发展提供了有力支撑,是实现高效库存管理、快速响应市场需求,以及确保物流性价比与用户满意度的重要基石。

随着计算机与互联网技术的飞速发展,物流领域正经历着一场前所未有的深刻变革。这一变革显著推动了传统物流向现代物流的转变,促进了现代物流仓储与配送具有自动化与智能化、空间利用最大化、信息透明化和实时化、供应链管理智能化等特点。但是,随着业务规模的不断扩大和消费者需求的日益多样化,现代物流仓储与配送面临着一系列复杂而紧迫的问题,如库存管理难题、仓储空间利用低效、配送路线不优化等,这些问题对仓储效率、物流成本、客户服务质量等方面构成了严峻挑战。针对上述问题,智能计算技术提供了有力的解决方案,利用机器学习算法实现对未来需求的精准预测;通过仿真模拟和优化算法模拟不同布局下的仓储效率,选择最优方案;通过算法优化分拣路径和包装方案,提高分拣速度和包装质量,减少人工干预和错误率;利用大数据分析和智能算法对配送路线进行实时优化,规划出最优的配送路线。智能计算技术对现代物流仓储与配送的发展具有重要作用,我们可以通过智能计算技术实现仓储与物流配送的智能化、高效化和精细化管理,推动物流行业的转型升级和可持续发展。本书深入探讨了现代仓储与配送领域中的一系列复杂问题,并聚焦于如何通过智能优化算法解决这些难题,以提升物流效率、降低物流成本并增强物流系统的整体竞争力。以下是从现代仓储和配送中的具体问题出发,探讨其解决方案的概述。

现代物流仓储问题的智能优化分为双端口自动化立体仓库货位分配、海铁联运中的起重机-AGV调度及堆场堆位分配、智能车库车位分配与AGV调度问题。在双端口自动化立体仓库货位分配中,为解决货位分配难题,引入松鼠搜索算法,通过迭代搜索策略寻找最优货位分配方案,有效平衡存取效率与成本,显著缩短存取时间并减少搬运成本;在海铁联运的复杂场景中,采用遗传算法优化起重机与AGV的调度及堆场堆位分配;针对车位分配与AGV调度问题,结合FN算法与人工神经网络算法,综合考虑车位利用率和AGV路径优化,实现快速准确的车位分配与智能调度,显著提升用户体验。

现代物流配送问题的智能优化分为客户细分下的日化产品装箱优化、硬时间窗约束下的车辆装载路径优化、共同配送模式下的末端设施选址及车辆路径规划问题。针对日化产品配送,运用模糊均值FCM算法进行客户细分,结合改进模拟退火算法优化装箱方案,满足了不同客户群体的需求,降低了装箱成本和空间浪费,提高了运输效率;在时间窗限制下,采用改进蚁群算法与启发式装箱算法的混合策略,寻找最优行驶路径,而启发式装箱算法则优化装载方案,确保按时送达的同时降低运输成本;在共同配送模式下,结合启发式算法和遗传算法,先通过启发式算法快速生成初始解,再利用遗传算法的全局搜索能力进行迭代优化,确定最优的末端设施选址和车辆路径规划方案,从而显著降低配送成本并提高配送效率。

本书旨在全面剖析仓储与配送领域的最新发展趋势、关键技术、管理策略与实践案例,提出的方法和技术将为广大企业、科研院所、高等院校进一步研究现代物流系统的仓储与配送问题提供理论基础,为推动我国现代物流系统的智能优化算法发展和企业应用提供参考,对提升我国现代物流系统的核心竞争力具有重要意义。本书也可作为物流工程、工业工程、机械工程、自动化、计算机工程等相关专业的高年级本科生和研究生的教材和参考书。

大连交通大学郑晓军提出编写大纲与要求,并负责全书统稿,且编写了第1,5,6,8,9,10,11,12章,大连交通大学童小英编写了第2,3,4,7章。大连理工大学史彦军教授审阅了全稿并提出了中肯的意见与建议。大连交通大学刘润东、许创、边金鑫、张浩、李想、刘聪健等研究生在本书的资料整理、公式图表编辑等方面给予了大力协助。本书得到国家自然科学基金、辽宁省自然科学基金和辽宁省教育厅基金立项支持,在此一并表示最诚挚的谢意。在本书编写过程中,我们还广泛参考了国内外众多优秀的教材、专著、学术论文以及工程应用案例,这些资料为我们提供了丰富的理论基础与实践指导。尽管我们已尽力列出所有参考文献,但可能仍有遗漏,再次表示最真诚感谢的同时也深表歉意。

　　现代物流仓储与配送的相关理论、方法和应用正处于快速发展之中,已经引起越来越多研究和应用人员的关注。由于作者的水平和能力有限,书中的缺点和错误在所难免。本着持续改善的理念,恳请读者提出宝贵意见与建议。

著　者

2024 年 1 月

目录

第一部分　现代仓储问题智能优化

第1章
绪论

随着全球贸易增长和电子商务的兴起,现代仓储和配送系统扮演着越来越重要的角色。其中供应链网络变得更加复杂,产品种类更加多样化,客户对交付速度和准确性的要求也越来越高。在传统的仓储和配送系统中,通常依赖于人工经验和简单的规则来管理和运作。然而,这种方式面临着许多挑战和限制。例如,人工规划和调度容易受到主观因素的影响,无法在复杂的供应链网络中快速找到最优解决方案。此外,传统方法无法有效地应对供需不平衡、交通拥堵、库存浪费和不可预测的市场需求等问题。

在这样的背景下,智能优化方法在现代仓储和配送系统中扮演着至关重要的角色。它不仅能够提高效率、降低运营成本,还能提升操作的准确性和可靠性,实现服务的灵活性和响应性,优化客户体验。通过智能决策和实时调整,能够快速找到最优解决方案,有效应对供需变化和市场波动,提供高效、准确、可靠的仓储和配送服务,从而提升企业的竞争力和客户满意度。因此,对现代仓储和配送系统进行智能优化是至关重要的。

1.1 现代物流系统中的仓储与配送

1.1.1 现代物流系统的概述

现代物流系统是指在商品生产、流通和消费过程中,通过综合运用运输、仓储、包装、装卸搬运、流通加工、配送等功能性活动,以及信息技术手段,实现物品、服务及信息的高效流动和配送的有机整体。它不仅基于传统物流系统,还融入了现代科学技术和先进科学理论,如集成化物流管理理论、供应链管理理论和物流管理整合理论等,推动了传统物流向现代物流的转变,促进了物流系统的高效化和智能化。

现代物流系统的核心在于通过高效的物流管理和先进的信息技术,实现物流各环节的协调与优化,以满足客户需求,提升经济效益和社会效益。现代科技包括硬技术和软技术两个方面。硬技术涉及组织物资实物流动的各种机械设备、运输工具、仓储建筑、计算机及通信设备网络;软技术则包括系统工程技术、技术经济技术、价值工程技术和信息技术等,用于构建高效率的物流系统。

在全球化和信息化背景下,现代物流系统综合运用先进的信息技术、网络技术和管理方法,对供应链全过程进行系统规划和管理,以实现物流活动的高效运作。现代物流系统不仅涵盖了物品的运输和储存,还包括从原材料采购、生产制造、库存管理到产品配送、售后服务的全过程。其组成部分包括运输系统、仓储系统、配送系统、信息系统和管理系统等。

与传统物流系统相比,现代物流系统具有以下特点:

1)信息化和自动化

(1)信息化

现代物流系统依赖于先进的信息技术,通过物联网、大数据和云计算等技术,实现物流信息的实时采集、传输、处理和反馈。例如,使用 RFID 技术对货物进行标识和跟踪,利用 GPS 进行运输车辆的定位和导航。这些技术使物流企业能够实时掌握货物的状态和位置,提高物流透明度和响应速度。

(2)自动化

现代物流系统广泛应用自动化设备和系统,如自动化立体仓库、自动分拣系统和无人搬运车(Automated Guided Vehicle,AGV)等,实现仓储、分拣、搬运等作业的自动化和智能化。例如,自动化立体仓库通过立体货架和自动化堆垛机,实现高密度存储和快速出入库,自动分拣系统能够根据订单信息自动分拣货物,大大提高了作业效率和准确性。

2)集成化和协同化

(1)集成化

现代物流系统强调的是各物流环节和供应链上下游的无缝集成,通过信息系统实现物流、信息流、资金流的有机整合。例如,ERP 系统将采购、生产、库存和销售等环节紧密联系起来,实现数据共享和业务协同。供应链管理系统(Supply Chain Management,SCM)和客户关系管理系统(Customer Relationship Management,CRM)进一步整合了供应商、制造商、分销商和客户,实现供应链的全方位管理。

(2)协同化

通过信息系统和平台,供应链各个节点实现高效协同和信息共享。例如,供应链管理系统能够实时监控供应链各环节的运作状态,及时发现和解决问题,提升供应链的整体效率和响应能力。客户关系管理系统通过分析客户需求和行为数据,提供个性化服务,提升客户满意度。

3)客户导向和服务增值

现代物流系统以客户需求为导向,通过个性化、定制化服务满足客户的多样化需求。例如,电子商务平台提供的次日达、定时送货等增值服务。现代物流不仅关注物流活动的成本和效率,还注重通过提供增值服务提升客户价值和满意度。例如,通过提供包装、组装、维修等增值服务,增加客户的附加值。

现代物流系统的目标是通过优化资源配置、提升运作效率、降低物流成本,实现物流价值的最大化。具体而言,现代物流系统追求以下主要目标:

①提高效率。通过信息化、自动化和智能化手段,提高物流作业的效率,缩短物流周期,提升服务水平。

②降低成本。通过优化运输路径、仓储布局和配送网络,降低物流成本,提高企业的市场竞争力。

③提高服务质量。通过提供个性化、定制化和增值服务,提升客户满意度和忠诚度。

④信息化管理。运用信息技术(如物联网、云计算、大数据分析等)实现物流过程的透明化和可视化,提高物流管理的精确性和决策的科学性。信息化管理有助于实时跟踪货物状态、优化资源配置和提高整体物流系统的协同能力。

⑤实现可持续发展。通过绿色物流技术和管理方法,降低能源消耗和环境污染,实现物流活动的可持续发展。

⑥全球化运营。随着全球经济一体化的深入,现代物流系统需要具备跨国界、跨区域的物流服务能力,支持国际贸易和全球供应链的高效运作。

现代物流系统的应用范围广,涵盖了制造业、零售业、电子商务、医药物流等多个行业。综上所述,现代物流系统通过技术手段,实现了物流各环节的协调与优化,在提升了物流运作的效率和准确性的基础上,还满足了客户多样化的需求,提升了经济效益和社会效益。现代物流的发展和产业应用主要体现在现代仓储和现代配送两个方面,下面详细探讨这两个关键领域。

1.1.2　现代仓储问题

1)现代仓储的特点

现代仓储作为物流系统的核心环节,涉及从简单的货物储存到复杂的库存管理和配送操作的各个方面。随着科技的进步和市场需求的变化,现代仓储已不再只是货物

的静态存放,而是一个动态、复杂的系统,涉及各种自动化和智能化设备的协同运作。现代仓储具有以下特点:

①自动化。现代仓储广泛采用自动化设备和智能化技术,如自动导引车、自动存取系统(Automated Storage and Retrieval System, AS/RS)、智能分拣系统和机器人等。这些技术可以提高仓库操作的效率,减少人为错误,降低劳动强度。例如,自动化立体仓库可以实现高密度存储和快速取货。

②信息化管理。现代仓储系统利用物联网、大数据、云计算等技术,对仓储全过程进行实时监控和智能决策。这种信息化管理方式不仅提高了管理效率,还增强了系统的响应速度。例如,通过 RFID 技术,可以实时跟踪货物的位置和状态,确保信息的准确性和及时性。

③高效的空间利用。通过采用立体仓库、多层货架和紧凑的仓储设计,现代仓储能够最大限度地利用仓库空间,增加存储容量。垂直空间的利用非常重要,因为它能够在有限的地面面积上存储更多的货物。

④物流一体化。现代仓储系统不仅是存储货物的地方,更是物流供应链中的一个重要环节。通过与运输、配送、生产等环节的无缝连接,实现物流一体化,提高整个供应链的效率。例如,仓库内可以设置分拣中心、包装中心和配送中心,直接将货物从仓库送达终端客户。

⑤协同管理。通过与供应链上下游的协同,现代仓储可以实现更高效的库存管理和供应链优化。例如,通过与供应商和客户共享库存信息,可以实现及时补货、减少库存积压和断货情况。

研究现代仓储问题具有重要的理论和实践意义。理论上,通过对仓储系统优化方法的研究,可以丰富物流管理和运筹学的理论体系,为物流领域的学术研究提供新的视角和方法。实际上,优化仓储系统能够显著提升仓储作业的效率,降低运营成本,提高企业的市场竞争力。此外,现代仓储系统的优化对供应链的高效运作也具有重要作用,能够提升整体物流系统的服务水平和客户满意度。

通过研究和优化货位分配、堆垛机调度、AGV 调度等关键技术,可以提高仓储作业效率,减少货物的存取时间,从而优化资源利用。优化后的仓储系统不仅降低了能源消耗和设备磨损,还通过提高仓储空间利用率和作业效率,增加了企业的经济效益。在市场竞争日益激烈的环境中,这些改进可以提高企业的物流服务水平,增加客户满意度。此外,现代仓储系统的优化还能推动供应链整体效率的提升,通过缩短反应时间,促进供应链高效运作。优化仓储系统不仅可以带来经济效益,还可以通过减少资源浪费和环境污染,提升社会效益,促进可持续发展。同时,研究现代仓储问题还能推动自动化、信息化和智能化技术的发展,促进政策制定和行业标准化建设,进一步提升整个行业的管理水平和服务质量。

2）现代仓储的类型

现代仓储系统根据其功能和应用场景的不同,可分为以下几种主要类型:

（1）自动化仓储系统

自动化立体仓库是一种高度自动化的仓储系统,它利用自动存取系统（AS/RS）实现货物的自动存取。双端口自动化立体仓库能够同时进行货物的存取操作,提高存储和取货效率。通过货位分配和堆垛机调度优化,可以实现高密度存储和快速存取操作。

（2）恒温恒湿仓库

恒温恒湿仓库用于存储对温度和湿度有严格要求的货物,如食品、药品、化妆品等。通过先进的环境控制系统,确保仓库内的温度和湿度稳定,保护货物品质。这种仓库常常结合自动化设备和信息化管理系统,优化货位分配和库存管理,提高仓储运营效率。

（3）分拨中心

分拨中心是物流网络中的重要节点,主要用于货物的分拣和配送。配备先进的分拣设备和系统,能够快速准确地分拣货物,确保及时配送。海铁联运系统在分拨中心中尤为重要,通过起重机-AGV 协同调度和堆场堆位分配,可以实现不同运输方式之间的高效衔接和货物快速转运。

（4）静态与动态仓库

静态仓库中货物在仓库中的位置固定,不会频繁移动。例如,传统的货架和托盘系统属于静态仓储。这种类型适用于存储周期长、变动不大的物品。动态仓库允许货物在仓库内移动,以优化存储空间和提高存取效率。

（5）多层次仓库

多层次仓库通过利用建筑的垂直空间,增设多个存储层级来扩大存储容量,特别适合空间受限的环境。这种系统通常包括多层的货架,可以通过自动化存取系统（如垂直升降机和自动化叉车）来高效地管理和操作。

（6）智能车库

基于移动机器人的智能车库（Robot-based Intelligent Garage，RIG）利用先进的机器人技术进行车辆和货物的存取操作。车位分配与 AGV 调度是这种系统的核心,通过智能算法和传感技术,实现高效、精准的车位分配和 AGV 调度。这种智能车库不仅适用于传统的车辆存储,也适用于电商仓库和分拨中心,提高仓储和配送效率。

（7）保税仓库

保税仓库是存放未完税进口货物的场所,具有特殊的监督和管理要求。保税仓库不仅用于存储货物,还提供加工、分拣、包装等增值服务,支持国际贸易和跨境电商的发展。保税仓库需要符合严格的海关监管规定,确保货物的安全。

3)现代仓储的应用

在现代仓储系统中,研究者们着眼于优化仓储作业的各个环节,以提升整体效率和降低成本。仓储系统的优化不仅是技术层面的改进,更涉及管理策略和算法方面的创新。现代仓储系统的优化研究内容广泛,涵盖了自动化立体仓库的库位分配、协同系统调度和分配等关键环节。通过应用算法和优化模型,不断寻求提升仓储系统运行效率、降低成本、提高服务质量的方法。这些关键技术的研究支持了物流系统的现代化,同时也推动了相关技术和方法的发展,为物流业带来了创新的解决方案。

随着技术的不断进步和算法的日益成熟,现代仓储系统中的各个环节都得到了显著优化。无论是自动化立体仓库的库位分配,还是起重机-AGV 系统在海铁联运中的应用,研究者们通过一系列智能算法和优化模型,显著提升了系统的运行效率和服务质量。下面详细介绍几种关键技术的应用及其优化效果。

在现代仓储系统中,自动化立体仓库占据着重要位置,其关键研究内容包括库位分配和堆垛机调度。库位分配是指如何将货物合理地分配到仓库中的不同货位,以最大化仓库空间利用率并提高作业效率。研究表明,采用优化算法(如遗传算法)可以显著提高货位分配的效果。堆垛机调度则涉及如何规划堆垛机的运行路径,以最小化货物的出入库时间。智能算法可以优化堆垛机的路径选择,从而提高堆垛机的运行效率和整体仓储作业速度。

起重机-AGV 系统在海铁联运中的应用非常广泛,其调度问题也是现代仓储系统的重要研究内容。起重机和 AGV 的协同调度旨在优化两者的工作路径和任务分配,以提高装卸效率并降低等待时间。在这一领域,研究者通常采用多目标优化算法和启发式算法来解决复杂问题。例如,通过混合遗传算法优化起重机和 AGV 的协同作业路径,不仅提高了系统的整体效率,还有效减少了能源消耗。堆场堆位分配则关注的是如何在堆场中合理分配货物的堆放位置,以最大化利用堆场空间并提高作业效率。优化堆位分配可以显著减少货物的搬运距离和时间,降低运营成本。例如,通过改进的混合遗传算法优化堆场堆位分配,不仅提高了堆场的利用率,还减少了货物的损坏风险。

移动机器人的智能车库是现代仓储系统的一种新形式,其研究内容主要包括车位分配与 AGV 调度。在 RIG 系统中,AGV 负责将车辆或货物搬运至指定车位,优化车位分配和 AGV 调度能够显著提高系统效率。通过智能调度系统合理分配 AGV 任务和车位,可以避免资源浪费和重复操作。例如,通过优化 AGV 的调度算法,可以显著提高车辆的存取效率,降低整体运营成本。

上述研究内容的共同特点是其复杂性和多目标性,通常需要在多个约束条件下同时优化多个目标。这些问题的解决往往依赖于智能优化算法,如遗传算法、蚁群算法、粒子群优化算法等。这些算法能够在复杂的搜索空间中找到接近最优的解决方案,为现代仓储系统的高效运行提供有力支持。通过对现代仓储系统的各个关键问题进行研究和优化,能够提升仓储作业效率,降低运营成本,为智能仓储的发展奠定坚实基础。

1.1.3　现代配送问题

现代配送问题是指在当今复杂的供应链环境下,有效而高效地将货物从供应源点(如生产厂家、仓库)配送到目标点(如零售店、消费者)的问题。主要包括路线规划、车辆调度、时间窗口管理、库存管理和信息管理等方面的问题。在解决这些问题的过程中,需要考虑配送效率、成本控制、客户需求和供应链协同等因素,以提高配送效率、降低成本,并提供高质量的客户服务。其具有以下特点:

①多样化的需求。现代消费者对物流配送的需求日益多样化。他们期望快速、准确、可追溯的配送服务,并对配送时间窗口和灵活性有更高的要求。配送服务需要满足不同客户的个性化需求,提供定制化的配送方案。

②复杂的供应链网络。现代供应链涉及多个参与者和环节,包括供应商、生产商、仓储商和配送商等。这些参与者之间需要协调和合作,以确保货物从起点到终点的顺利流通。供应链网络的复杂性增加了配送过程中的协调和管理难度。

③运输与仓储的一体化。现代配送趋向于将运输和仓储环节进行一体化管理。传统的分散式仓储模式逐渐向集中式仓储模式转变,运输和仓储环节之间实现紧密衔接,以提高物流效率和减少库存积压。

④技术驱动的创新。现代配送受益于快速发展的技术。自动化、物联网、大数据分析、人工智能等技术的应用使得配送过程更加智能化和高效化。例如,使用智能路线规划、自动化分拣系统和实时跟踪系统等技术,提高配送效率和可视性。

⑤可持续性要求。现代配送越来越注重可持续性。减少碳排放、优化运输路线、提倡绿色包装和循环利用等举措已成为现代配送的重要特点。企业和消费者对环境友好型配送的需求越来越高,推动着配送行业的可持续发展。

研究现代配送问题对于提高效率、降低成本,满足客户需求,优化供应链协同,推动技术创新和实现可持续发展具有重要的意义。这些研究成果可以为企业和物流行业提供指导和决策支持,推动整个物流配送领域的发展与进步。

物流配送系统的分类方法有很多种。根据配送场景不同,配送系统类型可分为以下几种:

①车间配送系统。车间配送系统用于管理和优化制造业车间内物品和货物的配送。它具有路径规划、货物跟踪和自动化搬运等功能,能够提高物流效率和生产线运作效率。该系统能够减少人力搬运的工作量,实现货物的准确配送,并通过数据分析

和优化提升整体物流效能。

②城市配送系统。城市配送系统是针对城市环境中货物配送的系统,通过路线优化、智能调度和环保可持续性等功能,提高配送效率和减少对环境的影响。它实时监控和追踪货物,通过数据分析和优化提升配送效能。城市配送系统的引入可减少交通拥堵,提供更好的配送服务,同时促进可持续发展。

③最后一公里配送系统。最后一公里配送系统是指从仓库到终端用户的关键配送环节。通过路线优化、实时追踪和灵活配送模式等功能,提高配送效率和用户体验。系统实时通知配送状态,处理逆向物流,并通过数据分析优化配送流程。引入最后一公里配送系统可以满足消费者的送货需求,降低物流成本,提升运营效率。

④冷链配送系统。冷链配送系统是一种专门用于保持货物在整个运输过程中恒定低温的物流系统。它主要应用于需要在冷藏或冷冻条件下运输的商品,如食品、药品和生物制品等。该系统包括冷藏设备、温度监控、温度记录和报警系统等,以确保货物在配送过程中的质量和安全。冷链配送系统的引入可以保持货物新鲜度、延长货物的保质期,并满足消费者对高质量冷链配送的需求。

⑤跨境配送系统。跨境配送系统是为了满足跨国贸易需求而设计的物流系统。它涉及不同国家之间的货物运输、海关清关和交付流程。该系统整合了国际货运、报关手续、跟踪和通知等功能,以确保货物顺利、高效地跨越国界。跨境配送系统提供实时的货物追踪和可见性,同时遵守各国的法规和要求。它简化了跨境贸易的复杂性,提高了交货速度和客户满意度,促进了全球贸易的发展。

此外,基于经营形式的物流配送系统还有销售配送、供应配送、销售供应一体化配送、代存代供配送等。

现代配送系统涵盖了订单管理、仓储管理、运输管理和最后一公里配送等环节,并借助信息技术、物联网和数据分析等工具来实现优化和自动化。其基本研究内容有:

①车间 AGV 调度及路径优化。制造车间内部的 AGV 调度与路径规划问题是经典 VRP 的延伸与变体。研究内容涵盖了调度算法、路径规划与优化、车辆冲突避免与交通管理、任务调度与优先级管理、车辆状态监测与故障处理以及数据分析与优化等方面。研究旨在实现车间 AGV 的高效调度和路径规划,以最小化行驶距离和时间、提高车辆利用率,同时保证车辆安全、稳定运行,并通过数据分析和优化策略持续改进系统性能和效率,促进车间自动化生产和物流的协同发展。

②AGV 与其他设备协同调度。该部分旨在实现设备之间的任务协同、资源优化和安全协作,从而提高生产线的效率、灵活性和安全性。其研究内容主要包括设备间通信与协作、联合调度算法、任务协同执行、碰撞避免与安全性、异常情况处理以及优化目标与指标的确定,旨在实现信息共享、任务协同和资源优化,提高生产线的效率、灵活性和安全性,推动工业自动化的发展。

③装箱问题。装箱问题是指在给定一组物品和一定数量的容器时,如何将这些物

品合理地放入容器中,以最小化所需的容器数量或最大化容器利用率的问题。其研究内容涉及优化算法、策略以及限制条件的考虑等,用以确定最佳的装箱方案。采用高效的装箱算法,包括启发式算法、元启发式算法、精确算法等,以解决不同类型的装箱问题,如一维装箱、二维装箱、多维装箱等。通过对装箱问题的研究,可以提高货物运输和存储的效率,降低成本,优化物流和仓储管理,对于物流供应链和生产计划具有重要的应用价值。

④城市车辆配送路径优化。城市车辆配送路径优化是研究如何制订最优路径以提高货物配送效率的问题。主要内容包括路径规划、任务调度、交通拥堵优化和效率提升。通过开发算法和策略,达到最小化行驶距离、降低配送成本、缩短配送时间,最大化提升配送效率和客户满意度的目的。通过提供实时的交通信息和数据分析以选择最佳路径,重点解决交通拥堵问题。此外,通过优化时间窗口、配送顺序和车辆装载率,还可进一步提高效率。城市车辆配送路径优化研究可有效解决城市配送挑战,提高物流配送的效率和可持续性。

对于多式联运路径优化,则聚焦于如何在多种运输模式(如公路、铁路、水路等)之间进行货物的转运和路径规划,以实现整体运输链的高效性和经济性,降低运输成本和时间,并优化资源利用;对于无人机配送,则关注于利用无人机技术进行货物配送的优化问题,包括无人机路径规划、任务调度、货物容量和安全性等方面。研究的目标是提高配送速度、灵活性和覆盖范围,解决最后一公里配送难题,推动无人机在物流和配送领域的应用。

以上研究都涉及复杂的约束条件、大规模的数据和多变的因素,需要在合理的时间内找到最优或近似最优的解决方案。首先,这些问题通常是复杂的组合优化问题,而智能优化方法具备全局搜索和启发式搜索的能力,能够在大规模的解空间中找到更好的解决方案。其次,智能优化方法可以结合实时数据和环境变化,实现实时调整和响应,适应动态的需求和约束条件。此外,智能优化方法还能够处理多目标优化问题,平衡不同的目标,如最小化成本、最大化效率等。可见,智能优化方法的应用变得十分必要。

1.2　优化算法

目前,现代仓储和配送系统的智能优化问题求解是国际上广泛研究的焦点。研究者们提出了多种优化算法,主要分为精确方法、基于规则的启发式方法和人工智能方法。精确方法如动态规划法、分支定界法和分支切割法,以其高精度和可靠性著称,但仅适用于小规模问题。基于规则的启发式方法具有良好的稳定性和高效率,但在通用性和决策准确性方面存在挑战。相较于精确方法和基于规则的启发式方法,人工智能方法以其处理海量数据、灵活适应环境的能力脱颖而出。通过智能算法和模型,人工智能方法能够从海量的数据中提取有用的信息,实现智能化的决策和优化。这种方法不仅能够提供高度准确的结果,而且能够适应不断变化的环境和需求,使得人工智能成为现代仓储和配送系统优化的理想选择。下面对各类优化算法进行详细介绍。

1.2.1　精确算法

精确算法是指能够找到问题最优解的算法。对于复杂的组合优化问题,当问题规模较小时,精确算法可以在可接受的时间内找到最优解,而当问题规模较大时,精确算法不仅能够提供可行解,还能为启发式方法提供初始解,从而帮助这些方法找到更优的解,但当问题类似旅行商问题(Traveling Salesman Problem,TSP)、车辆路径问题(Vehicle Routing Problem,VRP)等 NP-hard 问题时,精确算法的计算复杂度高,求解时间呈指数级爆炸式增长。精确算法主要包括动态规划法、分支定界法和分支切割法等。

1)动态规划法

动态规划法由美国数学家贝尔曼提出,其核心思想是将决策过程分解为多个阶段,每个阶段的决策会影响后续阶段的解决方案,通过迭代逐步得到最终解答。在物流配送中,动态规划可以用于优化路径和调度策略。然而,由于每个阶段需要进行大量计算,随着配送网络规模的扩大,阶段划分也会增多,从而延长决策时间。因此,对于大规模的动态车辆路径问题(Dynamic Vehicle Routing Problem,DVRP),此方法通常不适用,因为其计算复杂度和时间成本过高。

2)分支定界法

英国数学家费希尔等人提出的分支定界法是一种优化方法,通过将解空间划分为多个子解空间,逐步排除无法产生最优解的分支,只保留可能产生最优解的分支,不断剔除无效分支和更新解的上界,最终找到全局最优解。在物流优化中,分支定界法可用于解决车辆路径优化、仓储选址和订单分配等问题,具有精确性和广泛适用性的优势,但在处理大规模问题时可能面临较高的计算复杂度和实现难度。

3)分支切割法

分支切割法是一种基于整数规划和额外约束条件的优化算法,广泛应用于智慧物流领域。它通过划分解空间和剔除不符合整数规划要求的解,实现路径优化、仓储管理和订单分配的高效处理。在处理大规模、复杂的物流数据时,分支切割法能够有效地优化资源利用、降低成本,并提升物流系统的响应速度和服务质量。

1.2.2　基于规则的启发式方法

基于规则的启发式方法是一种在解决问题时使用的简单但有效的策略。它们依赖于经验法则或领域专家的知识,而非严格的数学模型或复杂的算法。这些方法通常适用于那些难以通过传统精确方法解决的复杂问题,或者作为初步解决方案的一部分。

1)基于就近规则的启发式算法

基于就近规则的启发式算法是一种用于解决物流配送和路径优化问题的常见方法。它通过优先选择距离较近的下一个节点(如客户或配送点),逐步构建解决方案,旨在简化计算过程并快速找到较优解。这种方法适用于解决物流配送和路径优化问题。尽管该方法可能无法保证全局最优解,但其计算效率高,适合需要快速决策的应用场景。在实际应用中,可以结合其他优化方法,进一步提升解决方案的质量和效率。

2)最小浪费优先策略的启发式装箱算法

最小浪费优先策略的启发式装箱算法专注于优先选择剩余空间最小的箱子,以最小化在物品装箱过程中可能发生的空间浪费。尽管这种方法不能保证达到全局最优解,但它在实际应用中展现出了高效和快速响应的特点,特别适用于需要快速装箱和减少空间浪费的场景。在算法执行过程中,每次放置物品时,算法会选择当前剩余空间最小的箱子,这有助于最大限度地减少每个箱子内的未利用空间。这种策略不仅可以提高装箱效率,还能有效地降低运输和仓储成本,尤其是在需求快速响应和优化物流效率的情况下显得尤为重要。这种算法在各种物流和仓储管理系统中广泛应用,为企业提供了一种经济高效的装箱解决方案。

1.2.3　人工智能方法

人工智能方法通过模拟人类智能的各个方面,使得计算机系统能够在多样化的领域和任务中实现自动化和智能化的功能。在物流领域,人工智能技术的广泛应用显著提升了运输、仓储和供应链管理的效率与可靠性。在交通领域,人工智能用于交通流量管理、自动驾驶技术和智能交通系统的实现;在制造业,它支持生产过程的优化、质量控制和物流管理。这些技术不仅提高了工作效率和生产力,还促进了新产品和服务的创新,为企业和社会创造了更多的商业机会。下面对目前流行的智能算法进行简要介绍。

1)差分进化算法

差分进化(Differential Evolution, DE)算法作为一种新型的智能算法,其原理简单,受控参数少,鲁棒性好,易于实现。DE 算法是在遗传算法等进化思想的基础上提出的,其基本思想源于遗传算法,通过模拟遗传算法中的杂交、变异、复制等来设计算子。与其他基于种群的随机算法类似,DE 算法的过程主要包括种群初始化、变异、交叉和选择 4 个步骤。

2)松鼠搜索算法

松鼠搜索算法(Squirrel Search Algorithm, SSA)是由 Mohit Jain 等人于 2019 年提出的一种高效的自然启发式算法,利用飞行松鼠本身的身体机能,通过控制身体部位,改变升力和阻力,完成不同捕食地点之间的滑行。研究表明,松鼠利用树上的栖息地来获得食物,并迁徙到不同种类的树木以改变栖息地,为了躲避天敌并寻找最佳的捕食地点,减少觅食中的能量消耗,松鼠会不断优化本身的捕食路径。Mohit Jain 对松鼠的动态觅食策略和滑翔机理进行数学建模,设计了一种收敛快且寻优能力强的自然启发式算法。

3)神经网络与深度学习算法

神经网络是深度学习算法的核心。其名称和结构受人类大脑的启发,模仿了生物神经元信号相互传递的方式。模仿人脑神经网络而建立的工作模型被称为神经网络,这种网络中包含大量连接的节点。单个神经元的功能相对有限,但大量神经元能组合成一个复杂且有一定层次性的神经网络结构,其功能会显著增强,能够处理复杂问题。深度学习(Deep Learning, DL)是机器学习的一个重要分支,也是人工智能研究的前沿领域,广泛应用于语音处理、计算机视觉、自然语言处理和医学应用等领域。深度学习的原理是利用多个分类器和一些激活函数共同工作,与传统的统计线性回归方法不同,深度学习包含大量神经节点。这些节点也称为神经网络,每个分类器节点就是一个神经单元。

4)蚁群算法

蚁群算法(Ant Colony Optimization, ACO)最早由学者 Marco Dorigo 提出,精准模拟了蚁群的觅食行为。随着研究的深入,蚁群算法又被应用于解决旅行商问题和车辆路径优化问题,取得了良好的效果。

5)免疫算法

免疫算法(Immune Algorithm, IA)是由 Farmer 等人提出的一种基于免疫系统动态模型的智能优化算法。它利用免疫系统的产生和平衡机制来保持种群个体的多样性,避免寻优过程中的停滞搜索陷入局部最优解的问题,具有较强的全局寻优能力。

6)狼群算法

狼群算法(Wolf Pack Algorithm, WPA)是由 Seyedali Mirjalili 等人于 2014 年提出

的一种启发式优化算法。狼群算法的核心思想是将优化问题抽象为狼群捕猎的过程。狼群中个体相互合作,共同追踪猎物,并通过信息共享和相互影响来提高捕猎效率。同时,个体之间也存在着竞争关系,竞争有助于保持群体的多样性,避免陷入局部最优解。此外,狼群中通常有一个领导者,它会领导整个群体向着潜在的最优解方向移动,帮助群体更快地收敛到全局最优解。狼群算法已经广泛应用于复杂的路径优化、调度、资源分配、机器学习模型优化等各个领域。

7）遗传算法

遗传算法是由 Holland 在 1975 年首次提出的。这个算法来源于生物系统的计算机模拟。遗传算法是效仿生物在自然界进化的原理发展起来的随机全局搜索和优化算法,借鉴了达尔文的进化论和孟德尔的遗传学说。实质上,它是一个具有智能性、群体搜索性、并行性及易与其他算法相结合的可扩展性的方法,可以在求解的过程中自己去获取和储存相关搜索空间的知识,并且能够自己管理搜索过程以获得最优的解决方案。

8）模拟退火算法

模拟退火算法是由 Metropolis 在 1953 年受到物理退火过程的启发而提出的。由于 Metropolis 观察到物理退火的过程与 VRP 模型之间具有相似性,从而提出了解决大规模问题模型的启发式算法。物理退火过程是指将固体进行加热,当加热到达一定熔点的时候固体熔化成液体,再慢慢冷下来,从而得到晶体的过程。类比到 VRP 问题中可以看成粒子状态的对应问题解,粒子能量对应目标函数值,求解最优解的过程是指粒子能量降到最低的过程。

9）禁忌搜索算法

禁忌搜索算法(Tabu Search,TS)的思想最早是由美国工程院院士 Glover 教授于 1986 年提出的。禁忌搜索算法是对局部搜索进行的拓展,构造一种全局逐渐寻找最优解的算法。禁忌搜索是一种通过设置禁忌表来避免迂回搜索、增强多样性搜索的算法。当搜索到禁忌状态时,禁忌搜索会将其加入禁忌表中,以避免重复搜索。同时,通过特赦准则,禁忌搜索能够在一定程度上摆脱局部最优解,从而提高算法的准确性和多样性。禁忌搜索具有简单、快速、准确的优点,是一种非常实用的搜索算法。

除了上述主要研究方法,还有很多方法可以用来求解现代仓储和配送系统中存在的问题,每种算法都有其各自的优劣,合理组合不同算法,可以充分利用各自的优势,克服单一算法的不足,提高求解复杂问题的效率和解的质量。这是一个不断发展的研究方向,随着新算法和技术的出现,组合优化的方法也在不断创新和进步。

1.3　本章小结

　　本章首先对现代物流系统的概念和特点进行介绍,明确其中现代仓储和现代配送两个关键领域,显示出现代物流仓储和配送系统的重要性。其次分别对仓储和配送问题的类型、特点、研究意义以及研究内容进行介绍,突出了现代物流系统的复杂性和高要求性,揭示了应用智能优化方法进行优化的必要性。最后分别介绍了 3 种优化算法:精确方法、基于规则的启发式方法和人工智能方法,并且对算法相关概念和知识进行简要归纳和梳理。接下来的章节将详细探讨各个研究领域的具体问题、算法设计和算例结果,以期为相关领域的学术研究和实际应用提供有益的参考和启示。

［第一部分］
现代仓储问题智能优化

第2章
双端口自动化立体仓库货位分配
及堆垛机调度

仓储系统作为企业运输的交通枢纽,承载着货物运输、存储、配送等多种功能。但随着我国信息化建设和电子商务的迅速发展,货物量呈持续攀升之势,单端口布局模式下的自动化立体仓库的出/入库效率已无法满足企业需求。因此,本章选取双端口自动化立体仓库为研究对象,探究双端口自动化立体仓库货位分配和堆垛机调度策略,以降低自动化立体仓库的仓储运营成本和时间成本,并提高其利用率。

2.1　双端口自动化立体仓库

2.1.1　双端口自动化立体仓库的概述

自动化立体仓库的发展经历了 4 个阶段,包括机械仓储阶段、自动化仓储阶段、集成化仓储阶段和智能自动化仓储阶段。这些阶段分别对应了不同程度的自动化技术应用。自动化立体仓库以其低成本、高存储效率等优点在制造和物流领域被广泛应用,并逐渐摆脱了传统的部署方式,向更加精益和智能化的趋势发展。同时,自动化立体仓库的类型也变得多样化,本节主要介绍的是双端口布局方式:其相较于单向式和分散式布局,双端口自动化立体仓库的布局具备简便、稳定、可靠以及经济实用等优势。双端口布局的立体仓库在其左右两端分别设置了一个出/入端口,通过出/入端口连接外部运输系统实现货物的中转和运运。堆垛机可根据货物属性和运送距离,选择不同的出/入端口进行入库或出库作业,从而节省外部输送时间。

1)双端口自动化立体仓库的主要组成部分

双端口自动化立体仓库主要是由高层立体货架、存储托盘、出/入端口、堆垛机、自动输送系统和计算机控制系统 6 个部分组成,在每两个相邻的货架中间存在一条供堆垛机运送货物的巷道,每条巷道左右两端分别布置一个出/入端口,且由计算机控制系统下达订单分拣、出库、入库等指令。

（1）高层立体货架

双端口自动化立体仓库采用货格式货架，每个存储货位均由同一规格的货格组成，主要应用于货物的存储和临时中转。此外，货架采用横梁式结构，能够使整个货架更加稳固的同时又可以有效保证货架的延伸，保持较高的存储效率。

（2）存储托盘

存储托盘是一种货物载体，存储托盘的使用不仅有助于货物的规范存储和整洁管理，而且可以提高堆垛机在叉取货物过程中的安全性，是密集型仓储的关键性设备。

（3）出/入端口

出/入端口是连接货架和外部输送装置的桥梁，在双端口自动化立体仓库的布局模式下，在每条巷道两端均存在一个出/入端口，在进行入库操作时，货物通过外部输送装置到达出/入库端口后，由计算机控制系统分配货格并控制堆垛机将货物运送至指定货格内，并记录货物信息，在进行出库时，堆垛机将货物运送到端口处，进行信息核对、记录等操作。

（4）堆垛机

堆垛机是自动化立体仓库中实现自动存取货物的设备，能够由计算机控制系统指挥其在固定巷道内进行存取作业，同时，堆垛机由升降台带动货叉独立于轨道进行移动，保证短时间内更好地执行计算机控制系统下达的存取任务。

（5）自动输送系统

自动输送系统的主要作用是实现货物的运输、传送和转移，以便将货物准确、高效地传递到堆垛机货叉上或从货叉上取下，从而实现货物的出/入库操作。一般设置在货架的前方并连接出/入端口。

（6）计算机控制系统

计算机控制系统主要由仓储管理系统（Warehouse Management System，WMS）和控制系统（DB）两个部分组成，其中：WMS用于记录货物信息、货架货格的占用情况、订单管理，以及货物的出/入库管理等；DB一方面负责订单货物的拆分、货架货格的分配、规划堆垛机存取货物的路径节点、出/入端口的选择等策略选择，另一方面负责控制设备（如堆垛机、扫描仪等）工作。

因双端口自动化立体仓库布局的特殊性，相较于普通的自动化立体仓库，其无论是存放货物或是拣选货物都具有较强的竞争力。由于出/入端口一侧连接外部输送装置，另一侧连接存储中心，可将其作为存储区也可将其作为分拣区，这样能有效增加立体仓库的吞吐效率和拣选速度，有效地降低企业的时间成本和存储成本。

2）双端口自动化立体仓库作业流程

双端口自动化立体仓库除了实现最基本的货物出/入库作业的物料流程,还包含信息传递,即随着货物位置的移动,实现货物信息的即时更新。双端口自动化立体仓库作业流程图如图 2.1 所示。

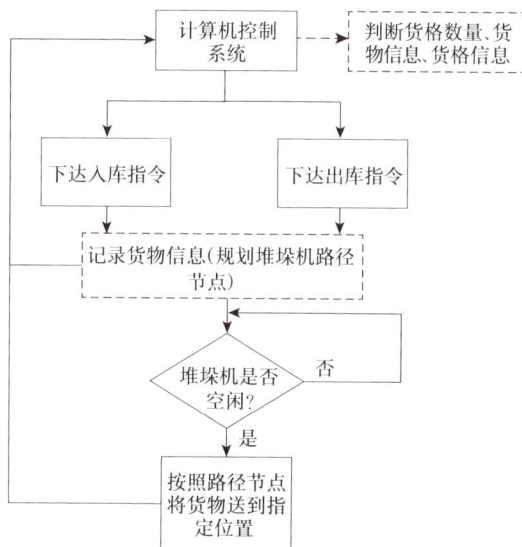

图 2.1　双端口自动化立体仓库作业流程图

（1）入库流程

当一批货物需要进行入库操作时,会向计算机系统响应入库请求,在满足空余货格大于入库货物数量的前提下,货物的相关信息将会被存储在仓储管理系统中,并由计算机控制系统分配货格;接下来,输送装置会把货物输送到货格对应的出/入端口,若此时堆垛机处于空闲状态,则会移动到指定出/入端口,并按照系统规定的路径节点将货物运输到指定货格内。

（2）出库流程

当需求订单下达到计算机控制系统时,在确保货物信息及数量满足订单需求时,由控制系统规划出目标货物到出/入端口和堆垛机的路径节点,并反馈到负责该巷道的堆垛机。假如此时堆垛机处于空闲状态,堆垛机将会按照控制系统所下达的命令进行出库操作,将货物运输到规定的出/入端口;反之,进行等待,直至堆垛机处于空闲状态。

2.1.2　双端口自动化立体仓库货位分配方式

双端口自动化立体仓库不仅集成了自动化程度较高的机械设备,还完美地融合了计算机网络技术、图形监控管理系统等多种现代化信息技术。双端口自动化立体仓库中的货位分配由计算机控制系统自动完成。根据自动化立体仓库的发展历程,货位分配方式可分为3种,即手动分配、计算机辅助分配和计算机自动分配。

(1)手动分配

手动分配即人工分配货位,作为最原始的货位分配办法,凭借仓库管理人员的知识及经验对货物与货位进行匹配,其主要策略有"先进先放""逐次摆放""重物优先摆放"等。人工货位分配方式可根据实际情况,灵活地进行货位分配,可有效地满足不同类型货物的存储需求;人工货位分配方式可有效提高仓库的存储效率,减少货物的搬运次数,提高仓库的存储效率;人工货位分配方式可有效提高仓库的管理水平,减少货物的搬运次数,提高仓库的管理水平。但是人工货位分配方式需要较多的人力,耗费较多的时间,容易出现人为失误。人工货位分配方式的效率较低,不能有效地满足大规模货物的存储需求;人工货位分配方式的管理水平较低,容易出现货物分配混乱,影响仓库的整体管理等。

(2)计算机辅助分配

计算机辅助分配是利用计算机监控系统,收集货位信息、货位空余数量等信息,为仓库管理人员分配货位提供现实依据,并可进行实时查询。计算机辅助分配方式可有效地提高仓库的管理水平,提高仓库的管理水平;计算机辅助分配方式可有效满足大规模货物的存储需求,提高仓库的存储效率。但是计算机辅助分配方式需要较高的技术水平,需要较多技术工种的投入;计算机辅助分配方式的管理水平较低,容易出现货物混乱,影响仓库的整体管理。

(3)计算机自动分配

计算机自动分配方式是现代制造业智能化集成的产物,利用通信设备、网络技术、计算机系统,收集货物及货位的相关信息,通过对货物的特性、货位距离出入库口的距离等约束条件的判定后,再把优化后的货位分配方案传达到运输系统中,完全实现了智能化、无人化货位分配系统。它有效地减少了人工操作,可提高仓库的管理效率。在满足大规模货物的存储需求、提高仓库的存储效率的同时,也可有效提高仓库的灵活性,根据实际情况灵活地进行货位分配。

2.1.3　双端口立体仓库堆垛机的工作方式

堆垛机在完成存取货物的任务时,存在两种作业方式:单一指令(Single Command,SC)和复合指令(Dual Command, DC)。

1)单一指令作业方式

单一指令作业是基于物流系统的自动化作业方式,可通过一个指令来完成一项任务。也就是说,当堆垛机接收到自动化控制系统的出/入库指令时,堆垛机仅进行一次出库或入库作业。且每次响应均相互独立、互不干扰。在本节研究的双端口自动化立体仓库的布局模式中,堆垛机采用单指令作业方式有以下几种运行路径:

①堆垛机执行单指令出/入库作业时,以左出/入端口为起点,以目标货位 K 为终点,到达目标货位后,执行一次存/取任务,再返回至左出/入端口,如图 2.2(a)所示。

②堆垛机执行单指令出/入库作业时,以左出/入端口为起点,以目标货位 K 为终点,到达目标货位后,执行一次存/取任务,再返回至右出/入端口,如图 2.2(b)所示。

③堆垛机执行单指令出/入库作业时,以右出/入端口为起点,以目标货位 K 为终点,到达目标货位后,执行一次存/取任务,再返回至右出/入端口,如图 2.2(c)所示。

④堆垛机执行单指令出/入库作业时,以右出/入端口为起点,以目标货位 K 为终点,到达目标货位后,执行一次存/取任务,再返回至左出/入端口,如图 2.2(d)所示。

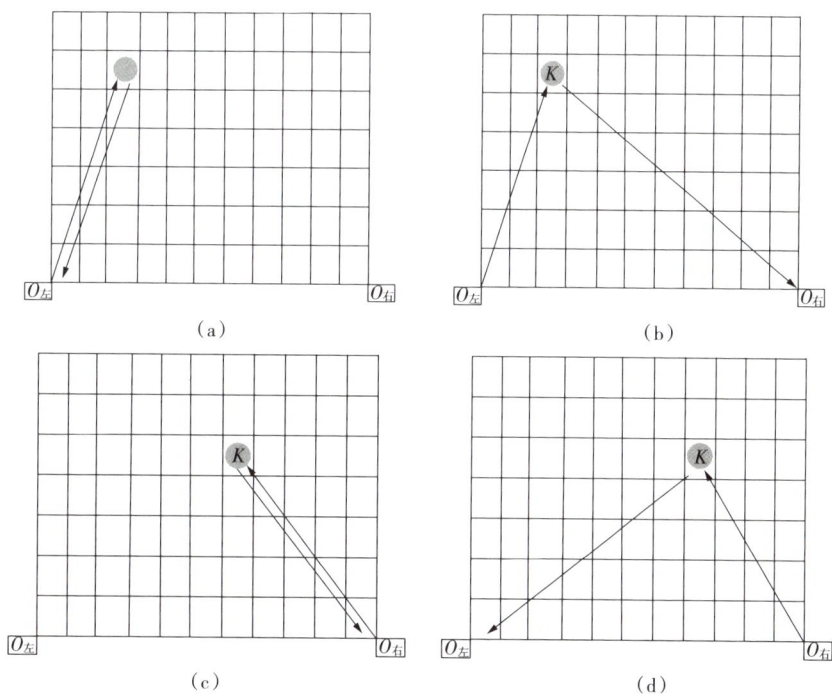

图 2.2　单指令作业

由图 2.2 可知,根据堆垛机的运行轨迹,可得到堆垛机采用一次单指令作业方式所花费的时间:

$$t_{单} = t(O_{左}K) + 2t_{存/取} + t(KO_{左}) \tag{2.1}$$

$$t_{单} = t(O_{左}K) + 2t_{存/取} + t(KO_{右}) \tag{2.2}$$

$$t_{单} = t(O_{右}K) + 2t_{存/取} + t(KO_{右}) \tag{2.3}$$

$$t_{单} = t(O_{右}K) + 2t_{存/取} + t(KO_{左}) \tag{2.4}$$

其中：$t(O_左K)$ 表示堆垛机从左出/入端口到达目标货位 K 所花费的时间；$t(KO_左)$ 表示堆垛机从目标货位 K 到达左出/入端口所消耗的时间；$t(O_右K)$ 表示堆垛机从右出/入端口到达目标货位 K 所花费的时间；$t(KO_右)$ 表示堆垛机从目标货位 K 到达右出/入端口所花费的时间；$t_{存/取}$ 表示堆垛机货叉装/卸货的时间。

2）双指令作业方式

双指令作业方式是一种常见的自动化立体仓库作业方式。其工作流程是：在执行一组出/入库任务时，堆垛机从指定的出/入端口开始，将货物运送到指定的入库货位，完成卸货操作后，再移动到出库货位的位置，将货物运送到指定的出/入端口。这种作业方式需要考虑货物的存储位置、移动路径、操作顺序等多个因素，并通过计算机控制系统对堆垛机的运动轨迹进行优化规划，以提高作业效率和安全性。因此，堆垛机使用双指令作业方式的前提是，所处理的订单必须同时包含入库和出库两种作业。

在双端口自动化立体仓库的布局模式下，存在以下几种路径，如图 2.3 所示，其中 K 表示入库任务，P 代表出库任务。

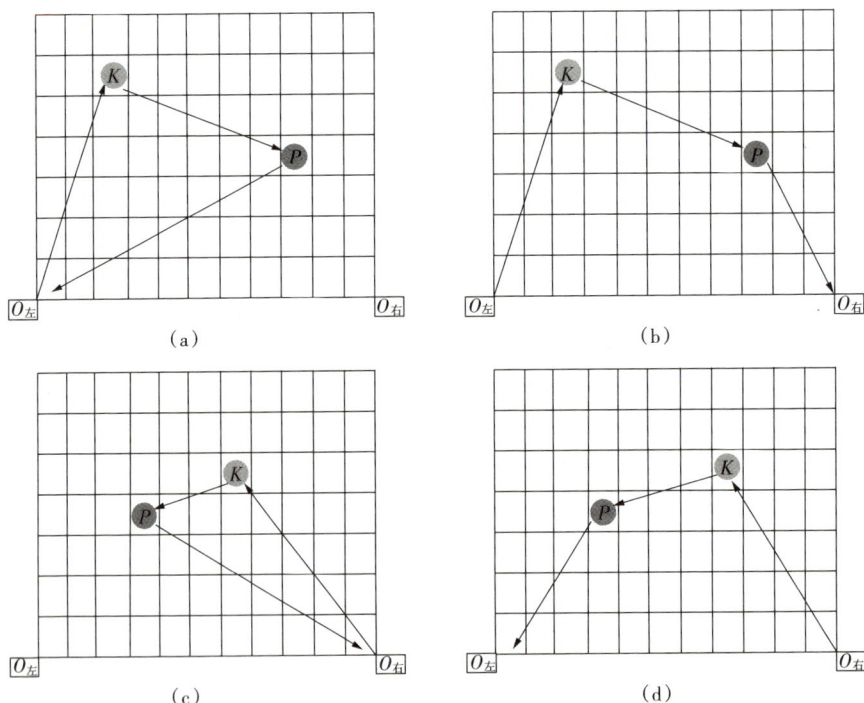

图 2.3　双指令任务

①堆垛机在执行双指令出入库作业时，以左出/入端口为起点，以入库货位 K 为终点，到达目标货位后，执行一次存货任务，卸货完成后，行驶至出库货位 P，执行一次取货任务后，再返回至左出/入端口。

②堆垛机在执行双指令出入库作业时,以左出/入端口为起点,以入库货位 K 为终点,到达目标货位后,执行一次存货任务,卸货完成后,行驶至出库货位 P,执行一次取货任务后,再返回至右出/入端口。

③堆垛机在执行双指令出入库作业时,以右出/入端口为起点,以入库货位 K 为终点,到达目标货位后,执行一次存货任务,卸货完成后,行驶至出库货位 P,执行一次取货任务后,再返回至右出/入端口。

④堆垛机在执行双指令出入库作业时,以右出/入端口为起点,以入库货位 K 为终点,到达目标货位后,执行一次存货任务,卸货完成后,行驶至出库货位 P,执行一次取货任务后,再返回至左出/入端口。

由图 2.3 可知,根据堆垛机的运行轨迹,可得堆垛机采用一次双指令作业方式所花费的时间:

$$t_{双} = t(O_{左}K) + 4t_{存/取} + t(KP) + t(PO_{左}) \tag{2.5}$$

$$t_{双} = t(O_{左}K) + 4t_{存/取} + t(KP) + t(PO_{右}) \tag{2.6}$$

$$t_{双} = t(O_{右}K) + 4t_{存/取} + t(KP) + t(PO_{右}) \tag{2.7}$$

$$t_{双} = t(O_{右}K) + 4t_{存/取} + t(KP) + t(PO_{左}) \tag{2.8}$$

其中:$t(KP)$ 表示堆垛机从入库货位 K 移动到出库货位 P 所花费的时间;$t(PO_{左})$ 表示堆垛机从出库货位 P 到达左出/入端口所消耗的时间;$t(PO_{右})$ 表示堆垛机从出库货位 P 到达右出/入端口所消耗的时间。

2.2　双端口自动化立体仓库货位分配

2.2.1　货物存储策略及原则

1)货物存储策略

在立体仓库管理中,只有合理地将货物存放在合理的货格中,才能有效提升整个立体仓库的出入库效率,达到降低立体仓库运行成本的目的。根据需求的不同,可以选择不同的货位存储策略来优化出/入库运行时间、堆垛机运行距离和货格利用率。货位存储策略可以分为专用存储策略和共享存储策略两种。其中,专用存储策略包括固定货格存储策略和分类存储策略,而共享存储策略则包括随机存储策略和分类随机存储策略。

(1)固定货格存储策略

固定货格存储策略即每个货格只能存储固定的货物,货格和货物存在一定的映射关系,且货格数量必须满足该种货物的最大库存量。其优点在于:考虑了货物的周转率和出/入库频率,便于人工操作,拣货人员能快速了解立体仓库的货物种类及存放位置,因为每种货物都对应其固定的货格区域。其缺点在于:在某种货物的入库存量较少时,由于货格与货物的关联关系,会存在大量货格处于空闲状态,且不能被其他类型的货物所利用,造成立体仓库平均使用率低下,浪费立体仓库的空间资源,运营成本激增。

(2)分类存储策略

分类存储策略是基于货物属性(如货物的大小、质量、保质期等)建立的一种与货格相关联的存储策略。按照其属性分完货格区域后,再将每一个货位分配到具体的货格中。其优点在于:方便日常立体仓库的管理且兼顾固定货格存储策略的优点。其缺点在于:对于固定货物种类的立体仓库较为适用,立体仓库中货物的种类的灵活性较小,且也必须按照各类货物的最大入库量进行货格设计,造成立体仓库的资源浪费。

(3)随机存储策略

随机存储策略可以实现所有空闲货格的资源共享,货格随机分配且随时能做出改变。其优点在于:较大程度上节约了货格资源,提高了立体仓库的空间利用率。其缺点在于:由于不规定货物的货格的规定区域,造成立体仓库管理人员在工作上极大的不便。因货位的位置存在较大的不确定性,高周转率的货物可能会存放在远离出/入口的货位上,导致堆垛机行驶距离增加,从而降低自动化立体仓库的出入库效率。

(4)分类随机储存策略

分类随机储存策略依据货位的属性分配特定的货格区域,然后在特定货格区域内采用随机分配货格的策略将每个货物运送到货格内。其优点在于:该策略结合了随机储存策略和分类存储策略的优点,可以最大限度地利用货位空间,并根据货物的属性和需求进行分类存储。其缺点在于:需要进行更加复杂的货位分配和堆垛机路径规划,增加了计算机系统的复杂度和运算量,可能会对系统的实时性和稳定性产生影响。同时,细化的货位分配可能会增加查找时间,导致出入库效率降低,且会出现出/入库管理和拣选人员盘点困难等不足。

(5)共享存储策略

共享存储策略是基于货物的出/入库时间衍生的货物存储策略,利用货物之间出/入库的时间差,在不同时间段内共享货格资源。其优点在于:可以减少自动化立体仓库中的货位数量,提高空间利用效率,缩短货物的出入库时间,有效减少企业管理成本。然而,该策略相对复杂,需要管理人员明确货物的种类及其出入库时间,增加了管理难度。

2）货物存储原则

货位分配考虑的原则有以下几种：

（1）上轻下重原则

为了避免货架重心过高造成安全隐患的风险，需要平均货架的受力分布，从而保持货架的稳定性。一般情况下，为了确保货架的结构稳定性和存储安全性，需要进行分级存储。这种存储方式是根据货物的质量将货架划分为不同的层次，使得质量较大的货物存放在较低的层次，而质量较小的货物存放在较高的层次。

（2）优先出入口原则

为了优化自动化立体仓库中货物的运输效率，需要考虑货物的周转率并进行货位的位置分配。具体来说，周转率高的货物应分配在靠近出入口的货位，而周转率低的货物则应分配在远离出入口的货位。这种位置分配策略有助于减少堆垛机的运行距离和运行时间，从而提高自动化立体仓库的货物吞吐效率。

（3）先进先出原则

为了加快货物的周转速度，在处理同一类货物的出/入库订单时，应遵循"先进先出"的原则。避免货物长时间积压导致的质量损失或变质，以及由时间因素导致的经济损失。

（4）货物相关性原则

相关性原则是根据各个货品的内置属性存在一定的联系，将相关性高的货物存放在相邻的货格中。对于概率而言，同一订单的货物关联性相对较高，方便同一订单货物的入库和出库。可以有效降低人工或者机器工作的时间成本。

（5）多巷道分布原则

多巷道分布原则是指在仓库中将同一类商品均匀分布在不同的巷道对应的货格内，以避免同类商品过度集中而导致某一条巷道堵塞影响了该类商品的出库。这样可以减少单个堆垛机对同一种类物品的存取频率，从而减少堆垛机的运行时间，同时也能在一定程度上减少堆垛机在巷道出现拥堵的概率，平衡各个巷道中堆垛机的工作时间。

2.2.2　双端口立体仓库货位分配模型构建

1）货位优化问题假设条件与说明

针对双端口自动化立体仓库的货位分配问题，需要建立优化模型，以满足货物存储策略和原则的要求。为了便于模型的建立和问题的研究，需要对自动化立体仓库的出/入库过程做出以下条件假设和说明。

①为了满足双端口单巷道自动化立体仓库堆垛机的实际存储作业需求,需要对堆垛机的运动进行限制。堆垛机的运动限制在水平和垂直方向上,以适应仓库货架的高度和结构,同时保证货物的稳定性和安全性。在设计堆垛机的运动控制系统时,需要合理设置水平加速度、垂直加速度、最大水平速度和最大垂直速度等参数,并保证它们之间的协调,以避免干涉和冲突。

②货物存放在托盘中,且每类货物的托盘形状、大小等规格相同,且均满足货位规定的大小和质量。

③堆垛机在执行任务时,具有单件货物装载能力,每个货格仅可容纳一件货物。

④货架内货格数量多于待入库货物的数量。

⑤堆垛机货叉装/卸货时间恒定,不考虑堆垛机的启停时间。

⑥假设一排货架有 J 层、I 列、K 排,一共有 $I \times J \times K$ 个货位,货位长为 l,高为 h,左右两端的出入库台分别为 a 和 b,对应的二维坐标分别为 $(0,1)$ 和 $(I,1)$,货位的坐标为 (I,J,K)。货物的周转率为 P_s,其平面布局图如图 2.4 所示。

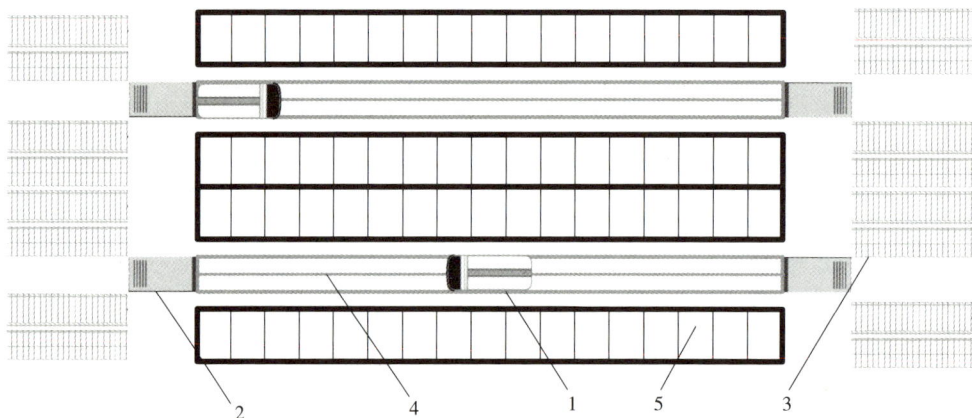

图 2.4　双端口立体仓库平面布局图
1—堆垛机;2—出/入库口;3—传送带;4—直行轨道;5—货位

2)参数定义

对构建数学模型所需的符号及参数做出解释说明,各个参数及含义见表 2.1。

表 2.1　模型中的参数及含义

参数	含义
J, I, K	货架的层数、列数、排数
(x_i, y_k, z_j)	货物在货架上的坐标
h	货位高度

续表

参数	含义
v_c	最大水平速度
v_r	最大垂直速度
a_c	水平加速度
a_r	垂直加速度
P_s	货物 s 的周转率
M_s	货物 s 的质量
t	堆垛机货叉装/卸货时间
l	货格的宽度

3）货位分配模型的建立

针对2.2.1节提出的问题，本节以优化立体仓库的出/入库效率、提高货架稳定性以及优化货物周转率为目标，构建了符合生产实际的双端口自动化立体仓库货位分配模型。在保证降低企业的运营成本及安全性的前提下，提高双端口自动化立体仓库的作业效率。

（1）双端口立体仓库出/入库效率原则

货物在进行出/入库作业时，为了提高立体仓库的吞吐效率，首先要尽可能地缩短出/入端口到货物所在货格之间的绝对距离，即堆垛机从出/入端口到指定区域货格的时间最小，由此得到以下待优化的函数：

$$f_1(x_i, y_k, z_j) = \min \sum_{i=1}^{I} \sum_{k=1}^{K} \sum_{j=1}^{J} \left[t + \max(t_c, t_r) \right] \tag{2.9}$$

其中，i 为双端口自动化立体仓库的出入端口，$i = 0$ 或者 $i = I + 1$，当 $i = 0$ 时，表示货物经过最左端出/入端口进行入库，当 $i = I + 1$ 时，表示货物经过最右端出入端口进行入库。因此最左端出/入端口的货架坐标为 $(0,1,0)$，最右端出/入端口的货架坐标为 $(I + 1, 1, 0)$。t_c 为水平方向的运动时间，t_r 为垂直方向的运动时间，假设其端口的坐标为 $(I + 1, y_b, z_b)$，目标货格为 (x_a, y_a, z_a)，分别计算堆垛机从目标货格到达左右两个端口的时间，即 $\min(t_左, t_右)$，其水平/垂直方向的时间计算公式为：

$$t_c = \begin{cases} \dfrac{v_c}{a_c} + \dfrac{|x_a - I - 1|\, l}{v_c} & \text{当 } |x_a - I - 1|\, l > v_c^2 \\[3mm] \sqrt{\dfrac{|x_a - I - 1|\, l}{a_c}} & \text{当 } |x_a - I - 1|\, l \le v_c^2 \end{cases} \tag{2.10}$$

$$t_r = \begin{cases} \dfrac{v_r}{a_r} + \dfrac{|z_a - z_b|h}{v_r} & \text{当 } |z_a - z_b|h > v_r^2 \\[3mm] \sqrt{\dfrac{|z_a - z_b|h}{a_r}} & \text{当 } |z_a - z_b|h \leq v_r^2 \end{cases} \tag{2.11}$$

（2）货架稳定性原则

由于自动化立体仓库货架具有一定的载重限制，且存储的货物品类、尺寸、质量较为丰富，因此在进行货位分配时需要考虑货架的稳定性，综合上述因素，建立了待优化函数，该函数以货架重心为主要考虑因素，并以待入库货物的质量与所在货格的高度乘积最小为次要考虑因素，以此来保证货架的受力分布均匀，确保货架的安全性，并尽可能地遵循"下重上轻"的存储原则。

$$f_2(x_i, y_k, z_j) = \min \frac{\sum_{i=1}^{I} X_i \sum_{k=1}^{K} X_i \sum_{j=1}^{J} X_i \times M_k \times j}{\sum_{i=1}^{I} X_i \sum_{k=1}^{K} X_i \sum_{j=1}^{J} X_i} \tag{2.12}$$

（3）货物周转率原则

由于货物本身周转率的差异，货物周转率高的代表该类货物需要进行频繁的出/入库作业，在入库作业时，需要考虑货物的周转率对出/入库的影响，即已经入库货物到指定出/入端口的时间与该货物的周转率乘积最小，应尽可能地把周转率高的货物存放在距离出/入端口较近的货格区域内。遵循优先出/入端口原则，建立以货物周转率为原则的待优化函数：

$$f_3(x_i, y_k, z_j) = \sum_{i=1}^{I} \sum_{k=1}^{K} \sum_{j=1}^{J} T_s(x, y, z) \times P_s \tag{2.13}$$

式中 $T_s(x, y, z)$——货物从 (x, y, z) 到达指定出/入端口堆垛机所消耗的时间。

本节研究的是双端口自动化立体仓库的货位分配问题，该问题旨在提高立体仓库的出入库效率、货架稳定性和货物周转率等方面的综合性能。由于这些目标之间相互关联且存在冲突，因此本质上是一个多目标组合优化问题。为了解决这一问题，需要为各个子目标分配相应的权重系数，将多目标优化问题转化为单目标优化问题。因此，本节研究的双端口自动化立体仓库货位分配模型的目标函数可以表示为一个加权线性组合的形式：

$$\min f = w_1 f_1(x_i, y_k, z_j) + w_2 f_2(x_i, y_k, z_j) + w_3 f_3(x_i, y_k, z_j) \tag{2.14}$$

$$\text{约束条件：} \begin{cases} 0 < w_1 < 1 \\ 0 < w_2 < 1 \\ 0 < w_3 < 1 \\ w_1 + w_2 + w_3 = 1 \end{cases} \tag{2.15}$$

2.2.3　货位分配遗传算法设计

针对存在的货位分配问题,利用遗传算法进行求解。该算法包括编码和解码方案、种群初始化、选择、交叉和变异等基本操作。

1)编码与解码设计

在运用遗传算法求解问题时,对算法性能影响最深的就是编码,针对双端口自动化立体仓库货位分配问题,本节采用整数编码,将每个货位抽象为整数,按照排、列、层的顺序进行排列,形成一个长度等于所有货位总数量的一维数组。在遗传算法中,将这个一维数组的每一种排列方式称为染色体或个体,其中每个元素对应货架上的一个具体货位称为基因。以一排三列三层的货架为例,对货位进行编码,具体编码方式如图2.5 所示。

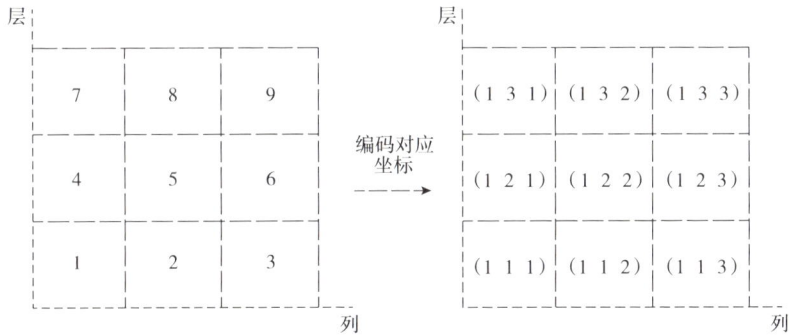

图 2.5　货位编码方式

假设当前有5 个待分配货位的货物:a,b,c,d,e,其货物的质量、周转率已知。通过将数字1~9 随机组合形成一条染色体,例如[1,6,8,7,4,2,5,3,9],表示一组货位的排列方式。在进行货位优化时,需要选出染色体中的5 个基因,代表将5 个货物存放到对应的5 个货位中:货物 a 存放在位置1,坐标为(1,1,1)的货格内;货物 b 存放在位置6,坐标为(1,2,3)的货格内,其中染色体中(2,5,3,9)的基因片段表示未存放货位,但也是染色体的组成部分之一,会在后续的交叉、变异阶段保持种群的多样性。具体编码过程如图2.6 所示。

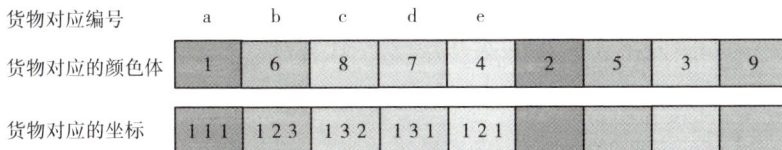

图 2.6　遗传算法编解码过程图

2）种群初始化设计

遗传算法的性能受初始种群规模的影响很大,尽管减少初始种群的规模可以提高算法的迭代速度,但会减少种群内基因的多样性。当种群个体数量较多时,虽然种群内基因的丰富度有所提高,但计算复杂,算法的运行效率有所降低。综上所述,通过调试对比选取合适的种群大小。

3）适应度函数设计

适应度函数在遗传算法中扮演着重要的角色,用于评估个体在种群内的竞争力和适应性。在本节中,货位分配优化模型旨在解决最小化问题,因此,采用倒数方法来转化适应度值,使得目标函数越小的个体的适应度值越高。通过这种方式,可以更加准确地评估每个个体的适应度,进而优化整个种群的表现和性能。最终得到的适应度函数能够反映出个体在解空间内的生存能力和竞争优势:

$$\text{Fit}(f) = \frac{1}{w_1 f_1(x_i, y_k, z_j) + w_2 f_2(x_i, y_k, z_j) + w_3 f_3(x_i, y_k, z_j) + 1} \tag{2.16}$$

4）选择算子设计

选择操作是基于种群内个体的适应度来评估的,根据进化论中的"优胜劣汰"原则,本节中采用"轮盘赌"选择法,根据每个个体在下一代出现的概率。具体而言,适应度较好的个体具有更高的出现概率,以此实现选择操作。具体步骤如下:

步骤1:计算出该迭代次数下的种群中每个个体的适应度 $f(i = 1, 2, \cdots, m)$,m 为种群大小。

步骤2:计算每个个体遗传到下一代种群中的概率。

$$P(x_i) = \frac{f(x_i)}{\sum_{j=1}^{m} f(x_j)}$$

步骤3:计算出每个个体的累积概率。

$$q_i = \sum_{i=1}^{m} P(x_i)$$

步骤4:在 $[0,1]$ 内随机选择随机数 k,在满足 $q_{i-1} < k < q_i$ 的前提下,选取个体 i 直接遗传到下一代,重复上述步骤 m 次,构建新一代种群。

5）交叉算子设计

交叉算子可以丰富种群中基因的丰富度,对于本节研究的货位分配优化模型,采用单点交叉的方式。该方式不仅对种群破坏程度较小且能保证种群基因的多样性,其示意图如图2.7所示。在交叉完成后,需要对染色体进行去重操作,以保证货格的唯一性。

随机交叉点

父1	192	781	2083	1081	…	571	1581	1731	492
父2	981	851	1092	1571	…	1059	131	431	892
子1	192	781	2083	1081	…	1059	131	431	892
子2	981	851	1092	1571	…	571	1581	1731	492

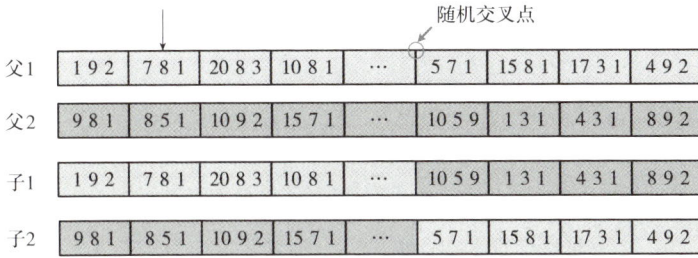

图 2.7　交叉算子

6)变异算子设计

由于本节研究货位分配问题的编码方式,采用单点变异的变异方式,示意图如图 2.8 所示。同交叉算子相同,为了满足货格编号的唯一性,需要对编译后的种群进行基因修复。

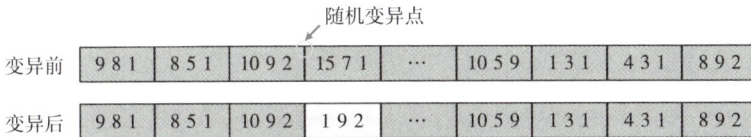

随机变异点

变异前	981	851	1092	1571	…	1059	131	431	892
变异后	981	851	1092	192	…	1059	131	431	892

图 2.8　变异算子

2.2.4　实例分析

1)相关参数及数据

在进行双端口自动化立体仓库货位分配实例验证前,需要了解立体仓库的相关信息,其相关参数见表 2.2。以 B 公司的双端口自动化立体仓库货位分配任务为例,利用 MATLAB R2018b 编程软件进行仿真验证。

针对不同订单规模,选取 50 个入库任务进行仿真实验,货物原始坐标和对应货物质量、货物的周转率,见表 2.3。

表 2.2　双端口自动化立体仓库参数表

参数	数值	单位
货架排数	30	—
货架列数	12	—
货架层数	3	—
货格的列宽	1	m
货格的层高	1.1	m

续表

参数	数值	单位
堆垛机水平方向加速度	0.4	m/s^2
堆垛机垂直方向加速度	0.5	m/s^2
堆垛机水平方向最大运行速度	3	m/s
堆垛机垂直方向最大运行速度	1	m/s
堆垛机的拣选时间	1	s

表 2.3 优化前货物信息

货物编号	货格坐标	质量/kg	周转率	货物编号	货格坐标	质量/kg	周转率
1	(1,3,2)	4.99	0.61	22	(9,1,3)	7.92	0.66
2	(1,8,1)	8.98	0.68	23	(9,2,1)	7.77	0.57
3	(2,3,1)	13.42	0.79	24	(9,10,2)	11.16	0.81
4	(2,4,3)	8.21	0.63	25	(10,3,1)	15.75	0.51
5	(2,10,2)	7.47	0.53	26	(10,4,1)	12.98	0.73
6	(3,3,2)	14.36	0.72	27	(10,9,1)	15.22	0.8
7	(3,10,1)	5.27	0.7	28	(11,1,1)	4.58	0.77
8	(4,1,3)	13.38	0.83	29	(11,1,3)	15.83	0.75
9	(4,2,1)	9.37	0.78	30	(11,2,1)	16.48	0.84
10	(4,12,2)	14.56	0.63	31	(12,1,1)	7.94	0.81
11	(5,1,3)	18.97	0.81	32	(12,3,1)	9.14	0.66
12	(5,3,1)	14.95	0.78	33	(12,10,3)	10.04	0.76
13	(6,1,1)	17.58	0.73	34	(12,4,1)	6.53	0.74
14	(6,3,3)	6.93	0.82	35	(13,5,1)	11.92	0.82
15	(6,11,2)	11.44	0.79	36	(14,1,3)	15.69	0.8
16	(7,3,1)	10.33	0.72	37	(13,4,1)	17.98	0.74
17	(7,3,2)	8.03	0.84	38	(14,12,1)	6.21	0.65
18	(7,4,1)	10.76	0.73	39	(15,4,2)	7.6	0.53
19	(8,2,2)	6.71	0.77	40	(15,9,1)	18.61	0.84
20	(8,3,2)	11.8	0.61	41	(16,8,2)	9.48	0.78
21	(8,4,1)	13.92	0.83	42	(16,10,1)	10.71	0.69

货物编号	货格坐标	质量/kg	周转率	货物编号	货格坐标	质量/kg	周转率
43	(17,10,1)	17.1	0.82	47	(19,1,2)	15.68	0.61
44	(17,11,1)	11.68	0.71	48	(19,2,1)	17.71	0.61
45	(18,1,1)	4.3	0.76	49	(20,2,1)	16.29	0.83
46	(18,8,3)	17.99	0.84	50	(20,9,1)	17.24	0.75

表 2.4 展示了本节所采用的遗传算法的具体参数。综合考虑仓储中心实际情况并采用专家打分法确定目标函数权重,最终将目标函数权重设置为 0.5,0.3,0.2。

表 2.4 遗传算法参数

算法	参数	数值
GA	迭代次数 Gen	500
	种群数量 n	100
	交叉算子 P_c	0.95
	变异算子 P_m	0.05

2) 结果分析

使用 MATLAB R2018b 对双端口自动化立体仓库货位分配进行优化仿真,迭代优化曲线如图 2.9 所示。

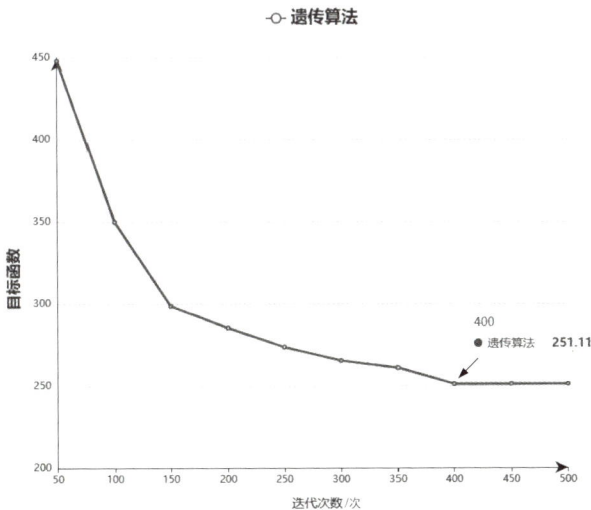

图 2.9 货位分配优化曲线

由图 2.9 可知,模型的优化过程会逐渐接近最优解,目标函数的值也会趋近于最小值,在遗传算法的第 400 次迭代时,目标函数达到最优值,此时目标函数的数值为 251.11。

对不同差异下的货物种类构建货位分配模型,求解并优化其具体的货位分配结果及对应的出/入端口见表 2.5。

表 2.5　优化后的货物入库货格及对应的出/入端口

货物编号	原货格坐标	优化后货格坐标	出入端口坐标	货物编号	原货格坐标	优化后货格坐标	出入端口坐标
1	(1,3,2)	(12,1,1)	(12,1,0)	24	(9,10,2)	(7,12,1)	(7,12,0)
2	(1,8,1)	(17,12,1)	(17,12,0)	25	(10,3,1)	(14,12,1)	(14,12,0)
3	(2,3,1)	(16,12,1)	(16,12,0)	26	(16,11,1)	(16,1,1)	(16,11,0)
4	(2,4,3)	(7,11,1)	(7,12,0)	27	(10,9,1)	(9,1,1)	(9,1,0)
5	(2,10,2)	(8,12,1)	(8,12,0)	28	(11,1,1)	(12,10,1)	(12,12,0)
6	(3,3,2)	(17,10,1)	(17,12,0)	29	(11,1,3)	(15,3,1)	(15,1,0)
7	(3,10,1)	(20,10,1)	(20,12,0)	30	(11,2,1)	(12,10,1)	(12,12,0)
8	(4,1,3)	(12,11,1)	(12,12,0)	31	(12,1,1)	(6,4,1)	(6,1,0)
9	(4,2,1)	(12,12,1)	(12,12,0)	32	(12,3,1)	(4,12,1)	(4,12,0)
10	(4,12,2)	(9,12,1)	(9,12,0)	33	(12,10,3)	(4,1,1)	(4,1,0)
11	(5,1,3)	(11,2,1)	(11,1,0)	34	(12,4,1)	(1,8,1)	(1,12,0)
12	(5,3,1)	(19,8,1)	(19,12,0)	35	(13,5,1)	(6,7,1)	(6,12,0)
13	(6,1,1)	(20,11,1)	(20,12,0)	36	(3,1,3)	(3,12,1)	(3,12,0)
14	(6,3,3)	(13,12,1)	(13,12,0)	37	(13,4,1)	(6,1,1)	(6,1,0)
15	(6,11,2)	(20,5,1)	(20,1,0)	38	(14,12,1)	(6,12,1)	(6,12,0)
16	(7,3,1)	(19,12,1)	(19,12,0)	39	(15,4,2)	(15,12,1)	(15,12,0)
17	(7,3,2)	(11,1,1)	(11,1,0)	40	(15,9,1)	(14,1,1)	(14,1,0)
18	(7,4,1)	(16,4,1)	(16,1,0)	41	(16,8,2)	(15,1,1)	(15,1,0)
19	(8,2,2)	(11,12,1)	(11,12,0)	42	(16,10,1)	(10,12,1)	(10,12,0)
20	(8,3,2)	(8,1,1)	(8,1,0)	43	(17,10,1)	(20,12,1)	(20,12,0)
21	(8,4,1)	(4,11,1)	(4,12,0)	44	(17,11,1)	(5,12,1)	(5,12,0)
22	(9,1,3)	(6,9,1)	(6,9,0)	45	(18,1,1)	(7,1,1)	(7,1,0)
23	(9,2,1)	(14,2,1)	(14,2,0)	46	(18,8,3)	(8,11,1)	(8,12,0)

续表

货物编号	原货格坐标	优化后货格坐标	出入端口坐标	货物编号	原货格坐标	优化后货格坐标	出入端口坐标
47	(19,1,2)	(3,11,1)	(3,12,0)	49	(20,2,1)	(1,3,1)	(1,1,0)
48	(19,2,1)	(5,1,1)	(5,1,0)	50	(20,9,1)	(18,11,1)	(18,12,0)

　　将遗传算法迭代寻优的结果与 B 公司原货位分配方案进行比对,分析自动化立体仓库的入库效率、货架稳定性、周转率的优化效果,见表 2.6,其货物分配情况如图 2.10 所示。

表 2.6　优化前与优化后的各个目标比对

目标	优化前	优化后	优化程度/%
$f_1(x_i,y_k,z_j)$	206.22	114.95	44.25
$f_2(x_i,y_k,z_j)$	942.16	588.96	37.49
$f_3(x_i,y_k,z_j)$	150.84	84.78	43.79
Fit(f)	415.93	251.12	39.62

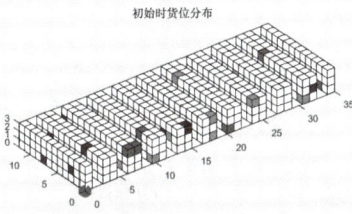

(a)订单规模为50初始时货位分布　　(b)订单规模为50优化后货位分布

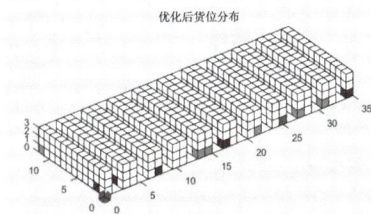

图 2.10　订单规模为 50 货物的分布情况

　　由表 2.6 可得,相对于原有的货位分配,本节研究的自动化立体仓库货位分配优化模型对各个目标函数均有较大的提升,当订单规模为 50 时,经过优化后,自动化立体仓库的入库效率相对于优化前提高了 44.25%,货架重心降低了 37.49%,货物周转率提高了 43.79%。综合考虑多个目标,总目标函数降低了 39.62%。由优化结果分析可得:本节研究的自动化立体仓库固有的货格数量为 720 个,上述优化数据只针对 50 个入库任务,鉴于货格资源充足,本研究中的货物主要分布在第一层和接近出入口的货位上,导致优化程度较高。由于这种情况不能完全证明所提出的货位分配模型和算法的有效性,所以需要增加不同规模的入库任务,来验证优化模型的有效性。分别设置一批订单规模为 100,200,340,480 的入库任务,自动化立体仓库的参数和算法参数均保持不变,进行优化求解,求解结果如图 2.11 所示。

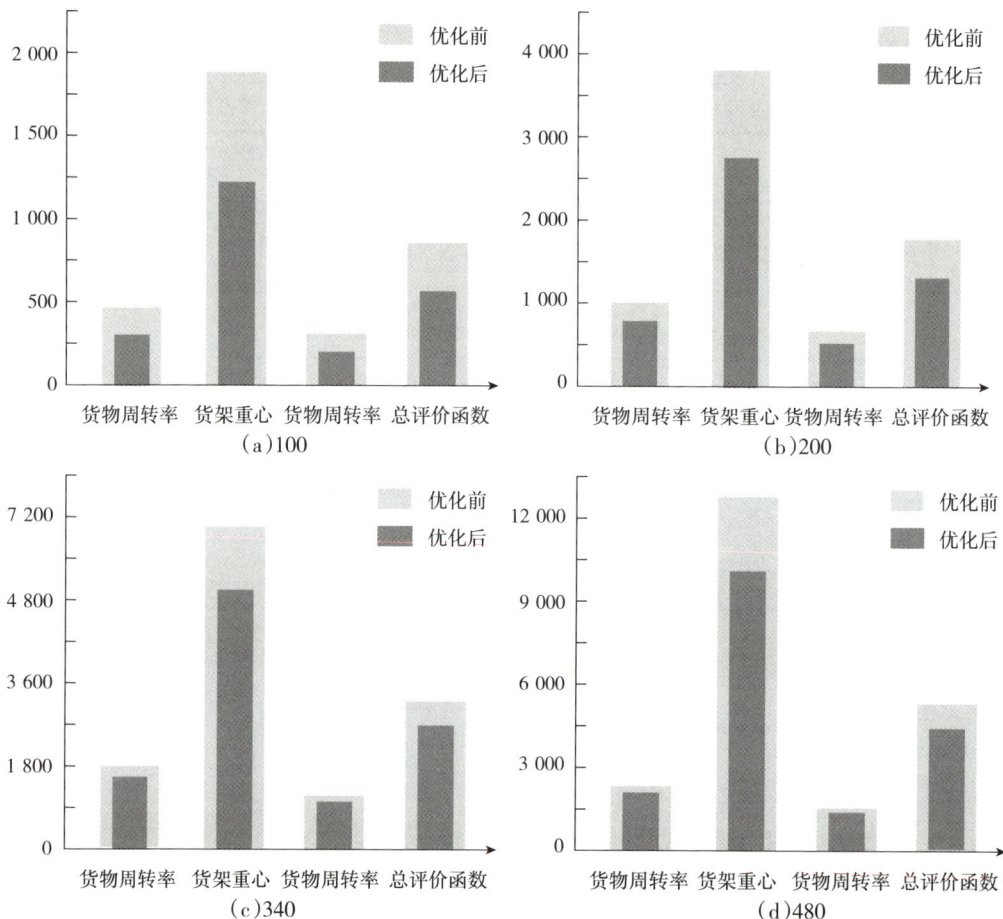

图 2.11　不同订单规模下各个目标的对比结果

由图 2.11 可知,当订单规模为 100 时,自动化立体仓库优化前的入库效率、货架重心、周转率、总目标函数分别为 463,77,1 884,309.17,858.90,优化后的各个目标值分别为 287.52,1 197.77,212.219,544.53,优化程度分别为 38%,36.42%,31.35%,36.60%。当订单规模为 200 时,自动化立体仓库优化前的入库效率、货架重心、周转率、总目标函数分别为 900.91,3 805.70,670.30,1 726.2,优化后的各个目标值分别为710.69,2 693.95,527.97,1 277.02,优化程度分别为 21.11%,29.21%,21.23%,26.02%。当订单规模为 340 时,自动化立体仓库优化前的入库效率、货架重心、周转率、总目标函数分别为 1 756.80,6 997.40,1 171.20,3 211.80,优化后的各个目标值分别为 1 570,5 628.88,1 047.03,2 683,优化程度分别为 10.63%,19.56%,10.60%,16.50%。当订单规模为 480 时,自动化立体仓库优化前的入库效率、货架重心、周转率、总目标函数分别为 2 357.7,12 780,1 561.80,5 325.30,优化后的各个目标值分别为 2 145.05,10 160.2,1 425.9,4 406.4,优化程度分别为 9.02%,20.50%,8.51%,17.26%。

综上所述,当订单规模较小时,优化后的各个目标值相对于优化前有较大的提升;当订单规模为货位的一半及以上时,优化后的各个目标值趋于稳定状态,对比优化前的自动化立体仓库,优化后的入库效率、货架重心、周转率、总目标函数分别稳定在 10%,20%,10%,16.7% 左右。其各个规模下的货位分配仿真结果如图 2.12 所示。

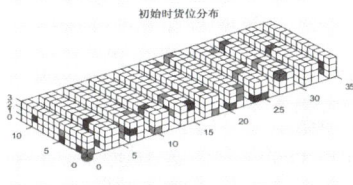

(a)订单规模为100时的初始时货位分布　(b)订单规模为100时的优化后货位分布

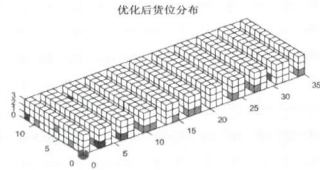

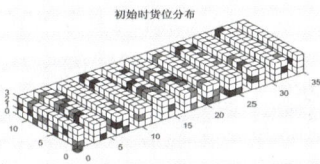

(c)订单规模为200时的初始时货位分布　(d)订单规模为200时的优化后货位分布

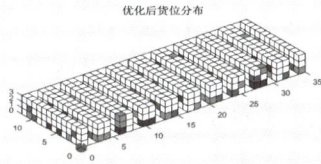

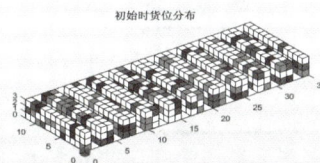

(e)订单规模为340时的初始时货位分布　(f)订单规模为340时的优化后货位分布

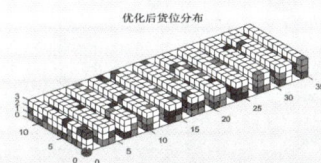

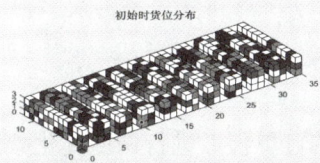

(g)订单规模为480时的初始时货位分布　(h)订单规模为480时的优化后货位分布

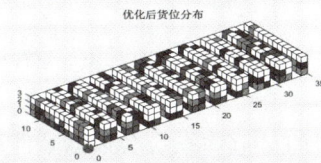

图 2.12　各个订单规模下货位分配仿真结果

由图 2.12 可知,本节研究的双端口自动化立体仓库货位分配模型及算法,在处理任何规模入库订单时,在解的质量方面均有较大的优势,从而进一步验证了货位分配模型优化方案的可行性与优越性。

2.3 双端口自动化立体仓库堆垛机调度

堆垛机作为执行出/入库任务的唯一载体,科学规划堆垛机的行驶线路可以在较短的时间内完成出/入库任务,从而降低货物运输过程中的时间成本。因此,如何规划自动化立体仓库堆垛机的路径节点,成为研究的重点。针对双端口自动化立体仓库堆垛机调度问题的特性,本节以堆垛机的运行时间为评价指标,采用松鼠搜索算法进行迭代寻优,合理规划堆垛机的路径节点,以提高自动化立体仓库的出/入库效率。

2.3.1 问题描述

双端口自动化立体仓库在货架两端各设有一个出/入端口,其平面布局图如图 2.13 所示。堆垛机可以根据运送货物所花费的时间长短选择不同的出/入端口进行出/入库作业,因此,不仅要确定最佳的出/入库任务序列,还要确定每个出/入库任务所选择的出/入端口。

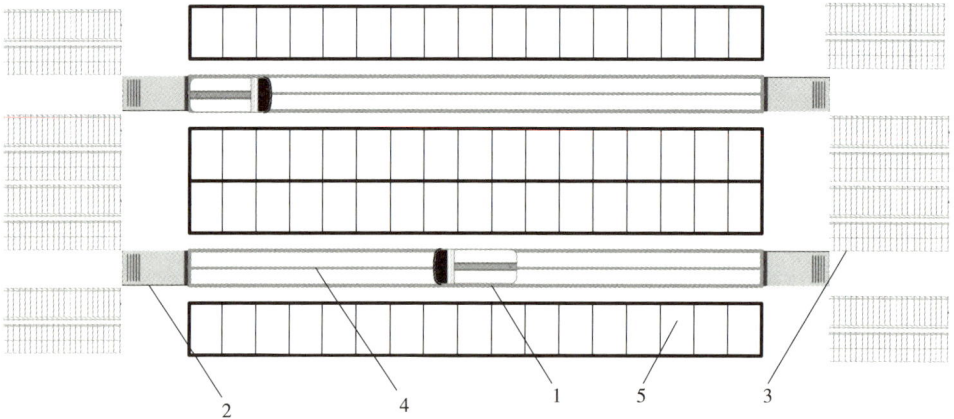

图 2.13　双端口自动化立体仓库平面布局
1—堆垛机；2—出/入库口；3—传送带；4—直行轨道；5—货位

自动化立体仓库系统会根据硬件系统下达的订单任务进行调度优化处理,然后分配给堆垛机具体的作业方式(单一作业方式和复合作业方式),并且把状态数据反馈给硬件系统已处理的调度方案。堆垛机会根据系统下达的指令完成该批次的出/入库任务,并对管理系统进行策略执行反馈。自动化立体仓库调度流程如图 2.14 所示。

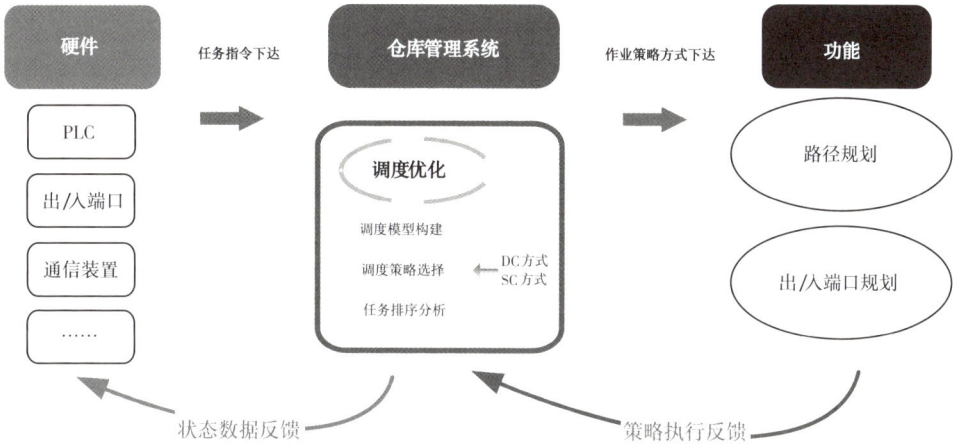

图 2.14　自动化立体仓库调度流程图

分析堆垛机调度问题后得出以下结论:当堆垛机执行第一个任务时,如果任务是入库作业,那么它的目的地将是堆垛机执行完上一个出/入库作业后所在的端口,如果任务是出库作业,堆垛机将从之前停留的位置直接开始执行该任务。当堆垛机完成最后一个任务时,如果该任务是入库作业,堆垛机会返回到最近的端口,如果该任务是出库作业,那么该货物的出库位置为距离堆垛机最近的端口。

2.3.2　堆垛机作业调度模型构建

考虑双端口自动化立体仓库的调度流程,建立堆垛机调度模型需要优化的两个目标为:

①在自动化立体仓库执行一批次订单任务时,科学合理地规划堆垛机的出/入库序列。

②对堆垛机在执行出/入库任务时,合理选择堆垛机的出/入端口。

由于对出/入库任务的出入端口不做限制,无论选择 SC 方式还是选择 DC 方式执行任务,选择的出/入端口是由堆垛机执行订单任务所花费的时间数值最小决定的。

1)堆垛机调度问题假设条件与说明

因为本节研究对象自动化立体仓库采用的是双端口布局方式,立体仓库货格抽象图如图 2.15 所示。所以选取 B 公司某一列固定式立体货架进行建模分析。为了方便模型的建立和问题研究,对双端口自动化立体仓库做出以下假设与说明。

①因为立体仓库所有货架的出入库方式相同,所以只考虑单排货架的建模与优化。

②假设货架的列数为 a,货架的层数为 b,货格对应的坐标为 (x,y),货架两侧各设置一个出/入端口,左侧出/入端口 $IO_{左}$ 对应的坐标为 $(0,1)$,右侧出/入端口 $IO_{右}$ 对

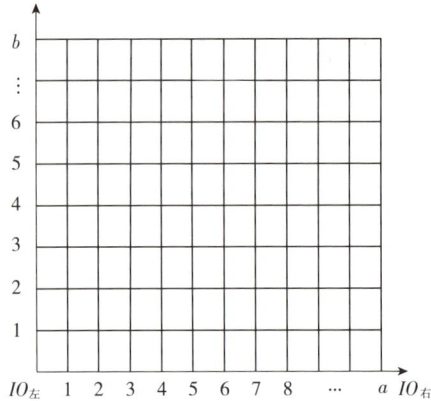

图 2.15　立体仓库货格抽象图

应的坐标为 $(a+1,1)$。

③由于货架两端均设置出/入端口,堆垛机在巷道内只需进行水平和垂直方向上的运动,设置水平加速度和垂直加速度分别为 a_c、a_r,最大水平速度和最大垂直速度为 v_c,v_r。

④堆垛机在执行任务时,一次只能装载一个货物,每个货位也只能装载一个货物。

⑤堆垛机从接受任务到执行结束前,不会执行本次任务之外的事情,即不存在任务抢占机制。

⑥堆垛机货叉装/卸货时间恒定,设置为 t。

⑦所有货架和货格的尺寸相同,货格列宽为 L,货格高度为 h。

2)建立堆垛机调度模型

通过 2.3.1 节对于堆垛机的基本假设,在考虑堆垛机加速的条件下,堆垛机从货格 $a=(x_a,y_a)$ 到货格 $b=(x_b,y_b)$ 的运行时间为 $T_{ab}=\max(t_c,t_r)$,其中 t_c 为堆垛机在水平方向的运动时间,t_r 为堆垛机在垂直方向的运动时间,$a,b\in(1,2)$,其对应的求解公式如下:

$$t_c=\begin{cases}\dfrac{v_c}{a_c}+\dfrac{|x_a-x_b|l}{v_c} & 当\,|x_a-x_b|l>v_c^2\\[4mm]\sqrt{\dfrac{|x_a-x_b|l}{a_c}} & 当\,|x_a-x_b|l\leqslant v_c^2\end{cases} \qquad (2.17)$$

$$t_r=\begin{cases}\dfrac{v_r}{a_r}+\dfrac{|x_a-x_b|h}{v_r} & 当\,|x_a-x_b|h>v_r^2\\[4mm]\sqrt{\dfrac{|x_a-x_b|h}{a_r}} & 当\,|x_a-x_b|h\leqslant v_r^2\end{cases} \qquad (2.18)$$

由上两式可得,堆垛机采用 SC 搬运方式完成一次任务所花费的时间,其计算公式如下：

$$T_{SC} = T_{O_aP_i} + T_{P_iO_b} + 2t \tag{2.19}$$

式中　$T_{O_aP_i}$——第 i 个任务从入库端口 O_a 到达入库货格 P_i 所花费的时间；

$\quad\quad T_{P_iO_b}$——入库货格 P_i 到出库端口 O_b 所消耗的时间；

$\quad\quad t$——堆垛机存取获取所花费的时间。

同理，堆垛机采用 DC 搬运方式完成一次任务所消耗的时间为：

$$T_{DC} = T_{O_aP_{2j-1}} + T_{P_{2j-1}P_{2j}} + T_{P_{2j}O_b} + 4t \tag{2.20}$$

式中　$T_{O_aP_{2j-1}}$——第 j 个任务从入库端口 O_a 到入库货格 P_{2j-1} 所需要的时间；

$\quad\quad T_{P_{2j-1}P_{2j}}$——从入库货格 P_{2j-1} 到出库货格 P_{2j} 所需要的时间；

$\quad\quad T_{P_{2j}O_b}$——从出库货格 P_{2j} 到出库端口 O_b 所消耗的时间。

当自动化立体仓库接到一批出/入库订单时，需要判断入库作业和出库作业的数量，来规划 DC 任务和 SC 任务。具体过程如图 2.16 所示。

①自动化立体仓库管理系统通过硬件系统获取出入库类型并记录其数量，假设入库任务有 m 个，出库任务有 n 个。

②如果 $m=n$，为了满足堆垛机运行时间和运行里程最短，这时需要堆垛机完成 m 或 n 个复合指令作业，即可完成该批次的所有出入库任务；如果 m 不等于 n，这时需要堆垛机完成 $|m-n|$ 个复合指令作业和 $\min(m,n)$ 个单一指令作业，即可完成所有出/入库任务。通过系统内集成的算法优化任务顺序。

③堆垛机根据优化后的任务序列进行出/入库操作。

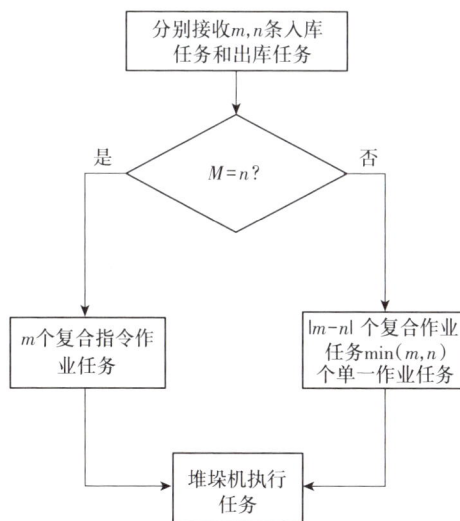

图 2.16　堆垛机调度流程图

由图 2.16 分析可知，堆垛机执行订单内所有的 SC 任务所需的时间为：

$$T_{SC} = \sum_{i=1}^{m-n} \left(T_{O_a P_i} + T_{P_i O_b} \right) + 2\left(a_2 - a_1 \right) \times t \tag{2.21}$$

同理,堆垛机使用 DC 搬运方法完成单次任务,所需的时间为:

$$T_{DC} = \sum_{j=1}^{a_1} \left(T_{O_a P_{2j-1}} + T_{P_{2j-1} P_{2j}} + T_{P_{2j} O_b} \right) + 4 a_1 \times t \tag{2.22}$$

综上可得,堆垛机采用 SC 方式和 DC 方式执行完订单内所有出/入库任务,所需的时间为:

$$T = T_{DC} + T_{SC} = \sum_{j=1}^{a_1} \left(T_{O_a P_{2j-1}} + T_{P_{2j-1} P_{2j}} + T_{P_{2j} O_b} \right) + \\ \sum_{i=1}^{a_2 - a_1} \left(T_{O_a P_i} + T_{P_i O_b} \right) + 2\left(a_1 + a_2 \right) \times t \tag{2.23}$$

对于自动化立体仓库堆垛机调度问题,以堆垛机执行完订单所花费的时间最短为目标,确定堆垛机调度最优路径模型为:

$$g(T) = \min(T) \tag{2.24}$$

2.3.3 松鼠搜索算法设计

1)松鼠搜索算法概述

飞行松鼠的觅食策略灵活多变,例如:在温暖的秋天,为了满足自身的营养需求,松鼠们会通过滑行来改变自身位置,探索森林的不同区域。在春天,由于气候条件足够适宜,它们可以食用橡子来满足正常的能量需求。在冬天,它们开始寻找冬季的最佳食物——山核桃。山核桃的储存将有助于它们在极端恶劣的天气下维持能量摄入,减少觅食成本,从而增加生存概率。当冬天将至,由于气候变化,几乎所有的植被都凋零,松鼠被天敌捕食的概率增加,因此松鼠们的活跃程度降低。当冬天结束时,松鼠们的活跃程度会逐渐随着气温的升高而逐渐增高,循环往复,伴随松鼠的一生。根据松鼠的觅食策略,Mohit Jain 为简化数学模型提出以下假设:

①在森林中存在 n 只松鼠,栖息在 n 棵树上。

②每只松鼠都存在动态觅食行为,并通过迁徙行为来优化食物来源。

③在森林生态系统中,存在着 3 种主要类型的树种,分别是普通树(占据树种总数的 92%)、橡树(提供橡子坚果作为重要食物来源,占据树种总数的 6%)和山核桃树(提供山核桃坚果作为重要食物来源,占据树种总数的 2%)。

其中,山核桃树代表最优食物来源,橡树代表次优食物来源,普通树代表无食物来源。

SSA 与其他基于种群的算法类似,从种群初始化开始,包括适应度评估、食物资源分配、位置迁徙、季节监测和冬末迁徙等操作。

（1）种群初始化

森林中存在 n 只松鼠,可以用以下矩阵来表示种群内所有松鼠的位置坐标:

$$FS = \begin{bmatrix} FS_{1,1} & FS_{1,2} & \cdots & FS_{1,d} \\ FS_{2,1} & FS_{2,2} & \cdots & FS_{2,d} \\ \vdots & \vdots & \ddots & \vdots \\ FS_{n,1} & FS_{n,2} & \cdots & FS_{n,d} \end{bmatrix} \tag{2.25}$$

$$FS_d = FS_L + U(0,1) \times (FS_H - FS_L) \tag{2.26}$$

式中,第 n 只松鼠在 d 维方向用 $FS_{n,d}$ 表示,FS_d 表示在森林中随机分配松鼠的觅食位置,FS_H 表示该松鼠位置区间的上限,FS_L 代表位置下限,$U(0,1)$ 代表区间 $[0,1]$ 之间的随机数。

（2）适应度评估

将目标函数值作为适应度函数,对每只松鼠的位置进行适应度计算,并将计算结果存储在以下数组中:

$$f = \begin{bmatrix} f_1([FS_{1,1}, FS_{1,2}, \cdots, FS_{1,d}]) \\ f_2([FS_{2,1}, FS_{2,2}, \cdots, FS_{2,d}]) \\ \vdots \\ f_n([FS_{n,1}, FS_{n,2}, \cdots, FS_{n,d}]) \end{bmatrix} \tag{2.27}$$

（3）食物资源分配

将每只松鼠的适应度值存储后,对数组进行升序排序,排名第一的松鼠被认为位于山核桃树上,排名第二到第四的松鼠被认为位于橡子树上,其余位置的松鼠位于普通树上。利用随机选择,在躲避天敌的前提下,为了满足能量需求,橡子树上的松鼠会向山核桃树上迁徙,普通树上的松鼠会向橡子树或山核桃树上迁徙。这种自然行为采用捕食者存在概率 P_{dp} 的位置更新机制来进行模拟。

（4）位置迁徙

松鼠在寻找食物时面临 3 种不同情况,即在无天敌的情况下采用整个森林的有效搜索,在有天敌存在时采用最小范围的随机滑行搜索,以及被天敌追逐时的逃跑行为,这些情况都涉及松鼠的动态觅食行为。通过数学模型可以对其进行抽象和描述。

情况 1:橡子树上的松鼠可能会朝山核桃树上迁徙,位置更新如下:

$$FS_{at}^{t+1} = \begin{cases} FS_{at}^t + d_g \times G_c \times (FS_{ht}^t - FS_{at}^t), & P_{dp} \leq R_1 \\ 随机配置, & 其他 \end{cases}$$

情况 2:普通树上的松鼠向橡子树上迁徙,位置更新如下:

$$FS_{at}^{t+1} = \begin{cases} FS_{nt}^t + d_g \times G_c \times (FS_{at}^t - FS_{nt}^t), & P_{dp} \leq R_2 \\ 随机配置, & 其他 \end{cases}$$

情况 3：一些普通树上的松鼠已经吃过橡子果实后向山核桃树上迁徙，位置更新如下：

$$FS_{at}^{t+1} = \begin{cases} FS_{at}^t + d_g \times G_c \times (FS_{ht}^t - FS_{nt}^t), & P_{dp} \leqslant R_3 \\ 随机配置, & 其他 \end{cases}$$

式中　d_g——随机滑动距离；

　　　R_1, R_2, R_3——$[0,1]$ 之间的随机数；

　　　$FS_{at}^t, FS_{ht}^t, FS_{nt}^t$——表示 t 到达山核桃树、橡子树、普通树的松鼠位置；

　　　G_c——滑动变量，为了实现迭代过程中解集的精度和速度，G_c 为 1.9。

(5)滑行参数选择

松鼠在觅食过程中采取滑行方式进行位置迁徙，受力分析如图 2.17 所示。其滑行距离计算式如下：

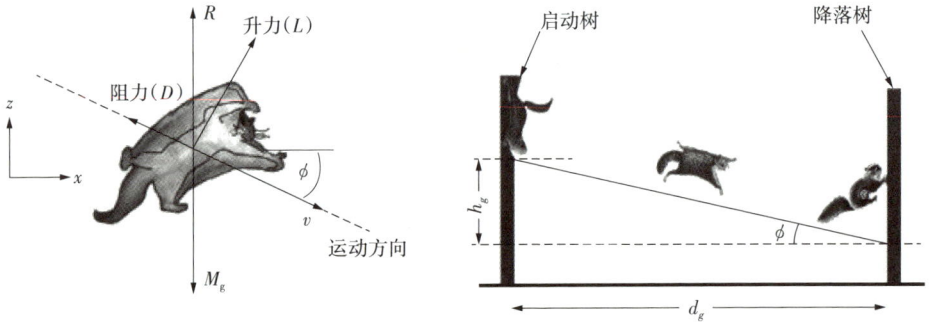

图 2.17　松鼠滑行示意图

$$D = \frac{1}{2\rho C_D v^2 S}$$

$$L = \frac{1}{2\rho C_L v^2 S}$$

$$d_g = \frac{h_g L}{D}$$

式中　D——阻力；

　　　L——升力；

　　　ρ——空气密度；

　　　C_L——升力系数（$0.675 \leqslant C_L \leqslant 1.5$）；

　　　C_D——摩擦阻力系数，值为 0.6；

　　　v——滑行速度；

　　　S——松鼠的表面积；

　　　h_g——每次滑行产生的高度损失，在对 d_g 的推导中利用到的参数取值均来自实际测量。

(6)季节监测及冬末迁徙

季节变化对松鼠的觅食活动影响显著。由于松鼠本身具有高体温和小体型,在温度较低的冬季,它们会损失大量热量,而且天敌的存在也增加了觅食成本。为了增强松鼠搜索算法的鲁棒性并避免陷入局部最优解,我们引入了季节监测条件。

季节性常数的计算公式如下:

$$S_c^t = \sqrt{\sum_{k=1}^{d} (FS_{at,k}^t - FS_{ht,k})^2}$$

判断季节监测条件,即 $S_c^t \leqslant S_{\min}$,其中季节性常数最小值,计算公式如下:

$$S_{\min} = \frac{10E^{-6}}{365^{t/(t_m/2.5)}}$$

其中,t 和 t_m 分别为当前和最大迭代值。$S_{\min}$ 对算法的迭代速度和精度有较大的影响,当 $S_{\min}$ 值较大时,算法的速度较高,但其精度有所降低,反之,当 $S_{\min}$ 值较小时,算法的精度较高,但收敛速度较低,因此需要调节 $S_{\min}$ 值,将精度和速度控制在一个适当平衡的状态。当满足季节监测性条件时,需要随机安置那些在森林中无法获得食物资源的松鼠,通过 Levy 分布实现随机安置,位置公式如下:

$$FS_{nt}^{new} = FSL + \text{Levy}(n) \times (FS_U - FS_L)$$

Levy 是一种数学工具,用于增强各种元启发式算法的全局搜索能力,其本质是一种特定的随机游走机制。其表达式如下:

$$L(s,\gamma,\mu) = \begin{cases} \sqrt{\dfrac{\gamma}{2\pi}} \exp\left[-\dfrac{\gamma}{2(s-\mu)}\right] \dfrac{1}{(s-\mu)^{3/2}}, & 0 < \mu < s < \infty \\ 0, & \text{其他} \end{cases}$$

经过 SSA 后,其计算式如下:

$$\text{Levy} = 0.01 \times \frac{r_a \times \sigma}{|r_b|^{1/\beta}}$$

其中,r_a, r_b 是[0,1]中的两个正态分布随机数,β 为常数,数值为 1.5,σ 的计算公式如下:

$$\sigma = \left[\frac{\sin\left(\dfrac{\pi\beta}{2}\right)\Gamma(1+\beta)}{2^{\frac{\beta-1}{2}}\beta\,\Gamma\left(\dfrac{1+\beta}{2}\right)}\right]$$

式中 $\Gamma(x) = (x-1)!$。松鼠搜索算法具有以下特点:

①多样性强:松鼠搜索算法具有较强的多样性,通过模拟松鼠觅食的过程,可以保证算法在搜索过程中充分探索搜索空间中的不同区域,避免算法陷入局部最优解。

②收敛速度快:松鼠搜索算法采用逐代迭代的方式进行搜索,每次迭代都会更新

搜索空间的最优解,因此,可以在较短的时间内获得比较好的搜索结果。

③适应性强:松鼠搜索算法能够适应多种不同的优化问题,如连续优化问题、离散优化问题、多目标优化问题等,具有很好的通用性和适应性。

2)松鼠搜索算法设计

由于本节研究的问题是堆垛机调度问题,其求解结果为路径,不同于其他问题的连续解,因此,采用整数编码策略对入库作业进行任务编号,组成一段序列编码。按照上述编码方式,将入库任务组成相应的编码,并排列在入库任务之后。对于上述堆垛机调度模型,本节采用松鼠搜索算法进行求解。具体的求解步骤如下:

(1)种群初始化

按照上述编码方式,将松鼠个体随机分配到树上,如图 2.18 所示,其中松鼠个体代表路径节点,由所有具有特定位置的路径节点组成。n 代表松鼠种群的数量。

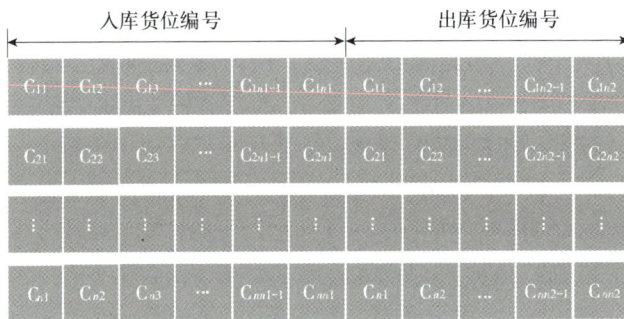

图 2.18　初始化松鼠种群

(2)适应度函数设计

由于适应度函数总是非负的,且在任何状况下其值越大,则表示越优,而堆垛机运行的每条路径的总时间越小,则表示越优。所以选择适应度函数为:

$$\mathrm{fig}(g(T)) = \frac{1}{g(T)}$$

(3)适应度评估及食物资源分配

计算种群内每只松鼠的适应度值,适应度值代表松鼠个体觅食效率的优劣程度。计算完成后,根据适应度值从高到低进行排序。排在首位的松鼠被认为是位于山核桃树上,紧随其后的3只松鼠被安排在橡子树上,其余的松鼠则被认为是在正常树上。

(4)迁徙操作设计

松鼠为了获得更好的食物来源,需要进行迁徙操作。在觅食过程中,松鼠会受到捕食者的影响。这一机制的表述如下:

①如果随机概率大于捕食者的概率 P_{dp}，则橡子树上的松鼠向山核桃树上迁徙。

②如果随机概率大于捕食者的概率 P_{dp}，则一些正常树上的松鼠向橡子树上迁徙。

③如果随机概率大于捕食者的概率 P_{dp}，则一些正常树上的松鼠向山核桃树上迁徙。

在以上三种情况下，均把相对食物来源较好的位置作为迁徙目标。在迁徙过程中，会随机生成两个点位，并对这两个交叉位点间的货位编号进行交叉，以生成新的个体。由于问题编码的特性，这样生成的新个体可能会出现货位编号缺失和冗余，从而使解空间中出现异常解。为了丰富解空间的多样性并解决这一问题，通过引进遗传算法中的基因修复操作，将其应用于松鼠的迁移过程。迁徙操作的具体过程如图 2.19 所示。

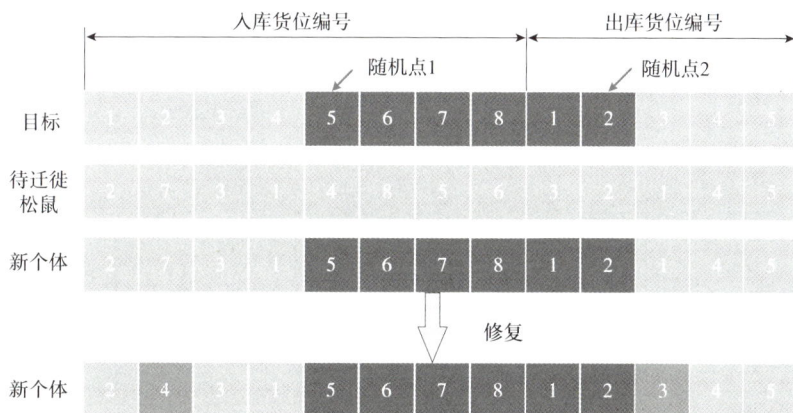

图 2.19　迁徙操作

（5）季节检测和冬末迁徙

季节气候变化对松鼠的觅食行为存在一定干扰。在温度较高的夏季，松鼠的觅食活动较为活跃；在温度较低的冬季，为了保存能量，松鼠会进入半冬眠状态，导致算法寻优过程停滞。因此需要向算法中引入季节气候检测以弥补算法陷入停滞状态的缺点。如果当前情况满足季节性条件 S_{min}，则需要对所有正常解执行突变操作：突变算子将随机选择每条路径的两个节点，并在每个路径中交换它们的位置，如图 2.20 所示。在执行完季节监测和冬末搬迁后，重新更新种群，并调整山核桃树、橡子树以及正常树上的松鼠位置。否则，随机排列普通树上的松鼠位置。

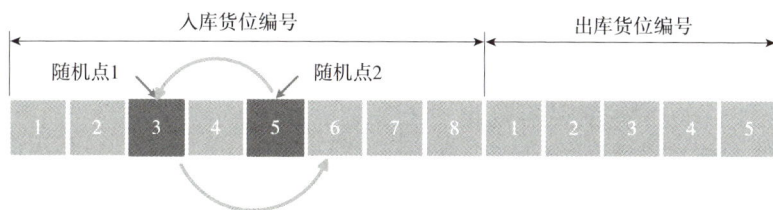

图 2.20　突变过程

(6)终止迭代条件

设置最大迭代次数为 GenMax,算法结束寻优后,输出山核桃树上的松鼠个体,以及对应的目标函数值。若不满足则继续循环上述操作。

综上可得,松鼠搜索算法求解堆垛机调度问题的流程如图 2.21 所示。图中 r_1,r_2,r_3,r_4 为[0,1]之间的随机数。

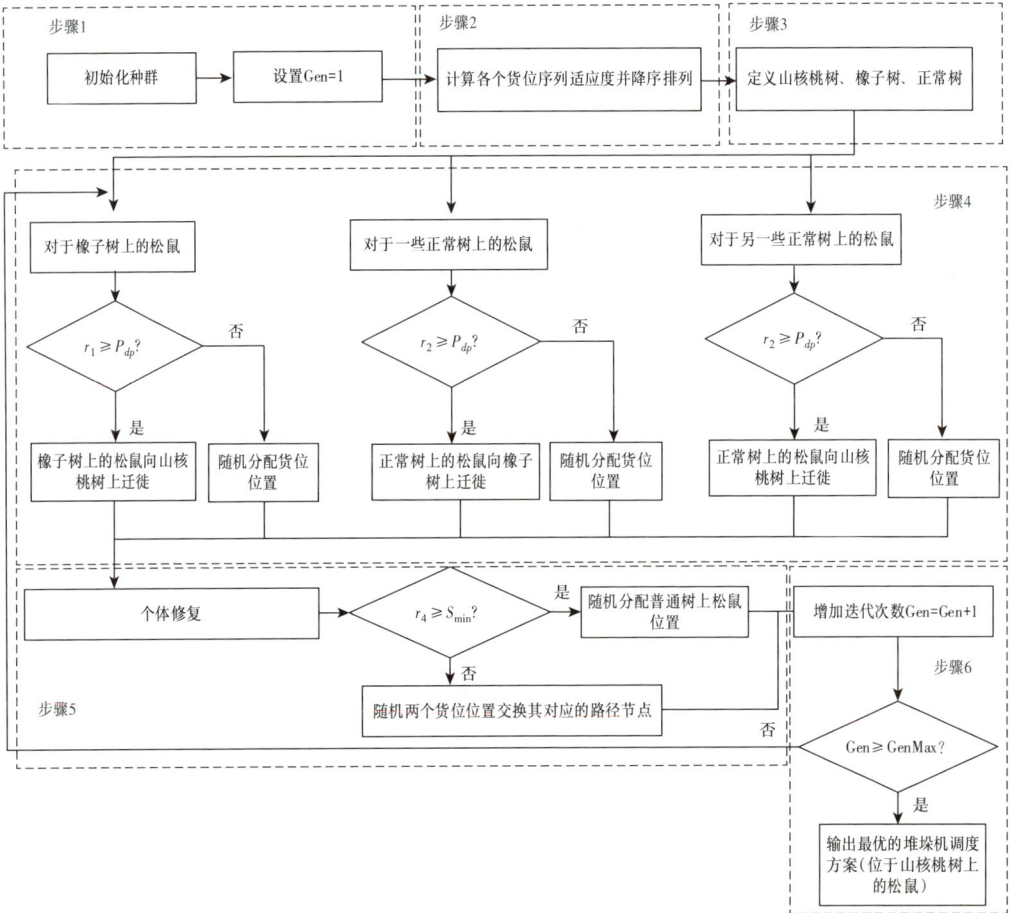

图 2.21　求解堆垛机调度问题 SSA 流程图

2.3.4　仿真验证

为了验证所建立的模型的有效性,进行了以下仿真实验:每个货架有 12 层,80 列。设置一台堆垛机、两个端口,对应的二维坐标为(0,1)和(81,1),均可完成出库和入库任务。该自动化立体仓库的各项运行参数见表 2.7。针对不同订单规模,以入库任务比出库任务多的订单为例,选取 40 个出/入库任务进行仿真实验,货位坐标和对应的出/入库序列编号见表 2.8。

表 2.7　系统运行参数

参数	数值	单位
货架格的列宽/层高	1.5/1	m
堆垛机水平/垂直方向的加速度	0.4/0.5	m/s²
堆垛机水平/垂直方向的最大运行速度	3/1	m/s
堆垛机的拣选时间	1	s

表 2.8　货位坐标和对应的出/入库序列编号

入库				出库	
编号	坐标	编号	坐标	编号	坐标
1	(70,6)	16	(31,9)	1	(6,2)
2	(4,9)	17	(30,1)	2	(68,4)
3	(60,3)	18	(15,3)	3	(9,7)
4	(62,8)	19	(31,2)	4	(55,12)
5	(10,3)	20	(45,3)	5	(50,8)
6	(1,12)	21	(54,10)	6	(16,4)
7	(64,12)	22	(36,5)	7	(46,7)
8	(10,8)	23	(22,4)	8	(56,3)
9	(74,7)	24	(18,2)	9	(34,9)
10	(77,2)	25	(42,6)	10	(65,12)
11	(78,11)			11	(25,5)
12	(18,8)			12	(78,5)
13	(50,6)			13	(59,6)
14	(4,5)			14	(23,10)
15	(19,7)			15	(16,1)

对本节所提出的松鼠搜索算法进行编程仿真,同时以传统的遗传算法作为对比实验,验证表明:在解决双端口自动化立体仓库堆垛机的调度问题上,松鼠优化算法具有较好的性能。各项仿真参数设置见表 2.9。

表 2.9　算法参数

算法	参数	数值
GA	迭代次数 Gen	500
	种群数量 n	50
	交叉算子 P_c	0.9
	变异算子 P_m	0.05
SSA	山核桃树的数量 N_h	1
	橡子树的数量 N_a	3
	普通树的数量 N_n	46
	捕食者存在的概率 P_{dp}	0.1
	迭代次数 t	500
	种群数量 n	50

使用 MATLAB R2018b 对两端式自动化立体仓库堆垛机调度进行优化仿真,堆垛机调度时间的优化曲线如图 2.22 所示。

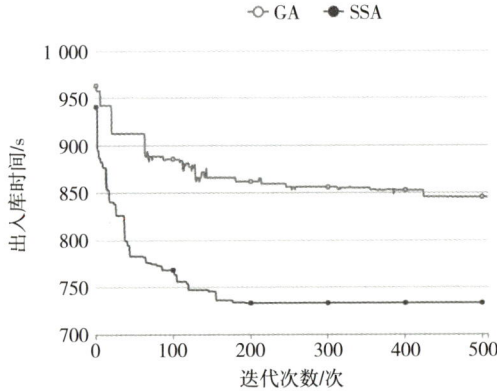

图 2.22　堆垛机调度时间优化曲线

如图 2.22 所示,随着迭代次数的增加,堆垛机完成订单内所有出/入库的时间逐渐减少。与传统 GA 相比,SSA 采用了多策略的更新模式来提高算法的收敛速度。具体来说,对于森林中觅食的松鼠,根据当前迭代次数的位置,分别向山核桃树或橡树靠拢,而对于无法躲避天敌的松鼠,则会随机分配松鼠的位置。GA 算法在迭代 423 次时达到最优解,SSA 算法在迭代 178 次时达到最优解,相对于 GA 算法,其收敛速度提高了 57.9%。在解集质量方面:SSA 算法采用了实时性约束条件来避免陷入局部最优解:计算当代季节监测值,并将其与当前迭代次数下设定的最小季节常数进行比较。

如果季节监测值小于最小季节常数,那么就会重新分配那些无法获得食物来源的松鼠的位置。SSA 求解得到的堆垛机出/入库时间的最优解为 733.45,与 GA 算法得到的最优解相比,能将堆垛机出/入库时间缩短 14.98%,从而有效提高了自动化立体仓库的吞吐效率。

图 2.23 为优化后的堆垛机执行完一批订单任务的调度路径,其最优路径序列和对应的出入端口见表 2.10。

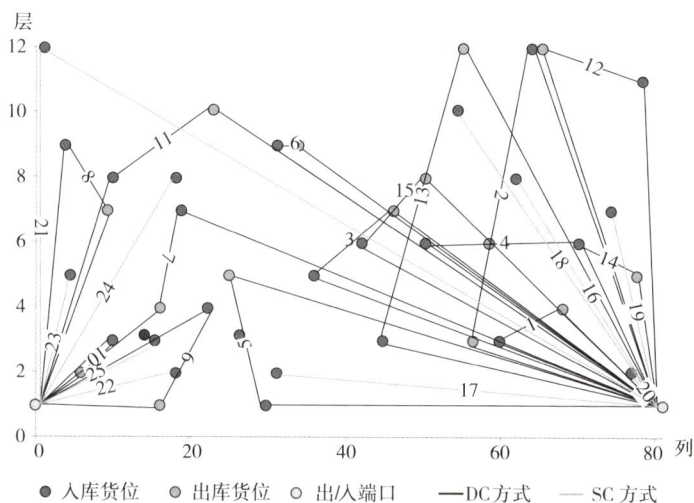

图 2.23 优化后的堆垛机路径组合图

表 2.10 出/入库的任务序列、货格坐标以及对应的货位端口

编号	坐标	端口	编号	坐标	端口
3	(60,3)	右	12	(18,8)	左
2*	(68,4)	右	14*	(23,10)	右
7	(64,12)	右	11	(78,11)	右
8*	(56,3)	右	10*	(65,12)	右
22	(36,5)	右	20	(45,3)	右
7*	(46,7)	右	4*	(55,12)	右
13	(50,6)	右	1	(70,6)	右
13*	(59,6)	右	12*	(78,5)	右
17	(30,1)	右	25	(42,6)	右
11*	(25,5)	右	5*	(50,8)	右
16	(31,9)	右	4	(62,8)	右

续表

编号	坐标	端口	编号	坐标	端口
9*	(34,9)	右	19	(31,2)	右
15	(19,7)	右	21	(54,10)	右
6*	(16,4)	左	9	(74,7)	右
2	(4,9)	左	10	(77,2)	右
3*	(9,7)	左	6	(1,12)	左
23	(22,4)	左	24	(18,2)	左
15*	(16,1)	左	14	(4,5)	左
5	(10,3)	左	8	(10,8)	左
1*	(6,2)	左	18	(15,3)	左

注:"*"代表出库任务编号。

为了验证双端口自动化立体仓库堆垛机调度模型和算法的性能,针对不同的订单规模进行仿真实验,具体设置了一批订单规模分别为20,40,60,80和100,如图2.24所示。为了更加贴合实际状况,分别设置出/入库数量,分别占订单总量的40%和60%。最后采用SSA和GA进行求解分析。

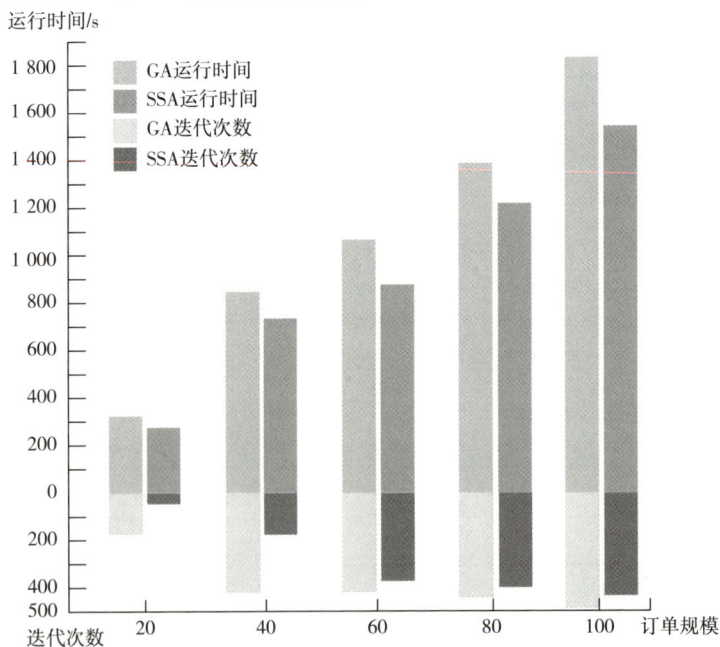

图2.24　不同订单规模下求解结果对比图

结果表明,在任何订单规模下,SSA 算法在解决双端口自动化立体仓库堆垛机调度问题的收敛速度和解集质量方面均表现良好:

①迭代次数:随着订单规模的增加,迭代次数呈正相关趋势。在求解小规模订单(0~40)时,SSA 求得最优解所需的迭代次数明显优于 GA 最优解的迭代次数,相对于 GA,SSA 的迭代速度提高约 58%。由于堆垛机调度问题的复杂性,在求解大规模订单(40~100)时,SSA 求得最优解所需的迭代次数逐渐接近 GA 最优解的迭代次数,仅提高了约 9%。

②运行时间:随着订单规模的增加,堆垛机的运行时间也相应增加。在所有订单规模下,SSA 求解得到的堆垛机运行时间与 GA 最优解相比,能将堆垛机出/入库的时间缩短约 15%。

2.4　本章小结

本章从自动化立体仓库的货位分配优化和双端口自动化立体仓库的堆垛机调度问题进行研究,结合实际情况使用遗传算法设计货位分配模型,从而提高货物周转率、货架重心及入库效率。采用松鼠搜索算法对堆垛机调度作业时间模型进行优化,并引入遗传算法弥补松鼠迁移过程中的不足,对实际生产调度具有重要的现实意义。

【参考文献】

[1] 陈华锐. 自动化立体库调度优化与出库货位优化研究[D]. 长春:吉林大学,2022.

[2] 张水旺,谢浩,付林萍,等. 考虑车载容量的多区型仓库拣货路径优化研究[J]. 系统科学与数学,2021,41(1):238-253.

[3] 段悦. 基于改进入侵杂草算法的仓库货位分配优化研究[D]. 合肥:中国科学技术大学,2018.

[4] 朱文真,唐敦兵,王雷. 基于遗传禁忌搜索算法的自动化立体仓库出入库路径优化研究[J]. 机械科学与技术,2011,30(7):1202-1206.

[5] 史勤政. 立体仓库双伸位堆垛机调度策略设计与实现[D]. 北京:中国科学院大学(中国科学院沈阳计算技术研究所),2020.

[6] 耿赛. 自动化立体仓库出入库调度策略优化研究[D]. 芜湖:安徽工程大学,2022.

[7] 张薇薇. ZT 公司自动化立体仓库货位优化研究[D]. 哈尔滨:哈尔滨理工大学,2017.

［8］张欢欢.自动化立体仓库的若干关键技术与仿真［D］.杭州:浙江大学,2008.

［9］左娴.电商快消仓拣选区货位分配问题研究［D］.西安:长安大学,2019.

［10］赵宛梦.鱼骨型布局机器人仓储系统布局优化及货位分配研究［D］.济南:山东大学,2020.

［11］孟洁.S企业药品需求预测与货位分配策略研究［D］.济南:山东财经大学,2021.

第3章
考虑海铁联运的"起重机-AGV"调度及堆场堆位分配

随着经济全球化的不断深入,集装箱多式联运作为洲际贸易的重要组成部分正在迅速发展。集装箱海铁联运结合了铁路运输和海运的优势,已成为多式联运的重要组成部分。海铁联运港口作为集装箱海铁联运的重要中转站,其输送设备与搬运设备的协同调度对整个多式联运的运输效率具有重大影响。目前,使用无人导引车(AGV)和无人轨道吊的码头自动化作业已成为国内外港口发展的主要趋势。除了利用自动化设备提高港口运输效率,为自动化设备以及抵达联运港口的船舶与列车设计高效的协同调度策略,也是提升港口运输效率的关键方法之一。此外,港口内联合堆场的合理集装箱进出顺序,能够提高 AGV 与起重机之间的协同效率,从而进一步提升港口集装箱运输效率。基于此,本章将分析海铁联运港口作业模式,研究 AGV 与起重机的协同调度策略,以及联合堆场的堆位分配问题。

3.1 海铁联运港口作业分析与模式界定

3.1.1 联运港口系统分析

1)联运港口的概念界定

联运港口是能够进行船舶和列车的到发,完成集装箱装卸、堆存等作业,实现集装箱在海铁联运过程中的中转换装的场所。与常规港口相比,联运港口在集装箱码头的基础上增设了铁路作业区,因此其布局与作业均存在一定的特殊性。

首先,需对联运港口的布局提出更高的要求,保障集装箱海铁联运作业的流畅性和高效性。其次,由于港口布局的改变,还需考虑铁路作业区内的集装箱的装卸、堆存作业。因此,联运港口需在保障集装箱码头作业的基础上,合理安排铁路作业区内的作业,并需考虑集装箱码头与铁路作业区内的设施设备集成调度作业问题。

2）联运港口功能分析

由于联运港口在集装箱码头的基础上增设了铁路作业区,所以联运港口既包含传统的集装箱港口的功能,也涵盖了铁路集装箱车站的功能。

第一,具有连接水路运输和铁路运输的枢纽功能。

第二,作为集装箱铁路运输集散与到发作业的场地,联运港口具有整列编解等功能。

第三,联运港口配有先进的信息系统,便于跟踪查询集装箱的即时信息。

根据上述联运港口的功能描述,联运港口的设施配置既要满足船舶停靠和海运集装箱的装卸、堆存等作业要求,也要满足铁路作业区相关作业的基本要求。此外,还需要配备先进的信息管理系统,以实现实时追踪集装箱运输信息,便于集装箱海铁联运的流转。联运港口的运行模式如图 3.1 所示。

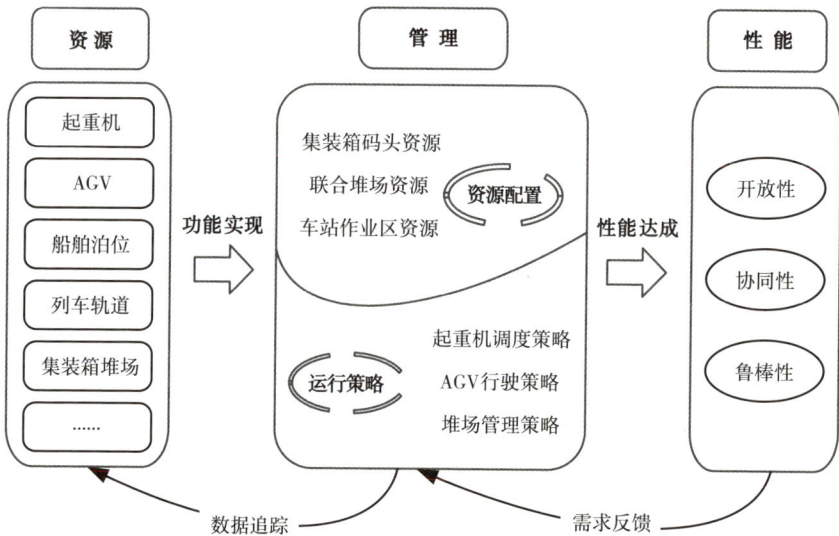

图 3.1　联运港口的运行模式图

3）联运港口作业资源

联运港口中各作业资源可按照资源属性分为空间资源和设备资源两种。联运港口中各作业资源的实体结构如图 3.2 所示。

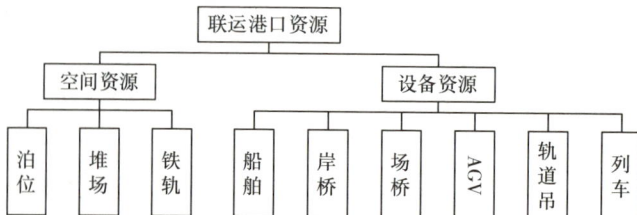

图 3.2　联运港口所属作业资源

其中,港口空间资源中的堆场资源在港口中布置时,根据堆场和港口岸线的关系可分为平行布置和垂直布置两种。其中堆场水平布置如图 3.3 所示。平行布置堆场中的 AGV 活动区域大,箱流分散,通过布置充分的道路网络能够提高场地的利用率,但是运输距离较垂直布置堆场长,导致平行布置堆场中的 AGV 运行效率很难提高。

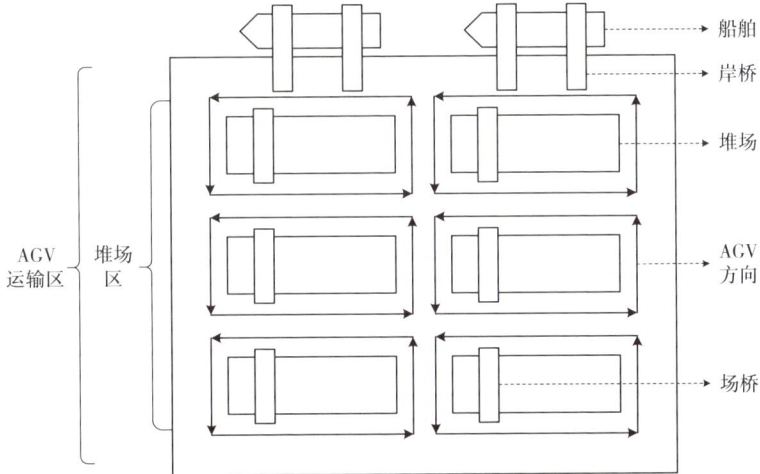

图 3.3　堆场水平布置图

堆场垂直布置时如图 3.4 所示,该堆场布置下的 AGV 运输区较小,交通压力主要集中在堆场与岸线之间的区域,其余干道利用率小,整体运输效率受到制衡,但是该布置使 AGV 与其余设备隔离,保证 AGV 活动区的封闭,减小外界因素带来的不确定性。且集装箱水平运输在较小区域就能完成,可通过全局最优调度充分均衡利用道路资源。因此,堆场资源选择垂直布置。

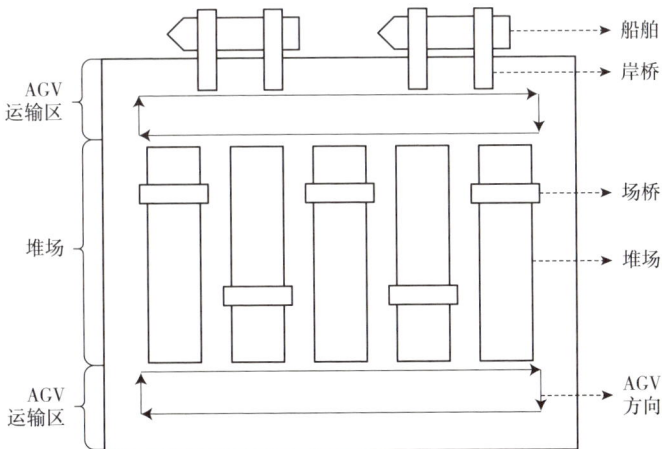

图 3.4　堆场垂直布置图

　　港口设备资源可根据作业类型分为运输设备、装卸设备和搬运设备 3 种。结合联运港口中的集装箱码头与铁路作业区的工作特点,可得到不同区域所需配属的作业设备,见表 3.1。

表 3.1　设备配置表

作业设备	设备类型	设备特点	配属区域
船舶	运输设备	集装箱海上运输设备	集装箱码头
列车	运输设备	集装箱铁路运输设备	铁路作业区
岸桥	装卸设备	船舶集装箱装卸设备	集装箱码头
轨道吊	装卸设备	列车集装箱装卸设备	铁路作业区
场桥	搬运设备	集装箱堆场搬运设备	集装箱码头、铁路作业区
AGV	搬运设备	集装箱水平搬运设备	集装箱码头、铁路作业区

3.1.2　联运港口区域分析

　　根据联运港口系统分析,可将联运港口按照各区域的工作特点划分为集装箱码头与铁路作业区两个部分。现对两个作业区域所配属的各类设备进行位置分析,以得到符合区域作业需求的设备位置关系。

1)集装箱码头

　　集装箱码头是船舶进出停靠和货物装卸的场所,需要完成船舶停靠、船舶装卸以及集装箱暂存等任务。因此,集装箱码头需包含船舶泊位、岸桥作业线和码头堆场,位置要求如下:

　　(1)船舶泊位

　　集装箱码头内包含多个泊位,各泊位均位于平行岸边的海平面上。船舶可在驶入泊位后进行集装箱的装卸载工作,在工作完成后即可离开泊位退出集装箱码头。

　　(2)岸桥作业线

　　多台岸桥共用一条岸桥作业线,该作业线位于平行于各泊位的地面上。各岸桥可沿着该作业线运行至有作业需求的泊位处完成集装箱的装卸载。

　　(3)码头堆场

　　码头堆场平行配置在岸桥作业线下方,包含多个子堆场,每个子堆场内均配置有场桥,为集装箱换装作业的顺利进行提供了稳定的暂存区域。

集装箱码头的具体布置如图 3.5 所示。

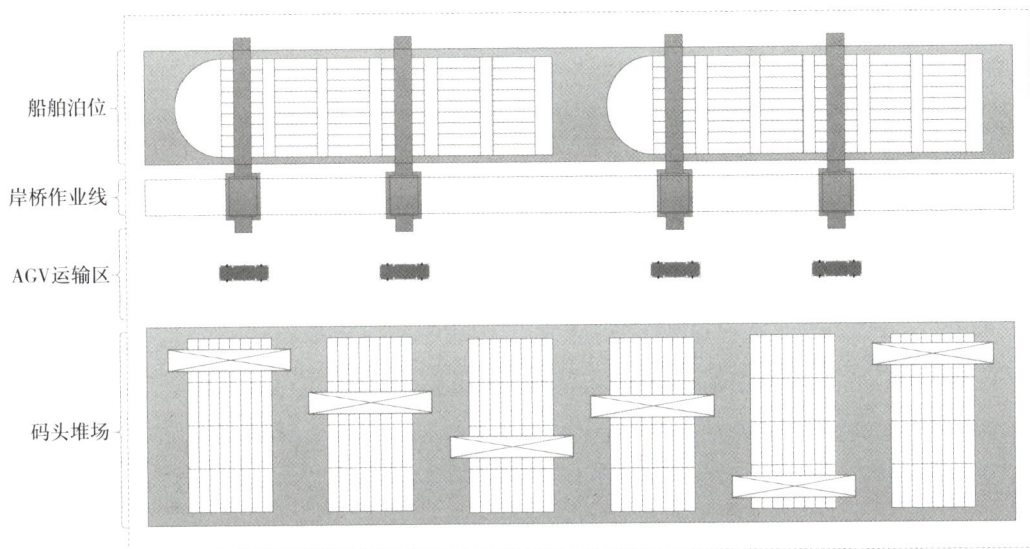

图 3.5　集装箱码头布置图

2）铁路作业区

铁路作业区是列车进出停留和列车集装箱装卸的场所,需完成列车停放、列车装卸和集装箱暂存任务。因此,铁路作业区需包含列车轨道、轨道吊作业线和铁路堆场,它们的位置要求如下：

（1）列车轨道

铁路作业区内包含多条列车轨道,各列车轨道平行布置,可分别容纳多列列车。各列车在列车轨道上可进行编组进出与集装箱装卸载。

（2）轨道吊作业线

多台轨道吊共用一条轨道吊作业线,该作业线外嵌于列车轨道。各轨道吊可沿着该作业线运行至有作业需求的列车车厢处并完成集装箱的装卸。

（3）铁路堆场

铁路堆场是铁路箱的暂时存储场所,便于铁路箱交接和保管,为了保证集装箱货物运输质量,通常会按照集装箱的种类进行堆存。铁路堆场平行配置在轨道吊作业线后。

铁路作业区具体布置如图 3.6 所示。

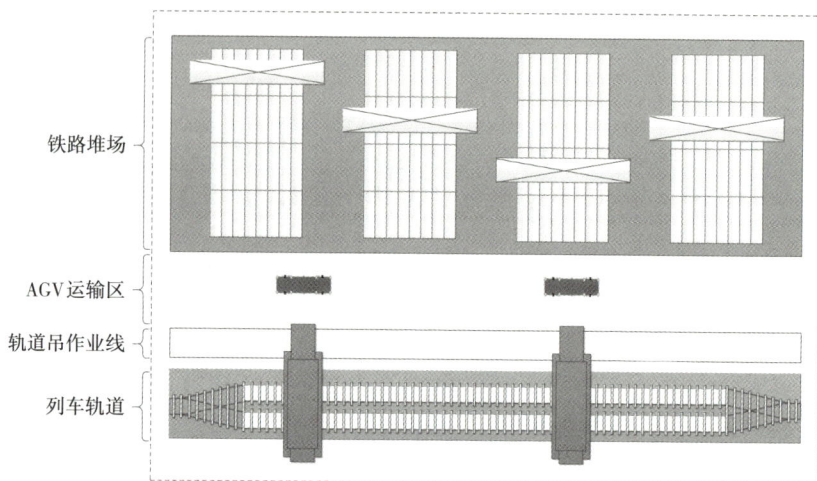

图 3.6　铁路作业区布置图

3.1.3　海铁联运作业模式与港口调度模式

1)海铁联运作业模式

针对联运港口中不同作业区域的组合形式,可将集装箱海铁联运分为不同的交接模式。不同的交接模式需要采用不同的作业组织方式,目前较为常见的有"船舶-列车"作业模式和"船舶-堆场-列车"作业模式。现分别对两种模式进行作业分析,以选择可行性更高的海铁联运作业模式。

(1)"船舶-列车"作业模式

"船舶-列车"作业模式也称为车船直取模式,即集装箱不需经过堆场堆存,直接在船舶与列车之间进行海运和铁路的换装。其主要特点为:作业流程相对简易,集装箱交接高效,在集装箱的换装过程中省略了堆存环节,减少了集装箱的装卸次数和运输时间,提高了集装箱的换装效率。

在"船舶-列车"作业模式下,铁路装卸线有两种布置形式:第一种布置是列车铁轨延伸至集装箱码头岸桥作业线下,使集装箱可不借助 AGV,直接使用岸桥进行水路和铁路的换装作业,实现真正意义上的无缝对接,具体布置如图 3.7 所示。在该港口布置下,集装箱海铁联运作业流程较为简单,集装箱可在船舶卸下后直接装载至列车上。但该布置存在较大的问题,即由于岸桥作业线处设备较多,空间较为拥挤,易产生 AGV 拥堵和岸桥作业紊乱。

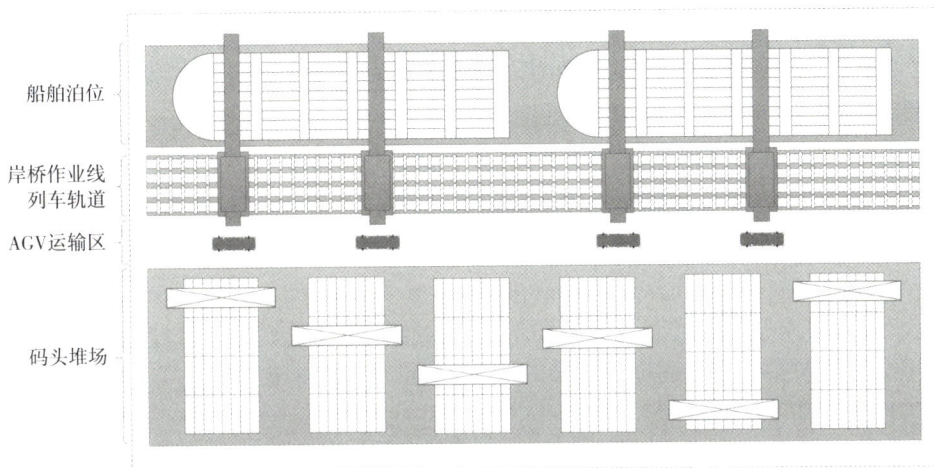

图 3.7　列车轨道延伸至集装箱码头

　　第二种布置是将列车轨道布置在码头堆场后方,与岸桥作业线保持一定的距离。在该布局形式下,集装箱除了需要借助岸桥和轨道吊在船舶与列车处完成装卸,还需使用 AGV 进行水平运输,具体布置如图 3.8 所示。在该港口布置下,集装箱海铁联运作业时,集装箱港口岸桥作业线处的作业压力可得到有效缓解,但会显著提高 AGV 的水平运输距离。

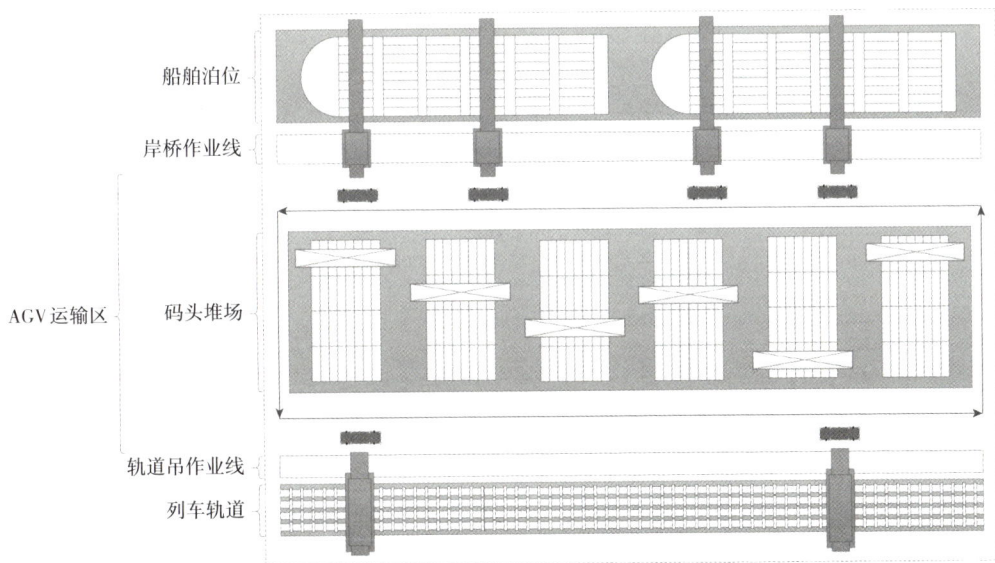

图 3.8　铁路轨道布置在码头堆场后方

　　以上两种车船直取模式虽然可以减少集装箱换装时间、节省堆场空间,但是对船舶和列车的到达时刻有较高要求,装卸作业难以同步。且由于船舶和列车运力相差较大,容易延长船舶和列车的周转时间。车船直取模式未得到普遍应用。

（2）"船舶-堆场-列车"作业模式

"船舶-堆场-列车"作业模式增加了集装箱在堆场的作业环节,铁路作业区布置在码头堆场后方,不同作业区域的机械设备相互配合完成集装箱的转运。目前,我国集装箱港口大多采用该作业模式。"船舶-堆场-列车"作业模式也分为两种布置形式:一种是分堆场形式,即码头堆场与铁路堆场分开,将铁路堆场布置在码头堆场后,并将列车轨道与轨道吊作业线布置在铁路堆场后,具体布置如图3.9所示。在分堆场形式下,中转集装箱既可选择在铁路区堆场堆存,也可选择在码头堆场堆存。集装箱堆存策略较多,在作业过程中可有效避免列车及船舶间集装箱箱量和到发计划不匹配的问题。但会为集装箱换装过程增加复杂的流程,也同时增加了集装箱的装卸次数及在堆场中的翻倒箱和压箱的情况。

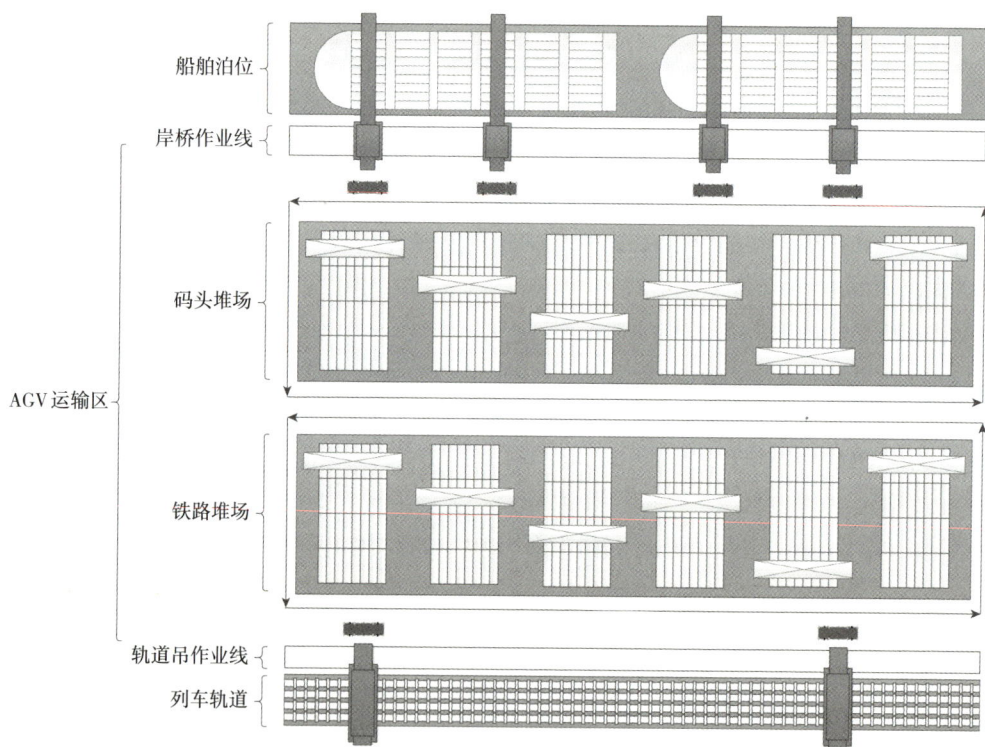

图3.9 联运港口分堆场布置图

另一种是共堆场形式,在该堆场布置下,集装箱码头与铁路作业区共用堆场,具体布置如图3.10所示。相较于分堆场形式,共堆场形式对设备调度及堆场使用提出了较高的柔性要求,使设备调度难度与堆场管理难度均得到一定提高。但由于该布置模式可以简化集装箱的换装流程,充分利用港口设备资源和空间资源,因此,本章集装箱海铁联运模式选择共堆场布置下的"船舶-堆场-列车"作业模式。

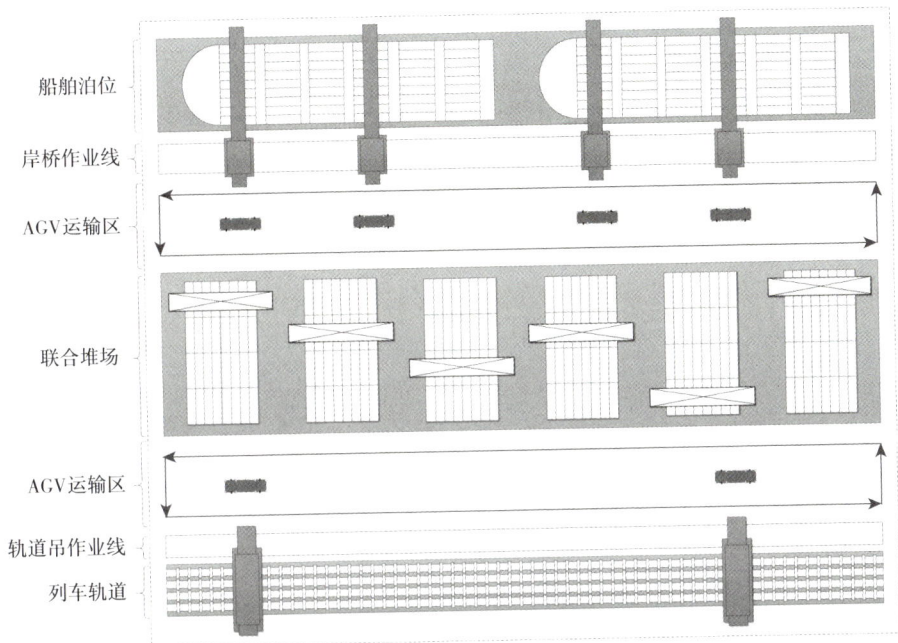

图 3.10　联运港口共堆场布置图

2）港口调度作业模式

　　在选定研究港口海铁联运作业模式为"船舶-堆场-列车"下的共堆场作业模式后，需根据 AGV 与起重机的协同调度模式进一步确定港口中的设备调度模式。港口设备调度可分为固定作业的静态协同调度与实时规划的动态协同调度。其中，静态协同调度下的 AGV 与起重机具有确定的协同组合关系，如图 3.11 所示。在该调度模式下，会为各 AGV 分配固定的作业区域与协同设备，此时的 AGV 调度任务与行驶路径均已

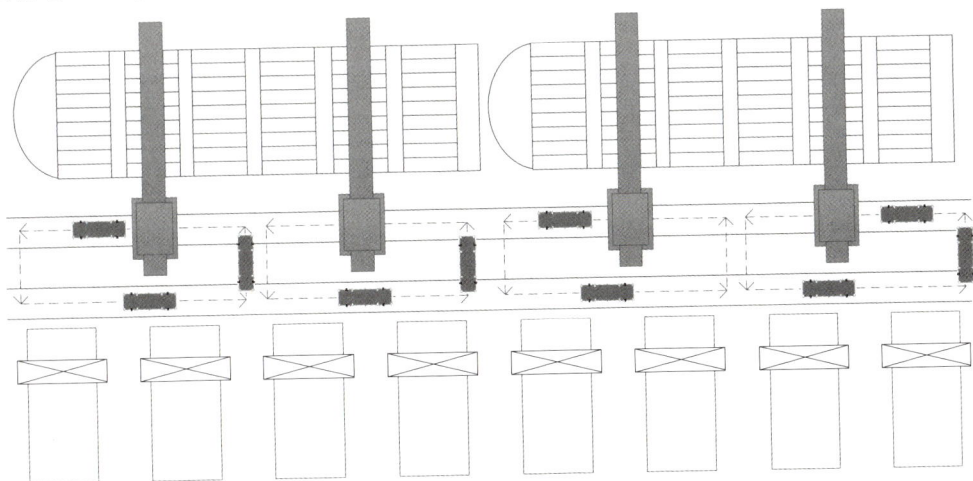

图 3.11　静态调度模式

确定,港口作业效率稳定,但作业区域的作业量不均衡会导致 AGV 与起重机的相互等待时间较长,难以从调度方法上提高港口作业效率。

动态协同调度下的 AGV 服务于港口内的全部起重机,各起重机均可调用港口内的空闲 AGV,如图 3.12 所示。调度系统根据 AGV 具体服务的起重机位置为 AGV 规划行驶路径。该调度模式有利于提高港口设备资源的利用率,减少港口的总作业时间,但计算量较大,调度复杂。

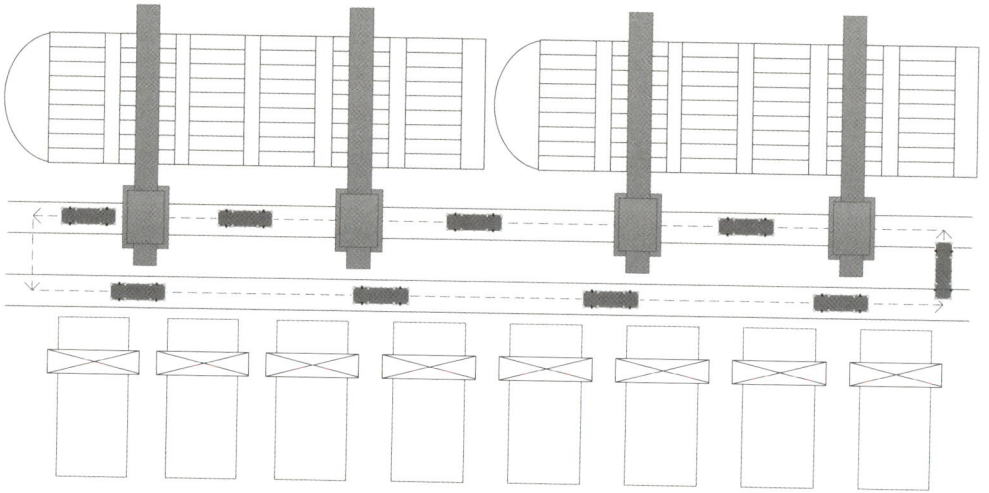

图 3.12 动态调度模式

为了尽可能地提高联运港口的优化上限,选择动态调度模式作为联运港口的起重机-AGV 协同模式。根据集装箱在联运港口中"船舶-堆场-列车"的转运顺序,可得到集装箱转运的各环节作业模式,具体如图 3.13 所示。

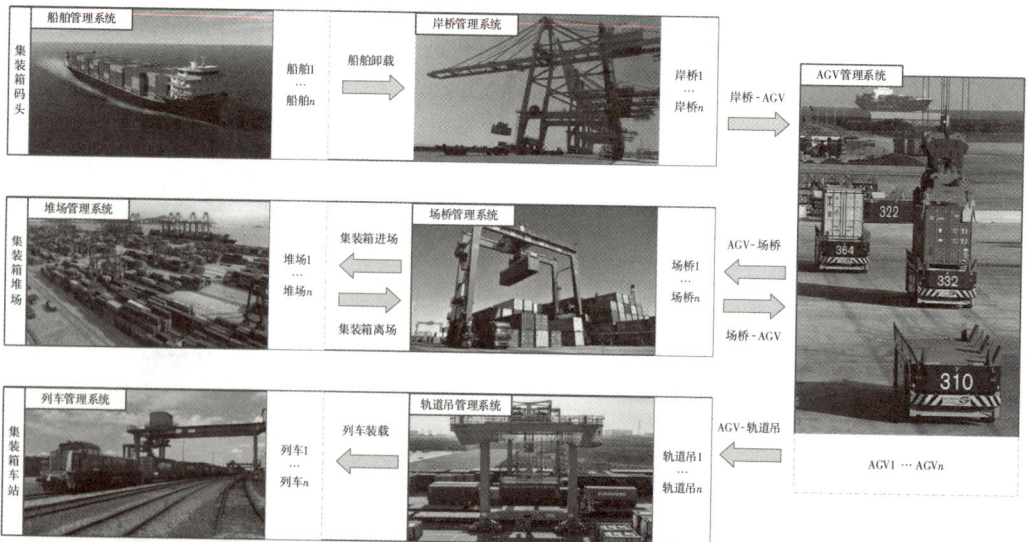

图 3.13 联运港口作业模式

由图 3.13 可知,集装箱海铁联运的基本转运环节为:

①集装箱由船舶携带进入港口;

②集装箱自船舶卸载后暂存至港口堆场中;

③集装箱列车进入堆场后,集装箱自港口堆场转运至列车上;

④集装箱列车携带集装箱离开港口。

在该作业模式下,港口内的设备协同任务有船舶卸载、集装箱进场、集装箱离场及列车装载 4 种任务,这 4 种任务需要由 AGV 分别与岸桥、场桥、轨道吊协同实现。由于港口内的集装箱在转运过程中,均需要完成这 4 种"起重机-AGV"协同任务,因此,在港口中"起重机-AGV"协同效率对集装箱海铁联运效率有着重要影响。

由于联运港口采用动态调度模式与联合堆场,因此,在优化"起重机-AGV"协同调度时,需分别对 AGV 与各类起重机的协同过程进行定量分析。在优化集装箱堆位分配顺序时,需要在考虑集装箱码头进场效率的同时,进一步考虑铁路作业区的集装箱离场效率。

3.2　"起重机-AGV"协同调度优化

在集装箱海铁联运过程中,集装箱在各作业区域间使用"起重机-AGV"协同作业进行转运,即以各式起重机为中间载体,先将集装箱转运至起重机上,再由起重机将集装箱转运至 AGV 上或作业区域内。

常规的协同作业多采用单线设备调度模式,即各协同设备按照既定的协同流程依次操作。单线设备调度的优点为过程明确、调度清晰,但设备的依次运行也严重限制了港口作业的效率。为了解决这一问题,本节提出了一种从全局出发的多线设备协同调度模式。该模式的目的是减少协同位置上各设备之间的相互等待时间,并寻找"起重机-AGV"调度时间的最佳解决方案。

3.2.1　调度模型的建立

随着集装箱海铁联运的不断发展,港口设备的高效协作起关键作用。为了实现这一目标,需要对自动化作业设备进行更加精细的调度与协同,以降低总作业时间,从而提高港口整体的作业效率。在集装箱海铁联运过程中,各作业设备既相互联系又相互影响,设备间不同的作业目标导致设备之间极易发生调度矛盾。为了能提高联运港口的自动化作业效率,需要有效协调各设备作业的调度方法。

在"起重机-AGV"协同作业中,要使设备间的作业效率达到最高,需要进行协同的起重机与 AGV 能够及时抵达协同位置,并迅速完成协同任务,避免出现在协同位置处由于相互等待而产生时间浪费。该要求需合理规划起重机与 AGV 的开始调度时间，使各设备可以在连续运行的情况下同时抵达协同位置。当 AGV 与起重机的协同等待时间达到最低时，即可得到运行效率最高的"起重机-AGV"调度方案。

1）符号定义

（1）集合

Q_a 为岸桥-AGV 协同任务集合；

A_y 为 AGV-场桥协同任务集合；

Y_a 为场桥-AGV 协同任务集合；

A_r 为 AGV-轨道吊协同任务集合；

P_a 为起重机-AGV 协同任务集合，$P_a = Q_a \cup A_y \cup Y_a \cup A_r$；

Q 为岸桥集合，索引为 q；

Y 为场桥集合，索引为 n；

R 为轨道吊集合，索引为 r；

P 为起重机集合 $P = Q \cup Y \cup R$；

A 集合为 AGV 集合，索引为 a；

C 集合为集装箱集合，索引为 c；

S 集合为堆场集合，索引为 s；

W_a^k 集合为索引 a 的 AGV 抵达 k 位置的路径集合，索引为 w。

（2）参数

i,j 为起重机作业任务序号；

u,g 为起重机序号，$u,g \in P$；

(u,i) 为起重机 u 的第 i 个协同任务；

(g,j) 为起重机 g 的第 j 个协同任务，为 AGV 进行 (u,i) 任务的上一任务；

$t_{(u,i)}^{Costat}$ 为 (u,i) 协同任务的开始时刻；

$t_{(u,i)}^{(F,S)}$ 为 (u,i) 协同任务中设备 F 在 S 状态下的时刻，$F = \text{Crane, AGV}; S = \text{Start, End, Arrive}$；

$T_{(u,i)}^{(F,M)}$ 为 (u,i) 协同任务中设备 F 的 M 动作时间，$F = \text{Crane, AGV}; M = \text{Arrive, Move, Transfer}$；

p 为阶段索引；

$C_{(k,i)}$ 为设备 k 搬运的第 i 个集装箱；

$t_{(k,i)}^p$ 为设备 k 搬运的第 i 个集装箱时在阶段 p 的开始时刻，$k \in A \cup Q \cup Y \cup R$；

$T_{(k,i)}^p$ 为设备 k 搬运的第 i 个集装箱时在阶段 p 的花费时间，$k \in A \cup Q \cup Y \cup R$；

$T_{(a,b)}$ 为集装箱在设备 a 与设备 b 之间的转运时间，$a,b \in A \cup Q \cup Y \cup R \cup C \cup S$；

$L_{(k,i)}^{j}$ 为设备 k 在位置 j 的坐标 i 信息，$k \in A \cup Q \cup Y \cup R \cup C \cup S, i = x, y, z$；

h_k 为设备 k 的高度信息，$k \in A \cup Q \cup Y \cup R$；

h_0 为集装箱需要抓起的高度；

v_k 为设备 k 的速度信息，$k \in A \cup Q \cup Y \cup R$。

2）调度模型

目标函数：

$$\min f = \sum_{(u,i) \in P_a} (2t_{(u,i)}^{\text{CoStart}} - t_{(u,i)}^{(\text{Crane, Arrive})} - t_{(u,i)}^{(\text{AGV, Arrive})}) \tag{3.1}$$

约束条件：

（1）设备最早开始运动的时间约束

$$t_{(u, i-1)}^{(\text{Crane, Erd})} \leqslant t_{(u,i)}^{(\text{Crane, Start})}, \forall (u,i), (u, i-1) \in P_a \tag{3.2}$$

$$t_{(g,j)}^{(\text{AGV, End})} \leqslant t_{(u,i)}^{(\text{AGV, Start})}, \forall (g,j), (u,i) \in P_a \tag{3.3}$$

（2）协同任务开始的时间约束

$$t_{(u,i)}^{\text{CoStart}} = t_{(u, i-1)}^{(\text{Crane, End})} + \max\{T_{(u,i)}^{(\text{Crane, Arrive})} + T_{(u,i)}^{(\text{AGV, Arrive})}\}, \forall (u,i), (u, i-1) \in P_a \tag{3.4}$$

（3）设备协同抵达的时间约束

$$t_{(u,i)}^{(\text{Crane, Arrive})} \leqslant t_{(u,i)}^{\text{CaStart}}, \forall (u,i) \in P_a \tag{3.5}$$

$$t_{(u,i)}^{(\text{AGV, Arrive})} \leqslant t_{(u,i)}^{\text{CaStart}}, \forall (u,i) \in P_a \tag{3.6}$$

（4）设备最晚开始运动的时间约束

$$t_{(u,i)}^{(\text{Crane, Arrive})} = t_{(u,i)}^{(\text{Crane, Start})} + T_{(u,i)}^{(\text{Crane, Arrive})}, \forall (u,i) \in P_a \tag{3.7}$$

$$t_{(u,i)}^{(\text{Crane, Start})} \leqslant t_{(u,i)}^{\text{CoStart}} - T_{(u,i)}^{(\text{Crane, Arrive})}, \forall (u,i) \in P_a \tag{3.8}$$

$$t_{(u,i)}^{(\text{AGV, Arrive})} = t_{(u,i)}^{(\text{AGV, Start})} + T_{(u,i)}^{(\text{AGV, Arrive})}, \forall (u,i) \in P_a \tag{3.9}$$

$$t_{(u,i)}^{(\text{AGV, Start})} \leqslant t_{(u,i)}^{\text{CoStart}} - T_{(u,i)}^{(\text{AGV, Arrive})}, \forall (u,i) \in P_a \tag{3.10}$$

（5）不同起重机协同任务连续性约束

$$T_{(u,i)}^{(\text{Crane, Arrive})} = \begin{cases} T_{(u,i)}^{(\text{Crane, Move})} + T_{(u,i)}^{(\text{Crane, Transfer})}, & \forall (u,i) \in Q_a, Y_a \\ T_{(u,i)}^{(\text{Crane, Move})}, & \forall (u,i) \in A_y, A_r \end{cases} \tag{3.11}$$

式（3.1）为调度模型目标，表示 (u,i) 任务协同开始时间与起重机和 AGV 抵达时间的差值之和，即为起重机与 AGV 的相互等待时间。

式（3.2）和式（3.3）为设备最早开始运动的时间约束，表示起重机与 AGV 分别需要在各自的上一任务结束后，才能开始当前任务。

式（3.4）为协同开始时间约束，表示 (u,i) 任务需要在起重机与 AGV 均抵达协同位置后开始执行。

式(3.5)和式(3.6)为设备协同抵达的时间约束,表示起重机与 AGV 均需要在 (u,i) 协同开始前抵达。

式(3.7)至式(3.10)为设备最晚开始运动的时间约束,表示在协同时间抵达 (u,i) 位置的最晚起重机与 AGV 的开始运动时间。

式(3.11)为各起重机的连续作业约束,表示起重机在 (u,i) 任务运行时连续运行,运动期间不发生停止或等待。

起重机的作业环节可根据是否携带集装箱分为移动和转运两个阶段。在移动环节中,起重机需移动至集装箱转运起点。而在转运环节中,起重机需将起点处的集装箱运送至转运终点。其中,在岸桥-AGV 任务和场桥-AGV 任务中,起重机在抵达协同位置前的作业环节为移动和转运;相对地,在 AGV-场桥任务和 AGV-轨道吊任务中,起重机在抵达协同位置前仅需完成移动环节。由于不同协同作业中的起重机运行时间的计算方法不同,为了构建设备调度的精确模型,需分别对不"同起重机-AGV"作业模式下的协同过程进行定量计算。

3.2.2 "起重机-AGV"协同调度优化

1)岸桥-AGV 协同

岸桥-AGV 协同发生在联运港口中的集装箱码头区域内,岸桥-AGV 协同的作业目标为卸载全部船舶集装箱,各集装箱均需经过岸桥自船舶转运至 AGV 上,岸桥-AGV 协同的作业模式如图 3.14 所示。

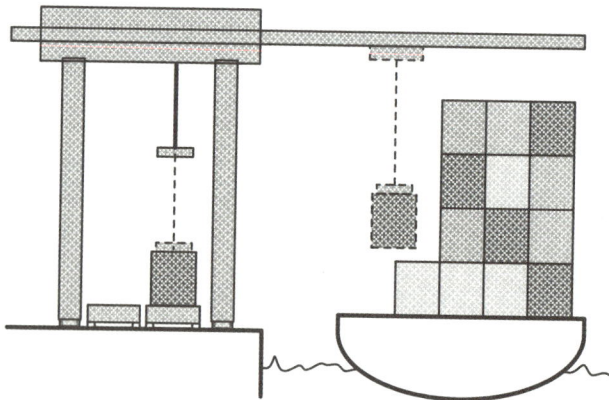

图 3.14　船舶集装箱卸载

根据岸桥-AGV 的各阶段运动,可将协同流程分为以下 6 个步骤:
步骤 1:岸桥运行到集装箱位置;
步骤 2:AGV 运行到岸桥位置;

步骤 3:岸桥抓取集装箱;

步骤 4:岸桥携带集装箱运行到 AGV 位置;

步骤 5:岸桥抓钩释放集装箱,AGV 固定集装箱;

步骤 6:岸桥抓钩上升至初始高度,AGV 离开。

按照流程可以得到单线调度下的岸桥卸载过程甘特图,如图 3.15 所示。

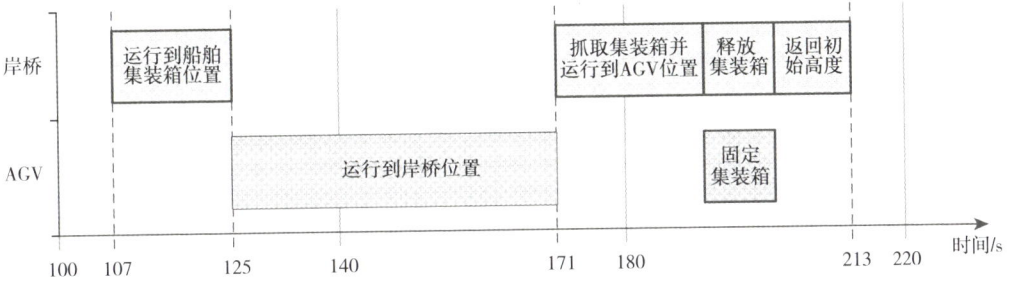

图 3.15   单线调度下的岸桥卸载过程甘特图

由图 3.15 可知,在单线调度下的岸桥-AGV 协同过程中,由于岸桥与 AGV 互为另一设备的移动目标,因此,两种设备在协同过程中,均含有没有实际任务的空闲过程,在设备调度方面存在优化空间。根据岸桥作业流程,可得岸桥与 AGV 各步骤运行的具体计算公式。

步骤 1:岸桥运行到船舶集装箱位置的时间:

$$t_{(u,i)}^{(\text{Crane, Arrive})} = t_{(u,i)}^{(\text{Crane, Start})} + T_{(u,i)}^{(\text{Crane, Arrive})}, \forall (u,i) \in P_a \qquad (3.12)$$

步骤 2:AGV 运行到岸桥位置的时间:

$$T_{(q,i)}^1 = \max\left\{\frac{|L_{(q,x)}^0 - L_{(C_{(q,i)},x)}|}{v_q^x}, \frac{|L_{(q,y)}^0 - L_{(C_{(q,i)},y)}|}{v_q^y}\right\} + \frac{L_{(q,z)}^0 - L_{(C_{(q,i)},z)}^{\text{Vessel}}}{v_q^z}$$

$$(3.13)$$

步骤 3:岸桥吊起集装箱并提起的时间:

$$T_{(q,i)}^3 = T_{(\text{QC, Vessel})} + \frac{h_0}{v_q^z} \qquad (3.14)$$

步骤 4:岸桥携带集装箱运行到 AGV 位置的时间:

$$T_{(q,i)}^4 = \max\left\{\frac{|L_{(C_{(q,i)},x)}^{\text{Vessel}} - L_{(a,x)}^q|}{v_q^x}, \frac{|L_{(C_{(q,i)},y)}^{\text{Vessel}} - L_{(a,y)}^q|}{v_q^y}\right\} + \frac{L_{(C_{(q,i)},z)}^{\text{Vessel}} + h_0 - h_a - h_c}{v_q^z}$$

$$(3.15)$$

步骤 5:岸桥吊钩释放集装箱与 AGV 固定集装箱的时间:

$$T_{(q,i)}^5 = T_{(\text{QC, AGV})} \qquad (3.16)$$

步骤 6:岸桥吊钩回到初始高度的时间:

$$T_{(q,i)}^6 = \frac{L_{(q,z)}^0 - h_a - h_c}{v_q^z} \qquad (3.17)$$

岸桥未携带集装箱时的移动时间：

$$T_{(q,i)}^{(\text{Crane, Move})} = T_{(q,i-1)}^6 + T_{(q,i)}^1 \tag{3.18}$$

岸桥携带集装箱时的转运时间：

$$T_{(q,i)}^{(\text{Crane, Move})} = T_{(q,i)}^3 + T_{(q,i)}^4 + T_{(q,i)}^5 \tag{3.19}$$

岸桥抵达协同位置需要的时间：

$$T_{(q,i)}^{\text{Crane, Arrive}} = T_{(q,i)}^{(\text{Crane, Move})} + T_{(q,i)}^{(\text{Crane, Transfer})} \tag{3.20}$$

AGV 抵达协同位置需要的时间：

$$T_{(q,i)}^{(\text{AGV, Arrive})} = T_{(q,i)}^2 \tag{3.21}$$

在得到岸桥-AGV 协同的各阶段时间计算式后,可得多线调度下的岸桥卸载过程甘特图,如图 3.16 所示。

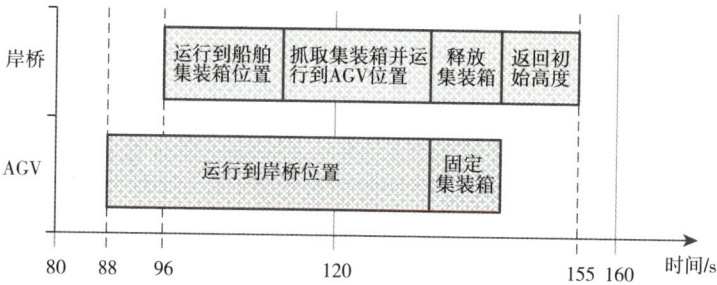

图 3.16　多线调度下的岸桥卸载过程甘特图

由图 3.16 可知,岸桥与 AGV 在运行过程中所需的时间未变,但多线调度后的作业完成时间可以大幅度降低,且能保证设备在协同过程中的连续运行。对岸桥与 AGV 的作业效率的提高有着显著效果。

2)AGV-场桥协同

AGV-场桥协同发生在联运港口中的联合堆场区域内。AGV-场桥协同的作业目标为存储全部船舶集装箱,各集装箱均经场桥自 AGV 转运至联合堆场中。AGV-场桥协同的作业模式如图 3.17 所示。

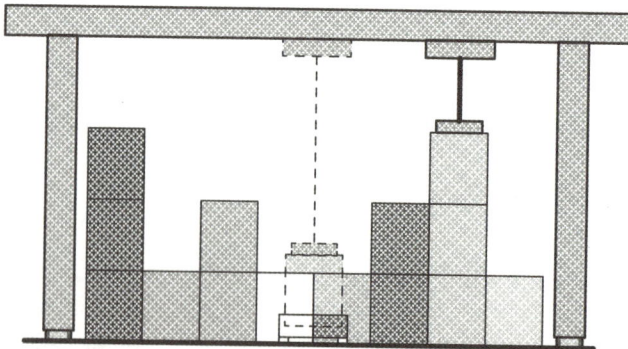

图 3.17　集装箱进场

根据 AGV-场桥的各阶段运动,可将协同流程分为以下 6 个步骤:

步骤1:场桥运行到堆场协同位置;

步骤2:AGV 运行到堆场内;

步骤3:AGV 释放集装箱,场桥抓钩固定集装箱;

步骤4:场桥抓钩抓起集装箱;

步骤5:场桥运行至堆存位置并释放集装箱,AGV 离开;

步骤6:场桥抓钩上升至初始高度。

按流程可得到单线调度下集装箱进场过程甘特图,如图 3.18 所示。

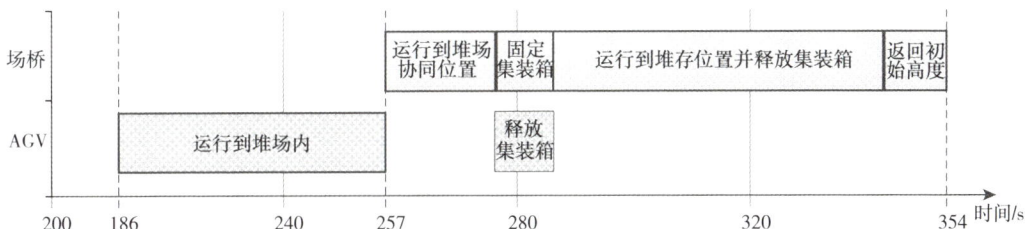

图 3.18　单线调度下集装箱进场过程甘特图

由图 3.18 可知,单线调度下的集装箱进场过程中,由于 AGV 与场桥互为另一设备的移动目标,因此两种设备在协同过程中,均含有没有实际任务的空闲过程,在设备调度方面存在优化空间。根据场桥作业流程,可得 AGV 与场桥各步骤运行的具体计算公式。

步骤1:场桥运行到堆场船侧入口的时间:

$$T^1_{(n,i)} = \max\left\{\frac{\left| L^0_{(n,x)} - L^a_{(C_{(n,i)},x)} \right|}{v^x_n}, \frac{\left| L^0_{(n,y)} - L^a_{(C_{(n,i)},y)} \right|}{v^y_n}\right\} + \frac{\left| L^0_{(n,z)} - L^a_{(C_{(n,i)},z)} \right|}{v^z_n}$$

$$(3.22)$$

步骤2:AGV 运行到堆场船侧入口的时间:

$$T^2_{(n,i)} = \sum_{l}^{l \in W^{S^{TessSids}_{as}}_{as}} \frac{\text{length}_l}{v_a}$$

$$(3.23)$$

步骤3:AGV 释放集装箱与场桥抓钩固定集装箱的时间:

$$T^3_{(n,i)} = T_{(IC,\ AGV)}$$

$$(3.24)$$

步骤4:场桥吊起集装箱并提起的时间:

$$T^4_{(n,i)} = \frac{L^s_{(C_{(n,i)},z)} + h_0 - h_a - h_c}{v^z_n}$$

$$(3.25)$$

步骤5:场桥运行到堆存位置并释放集装箱的时间:

$$T^5_{(n,i)} = \max\left\{\frac{\left| L^s_{(C_{(n,i)},x)} - L^a_{(C_{(n,i)},x)} \right|}{v^x_n}, \frac{\left| L^s_{(C_{(n,i)},y)} - L^a_{(C_{(n,i)},y)} \right|}{v^y_n}\right\} + \frac{h_0}{v^z_n} + T_{(TC,\ Tard)}$$

$$(3.26)$$

步骤6:场桥吊钩返回初始高度的时间:

$$T^6_{(n,i)} = \frac{L^0_{(n,i)} - L^s_{(C_{(n,i)},z)}}{v^z_n} \qquad (3.27)$$

场桥未携带集装箱时的移动时间:

$$T^{(\text{Crane, Move})}_{(n,i)} = T^6_{(n,i-1)} + T^1_{(n,i)} \qquad (3.28)$$

场桥抵达协同位置需要的时间:

$$T^{(\text{Crane, Arrive})}_{(n,i)} = T^{(\text{Crane, Move})}_{(n,i)} \qquad (3.29)$$

AGV 抵达协同位置需要的时间:

$$T^{(\text{AGV, Arrive})}_{(n,i)} = T^2_{(n,i)} \qquad (3.30)$$

在得到 AGV-场桥协同的各阶段时间计算式后,可计算得到多线调度下的 AGV 与场桥在协同调度中的各时间窗口,如图 3.19 所示。

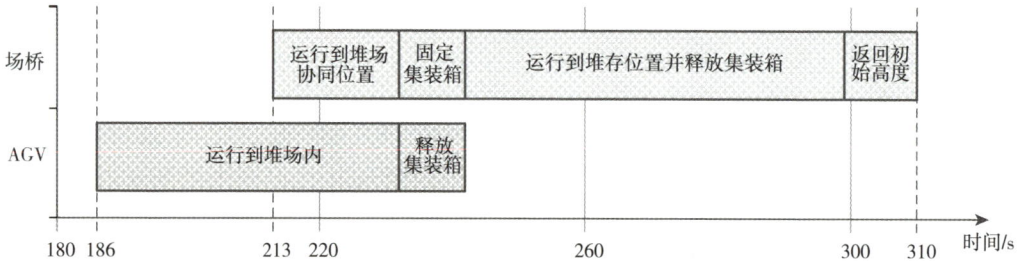

图 3.19　多线调度下的集装箱进场甘特图

由图 3.19 可知,AGV 与场桥在各运行过程中的所需时间未变,但多线调度后的作业完成时间可以大幅度降低,且能保证设备在协同过程中的连续运行。对 AGV 与场桥的作业效率的提高有着显著效果。

3)场桥-AGV 协同

场桥-AGV 协同发生在联运港口中的联合堆场区域内,场桥-AGV 协同的作业目标是转运全部船舶集装箱,各集装箱均需经过场桥自堆场转运至 AGV 上。场桥-AGV 协同的作业模式如图 3.20 所示。

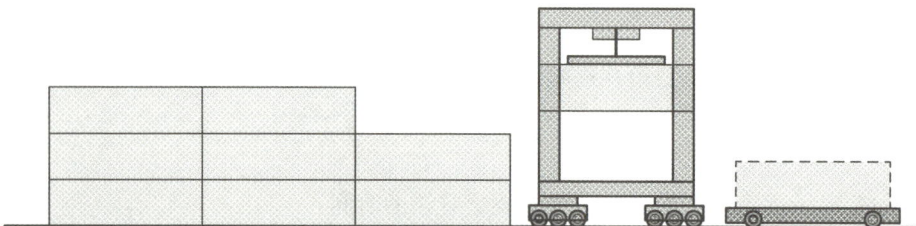

图 3.20　集装箱离场

根据场桥-AGV 的各阶段运动可将协同流程分为以下 6 个步骤:

步骤 1:场桥运行到堆存位置;

步骤 2:AGV 运行到堆场内;

步骤 3:场桥抓取集装箱;

步骤 4:场桥携带集装箱运行到 AGV 位置;

步骤 5:场桥吊钩释放集装箱,AGV 固定集装箱;

步骤 6:场桥吊钩上升至初始高度,AGV 离开。

按照流程可得到单线调度下的集装箱离场过程甘特图,如图 3.21 所示。

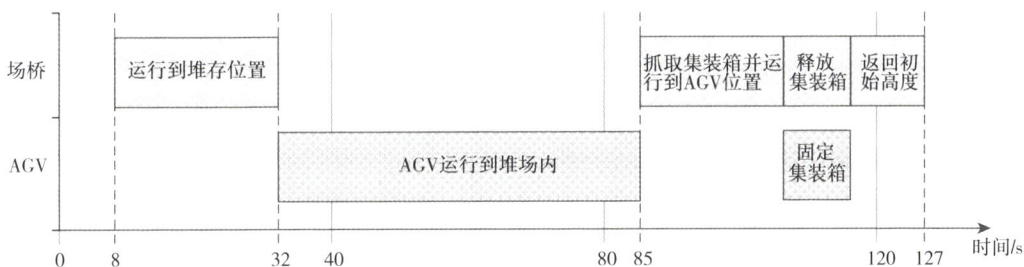

图 3.21　单线调度下的集装箱离场过程甘特图

由图 3.21 可知,在单线调度下的集装箱离场过程中,由于场桥与 AGV 互为另一设备的移动目标,因此,两种设备在协同过程中,均含有没有实际任务的空闲过程,在设备调度方面存在优化空间。根据场桥作业流程,可得场桥与 AGV 各步骤运行的具体计算公式。

步骤 1:岸桥运行到堆场堆存位置的时间:

$$T^1_{(n,i)} = \max\left\{ \frac{\left| L^0_{(n,x)} - L^s_{(C_{(n,i)},x)} \right|}{v^x_n}, \frac{\left| L^0_{(n,y)} - L^s_{(C_{(n,i)},y)} \right|}{v^y_n} \right\} + \frac{L^0_{(n,z)} - L^s_{(C_{(n,i)},z)}}{v^z_n}$$

$$(3.31)$$

步骤 2:AGV 运行到堆场列车侧入口的时间:

$$T^2_{(n,i)} = \sum_l^{l \in W^{\mathrm{TrainSice}}_{as}} \frac{\mathrm{length}_l}{v_a}$$

$$(3.32)$$

步骤 3:场桥吊起集装箱并提起的时间:

$$T^3_{(n,i)} = T_{(\mathrm{YC, Yard})}$$

$$(3.33)$$

步骤 4:场桥携带集装箱运行到 AGV 位置的时间:

$$T^4_{(n,i)} = * \max\left\{ \frac{\left| L^s_{(C_{(n,i)},x)} - L^{s\mathrm{Traticidia}}_{(a,x)} \right|}{v^x_n}, \frac{\left| L^s_{(C_{(n,i)},y)} - L^{s\mathrm{Traticidia}}_{(a,y)} \right|}{v^y_n} \right\} + \frac{L^s_{(C_{(n,i)},z)} + h_0 - h_a - h_c}{v^z_n}$$

$$(3.34)$$

步骤 5:场桥吊钩释放集装箱与 AGV 固定集装箱的时间:

$$T^5_{(n,i)} = T_{(\mathrm{YC, AGV})}$$

$$(3.35)$$

步骤6:岸桥吊钩回到初始高度的时间:

$$T^6_{(n,i)} = \frac{L^0_{(n,z)} - h_a - h_c}{v^z_n} \tag{3.36}$$

场桥未携带集装箱时的移动时间:

$$T^{(\mathrm{Crane,\ Move})}_{(n,i)} = T^6_{(n,i-1)} + T^1_{(n,i)} \tag{3.37}$$

场桥携带集装箱时的转运时间:

$$T^{(\mathrm{Crane,\ Move})}_{(n,i)} = T^3_{(n,i)} + T^4_{(n,i)} + T^5_{(n,i)} \tag{3.38}$$

场桥抵达协同位置需要的时间:

$$T^{(\mathrm{Crane,\ Arrive})}_{(n,i)} = T^{(\mathrm{Crane,\ Move})}_{(n,i)} + T^{(\mathrm{Crane,\ Transfer})}_{(n,i)} \tag{3.39}$$

AGV 抵达协同位置需要的时间:

$$T^{(\mathrm{AGV,\ Arrive})}_{(n,i)} = T^2_{(n,i)} \tag{3.40}$$

在得到场桥-AGV 协同的各阶段时间计算式后,可得多线调度下的集装箱离场过程甘特图,如图 3.22 所示。

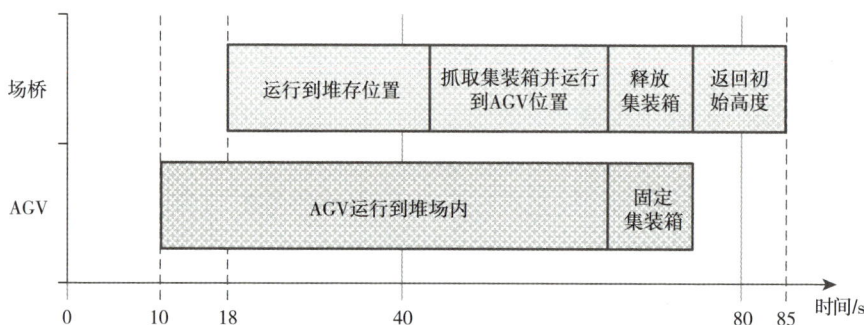

图 3.22　多线调度下的集装箱离场过程甘特图

由图 3.22 可知,场桥与 AGV 在运行过程中所需的时间未变,但可以大幅度降低多线调度后的作业完成时间,且能保证设备在协同过程中的连续运行。对场桥与 AGV 的作业效率的提高有着显著效果。

4)AGV-轨道吊协同

AGV-轨道吊协同作业发生在联运港口中的铁路作业区内,AGV-轨道吊协同作业的目标为装载全部列车集装箱,各集装箱经轨道吊自 AGV 转运至列车上。AGV-轨道吊协同作业的模式如图 3.23 所示。

根据 AGV-轨道吊的各阶段运动可将协同流程分为以下 6 个步骤:

步骤1:轨道吊运行到车厢协同位置;

步骤2:AGV 运行到轨道吊位置;

步骤3:AGV 释放集装箱,轨道吊钩固定集装箱;

步骤4:轨道吊钩抓起集装箱;

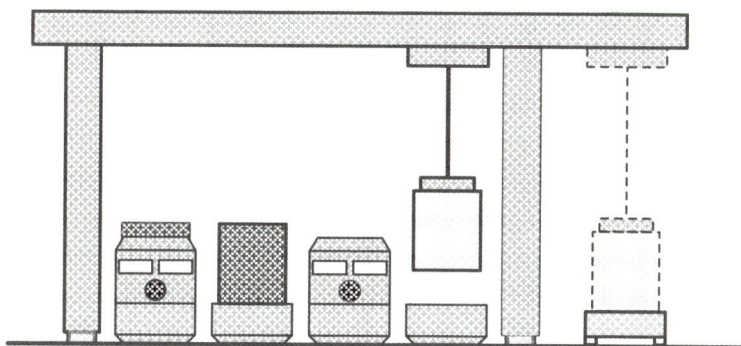

图 3.23　列车集装箱装载

步骤 5:轨道吊运行到车厢位置并释放集装箱,AGV 离开;

步骤 6:轨道吊抓钩上升至初始高度。

按照流程可得单线调度下的列车装载过程甘特图,如图 3.24 所示。

图 3.24　单线调度下的列车装载过程甘特图

由图 3.24 可知,在单线调度下的列车装载过程中,由于 AGV 与轨道吊互为另一设备的移动目标。因此,两种设备在协同过程中,均含有没有实际任务的空闲过程,在设备调度方面存在优化空间。根据轨道吊作业流程,可得到 AGV 与轨道吊各步骤运行的具体计算公式。

步骤 1:轨道吊运行到车厢协同位置的时间:

$$T^1_{(r,i)} = \max\left\{\frac{|L^0_{(r,x)} - L^a_{(C_{(r,t)},x)}|}{v^x_r}, \frac{|L^0_{(r,y)} - L^a_{(C_{(r,t)},y)}|}{v^y_r}\right\} + \frac{|L^0_{(r,z)} - L^a_{(C_{(r,t)},z)}|}{v^z_r}$$

$$(3.41)$$

步骤 2:AGV 运行到轨道吊位置的时间:

$$T^2_{(r,i)} = \sum_l^{l \in W^r_a} \frac{\text{length}_l}{v_a}$$

$$(3.42)$$

步骤 3:AGV 释放集装箱与轨道吊抓钩固定集装箱的时间:

$$T^3_{(r,i)} = T_{(RC, AGV)}$$

$$(3.43)$$

步骤 4:场桥吊起集装箱并提起的时间:

$$T^4_{(r,i)} = \frac{L^{\mathrm{Train}}_{(C_{(r,i)},z)} + h_0 - h_a - h_c}{v^z_r} \tag{3.44}$$

步骤 5:轨道吊运行到车厢位置并释放集装箱的时间:

$$T^5_{(r,i)} = \max\left\{ \frac{\left| L^{\mathrm{Train}}_{(C_{(r,i)},x)} - L^a_{(C_{(r,i)},x)} \right|}{v^x_r}, \frac{\left| L^{\mathrm{Train}}_{(C_{(r,i)},y)} - L^a_{(C_{(r,i)},y)} \right|}{v^y_r} \right\} + \frac{h_0}{v^z_r} + T_{(\mathrm{RC,\ Train})} \tag{3.45}$$

步骤 6:场桥吊钩返回初始高度的时间:

$$T^6_{(r,i)} = \frac{L^0_{(r,z)} - L^{\mathrm{Train}}_{(C_{(r,i)},z)}}{v^z_r} \tag{3.46}$$

轨道吊未携带集装箱时的移动时间:

$$T^{(\mathrm{Crane,\ Move})}_{(r,i)} = T^6_{(r,i-1)} + T^1_{(r,i)} \tag{3.47}$$

轨道吊抵达协同位置需要的时间:

$$T^{(\mathrm{Crane,\ Arrive})}_{(r,i)} = T^{(\mathrm{Crane,\ Move})}_{(r,i)} \tag{3.48}$$

AGV 抵达协同位置需要的时间:

$$T^{(\mathrm{AGV,\ Arrive})}_{(r,i)} = T^2_{(r,i)} \tag{3.49}$$

在得到 AGV-场桥协同的各阶段时间计算公式后,可得多线调度下的列车装载过程甘特图,如图 3.25 所示。

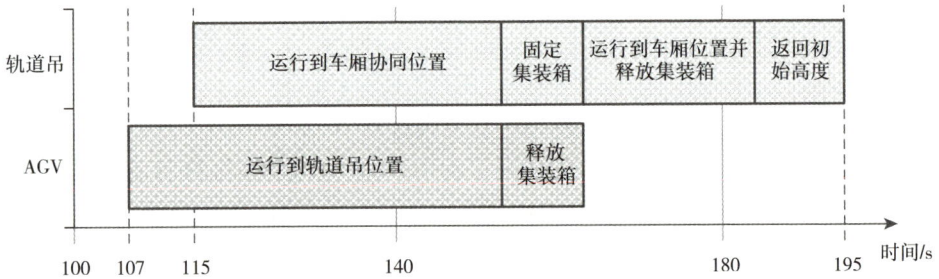

图 3.25　多线调度下的列车装载过程甘特图

由图 3.25 可知,AGV 与轨道吊在各运行过程中所需的时间不变,但多线调度后的作业完成时间可以大幅度降低,且能保证设备在协同过程中的连续运行。对 AGV 与轨道吊的作业效率的提高有着显著效果。

3.3　联合堆场堆位分配优化

联合堆场作业模式下的各船舶集装箱在岸桥处完成卸载后,均须暂存入联合堆场中。当船舶集装箱均存入联合堆场后,待列车驶入铁路作业区后,该列车所转运的集装箱再从联合堆场离开,由 AGV 与轨道吊将集装箱转运至列车车厢上。而船舶集装箱在存入堆场时,由于堆场空间足够大,使集装箱有一定的堆位选择空间。由于集装箱所选择的堆位位置会直接影响 AGV 在运送集装箱时的路径规划结果,并且集装箱的堆位分配结果会造成 AGV 在堆场通道内运行时可能发生冲突。因此需要为集装箱设计高效的堆位分配方法,使联运港口在运输过程中尽量避免 AGV 冲突。

3.3.1　堆位分配与 AGV 运行冲突

集装箱在由 AGV 携带进入堆场码头侧通道时,会有多个堆存位置可供选择。其中,集装箱堆存位置所在的堆场位置即为 AGV 当前路径规划的目的地,如图 3.26 所示,此时前后卸载的集装箱再由 AGV 运送至目标堆场时不存在冲突。

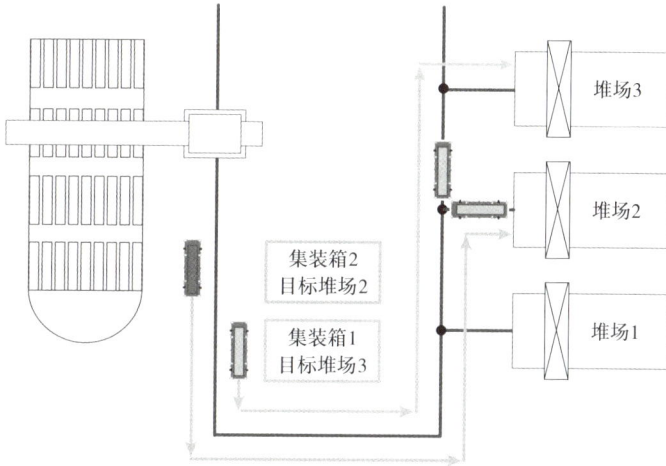

图 3.26　集装箱进入堆场路径

所有船舶集装箱经岸桥卸载后都需要被堆存至联合堆场。由岸桥作业线处的船舶集装箱卸载强度较大,导致堆场码头侧通道内的 AGV 流量在船舶开始卸载后急剧增加。如果不为携带集装箱合理规划目标堆场,AGV 之间很容易因为堆位关系而发生时间窗冲突,从而在堆场通道内引发一系列拥堵情况,严重影响船舶集装箱的进场作业,如图 3.27 所示,前后进入的两个集装箱的目标堆场位置导致 AGV 在转弯节点发生冲突,这严重影响了港口的运行效率。

此类冲突的具体表现形式如图 3.28 所示,即 AGV 在堆场的进入路径处发生相向冲突。为了解决这类问题,需使用道路时间窗的方法对各路径上的 AGV 进出时间进行严格限定,如图 3.29 所示,将后到达的 AGV 限制在冲突路径外。当前方 AGV 离开冲突路径后,再允许后到达 AGV 进入该冲突路径。

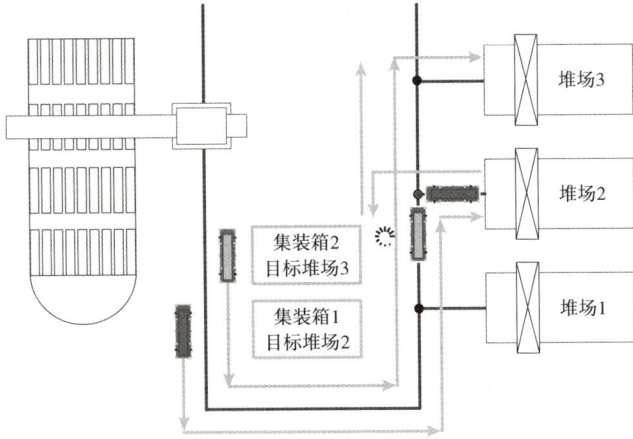

图 3.27　目标堆场导致路径冲突

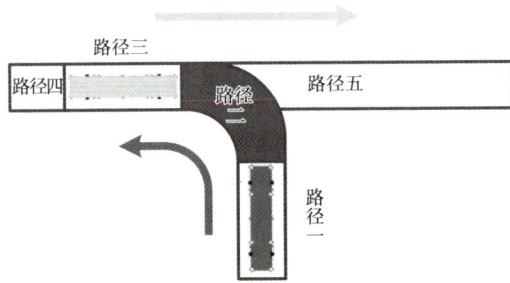

图 3.28　AGV 路径冲突

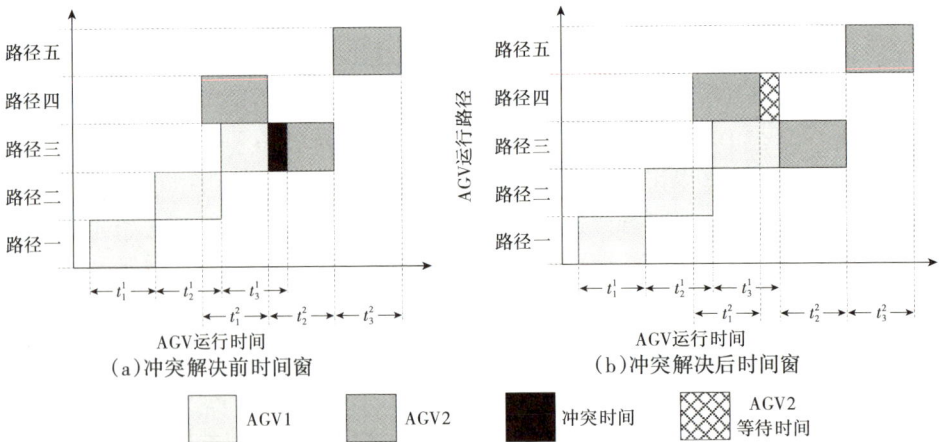

（a）冲突解决前时间窗　　　（b）冲突解决后时间窗

AGV1　　AGV2　　冲突时间　　AGV2 等待时间

图 3.29　时间窗解决策略

　　由于离开堆场的 AGV 需经过转弯节点才能返回堆场通道，而通道内的 AGV 可直接进入该节点。如果 AGV 仍使用时间窗的先后顺序来解决路径冲突，那么离开堆场的 AGV 将始终排在通道内 AGV 的后面，这将导致 AGV 在集装箱进场时所需的时间大幅提高。如果此时通道内恰好有 AGV 准备进入该堆场,通道内的 AGV 会直接进入堆场的进出路径,阻止堆场内的 AGV 无法退出,同时堆场外的 AGV 也因堆场被占用而无法进入。在这种情况下,就会发生严重的死锁情况,如图 3.30 所示。

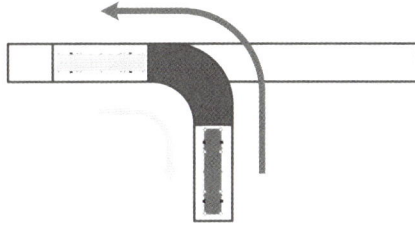

图 3.30　AGV 死锁

由于常规时间窗策略无法避免该死锁情况发生,因此需要在时间窗策略的基础上引入 AGV 优先级。为实现 AGV 堆场工作的先进先出,规定离开堆场的 AGV 有最高优先级,从而避免其他 AGV 抢占关键路径,从源头上解决了该死锁现象的发生。

综上所述,虽然时间窗策略与 AGV 优先级可以有效解决 AGV 之间的冲突与死锁问题,但时间窗策略从本质上是将冲突 AGV 的运行时间延后,使 AGV 有大量时间处于等待状态,严重影响了设备利用率及港口运输效率的提高。因此,应从最初的集装箱堆位分配顺序入手,降低 AGV 进入堆场时的时间窗冲突。

3.3.2　堆位分配策略

1)优先分配距卸船点最近堆场的堆位(FAN)

目前,常用港口的集装箱堆位分配策略为优先分配距卸船点最近堆场的堆位(First allocate the nearest yard to the unloading point, FAN)。当一船舶集装箱卸载完成后,调度系统会发出该集装箱的堆场进入任务,规定该集装箱堆存至距离卸载点最近的堆场,并为携带集装箱的 AGV 以该堆场为任务目标进行路径规划。

2)交替分配距卸船点最近堆场的堆位(ANN)

交替分配距卸船点最近堆场的堆位(Alternately allocate the nearest yard to the unloading point, AAN)是指在 FAN 方法的基础上,根据各堆场距卸船点的距离,按照一远一近的堆场顺序交替为完成船舶卸载的集装箱分配堆位。

3)遗传算法全局优化后的堆位分配方法(GA)

在将各顺序规则、规划方法与分配策略进行排列组合后,以最小化 AGV 路径冲突时间与集装箱翻箱时间为目标,在各排列组合中分别使用遗传算法对集装箱堆位分配顺序进行求解,并以优化效果最好的结果进行堆位分配。

3.3.3 算法设计

遗传算法全局优化后的堆位分配方法需要经过遗传算法优化得到,现对遗传算法进行设计,适应度函数为集装箱堆位顺序下集装箱进场的 AGV 路径冲突时间。

1)目标函数

$$\min f = \sum_{i=1}^{|C_s|} x^{\text{In}}_{(i, i-1)} \cdot T_{\text{Conflict}} \tag{3.50}$$

目标函数是最小化集装箱进出堆场的路径冲突时间。其中,C_s 为集装箱抵达堆场轨道入口的序列集合,索引为 i;T_{Conflict} 表示 AGV 路径冲突的惩罚值,由于堆场轨道内的 AGV 冲突均发生在堆场进出路径上且时间窗延后,一般为 AGV 在该路径上的进出时间,因此取该路径的时间窗延后时间作为 AGV 路径冲突惩罚值;$x^{\text{In}}_{(i, i-1)}$ 为进场路径冲突决策变量,当进场序列为 i 的集装箱路径存在冲突时 $x^{\text{In}}_{(i, i-1)} = 1$,否则 $x^{\text{In}}_{(i, i-1)} = 0$。

2)编码设计

遗传算法的首要任务是将问题编码映射到解空间,编码的方式直接影响了遗传算法中各算子的运算效率。因此,在算法设计的开始阶段,需要全面考虑问题编码,以增强算法的运行效率。

编码的质量好坏对遗传计算的效率有着极大的影响。常见的编码方法有:二进制编码、格雷码、浮点数编码、多参数级联编码、多参数交叉编码、顺序编码等。通过对比分析后,决定采用顺序编码作为该问题的编码方式。

由于堆场顺序存在联合规划与独立规划两种规划方法,并且还有堆场顺序与堆位顺序两种顺序规则。因此,在使用遗传算法优化时,可根据情况选择 4 种不同的编码方式。具体如下:

(1)联合规划-堆场顺序

染色体的长度为堆场的个数 n,每条染色体都表示一个堆场的分配方案,染色体中的每个基因都代表一个堆场。如式(3.51),$a_x = s$ 表示编号为"s"的基因在染色体中的第 x 个位置,代表集装箱进入的第 x 个堆场的编号为"s"。

$$A_1 = (a_1 \quad \cdots \quad a_n) \tag{3.51}$$

(2)联合规划-堆位顺序

由于集装箱在每个堆场中都有一个贝位,且每个贝位的层数为 m,因此染色体的编码方式如式(3.52),$a_x = s$ 表示编号为"s"的基因在染色体中的第 x 行第 y 列位置,代表第 s 个进入联合堆场的集装箱储存在编号 x 堆场中目标贝位的第 y 层。

$$A_2 = \begin{pmatrix} a_{11} & \cdots & a_{1n} \\ \vdots & \ddots & \vdots \\ a_{m1} & \cdots & a_{mn} \end{pmatrix} \tag{3.52}$$

（3）独立规划-堆场顺序

由于各批次的集装箱会采用不同的堆场顺序,集装箱的批次数为 k,因此染色体的编码方式如式（3.53）, $a_{xy} = s$ 表示编号为"s"的基因在染色体中的第 x 行第 y 列位置,代表 x 批次集装箱进入的第 y 个堆场的编号为 s。

$$A_3 = (A_1 \quad \cdots \quad A_k) = \begin{pmatrix} a_{11} & \cdots & a_{1n} \\ \vdots & \ddots & \vdots \\ a_{k1} & \cdots & a_{kn} \end{pmatrix} \tag{3.53}$$

（4）独立规划-堆位顺序

由于各批次的集装箱会采用不同的堆位编码,集装箱的批次数为 k,因此染色体的编码定义如式（3.54）, A_2^t 表示批次为"t"的堆位编码,染色体的具体编码方式如式（3.55）, $a_{xy}^t = s$ 表示 t 批次集装箱第 s 个进入联合堆场的集装箱储存在编号 x 堆场中目标贝位的第 y 层。

$$A_4 = (A_2^1 \quad \cdots \quad A_2^k) \tag{3.54}$$

$$\begin{matrix} \text{层数 } 1 \\ \vdots \\ \text{层数 } m \end{matrix} \begin{cases} \overbrace{\begin{matrix} a_{11}^1 & \cdots & a_{1n}^1 \\ \vdots & \ddots & \vdots \\ a_{m1}^1 & \cdots & a_{mn}^1 \end{matrix}}^{\text{批次1编码}A_2^1} \cdots \overbrace{\begin{matrix} a_{11}^k & \cdots & a_{1n}^k \\ \vdots & \ddots & \vdots \\ a_{m1}^k & \cdots & a_{mn}^k \end{matrix}}^{\text{批次}k\text{编码}A_2^k} \end{cases} \tag{3.55}$$

3）交叉算子

本章采用的交叉算子为单点交叉算子,由于顺序编码中基因的唯一性,在进行交叉后,需要进行染色体的检验并进行修正,修正基因时需考虑集装箱的序列,如图 3.31 所示。

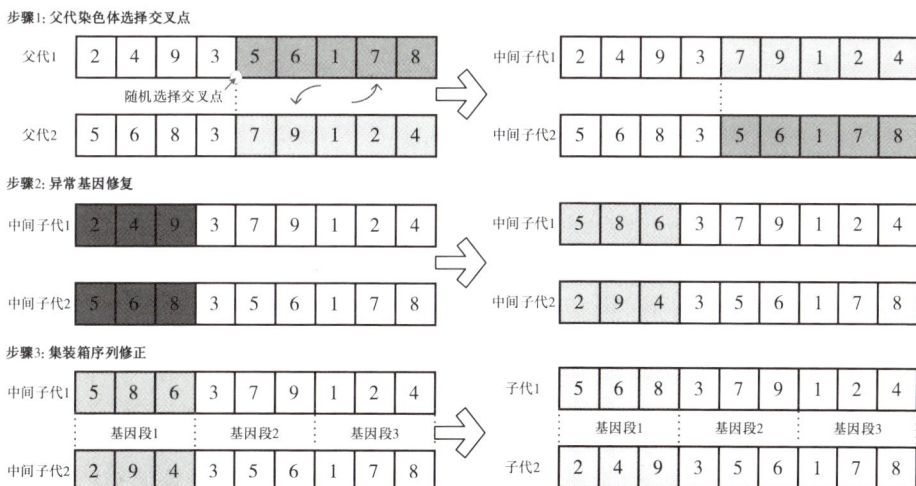

图 3.31　交叉与修复

4)变异算子

本章所采用的变异方式如图 3.32 所示,由于顺序编码的特殊性,直接采用在染色体上随机选择两个基因进行交换的方式来进行变异。

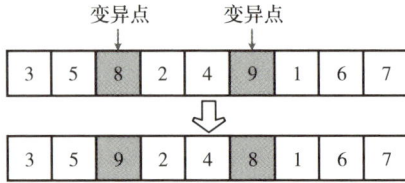

图 3.32　变异

3.4　仿真验证

在众多物流仿真软件中,由于 Plant Simulation 仿真软件能够对布局、物流、产能等方面进行定量分析。因此选用 Plant Simulation 软件对海铁联运港口进行仿真,并对提出的优化方法进行验证与分析。

1)港口仿真模型的建立

建模过程大致可分为 3 个步骤:港口内部元素实体对应、整体模型建立和港口运行分析。最终在 Plant Simulation 软件中搭建好联运港口的仿真模型,如图 3.33 所示。

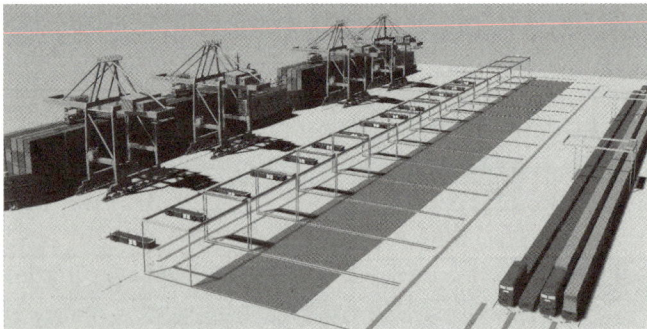

图 3.33　联运港口仿真示意图

2)实验数据及验证

在 Plant Simulation 软件中建立了联运港口的仿真模型后,需分别对提出的多线设备调度策略与联合堆场堆位分配策略进行有效性验证。其中,船舶集装箱所对应的列车班次信息见表 3.2。以该数据作为输入值对联运港口进行仿真分析。

表 3.2　船舶集装箱列车班次信息表

行	层	船舶1								船舶2							
		列															
		8	7	6	5	4	3	2	1	8	7	6	5	4	3	2	1
1	4	5	6	5	8	6	5	7	8	1	2	1	4	2	1	3	4
	3	8	7	5	5	6	8	8	7	4	3	1	1	2	4	4	3
	2	5	7	6	7	5	5	5	7	1	3	2	3	1	1	1	3
	1	5	8	7	7	6	7	8	8	1	4	3	3	2	3	4	4
2	4	5	6	8	5	6	8	5	7	1	2	4	1	2	4	1	3
	3	8	6	6	7	5	7	8	5	4	2	2	3	1	3	4	1
	2	8	6	6	8	5	8	8	8	4	2	2	4	1	4	4	4
	1	7	5	7	7	8	6	5	5	3	1	3	3	4	2	1	1
3	4	5	7	7	7	7	6	6	6	1	3	3	3	3	2	2	2
	3	6	6	8	5	7	8	6	8	2	3	4	1	3	4	2	4
	2	6	6	7	6	6	7	6	6	2	3	4	2	2	3	2	2
	1	6	5	7	7	5	7	7	5	2	1	3	3	2	3	2	1
4	4	5	5	8	6	6	8	5	5	1	1	4	2	2	4	1	1
	3	8	7	6	5	6	5	8	6	4	3	2	1	2	1	4	2
	2	5	7	6	7	6	7	7	8	1	3	2	3	2	3	3	4
	1	7	6	6	6	6	6	8	5	3	2	2	2	2	2	4	1
5	4	6	5	8	5	6	8	6	7	2	1	4	1	2	4	2	3
	3	8	7	8	8	5	8	7	5	4	3	4	4	1	4	3	1
	2	8	5	6	8	8	5	5	5	4	1	2	4	4	1	1	1
	1	7	8	6	6	8	7	7	8	3	4	2	2	4	3	3	4

（1）多线设备协同策略验证分析

　　多线设备协同策略的目的是根据各协同任务流程调整设备间的运行开始时间，以便 AGV 与起重机能够同时抵达协同目标位置。这种策略旨在减少设备间的相互等待时间，并加快协同任务的完成时间，最终实现提高设备运行效率和集装箱转运效率的目标。在进行验证分析时，使用传统的单线调度策略作为对照组。将多线调度策略导入已构建的联运港口仿真模型后，可得到使用该策略的联运港口仿真数据，其中，基本作业时间见表 3.3。

表 3.3　调度策略结果对比表

调度方式	船舶-堆场作业时间	堆场-列车作业时间
单线调度	7:54:42	8:05:07
多线调度	6:20:59	7:43:37

从表3.3中的数据可得,在使用多线设备调度策略后,联运港口中的两种基本作业过程的工作效率均有所提高。为进一步验证该调度策略对协同任务的优化效果,分别统计在单线调度与多线调度下4种协同任务的总运行时间,结果如图3.34所示。

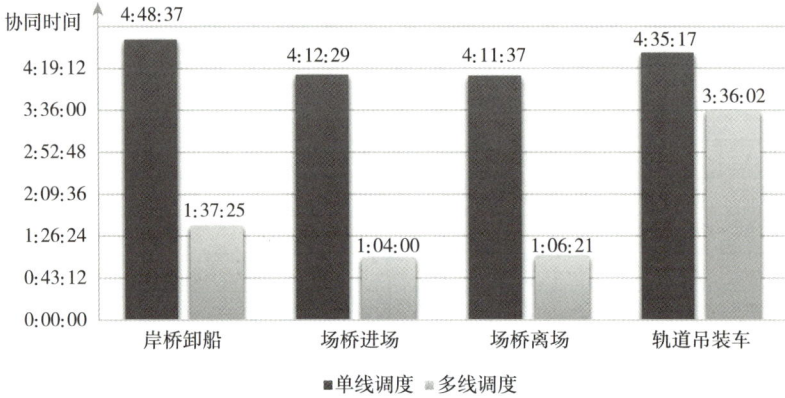

图 3.34　协同时间对比图

由图3.34可知,在4种协同任务中,多线调度后的协同时间均要低于单线调度后的协同时间。说明联运港口中的协同设备在单线调度过程中,有大量时间都处于设备相互等待,严重影响港口运行效率。而多线调度策略可以通过时间窗计算,提前将设备调度至协同位置,从而避免了相互等待的状态,减少协同时间。

由图3.34的数据可知,场桥进场与场桥离场协同在进行多线调度后,基本达到了最佳协同状态,即 AGV 的协同时间只包含集装箱在 AGV 与起重机间的转运时间。同时岸桥卸船协同的优化效果相对较低,而轨道吊装车协同优化效果则更低。为进一步分析,分别统计单线调度与多线调度下各协同任务中的起重机空闲时间,如图3.35所示。

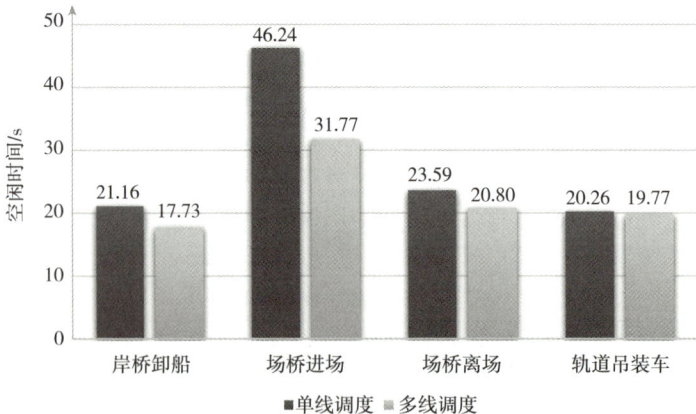

图 3.35　起重机空闲时间对比图

由图 3.35 可知,由于岸桥与轨道吊和场桥有着明显的数量差距,因此无论在船舶-堆场过程中还是在堆场-列车过程中,岸桥与轨道吊的空闲时间均要小于场桥的空闲时间。由于场桥有充分时间可以在 AGV 驶抵堆场前抵达协同位置,使 AGV 在抵达后可直接进行集装箱的转运,从而降低协同任务时间。

岸桥由于本身空闲时间较少,并且会与船舶直接交互,因此很难通过减少岸桥自身的等待时间来提前到达协同位置。岸桥在协同任务中的优化效果相对较低。相比之下,轨道吊的数量更少,且交互更复杂,从而导致轨道吊的优化效果最低。

仿真结果表明,多线调度策略可以减少设备协同时间,从而将港口运行效率提高 12.1%,这一结果符合预期。

（2）集装箱堆位分配模型验证分析

集装箱堆位分配模型的目标是通过调整集装箱在船舶卸载后所分配到的堆场位置,降低 AGV 在按照分配的堆场位置进行进出场运行时的时间窗拥堵,以提高 AGV 的运行效率并减少港口作业时间。在进行仿真验证中,需要对提出的顺序规则与规划方法进行分组,并对不同分组下的堆位分配策略进行仿真。此外,还需将这些策略与使用遗传算法优化后的集装箱堆位分配顺序进行对比分析。将各堆位分配模型导入已构建的联运港口仿真模型后,即可得到不同模型下的港口作业时间。最后,根据编码方法和规划方法对仿真结果进行分类。结果如图 3.36 所示。

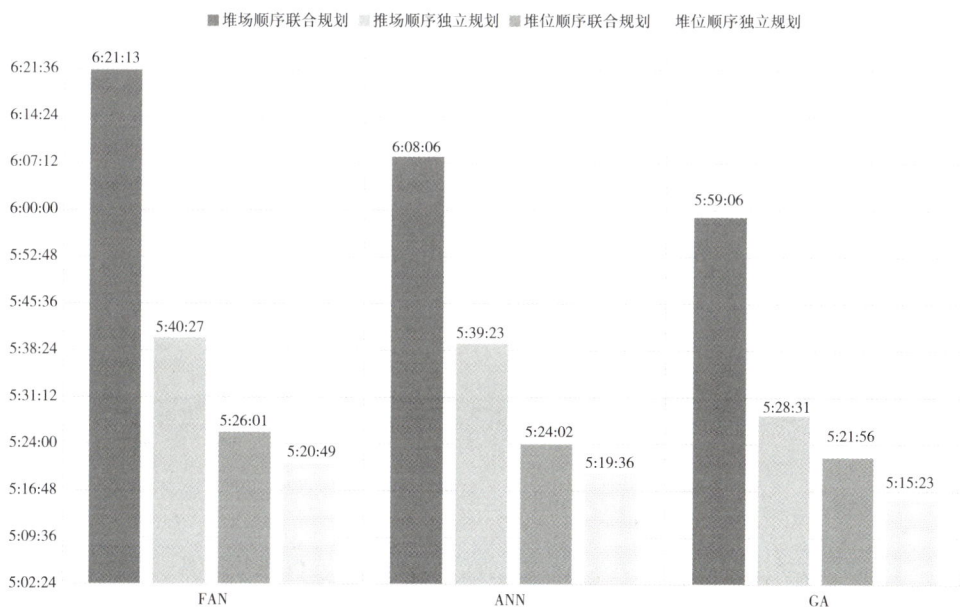

图 3.36　不同组合下的仿真结果图

如图 3.36 所示,在 FAN、ANN 和 GA 方法中,该联运港口的仿真结果体现出了两种结论:一是使用堆场顺序规则构建的堆位分配模型的仿真时间要大于使用堆位顺序规则构建的堆位分配模型的仿真时间;二是使用联合规划构建的堆位分配模型的仿真时间要大于使用独立规划构建的堆位分配模型的仿真时间。

通过分析联运港口内的船舶-堆场过程,发现影响联运港口船舶-堆场作业时间的直接原因是 AGV 在堆场内的拥堵情况。当堆位分配模型将卸载时间相邻的几个集装箱分配至同一个堆场时,堆场内的场桥一次只能处理一个集装箱进场任务,导致携带集装箱的 AGV 需要在堆场外等待场桥空闲后才能进入,使 AGV 在堆场入口处发生拥堵。因轨道连通关系,当拥堵情况较严重时,拥堵会蔓延至码头轨道内,进而影响到岸桥处 AGV 的运行。这种情况会对联运港口的运行效率造成严重影响,直接影响到联运港口的仿真结果。

根据仿真结果,当集装箱的堆位分配模型选用堆位顺序规则与独立规划时,AGV 的拥堵情况最少,船舶-堆场作业时间也最短。为了验证这一结果,分别对堆位顺序规则与独立规划方法进行分析。分析发现,基于堆场顺序规则建立的堆位分配模型只考虑了堆场间的先后顺序,即只有当排序在前的堆场没有可分配堆位时,集装箱才能进入后序堆场;而基于联合规划方法建立的堆位分配模型忽略了集装箱间的批次关系,即不同批次离开堆场的集装箱在进入堆场时均使用相同的堆位分配顺序。因此,当堆场拥有足够的待分配堆位时,使用堆场顺序规则或联合规划方法的堆位分配模型均会将卸载时间相近的集装箱分配到同一堆场中。而当船舶开始卸载时,联合堆场内的各堆场均包含有足够的待分配堆位,此时每个堆场入口处都会发生 AGV 拥堵情况,对联运港口的工作效率造成严重影响。

当使用任务顺序规则与独立规划方法建立堆位分配模型时,任务顺序规则考虑了集装箱在各子堆场内的具体位置,独立规划方法考虑了集装箱的批次关系。此时 AGV 可以有效地避免拥堵情况发生,从而有机会获得对提高港口卸载效率效果最好的堆位分配顺序。

最终选择使用堆位顺序规则与独立规划方法构建堆位分配模型,在使用 GA 方法进行集装箱堆位分配后,联运港口的仿真时间降低了 17.3%。

3.5　本章小结

本章首先对联运港口内的集装箱码头与铁路作业区进行作业分析,选择了调度可行性最高的"船舶-堆场-列车"海铁联运模式作为港口的作业模式,确定联运港口优化方向。其次对联运港口中的设备协同任务,提出针对岸桥、场桥和轨道吊作业流程的起重机-AGV 多线调度策略;再次针对联运港口中的联合堆场作业特点,分别提出不同的集装箱堆位顺序设计规则和堆位分配方法,并选用遗传算法全局优化后的堆位分配方法作为遗传算法初始解进行求解,以此提高港口的运行效率;最后使用 Plant Simulation 仿真软件进行可行性验证。仿真结果显示,本章提出的优化方法能够有效求解联运港口的运行问题。

【参考文献】

[1] 常岉妹.铁水联运港口核心作业计划的优化[D].北京:北京交通大学,2019.

[2] 杨俊.港口大型多载 AGV 协同控制和路径规划方法研究[D].武汉:武汉理工大学,2021.

[3] 杨珏诺.海铁联运港口共堆场下的"桥-卡-吊"配置及集卡调度优化[D].北京:北京交通大学,2021.

[4] 冯力源.集装箱港口铁水联运车船直取模式下的作业设备调度优化[D].北京:北京交通大学,2016.

[5] 岳丽君.自动化码头双小车岸桥与 AGV 配置及联合调度研究[D].大连:大连海事大学,2020.

[6] 赵倩儒.考虑能耗的自动化集装箱码头作业设备协同调度优化[D].北京:北京交通大学,2021.

第4章
智能车库车位分配与 AGV 调度

　　随着我国经济的不断发展,城市汽车保有量不断攀升,导致城市"停车难"问题日益突出。基于移动机器人的智能车库(Robot-based Intelligent Garage,RIG),以其高容量、高效率、高安全性的特点,在缓解城市"停车难"的问题中展现出了显著的优势。随着第四次工业革命的推进,RIG 的应用范围已经不限于城市停车领域,乘用车制造企业的停车场也成为 RIG 的潜在客户之一。然而,目前针对城市高峰时段或车辆制造企业生产制造后续阶段等需要大量停车的场景下,智能车库的效率低下的缺点,目前的研究尚未提供足够的解决方案。基于此,本章在分析 RIG 的研究内容和停车流程的基础上,进一步研究了智能车库中的车位分配和 AGV 调度问题。这些研究内容对保证AGV 智能车库高效稳定运行和缓解城市、制造业停车难问题具有重要意义。

4.1　智能泊车系统分析及环境建模

4.1.1　智能泊车系统分析

　　以我国为例,国务院发布的《中共中央、国务院关于进一步加强城市规划建设管理工作的若干意见》和《交通强国建设纲要》两项文件中,提出了逐步缓解"停车难"问题,需要构建更加先进的基础交通设施和配置更加合理的基础停车设施,为停车行业的智能化发展提供政策保障和支持。智能车库以其高容量、高效率的优势契合了两项文件中的精神。近年来,随着我国社会及通信技术、大数据技术的发展,国内学者更加专注于智能车库实用化进程的发展,不仅考虑车库容量和存取效率,同时还兼顾用户满意度等需求。智能车库在各类车站、机场、商场等民用场合以及乘用车制造企业等场合都发挥着不可替代的作用。

　　智能车库的调度系统本质上是一个多 AGV 系统。在 AGV 的运行过程中,智能车库的调度系统依赖于 AGV 的处理能力,使车辆停放位置十分灵活;在 AGV 的运行过

程中,需要使用 AGV 路径规划对 AGV 的运行寻找最优路径。然而,当多个 AGV 同时
运行时,规划出的路径可能会产生交叉和干涉,容易发生死锁和冲突。通过有效的调
度策略可以有效缓解这些问题。因此,目前 RIG 的调度系统的关键技术主要分为三大
类,分别为路径规划、调度策略和布局方案。智能车库的组成分析如图 4.1 所示。随
着目前"停车难"问题的加剧,智能车库相关产业的研发越来越受到重视。尽管如此,
RIG 的研究问题错综复杂,现有技术仍然难以实现 RIG 的高效运行。现有的智能泊车
研究涵盖了各种技术难点,如图 4.1 所示。本章的研究重点将放在智能车库的管理系
统上。

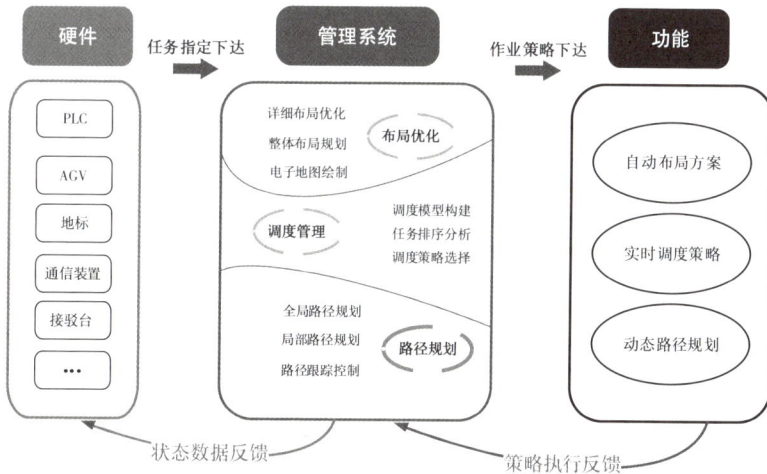

图 4.1　智能车库的组成分析

目前,现有研究在智能泊车调度系统方面的分类仍有局限,尤其是针对多 AGV 的
调度系统,尚未完全针对基于移动机器人的智能车库的特点进行更精细化的分类。笔
者认为,RIG 与其他 AGV 应用领域相比的最大不同之处在于:可以自由选择终点。基
于这一特点,本章将研究重点放在智能车库的车位分配上。一般 AGV 应用场景通过
路径规划来减少 AGV 之间可能出现的冲突,如图 4.2 所示,通过二次路径规划与任务
规划都可以减少冲突。在路径优化前,两任务的路径冲突比较大,如图 4.2(a)所示,
因此需要对路径进行重新规划。规划后的效果如图 4.2(b)所示,路径之间的冲突减
少了,从而提高了 AGV 的运行效率。然而,在一些车库中,地图并不支持过多的路径
改变,使得通过改变路径来减少冲突就变得比较艰难。本章期望通过规划待停车辆的
泊车位来减少冲突,如图 4.2(c)、(d)所示,以此提升车库的运行效率。另外,在城市
的早晚高峰时段,车库内的车辆需要进行大量且集中的存取,这时 RIG 内的运行情况
极为复杂,单纯地通过增加 AGV 投入运行等策略已经很难起到较好的效果,这对 RIG
的调度策略是一项严峻的挑战,目前关于多 AGV 系统的研究仍然没有很好的解决办
法。通勤出行效果的好坏是判断一个城市是否正常运行的重要依据,而近年来我国机

动车保有量的急速增加,所造成的交通拥堵现象也明显增加,尤其是在早晚高峰时段,保有量增加所带来的问题已对城市发展产生了制约。本章将研究重点主要集中在高峰时段车库运行中出现的问题上。在高峰时段,大量待泊车辆等待停入车库,在这种情况下,场内的泊车 AGV 运行情况错综复杂,此时,除了利用现有的路径规划以及泊车 AGV 调度策略提升车库的运行效率,还需要对车位进行科学分配,以达到提高车库吞吐效率的目的。

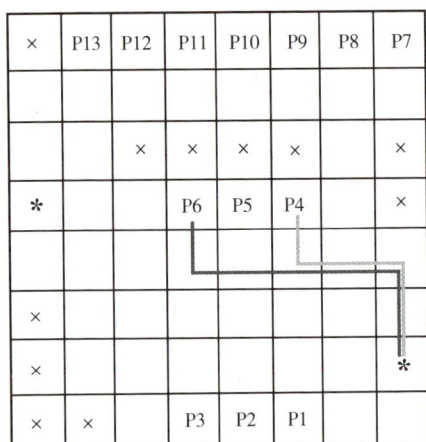

(a)路径优化前

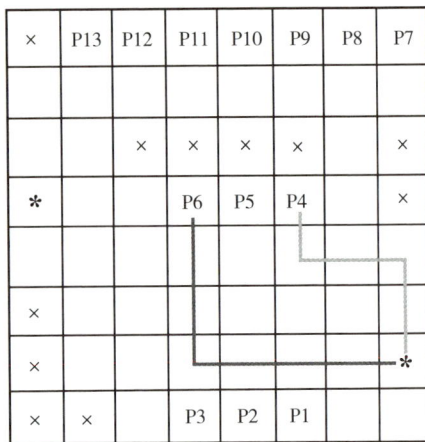

(b)路径优化后

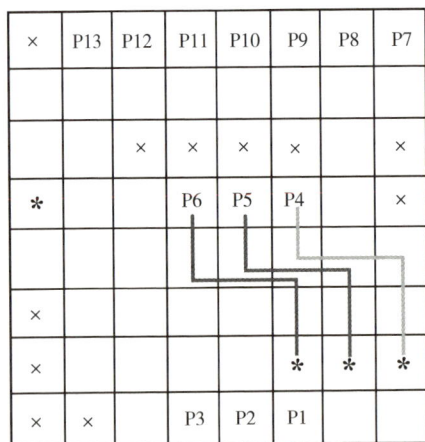

(c)任务优化前

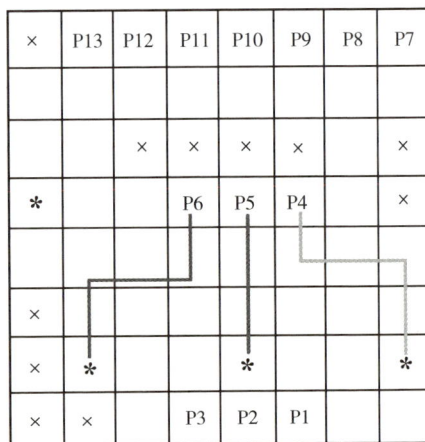

(d)任务优化后

图4.2 不同方式改善冲突顺序和改善冲突

4.1.2 环境建模

AGV 系统中的路径规划问题与所选的地图建模方式密切相关。常见的地图建模的方法包括栅格地图建模法、拓扑建模法和可视图建模法。本章采用拓扑建模法作为地图建模的方法。

　　拓扑建模法是指在现有地图模型的基础上,对所有节点(包括起点、终点和所有路径节点)进行标记,并用直线连接可以进行通行交互的两点。通常,根据地图模型中工作线路的行驶要求(单向或双向),将连接线分为有向线和无向线。在利用拓扑法进行计算时,需要根据连接线的方向属性,将拓扑图模型建立为相应的邻接矩阵,如图 4.3所示。通过邻接矩阵,可以将地图模型中点的连接关系具体化。拓扑建模法通常适用于 Dijkstra 算法。

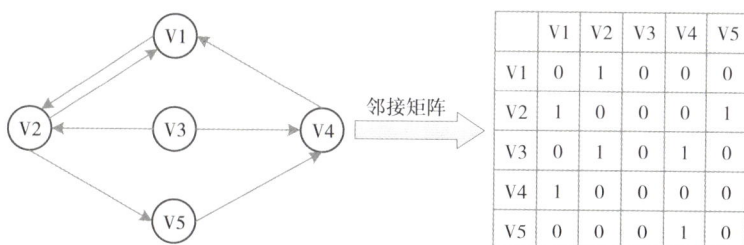

	V1	V2	V3	V4	V5
V1	0	1	0	0	0
V2	1	0	0	0	1
V3	0	1	0	1	0
V4	1	0	0	0	0
V5	0	0	0	1	0

图 4.3　拓扑法及邻接矩阵

　　在构建智能车库的拓扑地图模型时,为了满足车库在停车过程中的需求,并使构建的拓扑地图模型更加符合本章研究的车库实际应用场景,应重点注意以下几个方面:

　　①智能车库的拓扑地图应关注车库内事物之间的关联性,只需反映车库内出入口、充电桩、车位、道路等要素的空间位置信息。

　　②为了提高路径规划算法的收敛效率并节省计算机存储空间,在构建车库拓扑地图时应尽量简化模型,同时确保能执行所有泊车运输任务,以提高效率。

　　③在构建智能车库拓扑地图时,为避免在已规划出最短路径后运行时仍需绕远路的情况,应使构建的智能车库拓扑地图尽量符合常规要求。

　　④在绘制车库拓扑地图模型时,一个节点可以有多个进入边,但相邻两个节点之间的边只能有一条。除了终点节点,其他节点都应至少保证前后都有边的连接,确保车库拓扑地图中不存在缺口。同时,图标大小和标识位置也需要合理设置。

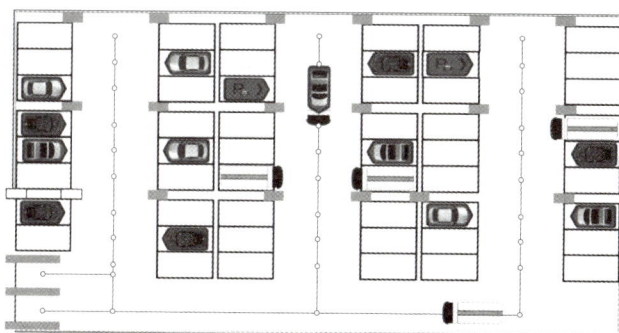

图 4.4　车库环境简图

如图 4.4 所示,为本章研究的车库环境简图,研究的问题布局如图有 50 个停车位、两个出入口,停车场大小为 2 900 m²,每个停车位的尺寸大小为 5 500 mm×2 500 mm,主路宽为 5 300 mm,3 条区域主路宽为 8 000 mm。结合实际的 AGV 智能停车场环境及上述特征,将 AGV 智能停车场的现场物理环境抽象建立拓扑结构模型,并绘制路口节点和各功能站点的连通图,如图 4.5 所示。该图由节点和连接节点的路径组成。其中,B01、B02、B03 表示充电桩,S01 表示入口,E01 表示出口,以"P"开头的节点代表车位,以"C"开头的节点代表路径转折点或者路径与路口的交点。根据所研究的问题,本章对车库的通用假设参考文献,在此基础上,本章提出了以下新的假设:

①每次只能在出入口进行一辆 AGV 的装载作业,需要等到装载车的 AGV 进入停车场后,才能进行下一辆车的装载作业。

②为了防止停车场内发生赶超冲突,前一辆 AGV 进入停车场后,下一辆 AGV 需要等待 10 s 后进入停车场。

③在大型商圈、民航业停车场的早晚高峰期间,以及汽车制造业停车场在生产制造后期,待泊车辆数量大于停车场内空余的停车位数量。

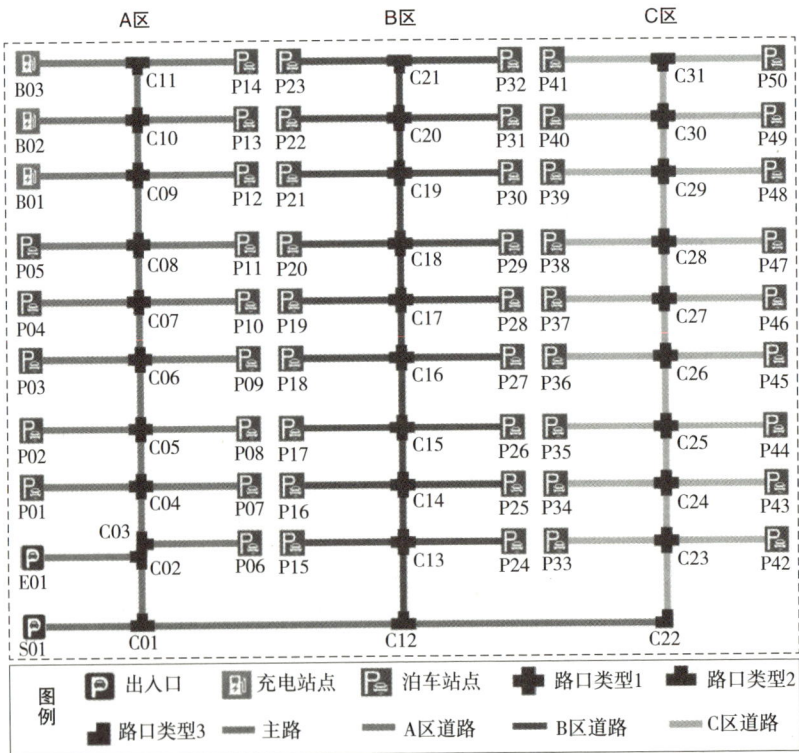

图 4.5　车库拓扑模型

4.2　智能车库车位分配

4.2.1　车位分配方案评价模型

在 RIG 的各类技术研究中,调度系统是一个非常重要的组成部分。本章的主要研究重点放在了车位分配方案对 AGV 冲突的影响上。智能车库在接收调度任务后,需要根据车位分配模型对车位资源进行分配,然后由泊车 AGV 进行运输任务。在这一基础上,本章引入了"代价"的概念,在调度系统分配停车资源后,需要计算车辆停入车位的代价,这一代价将作为停车资源分配方案的评价指标。代价可以是不同的概念,例如死锁出现次数最小,停车时间最少等,也可以是不同指标的综合体现。代价模型的符号说明见表4.1。

表 4.1　代价模型的符号

模型符号/单位	解释说明
符号定义表	
C	待泊车辆集合
Q	空闲车位集合
M	分配任务集合
V	车库拓扑地图点的集合
E	车库拓扑地图线段的集合, $E = \{1, 2, \cdots, e\}$
集合元素	
c	待泊车辆
q	车库内空闲车位, $Q = \{1, 2, \cdots, q\}, q \in Q$
m, n	调度系统为每辆待泊车辆分配的泊车任务, $M = \{1, 2, \cdots, m, n\}, m, n \in M$
v	车库内拓扑节点
e	车库内拓扑线段
参数	
s_m	任务 m 的泊车代价
$l_{\text{conflict}}^{m,n}$	任务 m 与任务 n 之间的干涉路径长度
l_{total}^{m}	任务 m 需要行驶的路径总长度
l_{total}^{n}	任务 n 需要行驶的路径总长度
$p_{m,n}$	任务 m 与任务 n 之间的冲突概率

续表

模型符号/单位	解释说明
决策变量	
$x_{m,n}^{e}$	任务 m,n 规划出的路径都包括路段 e
x_{m}^{e}	任务 m 规划出的路径集合中包括路段 e
x_{n}^{e}	任务 n 规划出的路径集合中包括路段 e

本章提出了一种全新的智能停车场停车位分配方案,并引入了代价计算的概念。假设现有 $|C|$ 辆待泊车辆等待停入车库,车库内有 $|Q|$ 个空闲车位,则车库接收到的任务集合为 $m=\{c,q\}$,表示将当前待泊车辆 c 停入停车位 q。本模型建立的思想是在 $|M|$ 个任务中,为每一个任务 m 赋予一个停车代价。在计算过程中,每一辆待泊车辆 c 停入空闲车位 q 都会计算出相应的停车代价。在整体规划停车任务后,以整体的停车代价最小为目标函数 c_m。

目标函数:

$$z = \sum_{m \in M} s_m \tag{4.1}$$

约束条件:

$$|M| \leqslant |C| \tag{4.2}$$

$$|M| \leqslant |Q| \tag{4.3}$$

本章提出的模型将接受任务的停车代价最小化为目标函数,约束为将可以停入车库的待停车辆均停入车库内。通过合理降低智能停车场的总体停车代价,模型旨在提高智能停车场的吞吐效率。代价函数可以根据研究的深入引入不同的概念,将其设置成总停车时长、最小 AGV 消耗电量、最小化转弯次数、最短行驶路程、最小化死锁次数等。这些概念也可以融合在一起。代价函数设置得越精细,对 AGV 运行的预测就越准确,从而对提升停车场的效率效果也越明显。

4.2.2 路径干涉概率模型

在 4.2.1 节中提出了代价模型,旨在预测 AGV 的运行情况。本章通过引入路径干涉概率的概念,计算停车资源分配方案的路径干涉概率,从而对 AGV 之间可能出现的冲突进行预测,通过减少 AGV 之间可能出现的冲突,可以降低等待时间和冲突发生的概率,进而提高停车场的运输效率。路径问题可以描述为图论问题,表示为 $r=\{V,E\}$;对于每一个任务 m,调度系统都会规划出一条路径,这条路径包括完成任务 m 时,需要将待泊车辆 c 送至车位 q 的所有节点和路段,那么,决策变量 x_m^e 的计算式为:

$$x_m^e = \begin{cases} 1, & 路段\ e\ 被任务\ m\ 规划出的路径所包含 \\ 0, & 其他 \end{cases} \tag{4.4}$$

路径规划算法在为任务 m 规划出一条路径后,可以对任务 m 的总体路径长度 l_{total}^m 进行计算,任务 m 的总路径长度 l_{total}^m 的计算式为:

$$l_{\text{total}}^m = \sum_{e \in E} l_e \cdot x_m^e \tag{4.5}$$

本章引入的干涉概率表示为任务 m 在运输过程中可能与其他任务的路径干涉的概率,路段 e 在两泊车任务 m 与 n 中是否干涉,其计算式为:

$$x_{m,n}^e = \begin{cases} 1, & 路段\ e\ 被任务\ m,n\ 规划出的路径所同时包含 \\ 0, & 其他 \end{cases} \tag{4.6}$$

计算两个任务 m 与 n 的干涉路径总长度 $l_{\text{conflict}}^{m,n}$,其计算式为:

$$l_{\text{conflict}}^{m,n} = \sum_{e \in E} l_e \cdot x_{m,n}^e, \forall m \neq n \tag{4.7}$$

在得到任务 m 和任务 n 之间的干涉路径的总长度 $l_{\text{conflict}}^{m,n}$ 后,计算任务 m 与任务 n 的干涉概率,其计算式为:

$$p_{m,n} = \frac{(l_{\text{conflict}}^{m,n})^2}{l_{\text{total}}^m \cdot l_{\text{total}}^n} \tag{4.8}$$

在得到任务 m 与任务 n 的干涉概率后,就可以整体对停车任务的泊车代价 c_m 进行计算,其计算式为:

$$s_m = \sum_{n \in M} p_{m,n}, \forall m \neq n \tag{4.9}$$

基于停车场干涉概率求和的计算式为:

$$\sum_{m \in M} s_m = \sum_{m \in M} \sum_{n \in M} \frac{\sum_{e \in E} l_e \cdot x_{m,n}^e}{\left(\sum_{e \in E} l_e \cdot x_m^e \right) \cdot \left(\sum_{e \in E} l_e \cdot x_n^e \right)}, \forall m \neq n \tag{4.10}$$

4.2.3　时间窗干涉计算模型

在 4.2.2 节中提出了一种基于路径干涉概率求和计算的车位分配方案评价模型。本节进一步提出了一种基于时间窗干涉的数学模型,通过计算 AGV 可能出现时间窗的干涉,对车库内泊车 AGV 之间可能出现的冲突进行预测;由于时间窗具有动态特性,本节针对时间窗干涉的数学模型进行了定义。

时间窗(Time Window)法是一种计算地图空间内正在运行的 AGV 对路径等资源的占用的时间段的方法。通过重新规划路段的占用时间有重叠的泊车 AGV,以此来避免 AGV 之间发生冲突,确保 AGV 之间的有序运行。由 4.2.2 节可知,判断是否能够进入路口的条件十分重要,若进入路口的时间判断失误就会造成泊车 AGV 的死锁,从而造成极大的经济损失并降低车库的运行效率。

在多 AGV 系统中,时间窗的数学描述为:假设系统下发了 $|M|$ 项任务分配给车库内的泊车 AGV,泊车 AGV 的集合可以表示为 $O = \{1, 2, \cdots, o\}$,任务的集合可以表示为 $M = \{1, 2, \cdots, m\}$,任务的分配结果 L 表示为:

$$L = \left\{ L_i = \left[m_1^i, m_2^i, \cdots, m_{|M|}^{|O|} \right] \right\} \tag{4.11}$$

在式(4.11)中,$1 \leqslant i \leqslant |O|$,$i$ 代表第 i 辆 AGV,L_i 表示分配给第 i 辆 AGV 的任务组,$m_1^i, m_2^i, \cdots, m_{|M|}^{|O|}$ 表示第 i 辆 AGV 任务组中的每个任务。将终点定义为 S_i 和 E_i,这时,i 的取值范围被定义为 $1 \leqslant i \leqslant |O|$,时间窗的定义如下:

$$D_i = \left\{ d_i = \left[t_{\text{in}}^i, t_{\text{out}}^i \right] \right\} \tag{4.12}$$

式中 D_i ——第 i 辆 AGV 运行时的时间窗;

d_i ——该辆 AGV 完成本次任务中的所有任务经过的第 i 个路段;

t_{in}^i ——第 i 辆 AGV 驶入路段的时间;

t_{out}^i ——第 i 辆 AGV 离开路段的时间。

在计算出场内运行的所有泊车 AGV 的时间窗后,就可以描述出地图上的所有路段的时间窗的占用情况。通过寻找泊车 AGV 在同一时间段需要占用的同一段路径或节点,即可求出泊车 AGV 之间的重叠时间窗位置,从而确定冲突节点、路径和泊车 AGV,根据冲突进行相应的调整,对泊车 AGV 的占用时间窗根据调整策略进行重新计算,从而解决拥堵和冲突问题。将所有任务的时间窗干涉概率进行计算,得到整个时间窗干涉概率的计算式为:

$$\sum_{m \in M} s_m = \sum_{i=2}^{|O|} D_i - D_{i-1} \tag{4.13}$$

其中,两个 AGV 任务之间的时间窗干涉的计算式为:

$$D_i - D_{i-1} = \left| \min(t_{\text{out}}^i, t_{\text{out}}^{i-1}) - \max(t_{\text{in}}^i, t_{\text{in}}^{i-1}) \right| \tag{4.14}$$

4.2.4　分配策略

目前,RIG 中常用的停车资源调度分配策略通常有两种方法:随机分配(Randomly Allocate the Parking Lot to the Pick-up Point, RA)和优先分配距离取车点最近的停车位(First Allocate the Nearest Parking Lot to the Pick-up Point, FAN)。在此基础上,本章进一步提出了两种新方法:交替分配按照距离取车点最近的停车位(Alternately Allocate the Nearest Parking Lot to the Pick-up Point, AAN)以及根据干涉概率整体规划分配停车位(According to the Probability of Interference to Allocate the Parking Lot to the Pick-up Point, APIA)。

本章利用 Java 语言对上述模型进行仿真计算。在仿真过程中,将编码设置为一个没有重复元素的排列编码,将累计冲突概率和时间窗不干涉总时长设置为适应度函数。车位分配方案评价计算流程如图 4.6 所示。首先需要输入停车场的数据结构,将车库的数据信息输入到算法中,然后输入不同的车库分配方案,并根据 Dijkstra 算法计算车库分配方案中的每种分配方案,将待泊车辆从入口运送至车位的路径集合,最后根据前面提出的两种车位分配方案评价模型对车位分配方案进行评价。

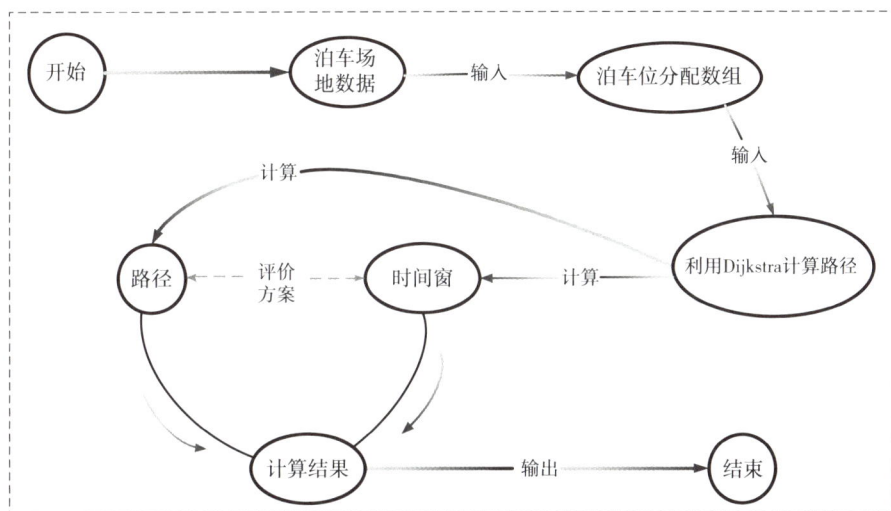

图 4.6　车位分配方案评价计算流程图

1)随机分配(RA)

随机分配算法表示对待泊车辆随机分配车库内的空闲车位,对于本章研究的问题,可以利用 Java 程序随机生成一个长度为 $|M|$ 的数组,这种方法得到的分配结果对车库内的情况不进行考虑,得到的分配结果随机性强,对提高车库的运行效率帮助不大。

2)优先分配距离取车点最近的车位(FAN)

优先分配距离取车点最近的车位又称为广度优先算法。在文献中,这种策略被称为优先分配距离取车点最近的车位算法,而在专利中则被称为广度优先算法。尽管叫法不同,但本质上都是直接根据任务需求选取离出入口最近的车位。当调度系统接收到停车任务时,它会调度系统通过获取智能车库中的停车位状态信息(包括空闲或已占用的状态),使用广度优先算法进行泊车位的最优选择,即选择距离出入口最近的停车位。执行过程如下:首先,通过智能车库调度系统获取智能车库中的拓扑地图。然后,从任务出发的入口开始,遍历所有距离当前入口最近的车位所在节点,在遍历过程中,将被访问过的节点标记设置为已访问状态,并将已经有车辆占用的车位所在节点标记为被占用状态。当遍历到空闲车位所在的节点时,将其状态设置为已访问,并结束遍历。如果未发现空闲停车位,则重新进行遍历,其临近节点直至发现空闲停车位。整个过程遵循先右后下的遍历原则。

对于本章研究的问题可以先获取车库内的空闲停车位集合 Q,计算每个空闲车位 q 与出入口的距离 l_q,将空闲车位的集合 Q 根据 l_q 进行排序并将车位放入任务集合中。

3)交替分配按照距离取车点最近的停车位(AAN)

交替分配按照距离取车点最近的停车位的方法是指在 FAN 方法的基础上,获得车库内的空闲停车位集合,计算每个空闲车位 q 与出入口的距离 l_q,将空闲车位的集合 Q 根据 l_q 进行排序,将排序后的集合 Q 按照一近一远交替放入任务集合中。

4)整体规划分配停车位(APIA)

整体规划停车位的算法拟通过遗传算法对泊车方案进行整体规划,将适应度函数设置为路径干涉概率和计算模型或时间窗干涉概率和计算模型。

(1)编码(encode)设计

编码的质量优劣极大地影响了遗传计算的效率。常见的编码方法有二进制编码、格雷码、浮点数编码、多参数级联编码、多参数交叉编码、顺序编码等。通过对比本章拟采用的顺序编码作为本章研究问题的编码方式。利用顺序编码作为本章研究问题的编码方式,每条顺序编码都表示一个车位分配方案,解码方式如图 4.7 所示,染色体中的每个基因都代表一个空闲车位。

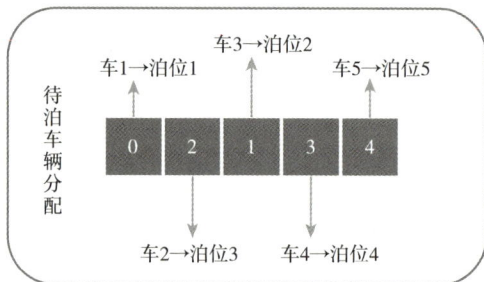

图 4.7 解码方式

(2)算子设计

本章采用单点交叉算子,由于顺序编码中基因的唯一性,在进行交叉后,需要进行染色体的检验并进行修正,示意图如图 4.8 所示。本章所采用的变异方式如图 4.9 所示,由于顺序编码的特殊性,本章直接采用在染色体上随机选择两个基因进行交换的方式来进行变异。

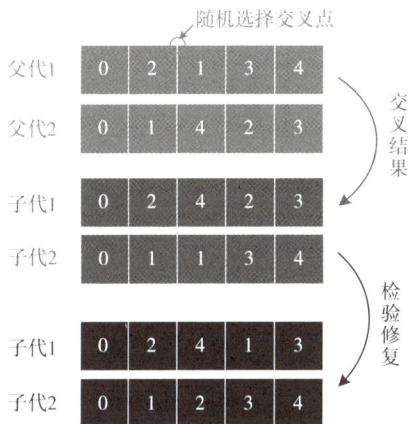

图4.8　交叉算子

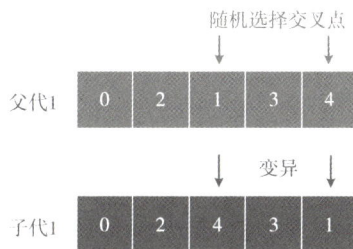

图4.9　变异算子

4.3　多 AGV 冲突及协调策略

当 AGV 智能车库需要处理大量运输任务时,为了提高车库内的吞吐效率并确保能按时完成泊车任务,通常会在车库内部署多台 AGV 同时进行泊车作业。多 AGV 系统的调度系统主要负责处理多台 AGV 之间的冲突,以及在任务积压时确定任务执行的顺序。当车库内的泊车 AGV 同时工作时,车库内的道路可能会变得十分拥挤,特别是在车库内的道路都是双向单车道的情况下,路口节点的冲突比双向双车道更为频繁。因此,调度系统除了要规划泊车 AGV 的路径,还要对泊车 AGV 的任务路径进行时间窗规划,以防止两辆 AGV 进入车库后在双向单车道的两个方向上发生冲突。

4.3.1　冲突情况分析

在多台 AGV 的存取车路径规划中,出现的冲突通常有两种类型,即交叉路口冲突和路径冲突。其中,路径冲突又可分为赶超冲突和相向冲突。本章不考虑赶超冲突,而是集中研究交叉路口冲突和路径冲突中的相向冲突。在分析路口冲突和相向冲突时,发现它们都存在可避让和不可避让的情况。可避让冲突发生在两个 AGV 的冲突路段不会互相影响的情况下,这种冲突可以通过让 AGV 在某一路口外进行等待解决,故称为可避让冲突。可避让的路口冲突如图 4.10(a)所示,这种冲突是由两辆 AGV 同时驶入同一特定路口导致的。可避让的相向冲突如图 4.10(b)所示,这种相向冲突是由两辆 AGV 同时驶入同一特定路段导致的。

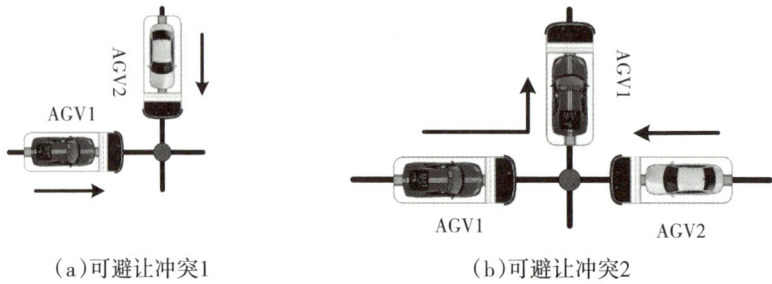

（a）可避让冲突1　　　　　　　　　（b）可避让冲突2

图 4.10　可避让冲突

不可避让冲突发生在两个 AGV 的冲突路段会互相影响的情况下。不同于可避让冲突,这种冲突往往发生在多个连续的路段。因此,不能通过让 AGV 在某一路口外进行等待来解决。不可避让的路口冲突与不可避让的相向冲突如图 4.11(a)—(d)所示,它们的冲突都是由两辆 AGV 同时驶入多个连续路段导致的。

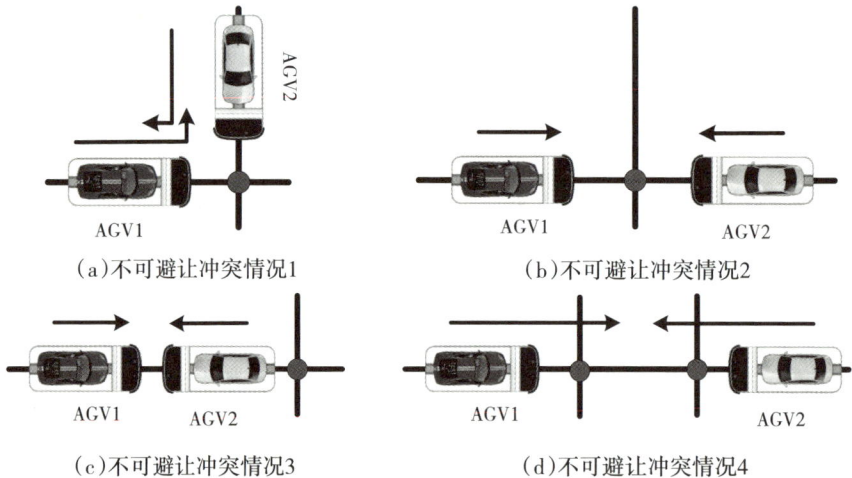

（a）不可避让冲突情况1　　　　　　　（b）不可避让冲突情况2

（c）不可避让冲突情况3　　　　　　　（d）不可避让冲突情况4

图 4.11　不可避让冲突

一般情况下,当任务间产生路径交叉时,如果不根据调度策略对路口进行占用,极易因 AGV 过早进入路口造成 AGV 的死锁,如图 4.12 所示,AGV1 任务与 AGV2 任务产生了路径交叉,在这种情况下,由于路径交叉,至少有一个任务需要在路口节点处等待,否则在双向单车道上就可能发生死锁。AGV1 任务与 AGV2 任务在 $e_1 \rightarrow e_2$ 路段发生了冲突,由于 AGV1 距离 e_1 路口节点更近,AGV1 首先会到达 e_1 路口节点。此时,AGV1 任务需要在 e_1 路口节点进行等待,待 AGV2 的任务经过 e_1 路口节点后,AGV1 的任务才可以进行转弯继续完成任务,如图 4.12(a)所示,这是任务之间存在路径冲突时正常的路口通过顺序;而若 AGV1 在到达 e_1 路口节点后进行转弯任务如图 4.12 所示,在 $e_1 \rightarrow e_2$ 路径中两任务就会形成对向冲突,造成死锁,此时,必须通过人工或系统进行干预,这会导致车库效率降低,为了减少这种情况的产生,必须制定路口等待策略判断任务的优先级,使泊车 AGV 在执行任务时,能够判断是否需要在路口节点进行等待,从而避免产生死锁,减少浪费,并提升 AGV 智能车库的吞吐效率。

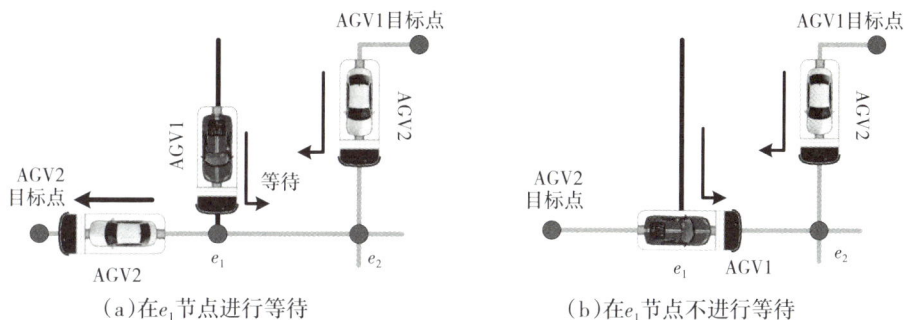

（a）在 e_1 节点进行等待　　　　（b）在 e_1 节点不进行等待

图 4.12　不可避让冲突出现情况

4.3.2　任务分配策略分析

1）可避让冲突解决策略

当两辆 AGV 发生可避让冲突时,可以通过调整它们进入冲突路口的时间来避免冲突发生。各 AGV 通过路口的次序可以通过引入优先级策略来确认。对于图 4.13,AGV1 的优先级比 AGV2 的优先级高,为避免冲突发生,规定优先级较高的 AGV1 先进入可能发生冲突的路口,同时令优先级较低的 AGV2 在路口外等待。当先进入路口的 AGV1 完全离开后,再让 AGV2 进入该路口,从而避免冲突在该路口发生。

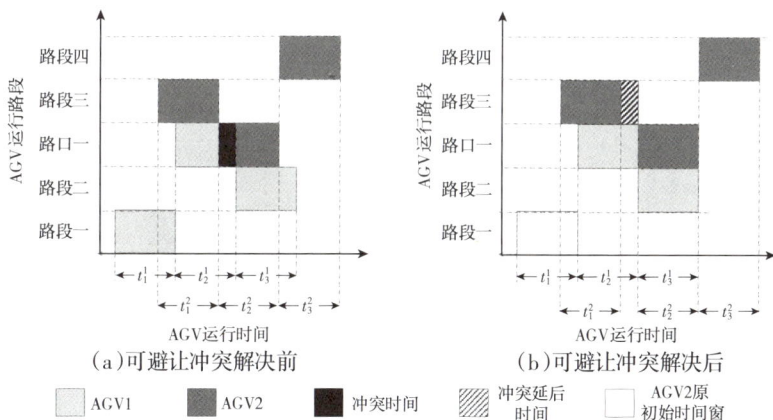

（a）可避让冲突解决前　　　　（b）可避让冲突解决后

图 4.13　通过优先级等待策略来解决可避让冲突

2）不可避让冲突解决策略

当两辆 AGV 发生不可避让冲突时,不能通过调整 AGV 在某一路段的进入时间来解决,故在此处引入时间窗策略。为避免冲突的发生,系统会先找到两辆 AGV 的冲突路段,接着找出路径中受该路段影响的路段,最后调整这些路段的时间窗,使两辆 AGV 的路段时间窗全部错开,从而避免冲突在这些路段上发生。该解决方法如图 4.14 所示。

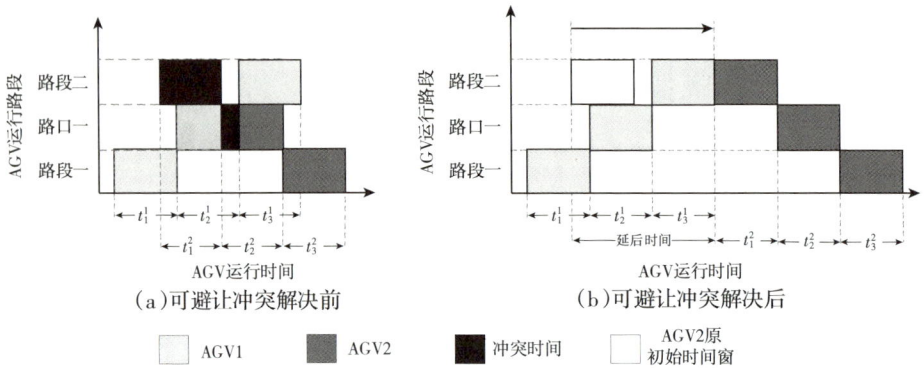

（a）可避让冲突解决前　　　　（b）可避让冲突解决后

□ AGV1　　■ AGV2　　■ 冲突时间　　□ AGV2原初始时间窗

图 4.14　通过时间窗策略解决不可避让冲突

3）时间窗干涉情况分析

车库接收任务较多时,车库内的泊车 AGV 运行情况十分复杂,泊车 AGV 在路口判断是否需要进入路段时必须十分谨慎,因双向单车道的特殊性,路径进入的判断条件不足就会导致泊车 AGV 发生死锁,造成十分严重的经济损失。本章建立的时间窗策略如图 4.15 所示。

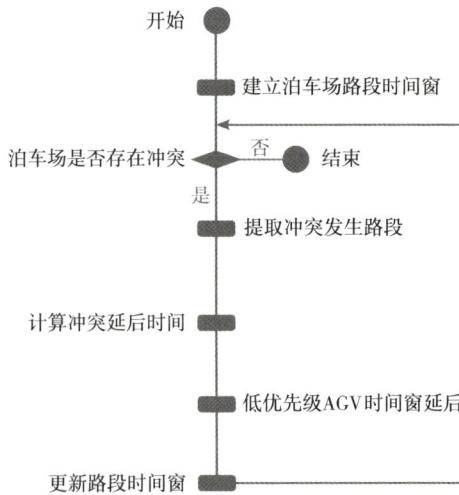

图 4.15　时间窗策略示意图

在应用时间窗模型解决 AGV 的冲突前应先确认 AGV 在不同路段上的占用时间;路段的占用时间主要由 AGV 在该路段上的进入时间与运行时间确定,其中 AGV 的进入时间主要由前一路段确定,而 AGV 的运行时间主要由 AGV 的运行状态与行驶速度确定。由该车库模型可知,该车库路段可基本分为直行路段和交叉路口两种,而 AGV 在交叉路口的运行状态又分为直行和转弯两种。分析转弯的运行状态时发现 AGV 在路口上转弯时的路程与直行时的路程相同,它们的区别在于 AGV 在转弯时需要增加一个原地转向的过程,如图 4.16 所示。

(a)抵达路口　　　(b)原地转向　　　(c)离开路口

图 4.16　泊车 AGV 路口转向方式

在计算时规定,AGV 在转弯路口的运行时间为直线的匀速运动时间加上原地转向的等待时间,即 $t_{\text{straight}} + t_{\text{turn}}$。而转向的等待时间与 AGV 的转弯角度有关,分析车库模型可以得出,AGV 在转弯路口的转向均为 90°,故认为 AGV 在转弯路口的等待时间为一确定值。根据实际得知,每个 AGV 的单次转弯速度为 15 rad/s。

在判断是否能进入路口前,先假设若当前接受任务时当前时间能够进入路段后,进入路口的静态时间进行计算,计算每段路口 i 的静态占用时间窗 $[t_{\text{Enter}}^i, t_{\text{End}}^i]$。

假设 AGV 从接收任务开始计算,接受任务时间为 T_0,泊车 AGV 根据 Dijkstra 算法计算出一条路径,从全局路径表中调取出,则不论是否能进入路口,使当前进入路口的静态时间为 $t_{\text{Enter}}^0 = t_0$,由车库的运行规则,规定 AGV 在直行时的匀速为 v_{straight},由 D_i 表示各路段的长度,t_{Enter}^i 表示 AGV 进入路段 i 的时间。则 AGV 在直行路段与直行路口的占用时间为:

$$\left[t_{\text{Enter}}^i, t_{\text{Enter}}^i + \frac{D_i}{v_{\text{straight}}} \right] \tag{4.15}$$

规定 AGV 在转弯路口上的转向时间为 t_{turn},则 AGV 在转弯路口的占用时间为:

$$\left[t_{\text{Enter}}^i, t_{\text{Enter}}^i + \frac{D_i}{v_{\text{straight}}} + t_{\text{turn}} \right] \tag{4.16}$$

其中,在计算路口进入的静态时间时,使进入当前路段的静态时间与驶出上一路段的静态时间相等,即

$$t_{\text{staticEnter}}^i = t_{\text{staticEnd}}^{i-1} \tag{4.17}$$

将各路口 i 的静态进入时间计算完成后,若判断可以直接进入路口,系统将会对路段 i 的占用时间矩阵进行更新,若判断能进入路口,则找到能够进入路口的时间,将计算后的时间加入路口 i 的占用时间矩阵 $[t_{\text{Start}}^{i,j,k} \quad t_{\text{End}}^{i,j,k}]$ 上,路口 i 的占用时间矩阵具体如式(4.18)所示。

$$\begin{bmatrix} t_{\text{Start}}^{i,1,1} & t_{\text{Start}}^{i,1,2} & t_{\text{End}}^{i,1,1} & t_{\text{End}}^{i,1,2} \\ t_{\text{Start}}^{i,2,1} & t_{\text{Start}}^{i,2,2} & t_{\text{End}}^{i,2,1} & t_{\text{End}}^{i,2,2} \\ \cdots & \cdots & \cdots & \cdots \\ t_{\text{Start}}^{i,j,1} & t_{\text{Start}}^{i,j,2} & t_{\text{End}}^{i,j,1} & t_{\text{End}}^{i,j,2} \end{bmatrix} \tag{4.18}$$

其中,i 表示当前路口的编号,j 表示当前路口 i 的占用时间窗的数量,k 表示对当前的道路方向的判断,当 $k=1$ 时,表示当前方向与当前 AGV 的运行方向一致,为正向;当 $k=2$ 时,表示当前方向与当前 AGV 的运行方向相反。在将当前 AGV 的静态进入时间计算完成后,需要将其与路段 i 的各正向占用时间和各反向占用时间进行比较,通过对比判断是否能够进入该路口。本章所采用的判断条件如下所示:

首先对静态时间和计算出的时间进行时间窗干涉分析,判断情况包含 6 种情况,情况示意图例如图 4.17 所示,在满足 $t_{\text{Start}}^{i,j,k} \geqslant t_{\text{End}}^{i,j,k}$ 和 $t_{\text{Start}}^{i} \geqslant t_{\text{End}}^{i}$ 的条件下,情况分别为:

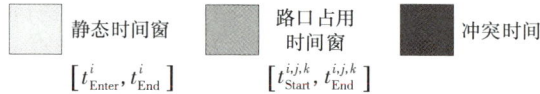

图 4.17　时间窗关系图图例

(1)路段 i 静态时间窗和目前的占用时间窗不发生干涉

判断静态进入时间窗和路段的占用时间窗不发生干涉的条件如下:

$$\left[t_{\text{Start}}^{i,j,k}, t_{\text{End}}^{i,j,k} \right] \cap \left[t_{\text{Start}}^{i}, t_{\text{End}}^{i} \right] = \phi \tag{4.19}$$

当前路口正反向的所有占用时间窗都与静态时间窗不产生任何干涉交集,其示意图如图 4.18 所示;当满足 $t_{\text{End}}^{i,j,k} < t_{\text{Enter}}^{i}$ 时,情况如图 4.18(a)所示;当满足 $t_{\text{Start}}^{i,j,k} > t_{\text{End}}^{i}$ 时,情况如图 4.18(b)所示。

(a)不发生干涉情况1　　　　　　(b)不发生干涉情况2

图 4.18　静态时间窗与路口占用时间窗不发生干涉

(2)路段 i 静态时间窗和目前的占用时间窗的包含关系

当计算的路径静态进入时间窗包含路口占用时间窗时满足条件如式(4.20)所示,示意图如图 4.19(a)所示,当计算的路口静态时间窗被路口占用时间窗所包含的条件如式(4.21)所示,示意图如图 4.19(b)所示。

$$\left[t_{\text{Start}}^{i,j,k}, t_{\text{End}}^{i,j,k} \right] \cap \left[t_{\text{Start}}^{i}, t_{\text{End}}^{i} \right] = \left[t_{\text{Start}}^{i,j,k}, t_{\text{End}}^{i,j,k} \right] \tag{4.20}$$

$$\left[t_{\text{Start}}^{i,j,k}, t_{\text{End}}^{i,j,k} \right] \cap \left[t_{\text{Start}}^{i}, t_{\text{End}}^{i} \right] = \left[t_{\text{Start}}^{i}, t_{\text{End}}^{i} \right] \tag{4.21}$$

(a)静态时间窗包含路径已占用时间窗　　(b)路径已占用时间窗包含静态时间窗

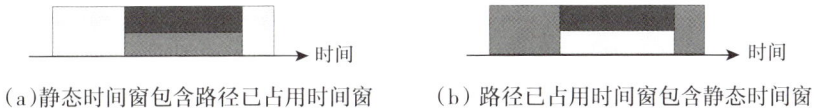

图 4.19　静态时间窗与目前占用时间窗的包含关系

(3)路段 i 静态时间窗和目前的占用时间窗的相交干涉关系

当计算的路径 i 静态进入时间窗与路径的已占用时间窗满足条件如式(4.22)所示,可以判断为路径占用时间窗与静态时间窗满足的左干涉关系,示意图如图 4.20(a)所示。当计算的路径 i 静态进入时间窗与路径的已占用时间窗满足条件如式(4.23)所示,可以判断为路径占用时间窗与静态时间窗及路径的已占用时间窗满足右干涉关系,示意图如图 4.20(b)所示。

$$\left[t_{\text{Start}}^{i,j,k}, t_{\text{End}}^{i,j,k} \right] \cap \left[t_{\text{Enter}}^{i}, t_{\text{End}}^{i} \right] = \left[t_{\text{End}}^{i,j,k}, t_{\text{Start}}^{i} \right] \tag{4.22}$$

$$\left[t_{\text{Start}}^{i,j,k}, t_{\text{End}}^{i,j,k} \right] \cap \left[t_{\text{Start}}^{i}, t_{\text{End}}^{i} \right] = \left[t_{\text{End}}^{i,j,k}, t_{\text{Start}}^{i} \right] \tag{4.23}$$

(a)路径占用时间窗与静态时间窗的
左干涉关系　　(b)路径占用时间窗与静态时间窗的
右干涉关系

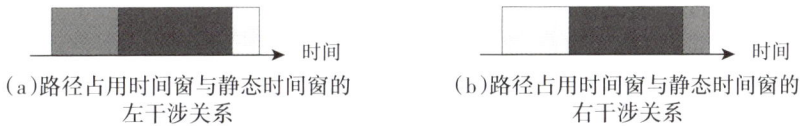

图 4.20　路径已占用时间窗和路径静态占用时间窗的相交干涉关系

4)时间窗干涉解决方案

由 4.3.1 节可知,路径的已占用时间窗与当前 AGV 申请进入路径的静态占用时间窗的干涉关系共分为三类六种情况,见表 4.2。

表 4.2　时间窗干涉情况表

类别	情况	满足条件
不发生干涉	情况 1:不发生干涉,静态时间窗在前	$t_{\text{Start}}^{i,j,k} > t_{\text{End}}^{i}$
	情况 2:不发生干涉,静态时间窗在后	$t_{\text{Start}}^{i,j,k} > t_{\text{End}}^{i}$
包含关系	情况 3:路径已占用时间窗包含静态时间窗	$t_{\text{Start}}^{i,j,k} > t_{\text{Start}}^{i}$ $t_{\text{End}}^{i,j,k} < t_{\text{End}}^{i}$
	情况 4:静态时间窗包含路径已占用时间窗	$t_{\text{Start}}^{i,j,k} < t_{\text{Start}}^{i}$ $t_{\text{End}}^{i,j,k} > t_{\text{End}}^{i}$
相交干涉关系	情况 5:路径占用时间窗与静态时间窗的左干涉关系	$t_{\text{Start}}^{i,j,k} < t_{\text{Start}}^{i}$ $t_{\text{End}}^{i,j,k} < t_{\text{End}}^{i}$
	情况 6:路径占用时间窗与静态时间窗的右干涉关系	$t_{\text{Start}}^{i,j,k} > t_{\text{Start}}^{i}$ $t_{\text{End}}^{i,j,k} > t_{\text{End}}^{i}$

在泊车 AGV 接到任务后,先通过寻路算法得到当前任务所需的所有路口节点和路径信息,通过时间窗干涉算法判断任务是否可以通过当前路径,如果与任务的路径时间窗发生干涉,需要采取相应的时间窗延后措施。在时间窗调度算法进行计算时,首先将任务计算的路径集合 $R = \{R_1, R_2, \cdots, R_i\}$、可用时间集合 A、任务的当前时间 T,以及 R_i 路段的占用时间窗矩阵 O 传入调度算法;将输入参数传入调度算法后,开始对时间窗的干涉情况进行分析并根据时间窗的干涉情况进行相应的计算,时间窗调度算法的计算步骤如下所示:

步骤 1:通过调度系统接收泊车或取车任务,得到任务的起始点和终点,通过 Dijkstra 算法计算任务所需的路径集合 $R = \{R_1, R_2, \cdots, R_i\}$。

步骤 2:根据任务建立可用时间的集合 A,将计算当前任务的实际时间 T 加入当前的可用时间 A,保证可用时间集合中有当前时间。

步骤 3:根据当前时间计算任务路径集合的静态占用时间窗 $[t_{Enter}^i, t_{End}^i]$。

步骤 4:开始循环每一段路径,调取当前路径的已占用时间窗 $[t_{Start}^{i,j,k}, t_{End}^{i,j,k}]$,计算已占用时间窗 $[t_{Start}^{i,j,k}, t_{End}^{i,j,k}]$ 与静态时间窗 $[t_{Enter}^i, t_{End}^i]$ 的干涉关系。

步骤 5:当满足 Situation 1 或 Situation 2 时,当前路径与静态时间窗不发生干涉,不对可用时间集合进行任何处理,直接进行当前路段 i 下一个占用时间窗的干涉计算。

步骤 6:满足 Situation 3,静态时间窗被路口的占用时间窗包含,出现这种干涉情况,若进入任务一定会导致死锁冲突,所以直接将当前的可用时间从可用时间集合中删除,进行下一个路段的占用时间窗干涉。

步骤 7:若满足 Situation 4 或 Situation 5,表示路径的已占用时间窗与路径的时间窗发生了左干涉或者右干涉。这时,表示静态时间窗被路段的占用时间窗占据了前一部分,处理的结果是将被占据部分的结束和开始时间设置为当前可用时间集合的当前时间,然后进行下一个路径时间窗的干涉计算。

步骤 8:循环结束,返回可用时间集合,根据可用时间集合中的最大值,更新该任务占用的路段的占用时间窗和 AGV 的任务。

4.4　智能车库仿真验证

1)智能车库仿真模型的建立

泊车 AGV 的运行流程与建模思路如图 4.21 所示。在确定了智能停车场所需的方法后,使用 SimTalk 语言在该仿真模型中进行编程。在建模思路中,泊车顺序是通过 DataTable 读取的,根据泊车任务计算所需的路径。仿真模型采用多 AGV 冲突策略来判断是否允许 VGV 进入 RIG 以及道路。这些请求都通过 Plant Simulation 中的 Method 对象进行控制。完成仿真所需的 Method 方法编写后,将各个 Method 方法对应插入至停车场中的潮汐车道控制和路口节点控制中,并使用预定义的 DataTable 数据表进行实时记录。最终构建的 Plant Simulation 仿真模型如图 4.22 所示。

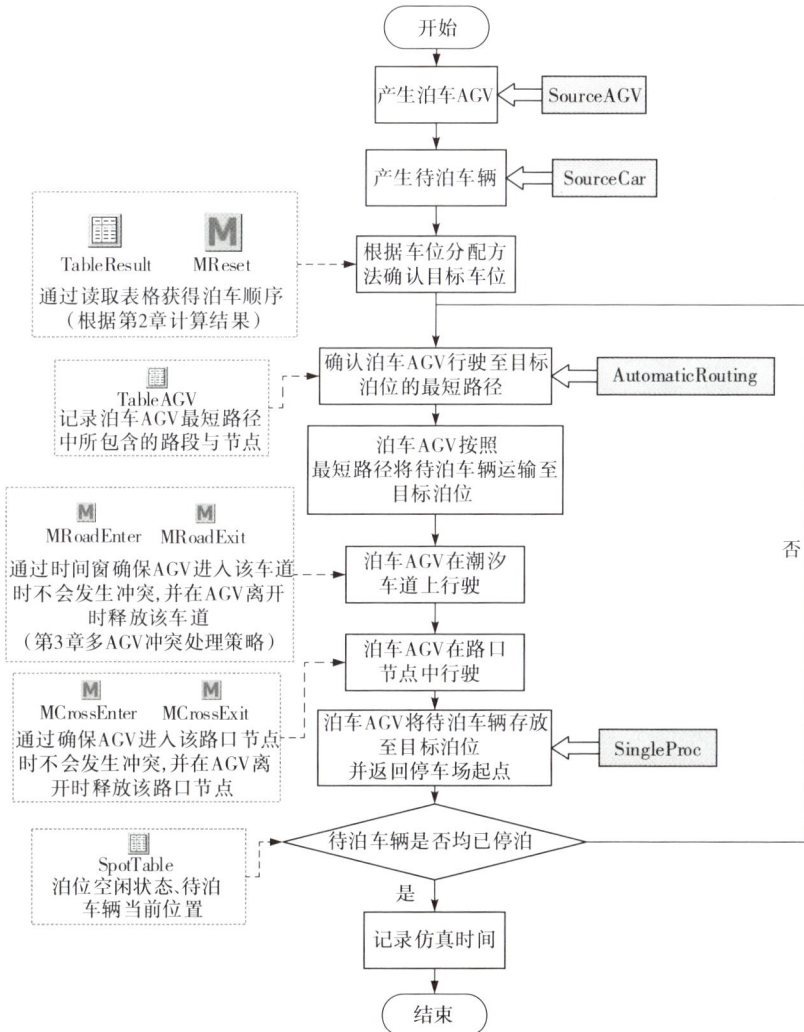

图 4.21　泊车 AGV 的运行流程与建模思路

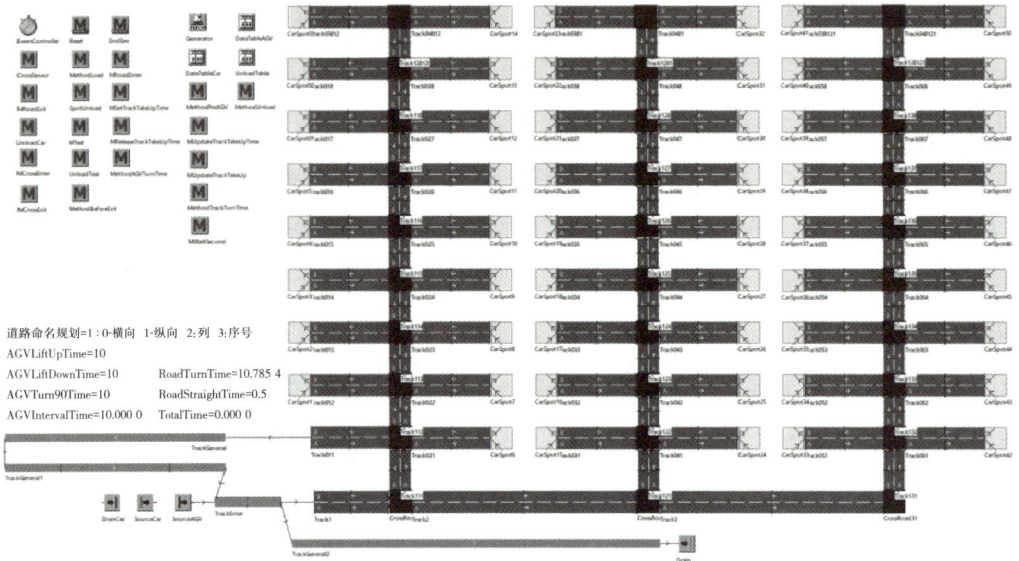

道路命名规划=1∶0-横向 1-纵向 2∶列 3∶序号
AGVLiftUpTime=10
AGVLiftDownTime=10   RoadTurnTime=10.785 4
AGVTurn90Time=10   RoadStraightTime=0.5
AGVIntervalTime=10.000 0   TotalTime=0.000 0

图 4.22　RIG 仿真模型示意图

2）实验数据及验证

在建立了 RIG 的仿真模型后,需要对本章第二节和第三节中提出的仿真模型进行验证。首先利用上一节中建立的 Plant Simulation RIG 仿真模型,对本章第二节中的泊位分配模型进行验证,以评估该模型对 RIG 吞吐效率的影响;然后利用 RIG 仿真模型对第四节提出的多 AGV 多冲突解决策略进行验证。为了加强对仿真验证数据的分析,本章提出了一些 RIG 仿真模型的评价指标,见表 4.3。

表 4.3　仿真验证评价指标

评价指标中文名称	英文缩写	解释
总仿真时长	TPD	将最后一辆待泊车辆停入车位的仿真时长
总冲突等待次数	TWT	在仿真过程中为防止路径冲突出现的总等待次数
总等待时间	TWD	在仿真过程中为防止路径冲突出现的等待时间总和

（1）车位分配模型验证分析

在验证分析中,利用 RA 进行泊车位分配,无法对泊车位分配方案的优劣进行量性评估,故本章主要针对 FAN、AAN 和 APIA 进行评估及验证。在第二节中利用 Java 语言,根据不同分配方式进行泊车位分配的方案与不同分配方案的累计冲突概率和以及时间窗预测算法时长的结果,见表 4.4。根据不同泊车位分配对其进行仿真得到的总仿真时长,结果见表 4.4 最后一列所示。

表 4.4　不同分配方法的结果图

使用算法	泊车分配顺序	累计冲突概率和（归一化）	时间窗算法时长（归一化）	TPD/s
FAN	P06,P01,P07,P02,P08,P03,P09,P04,P10,P05,P11,P12,P24,P13,P15,P25,P14,P16,P26,P17,P27,P18,P28,P19,P20,P29,P21,P30,P22,P31,P33,P23,P32,P34,P35,P36,P37,P38,P42,P43,P39,P44,P40,P41,P45,P46,P47,P48,P49,P50	0.547	0.376	6 008
AAN	P06,P50,P01,P49,P07,P48,P02,P47,P08,P46,P03,P45,P09,P41,P04,P40,P10,P44,P05,P39,P11,P43,P12,P42,P24,P38,P13,P37,P15,P36,P25,P35,P14,P34,P16,P32,P26,P23,P17,P33,P27,P31,P18,P22,P28,P30,P19,P21,P20,P29	0.214	0.306	4 740
APIA（时间窗）	P24,P21,P11,P04,P40,P01,P50,P23,P15,P36,P13,P34,P28,P38,P47,P45,P25,P37,P32,P26,P09,P48,P46,P41,P29,P19,P16,P08,P07,P14,P12,P39,P30,P22,P31,P18,P49,P42,P05,P35,P06,P03,P33,P02,P43,P17,P10,P44,P20,P27	0.266	0.294	3 974
APIA（路径）	P04,P01,P50,P36,P13,P34,P28,P38,P25,P26,P09,P48,P29,P19,P16,P08,P07,P14,P12,P42,P45,P05,P23,P32,P41,P40,P47,P15,P46,P02,P37,P39,P30,P22,P31,P18,P49,P35,P06,P03,P33,P43,P17,P10,P44,P20,P27,P24,P21,P11	0.315	0.315	4 289

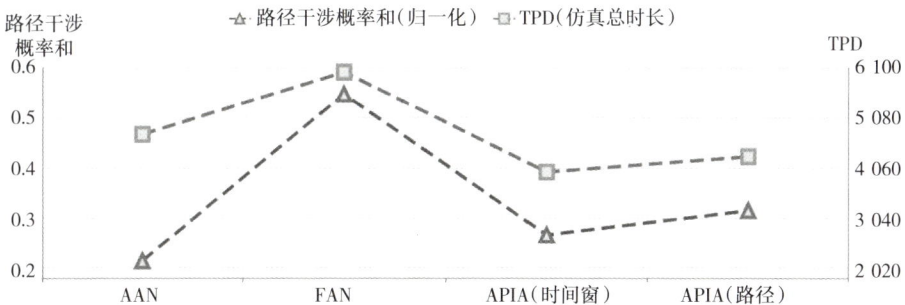

图 4.23　不同分配方案下路径干涉概率和与 TPD 关系图

如图 4.23、图 4.24 所示,横坐标分别表示 AAN、FAN、利用时间窗不干涉预测总时长算法对泊车位进行整体规划以及利用路径干涉概率和进行泊车位分配整体规划 4

种方法,纵坐标分别表示路径冲突概率(不干涉总时长)和仿真总时长,将表4.4中的数据以折线图形式进行展示,对泊位分配的评价方案数据及TPD进行直观对比。

如图4.23所示为路径干涉概率和与TPD的关系图,从图中可以看出,通过第二章路径干涉概率和仿真模型得出的仿真总时长的趋势一致,在使用AAN、FAN、APIA(时间窗)、APIA(路径)4种方法时,均呈现出"上升—下降—上升"趋势,路径干涉概率和与TPD的数据趋势没有显著性差异。

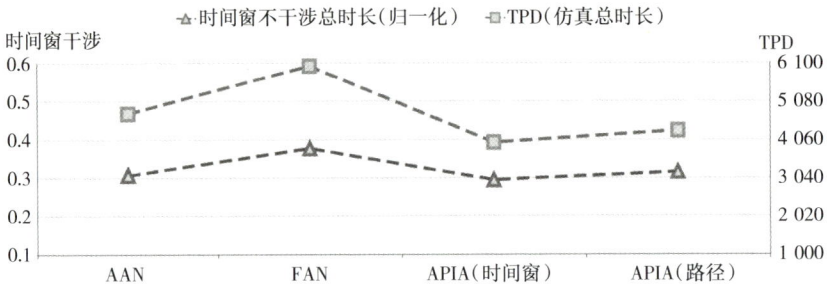

图4.24　不同分配方案下时间窗计算结果与TPD关系图

如图4.24所示为路径干涉概率算法的计算结果与TPD的关系图,从图中可以看出,在TPD相差不大的情况下,路径干涉概率算法并没有展现出较好的优越性。满足变化趋势的数据仅占数据集的41.4%,这一结果明显不如时间窗算法的结果。从以上分析对比可以得出:时间窗算法的计算结果明显优于路径干涉概率算法的计算结果。本小节通过上述分析,对4种泊车位分配方式进行分析评估,分析表明,通过计算对泊车位进行合理分配,对RIG的吞吐效率有一定的积极影响。因此,对泊车位的分配方案进行研究是有一定意义的。本小节通过对不同分配方案的评价算法,得出各方案的优劣势,具体见表4.5。

表4.5　泊车位分配方案评价方法对比表

	FAN	AAN	APIA(路径)	APIA(时间窗)
优势	对RIG的地形要求不高;运算简单;对AGV参数要求不高;对不同RIG的适应性强	对地形要求相对简单;运算简单,且一般能取得较好的效果;对AGV参数要求不高;适应性强	对车库地形要求不高;一般经过计算可以取得一定效果;适应性强	求解效果较前几种方式更加接近实际的泊车时长;对泊车位分配方案更加细致的情况显得鲁棒性更强
劣势	对于大量任务需要运行的情况显得鲁棒性并不强;分配不科学	对于不同的RIG地形区分度不高,求解一般不为最优解;对于非双向单车道RIG鲁棒性不强	计算较前两种启发式算法运算复杂;但在泊车位分配方案更细致时,展现的优势并不明显;计算相对复杂	对AGV参数、RIG地形要求更加严格;计算比较复杂,适应性不强

（2）运行效率扰动因素分析

本小节拟通过 RIG 的仿真对 RIG 运行效率的扰动因素进行分析,针对不同分配方案下的 RIG 运行效率对 RIG 进行控制变量法分析,具体分析如下:

①RIG 内的剩余车位数。本节拟通过对现有 RIG 的不同分区方案进行研究,分区情况如图 4.5 所示,图中绿色道路为 A 区道路,红色道路为 B 区道路,黄色道路为 C 区道路。为了对 RIG 内的剩余车位数进行控制变量分析,将对 RIG 内的不同区域进行开放,相关信息见表 4.6。

表 4.6　开放区域信息表

方案名称	待泊车辆数量/辆	开放区域
方案 1		A 区
方案 2	≤32	A、B 区
方案 3	≤50	A、B、C 区

为了进一步研究 RIG 内不同的车位数量对 RIG 运行效率的影响,本节根据 RIG 原有的区域划分对 RIG 模型进行仿真,见表 4.7,为不同区域分配方案下对方案进行仿真得到的结果,方案 3 的数据见表 4.4。如图 4.25 所示,将表中数据以柱形图的方式表示,从图中可以看出,当 RIG 的开放方案不同时,每个方案的仿真时间也不相同,且随着开放的泊车位增多,TPD 也随之增加。

表 4.7　不同方案下的仿真时长表

使用算法	开放方案	泊车分配结果	TPD
FAN	方案 1	P06,P01,P07,P02,P08,P03,P09,P04,P10,P05,P11,P12,P13,P14	993
	方案 2	P06,P01,P07,P02,P08,P03,P09,P04,P10,P05,P11,P12,P24,P13,P15,P25,P14,P16,P26,P17,P27,P18,P28,P19,P20,P29,P21,P30,P22,P31,P23,P32	3 107
AAN	方案 1	P06,P14,P01,P13,P07,P12,P02,P11,P08,P05,P03,P10,P09,P04	1 024
	方案 2	P06,P32,P01,P23,P07,P31,P02,P22,P08,P30,P03,P21,P09,P29,P04,P20,P10,P19,P05,P28,P11,P18,P12,P27,P24,P17,P13,P26,P15,P16,P25,P14	2 524

续表

使用算法	开放方案	泊车分配结果	TPD
APIA（路径）	方案 1	P10,P07,P13,P04,P06,P05,P01,P08,P03,P11,P09,P14,P02,P12	977
	方案 2	P24,P29,P12,P23,P04,P32,P25,P09,P31,P15,P20,P13,P27,P01,P16,P28,P21,P03,P11,P26,P07,P19,P14,P17,P10,P02,P06,P08,P30,P05,P22,P18	2 443
APAI（时间窗）	方案 1	P05,P09,P11,P03,P12,P04,P08,P02,P10,P13,P07,P14,P01,P06	882
	方案 2	P14,P10,P28,P26,P22,P13,P12,P21,P01,P31,P25,P27,P05,P32,P17,P30,P16,P29,P09,P23,P04,P24,P15,P20,P02,P06,P18,P08,P03,P19,P11,P07	2 389

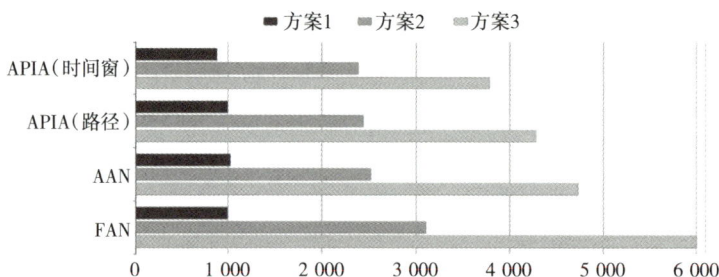

图 4.25 不同方案下的仿真时长

如图 4.25 所示,随着开放区域的增多,平均的泊车时长增加 105 s/泊位;同时,从不同方法的泊车仿真时长分析可知,随着 RIG 内开放的方案不同,每种求解方法的效果也存在差异,本节继续将表 4.7 中的数据以折线图的形式表示。如图 4.26 所示,不同方案下的不同方法的 TPD 显示出,RIG 内开放的泊车位数量越多,泊车位分配方案规划的效果就越明显,反之亦然。

当 RIG 内的开放方案设为方案 3 时,使用 FAN、AAN、APIA（路径）、APIA（时间窗）方法的 TPD 依次减小,从趋势可以看出,TPD 的减小趋势非常显著,其中效果最差的 FAN 相比效果最好的 APIA（时间窗）的 TPD 降低了 33.9%;当 RIG 内的开放方案设为方案 2 时,使用 FAN、AAN、APIA（路径）、APIA（时间窗）的方式对 RIG 模型进行仿真的 TPD 减小的趋势依然非常明显,效果最差的 FAN 相比效果最好的 APIA（时间窗）的 TPD 降低了 23.1%,效果依然非常显著;然而,当 RIG 内的开放方案设为方案 1

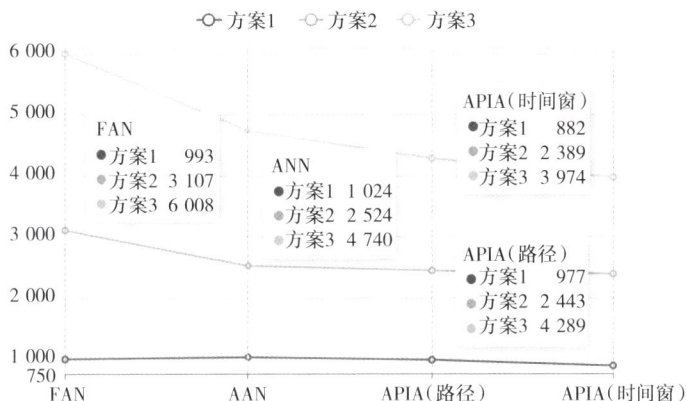

图 4.26　不同方案下的仿真时长

时,RIG 内的开放泊车位数量比较少,只占 RIG 内泊车位数量的28%,这时,利用 FAN、AAN、APIA(路径)、APIA(时间窗)方法对 RIG 进行仿真的 TPD 不再呈现依次减小的趋势,甚至利用 AAN 对 RIG 进行仿真的 TPD 大于利用 FAN 对 RIG 进行仿真的 TPD,效果最好的 APIA(时间窗)只比效果最差的 AAN 提升了 13.9%,比现有的简单算法 FAN 只提升了 11.2%,这时,对 RIG 内的泊车位分配方案进行规划的意义已经不大。从中得出结论:针对本章所研究的停车场,当 RIG 内的开放数量比较大时,对泊车位分配方案的规划才具有实际意义,当 RIG 内的剩余泊车位数量占比较小时,规划泊车位分配方案并没有实际意义。

②RIG 内 AGV 数量配置。在研究了 RIG 内的剩余泊车位数量对 RIG 内的吞吐效率的影响后,本节继续探讨车库内的 AGV 配置数量对车库内的吞吐效率的影响。针对车库内不同的开放方案、不同方法下分别配置 2、3、4 台 AGV 对 RIG 进行仿真得到的 TPD,见表4.8。

表 4.8　不同 AGV 数量下的仿真时长表

使用算法	开放方案	AGV 数量	仿真时长	使用算法	开放方案	AGV 数量	仿真时长
FAN	方案 1	2	1 315	APIA (路径)	方案 1	2	1 320
		3	1 093			3	1 057
		4	993			4	1 024
	方案 2	2	4 086		方案 2	2	4 038
		3	3 097			3	2 981
		4	3 107			4	2 510
	方案 3	2	7 065		方案 3	2	7 107
		3	5 259			3	5 197
		4	6 008			4	4 289

续表

使用算法	开放方案	AGV 数量	仿真时长	使用算法	开放方案	AGV 数量	仿真时长
AAN	方案1	2	1 319	APIA（时间窗）	方案1	2	1 344
		3	1 025			3	1 075
		4	1 024			4	882
	方案2	2	3 930		方案2	2	4 126
		3	3 109			3	2 956
		4	2 524			4	2 389
	方案3	2	6 832		方案3	2	7 248
		3	5 044			3	5 407
		4	4 740			4	3 974

　　为了更直观地体现表达和分析数据,将表4.8中的数据根据算法进行分类,再根据分类将表中的数据以折线图的形式表示,得到图4.27,横坐标表示 AGV 的配置数量,纵坐标表示 TPD。一般 RIG 为了增加吞吐效率,首先会采用配置更多的 AGV,增加的同时运行 AGV 数量,以得到更多增加吞吐效率的效果。从图4.27中可以看出,当RIG 内的泊车位开放方案为方案2、方案3时,如图4.27(a)、(b)、(c)、(d)所示,增加AGV 的数量可以减少 TPD,同时增加 RIG 的吞吐效率。然而在使用泊车位分配算法FAN 时,如图4.27 (a)的方案3 所示,当配置的 AGV 数量从 2 增加到 3 时,TPD 明显

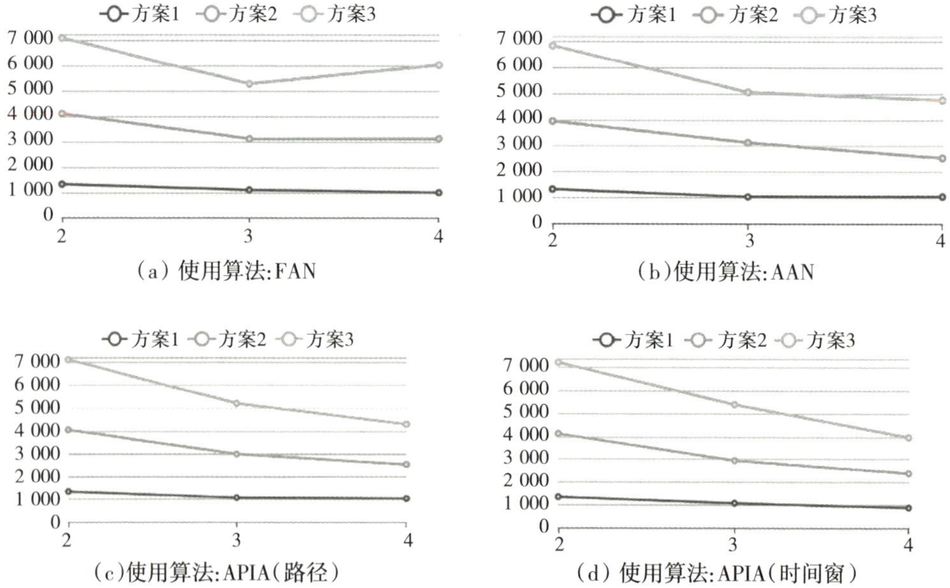

（a）使用算法:FAN

（b)使用算法:AAN

（c)使用算法:APIA(路径)

（d) 使用算法:APIA(时间窗)

图 4.27　不同方法下的不同方案 TPD

减少,然而将 AGV 的数量配置增加到 4 时,TPD 不降反升,故单纯地增加 AGV 数量是不能增加 RIG 的运行效率的。若想要通过增加 AGV 数量来提升 RIG 的运行效率,单纯地增加 RIG 内 AGV 的配置数量的效果较差,这时就可以通过对泊车位分配方案进行规划,以增加 RIG 的吞吐效率。

将表 4.8 中的数据根据 RIG 内泊车 AGV 的配置数量不同进行分类,得到如图 4.28（a）、(b)、(c)中所示的方案 1 和方案 2,TPD 的效率与 RIG 内的泊车 AGV 配置数量没有明显的相关关系;当 RIG 内的泊车 AGV 数量配置为 4 时,TPD 与方法呈现明显的正相关关系,从图 4.28 可以总结出:当 RIG 内的泊车 AGV 数量配置数量提升时,通过对泊车位分配方案进行研究可以有效提升 RIG 的运行效率。

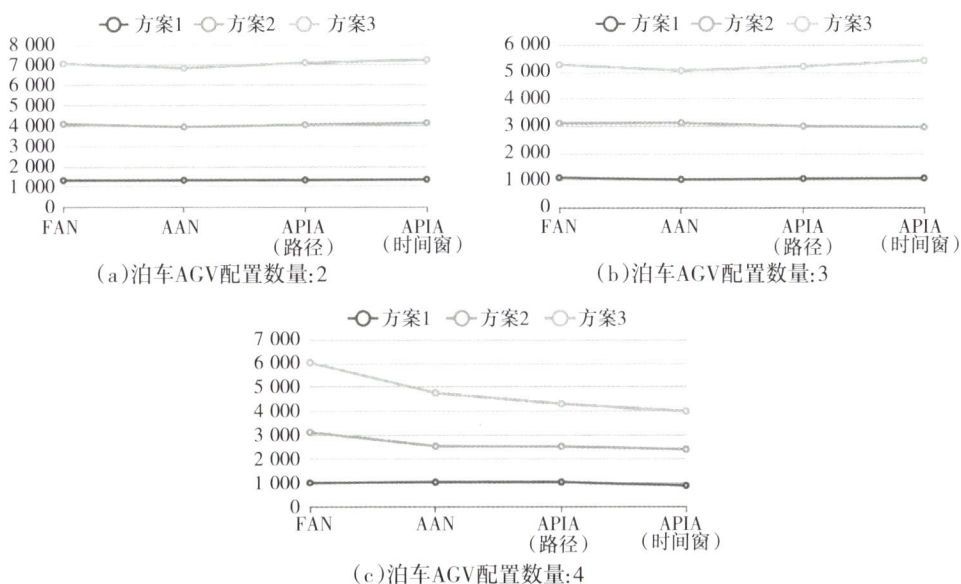

(a)泊车AGV配置数量:2　　　　　(b)泊车AGV配置数量:3

(c)泊车AGV配置数量:4

图 4.28　不同 AGV 数量配置下的不同方案 TPD

③节点等待时间。除了上述提到的 RIG 剩余车位数、RIG 内的泊车 AGV 配置数量,影响 RIG 运行效率中的另一个重要因素就是路径节点的等待时间,有效地减少 RIG 内节点的 TWT 和 TWD 可提高 RIG 的运行效率。在本小节中,将利用 FAN、AAN、APIA(路径)、APIA(时间窗)算法进行仿真,记录图中所有路口节点的等待时间,如图 4.29 所示,从图 4.29(a)中可以看出,利用 FAN 进行计算的 TWD 较多,且等待时间随着时间的推移逐渐增加,相比之下,在图 4.29(b)、(c)和(d)中,经过科学规划的泊车位分配方法显著减少了等待次数,并且在后期等待时间也明显减少,每次的 TWD 持续时间并不长。

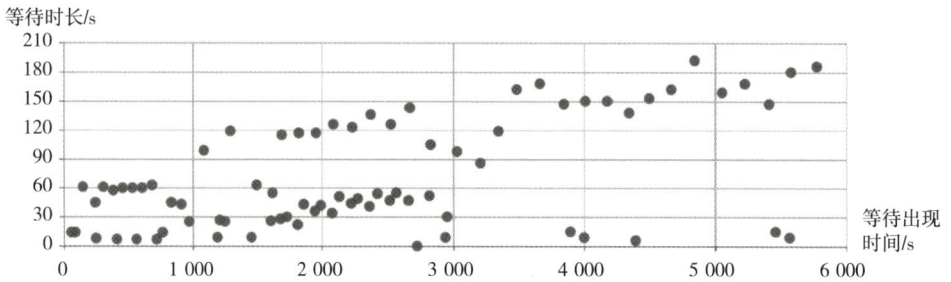

（a）利用FAN算法进行仿真的路径等待时间

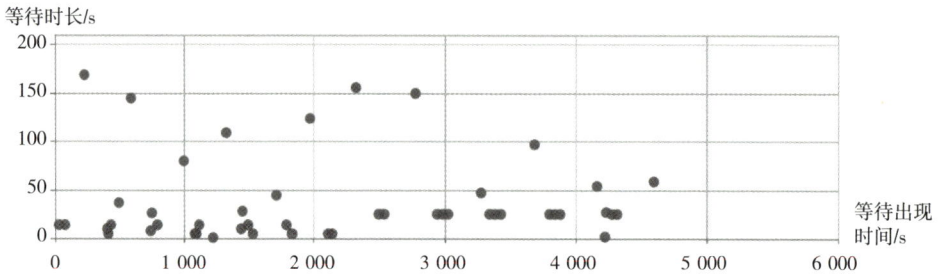

（b）利用AAN算法进行仿真的路径等待时间

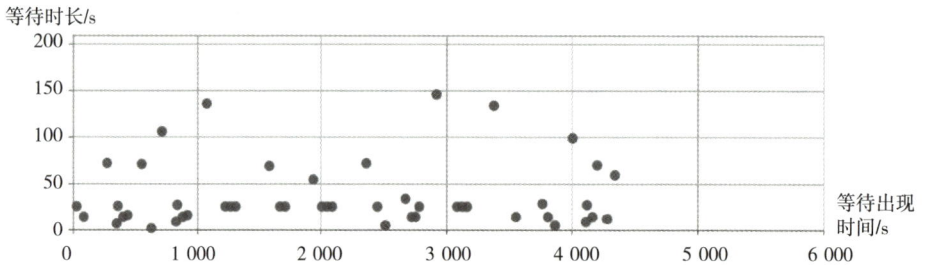

（c）利用APIA（路径）算法进行仿真的路径等待时间

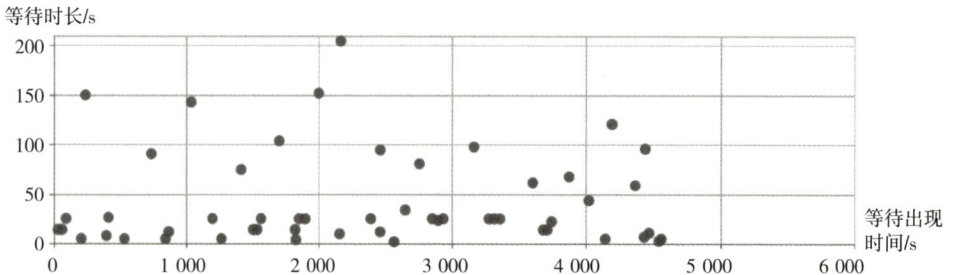

（d）利用APIA（时间窗）算法进行仿真的路径等待时间

图4.29　利用不同算法进行仿真得到的路径等待时间图

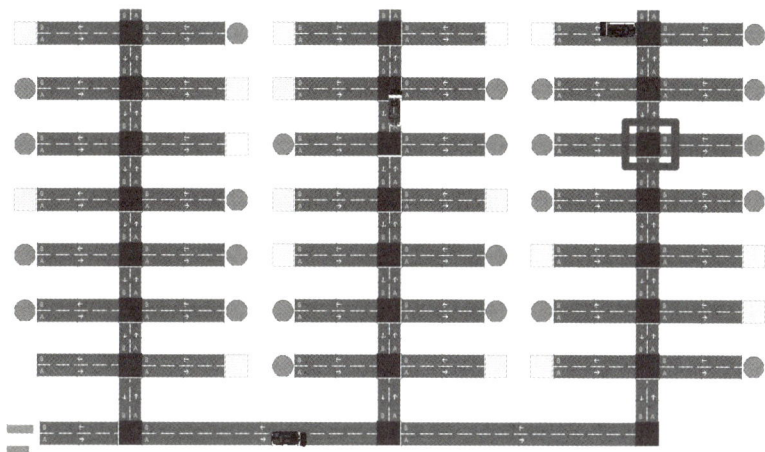

图 4.30 APIA(时间窗)算法过程图

图 4.30 是利用 APIA(时间窗)算法规划出的泊车方案对 RIG 进行仿真的过程图,从图中可以看出,即使在运输的中后期,RIG 内配置的 AGV 仍能同时处于有效运行状态。3 辆泊车 AGV 同时处于运行运输车辆的状态,其中,红框标注的为处于转外状态的 AGV。由于规划的泊车位分配方案减少了任务之间的干涉,故 RIG 的吞吐效率得到了有效提升。减少泊车 AGV 的等待时间,可以有效增加 RIG 的吞吐效率。

4.5 本章小结

随着汽车保有量的不断增长,城市停车难的问题以及乘用车制造企业的停放与取车效率问题日益凸显。利用机器人进行停车已成为解决这些问题的关键方法之一。本章以机器人智能车库为研究对象,首先分析了其运行流程并进行了环境地图建模。其次提出了两种车位分配评价方案和一种新的车位分配算法。针对智能车库中的 AGV 的冲突问题,将冲突分为可避让和不可避让两种,并采用了先来先服务的任务分配算法,同时提出了相应的解决策略。此外,还对车库内泊车 AGV 的道路时间窗占用情况进行了详细分析,并提出了 6 种时间窗干涉情况的解决方案。最后,通过仿真验证了所提出的车位分配评价方案、算法及多 AGV 冲突策略的有效性。

【参考文献】

[1] 汪光焘,王婷.贯彻《交通强国建设纲要》,推进城市交通高质量发展[J].城市规划,2020,44(3):31-42.

［2］陈政高.聚焦《关于进一步加强城市规划建设管理工作的若干意见》［J］.中国勘察设计,2016(4):18-22.

［3］JIANG K, SENEVIRATNE L D. A Sensor Guided Autonomous Parking System for Nonholonomic Mobile Robots［C］. International Conference on Robotics and Automation (ICRA'99), 1999.

［4］YANG H Y. Design of a Three-dimensional Garage Control System［J］. Applied Mechanics and Materials, 2014, 556562:2540-2543.

［5］张原,陈宇轩,魏璐璐.基于改进A*算法的AGV智能泊车算法［J］.计算机系统应用,2019,28(1):216-221.

［6］梁军,韩冬冬,盘朝奉,等.基于移动机器人的智能车库关键技术综述［J］.机械工程学报,2022,58(3):1-20.

［7］李建国,张海飞,贺云鹏.多服务台自动化立体车库库位布局建模与仿真［J］.重庆理工大学学报(自然科学),2020,34(3):171-178.

［8］卜月华,王维凡,吕新忠.图论及其应用［M］.2版.南京:南京东南大学出版社,2015.

［9］杨迪.生产物流自动传输系统中图论的应用策略［J］.中国高新区,2017(17):35.

［10］李玉,苌道方,高银萍,等.基于数字孪生的自动化集装箱码头多AGV动态调度［J］.计算机集成制造系统,2023,29(12):4175-4190.

[第二部分]
车间配送问题智能优化

第5章
节能视角下的异构 AGV 车队调度及路径规划

为响应国家的号召,近年来,我国制造业正快速向"节能、降碳、经济、智能"的方向转型,将"数字化+智能化+绿色化"作为工业领域新的融合发展目标。在现代制造业领域,与以往的"大批量、单一化"生产过程不同,当前工厂生产的主要特征是"小批量、定制化、多品种"。"柔性"作为工业领域的一种隐性资产,因其能够节能降耗、提升生产效率、满足生产制造过程中的稳定性与敏捷性要求,已成为众多企业转型的关键对象。

AGV 作为自动化柔性物料搬运系统的重要组件,起到了降低人工成本、提升企业经济效益的作用。它的运作方式精细准确,能够根据生产需求灵活选择物料运输策略,近年来已逐步取代了人工搬运,进入智能工业领域。然而,AGV 在执行生产任务时存在行驶时间不可控等问题,这不仅难以达到良好的节能指标,还可能加重环境负担。在实际应用中,由于能耗同时受行驶时间、车速、车辆特征参数以及实时载重等因素的共同影响,仅针对某一因素对能耗影响进行建模的方式较为局限,难以准确刻画真实的能耗变化情况。基于上述分析,本章考虑的研究问题是如何在考虑各个装载点时间限制的情况下,有效确定出合理的配送车型与行驶路径,在满足装载过程中的各种约束的同时,目标是使 AGV 车队利用率最大化,并尽可能地降低 AGV 的电能消耗,以达到绿色节能的目的。

5.1 节能视角下的异构 AGV 车队调度及路径规划

本章的研究背景为:某车间内部存在多项物料装载运输任务,在车间内部有一个由多台 AGV 组成的物料配送中心。在满足一定约束的前提下,需要将物料装载运输任务结合车间的实际生产情况,合理指派给各 AGV,并规划出最优的调度策略与行驶路径,以满足特定的优化目标。

由上述背景可知,柔性制造车间中 AGV 需要解决的问题是:在满足装载与运输任务的前提下,对 AGV 进行合理指派、调度及路径规划。这个问题本质上属于 NP-Hard

问题,是调度问题与车辆路径规划问题的结合体,具有高求解维数、大计算量,以及高度的隐并行性与求解复杂性。

因此,本章以柔性制造车间中的异构 AGV 车队为研究对象,提出了带时间窗的异构车队节能路径规划问题(Heterogeneous Fleet Green Vehicle Routing Planning with Time Windows, HFGVRPTW)。这个问题可以看作绿色车辆路径规划问题(Green Vehicle Routing Problem, GVRP)与异构车队路径规划问题(Heterogeneous Fleet Vehicle Routing Problem, HFVRP)的有机结合。目标是在运输过程中实现总能耗最小化与行驶路径最短,同时寻求任务响应与节能优势的动态平衡,为企业在节能减排背景下创造战略优势。

基于上述分析,本章研究的带时间窗的异构车队节能路径规划问题描述如下:在某个柔性制造车间中,存在一定数量的待装载点,它们分布于各个自动化工作站或加工中心。待装载物料的信息通过物料管理系统录入至 AGV 调度系统中,并提交给异构 AGV 车队。AGV 调度系统对其制订配送路线及调度计划。一组异构 AGV 车队从车间内部的配送中心出发,为所有装载点执行装载任务后,返回至配送中心。在此过程中,需要满足装载的时效性和节能性要求。

关于装载的时效性要求可被表述为:由于各个装载点都具有不同的软时间窗口,AGV 到达装载点的时间可以分为以下 3 种情况:

①在软时间窗开启之前抵达。此时 AGV 需要等待,直至左时间窗开启,方可执行装载任务。此时,会产生与 AGV 等待时间成比例关系的时间偏离能耗。

②在软时间窗口之内到达。此时可以直接进行装载任务,不产生额外的时间偏离能耗。

③在右时间窗口之后抵达。此时装载点拒绝装载服务,装载任务执行失败。

关于装载的节能性要求,规定如下:当 AGV 在柔性制造车间内部执行装载任务时,其电能完全由其负载电源提供,如果在装载配送过程中,AGV 的剩余电量无法满足到达下一个装载点的需求,或达到预设的 AGV 最低电量阈值时,则需就近寻找充电桩进行充电。充电时间取决于车体剩余电量与充电效率,通常充电耗时为 4 ~ 5 h,如此会对生产计划造成一定程度上延误。基于 AGV 的能耗特性,本章重点考虑 AGV 的行驶状态、行驶速度以及行驶路径长度对电能消耗的影响,旨在在最大化车队利用率与良好的节能效果之间获得折中与平衡。

基于上述分析,本章构建了节能视角下的异构 AGV 车队调度及路径规划模型。该模型考虑了因 AGV 行驶状态与行驶速度改变而产生的能耗,并在满足 AGV 的载重约束、时间窗约束及车队规模约束等前提下,寻求一组合理的调度与路径规划方案。目标是在确保行驶路径最短的基础上,使得包含时间窗偏离能耗和行驶能耗在内的 AGV 总装载能耗最低。

5.2 异构 AGV 车队节能路径规划与调度模型构建

5.2.1 基本约束与假设

当 AGV 在柔性制造车间内部执行装载运输任务时,每完成一个任务链中的任务后,需要在某处等候上位机系统派发的下一项装载任务。因此,在本次研究中,采用了多智能体分布式交通控制方案。具体来说,就是在各装载点附近设置 AGV 专用等待区域,在此区域等候调度的 AGV 不会影响其余 AGV 在该路段的行驶。

大多数关于 GVRP 的研究中,都考虑了车辆在行驶过程中的时变负载。但也有学者对 AGV 的实时负载与伺服电机的输出功率之间进行了定量分析。如图 5.1 所示,实验结果表明,AGV 车体的载重增加对其伺服电机的输出功率影响微乎其微。因此,在本章中,假设电机输出功率为定值。

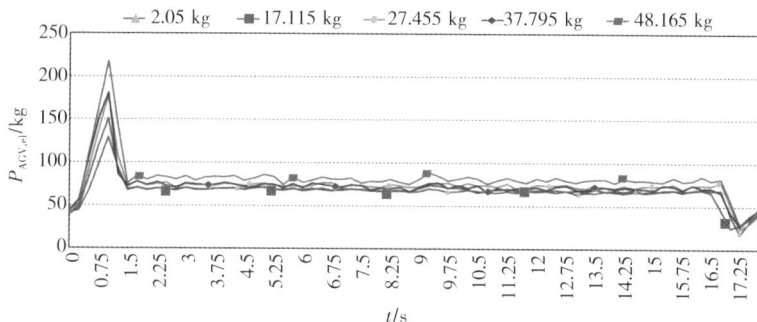

图 5.1 AGV 载量对电机输出功率的影响

考虑研究问题与实际装载情况的复杂性、不确定性,以及柔性制造车间的实际生产特征,对本章所提出的 HFGVRPTW 做出如下假设与约束条件:

①柔性制造车间内部只含有一个配送中心,且配送中心内部的异构 AGV 车队足够覆盖该车间的全部物料装载要求。在任务发生时刻,即从 0 时刻开始,所有 AGV 均可以连续工作,忽略 AGV 的故障以及执行任务途中因充电而耗时的情况。

②考虑 AGV 车体载重较小且车身迎风面积较小,在车间地面行驶时地面也较为平滑,因此忽略了时变载重与因克服所受摩擦阻力、空气阻力与坡度阻力所带来的能耗。

③所有车型的 AGV 行驶时只包含直行和转弯两种行驶模式,且在行驶过程中所有车轮均不打滑。

④AGV 沿预先配置的路径行驶,AGV 之间的冲突与死锁情况由其车身配置的避障模块解决。

⑤行驶路径为单行双向模式,即同一时刻同一路段只允许单台 AGV 驶过。

⑥每个装载点只允许一台 AGV 对其进行装载服务,且各个装载点的装载需求不可拆分放置在多辆 AGV 中。

⑦柔性制造车间的拓扑地图以及所有装载点的装载需求量、二维地理坐标、时间窗口均已知。

5.2.2 符号定义

本章研究的 HFGVRPTW 结合符号可描述为:在某柔性制造车间内含有由 M 种不同车型的 AGV 组成的配送中心,其对应车型的最大有效荷载为 $Q_m(m = \{1,2,\cdots,|M|\})$, Q_m 为 m 型 AGV 集合, o_m 为任意一种 m 类型 AGV 车辆。不同车型的 AGV 均从配送中心出发,在按预设行驶路径对若干装载点进行装载服务后返回至配送中心,每条行驶子路径的装载需求量之和不超过 AGV 的最大有效载荷 Q_m 。

优化求解目标为:在满足所有装载点装载需求且保证总装载能耗和行驶路径最短的情况下,通过所建立的模型和设计的算法来确定一组车辆调度与路径规划方案,以在保障车间运作效率的同时积极响应国家的节能号召。

为了详细描述及建立本章所需的模型,定义符号、决策变量及对应解释说明,见表5.1。

表5.1 模型定义符号、决策变量及对应解释说明

模型符号/单位	解释说明
集合	
$G = \{V,A\}$	无向图,所有行驶路径与点的集合
A	无向图中可以选择的无向弧集合
M	AGV 类型集合
N	装载点集合
O	车间内部全部 AGV 集合
S	表示路径的有序节点集合
V	无向图中的节点集
集合元素	
i,j	装载点, $i,j \in V$
k	加速阶段索引值, $k \in \{1,2,\cdots,p\}$

模型符号/单位	解释说明
l	减速阶段索引值，$l \in \{1,2,\cdots,q\}$
m	AGV 类型，$m \in \{1,2,\cdots,n\}$
n	集合 N 中的装载点数，$n \in \{1,2,\cdots,n\}$
o	集合 o 中的任意一台 AGV，$o \in \{1,2,\cdots,o\}$
参数	
$a_{acc}/(\text{m} \cdot \text{s}^{-2})$	AGV 加速运动的加速度
$a_{dec}/(\text{m} \cdot \text{s}^{-2})$	AGV 减速运动的减速度
d_{ij}/m	装载点 i 与 j 之间的曼式距离
D/m	节点间的总行驶距离
D_{acc}/m	总加速位移
D_{dec}/m	总减速位移
D_{usm}/m	匀速直线行驶距离
D_{urm}/m	匀速转弯行驶距离
E_{acc}^{k}/J	第 k 个加速阶段由于加速运动产生的能耗
E_{alm}/J	AGV 加速运动所产生的总能耗
E_{sm}/J	AGV 由于待机所产生的能耗
E_{slm}/J	AGV 由于待机所产生的总能耗
E_{total}/J	单台 AGV 运输的总能耗
E_{ulm}/J	AGV 由于匀速运动所产生的总能耗
E_{urm}/J	AGV 由于匀速转弯所产生的总能耗
E_{usm}/J	AGV 由于匀速直行所产生的总能耗
F_{m}/N	m 车型的 AGV 电机输出驱动力
l_{n}/min	装载点 n 的装载时间
$L_{m} \times W_{m} \times H_{m}/(\text{m} \times \text{m} \times \text{m})$	车型 AGV 的车体长度 $L \times$ 宽度 $W \times$ 高度 H
$[LT_{n},RT_{n}]$	装载点 n 的时间窗
Q_{m}/kg	m 车型的 AGV 最大有效载荷

续表

模型符号/单位	解释说明
q_n/kg	装载点 n 的待装载货物质量
n_T	AGV 行驶过程中所通过的节点数目
o_m	m 车型下的任意 AGV
R_m/m	m 车型的 AGV 转弯半径
R_1,R_2,R_3,R_4/m	AGV 车轮的转弯半径
t_{acc}^k/s	第 k 个加速阶段耗时
t_{acc}^k/s	第 k 个减速阶段耗时
t_{ij}/s	AGV 从节点 i 行至节点 j 耗时
T_n	装载点 n 执行装载任务的起始时间
T_{totd}/min	单台 AGV 执行全部装载任务的总时长
v_{0k} /(m · s)	AGV 在第 k 个加速阶段的初速度
v_{01} /(m · s)	AGV 在第 1 个减速阶段的初速度
v_r /(m · s)	匀速转弯运动行驶速度
v_s /(m · s)	匀速直线运动行驶速度
v_{tk} /(m · s)	AGV 在第 k 个加速阶段的终速度
v_{tl} /(m · s)	AGV 在第 1 个减速阶段的终速度
η_m	m 车型 AGV 行走驱动电机的功率因数
决策变量	
x_{ijo_m}	若 AGV o_m 从节点 i 行至节点 j，$x_{ijo_m}=1$；否则 $x_{ijo_m}=0$

5.2.3 基于 AGV 行驶能耗的模型建立

基于 AGV 的运动特性分析，在 AGV 的行驶过程中主要包括 4 种运动状态：待机运动、匀速运动、加速运动和减速运动。上述运动状态均由其负载电池来维持全部运动所需的电能。但考虑到影响各种运动能耗的因素不同，为降低能耗分析难度，使模型更加贴合 AGV 行驶的真实能耗水平，本节从运动学分析角度对 AGV 的运动过程进行能耗分析。AGV 能耗组成结构如图 5.2 所示。

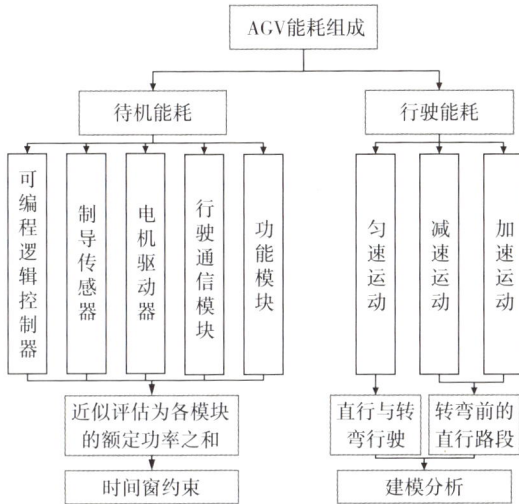

图 5.2　AGV 能耗组成结构图

由图 5.2 可知,AGV 的总能耗主要由待机能耗和行驶能耗构成。其中,待机能耗主要用于维持 AGV 车身中的控制模块、通信模块等硬件设施的工作。对于单一型号的 AGV 而言,由于各个模块的能源功率较为固定,因此待机能耗可以近似作为额定功率的总和。此外,行驶能耗主要由加速运动、减速运动和匀速运动 3 种运动状态构成,AGV 在运动过程中的具体变速情况如图 5.3 所示。

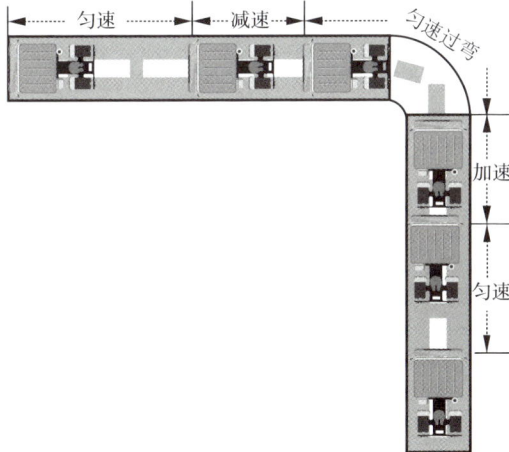

图 5.3　AGV 运动过程的变速示意图

3 种运动均由车身中的行走驱动电机作为动力来源,其中加速运动与减速运动只发生在直线运动过程中,匀速运动贯穿于 AGV 的全部行驶过程。另外,由于 AGV 减速时的动能主要由制动系统消耗,此时行走驱动电机的输出功率会急剧下降,甚至为零。因此,在本次建模中,将忽略减速运动的能耗。但考虑到减速运动所耗费的时间会通过延长 AGV 的整体行驶时间,进而对 AGV 的总能耗产生影响,因此在进行能耗分析时,仍需对其进行考虑。综合分析表明,AGV 在运输过程中的总能耗由待机产生的总能耗 E_{slm}、匀速运动产生的总能耗 E_{ulm} 和加速运动产生的总能耗 E_{alm} 3 个部分组成。

1)待机能耗分析

在柔性制造车间的生产过程中,每个装载点都有其对应的时间窗口,AGV 需要在给定的时间窗口中对其进行装载服务,否则调度系统会根据 AGV 抵达装载点的时间对其施以适度的早到与迟到惩罚。因此,在对 HFGVRPTW 进行建模时,必须对 AGV 的时间边界进行分析。

基于先前的假设,t_{ij} 为 AGV 从装载点 i 行至 j 的行驶过程中加速运动、减速运动和匀速运动耗时的总和。考虑加速与减速阶段只存在于 AGV 的直行路段,经过变速后,AGV 以匀速过弯。因此对于单台 AGV 执行其对应装载任务时的 t_{ij} 可表示为:

$$t_{ij} = \sum_{k=1}^{p} t_{acc}^{k} + \sum_{l=1}^{q} t_{dec}^{l} + D_{usm}/v_r + D_{usm}/v_s \tag{5.1}$$

对于任意一条给定的行驶路径 s 而言,加速行驶阶段数目 p、减速行驶阶段数目 q 以及匀速行驶距离 D_{usm} 便都能确定下来。假设 AGV 在装载行驶过程中共存在 k 个加速行驶阶段、l 个减速行驶阶段,则第 $k(k=1,2,\cdots,p)$ 个加速行驶阶段的时间 t_{acc}^{k} 及第 $l(l=1,2,\cdots,q)$ 个减速行驶阶段的时间 t_{dec}^{l},可表示为:

$$t_{acc}^{k} = \frac{v_{tk} - v_{0k}}{a_{acc}}, k = 1,2,\cdots,p \tag{5.2}$$

$$t_{dec}^{l} = \frac{v_{tl} - v_{01}}{a_{dec}}, l = 1,2,\cdots,q \tag{5.3}$$

进而,AGV 加速行驶总位移 D_{acc} 与减速行驶总位移 D_{dec} 可分别表示为:

$$D_{acc} = \sum_{k=1}^{p} \left[v_{0k}t_{acc}^{k} + \frac{1}{2}a_{acc}(t_{acc}^{k})^2 \right] \tag{5.4}$$

$$D_{dec} = \sum_{l=1}^{q} \left[v_{01}t_{dec}^{l} + \frac{1}{2}a_{dec}(t_{dec}^{l})^2 \right] \tag{5.5}$$

单台 AGV 遍历所有装载任务节点的总距离 D,可表示为:

$$D = \sum_{i=1}^{n}\sum_{j=1}^{n} d_{ij}x_{ij} \tag{5.6}$$

考虑 AGV 的匀速行驶出现在直行和转弯两种运动过程中,因此直行距离 D_{usm} 可表示为：

$$D_{usm} = D - D_{acc} - D_{dec} \qquad (5.7)$$

AGV 的匀速转弯运动距离主要由转弯次数 n_T 决定，具体可表示为：

$$D_{urm} = \frac{1}{2} \pi R_m n_T \qquad (5.8)$$

通过上述分析，AGV 在途过程中的总待机能耗可表示为：

$$E_{slm} = E_{sm} \times \left[LT_n - t_{ij} \right] \qquad (5.9)$$

2）匀速行驶能耗分析

由 AGV 运动过程中对速度变化情况的分析可知，AGV 的匀速行驶在直行路段与转弯路段均会发生，即匀速行驶驱动能耗 E_{ulm} 主要由匀速直线运动能耗 E_{usm} 和匀速转弯运动能耗 E_{urm} 共同组成。因此需要结合 AGV 的车体结构和运动特性对 AGV 直行及转弯的行驶距离与能耗进行定量分析和计算，进而确定其在拓扑地图中行驶的总路径长度。

受 AGV 车体结构的限制，转弯时其车体内外侧车轮的转弯半径存在距离差异。常见的四轮 AGV 转弯半径示意图如图 5.4 所示。

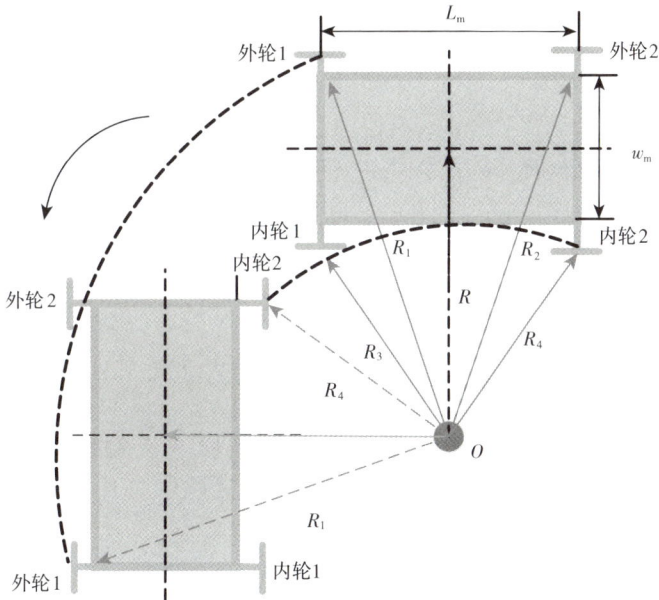

图 5.4　四轮 AGV 转弯半径示意图

则 AGV 车体的四轮转弯半径与车身尺寸存在以下关系：

$$\begin{cases} R_1 = R_2 = \sqrt{\left(R_m + \dfrac{W_m}{2}\right)^2 + \left(\dfrac{L_m}{2}\right)^2} \\ R_3 = R_4 = \sqrt{\left(R_m + \dfrac{W_m}{2}\right)^2 + \left(\dfrac{L_m}{2}\right)^2} \end{cases} \quad (5.10)$$

在本章中,假设 AGV 行驶驱动电机的动能均匀分布在 AGV 车体中的 4 个车轮上,则匀速转弯阶段的总能耗可表示为:

$$E_{urm} = \dfrac{\left[F_m \times \dfrac{\pi}{2} \times \dfrac{(R_1 + R_2 + R_3 + R_4)}{4} \right]}{\eta_m} \times n_T \quad (5.11)$$

同理,易求得匀速直线运动总能耗为:

$$E_{usm} = \dfrac{\sum\limits_{i,j=1}^{n} F_m \times D_{usm}^{ij}}{\eta_m} \quad (5.12)$$

进而可计算出匀速运动总能耗为:

$$E_{ulm} = E_{urm} + E_{usm} \quad (5.13)$$

3)加速行驶能耗分析

由于加速运动只发生在即将转弯的直线路段中,因此第 k 阶段的加速运动能耗为:

$$E_{acc}^{k} = \dfrac{F_m^{k} \times \left[v_{0k} t_{acc}^{k} + \dfrac{1}{2} a_{acc} (t_{acc}^{k})^2 \right]}{\eta_m} \quad (5.14)$$

则 AGV 加速运动所产生的总能耗 E_{alm} 为:

$$E_{alm} = \sum_{K=1}^{P} E_{acc}^{k} \quad (5.15)$$

4)目标函数及模型建立

基于上述对 AGV 的运动分析及能耗计算方法,以 AGV 行驶路径最短、能耗最少作为组合优化目标建立模型,HFGVRPTW 的基本模型构建如下:

$$\begin{cases} \text{Minimize}[D] \\ \text{Minimize}[E_{\text{total}}] \end{cases} \quad (5.16)$$

$$\text{s.t}$$

$$\sum_{i \in N} x_{ioo_m} = \sum_{j \in N} x_{ojo_m} \leq 1, \forall m \in M, \forall o_m \in O_m \quad (5.17)$$

$$\sum_{i \in |0| \cup N} \sum_{j \in N} x_{ijo_m} q_n \leq Q_m, \forall o_m \in O_m, \forall n \in N \quad (5.18)$$

$$\sum_{j \in N} \sum_{o_m \in O_m} x_{0jo_m} \leqslant |O_m|, \forall m \in M \tag{5.19}$$

$$\begin{cases} \sum_{j \in \{0\} \cup N} \sum_{o \in O} \sum_{o_m \in O_m} x_{ijo_m} = 1, \forall i \in N \\ \sum_{j \in \{0\} \cup N} \sum_{o \in O} \sum_{o_m \in O_m} x_{ijo_m} = 1, \forall j \in N \end{cases} \tag{5.20}$$

$$T_n + \sum_{i \in \{0\} \cup N} \sum_{j \in N} t_{ij} x_{ijo_m} + \sum_{i \in \{0\} \cup N} \sum_{j \in N} l_n x_{ijo_m} \leqslant RT_n, \forall m \in M, \forall o_m \in O_m \tag{5.21}$$

$$\sum_{i \in m} \sum_{j \in S} x_{ijo_m} \leqslant |S| - 1, S \subseteq N, \forall m \in M, \forall o_m \in O_m \tag{5.22}$$

式(5.16)为目标函数,包括 AGV 行驶路径最短和运输过程的总能耗最少。式(5.17)表示每辆 AGV 只能有一条装载路径,且必须以柔性制造车间内部的配送中心作为行驶的起点和终点;式(5.18)为 AGV 的载重限制;式(5.19)为配送中心派出的每种 AGV 车辆数不超过其内含 AGV 车辆数;式(5.20)为单次遍历约束,表示每个装载点只被一台 AGV 服务一次;式(5.21)为装载点的右时间窗约束,保证 AGV 对各个装载点的装载起始时间不得超过该装载点的装载截止时刻;式(5.22)为经典 VRP 中的消除子回路约束。

5.3　基于大规模邻域搜索的混合遗传算法设计

本节针对柔性制造车间内部异构 AGV 车队的调度和路径规划模型设计了一种基于大规模邻域搜索的混合遗传算法,该算法兼备遗传算法优秀的全局搜索能力和大规模邻域搜索极强的局部搜索能力,并对遗传算法的各阶段进行优化,应尽可能地保证种群的多样性,保障调度算法的求解效率和求解质量。改进后的算法优势相对于经典遗传算法具有以下优势:

①利用大规模邻域搜索策略对遗传算法的最优解进行扰动和搜索。在更新和交替的迭代过程中,这一策略能够获得改进的解,与经典遗传算法相比,提高了求解的质量。

②通过结合遗传算法和最近插入启发式算法协同优化,弥补了大规模邻域搜索算法仅采用单一解作为初始解时可能导致的全局搜索能力不足、收敛速度慢和算力浪费大等缺点。

5.3.1　算法流程

基于大规模邻域搜索的遗传算法流程如图 5.5 所示。

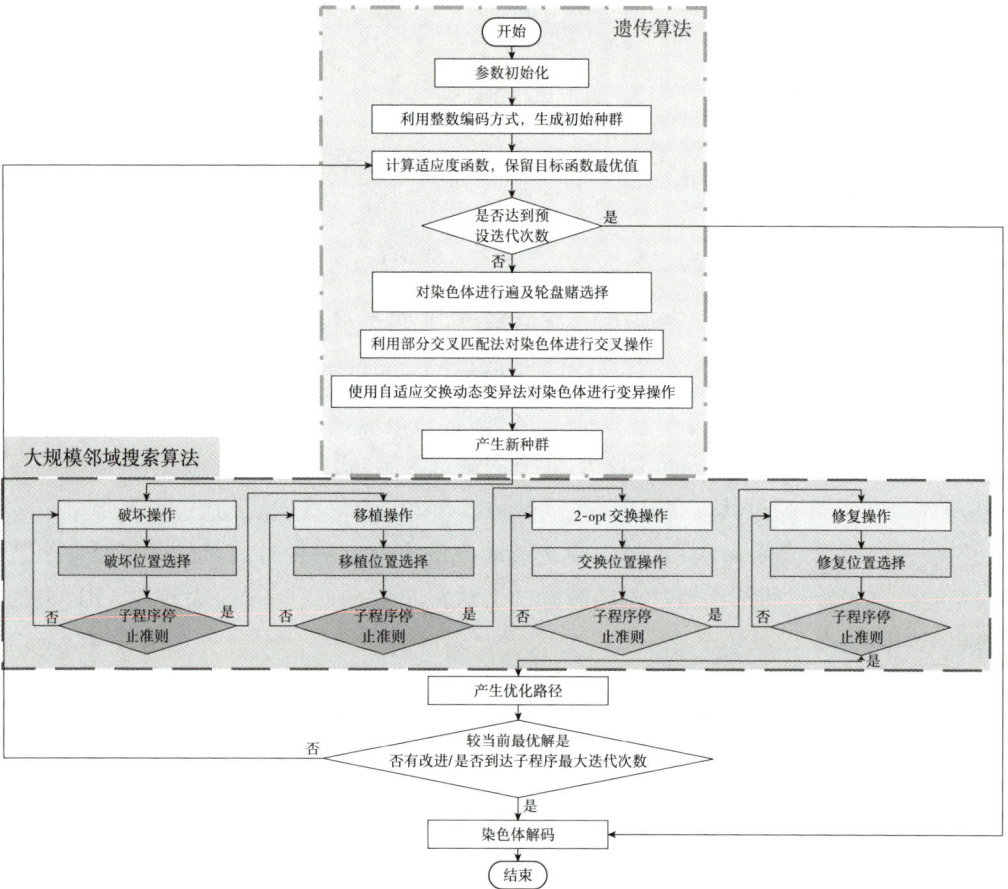

图 5.5　基于大规模邻域搜索的遗传算法流程图

5.3.2　染色体编码与解码

由于遗传算法是对染色体进行操作的,因此编码过程是遗传算法后续实施步骤的基础。染色体的编码旨在构造出符合问题特点和条件的染色体,将实际问题的求解特性表达成遗传算法在计算过程中需要的形式,以便于后续操作。编码方式不仅决定了染色体的表现机制,而且会影响算法各阶段的性能。良好的编码方式不仅能够增强算法的寻优能力,还能够提升算法的求解效率,大量节省算力成本。

考虑本章问题的特点,本章采用整数编码方式对染色体进行编码。在由 n 个装载点和单个配送中心构成的运输路网中,1—n 为装载点编号,配送中心编号为 0。解码过程分为两个阶段,第一阶段为车型的选择,第二阶段是根据求解的子回路初始位置完成的解码。

在车型选择过程中,首先考虑各装载点的时间窗约束和 AGV 最大有效载荷的约束下,为不同车型的 AGV 分配装载点,并分别计算单车车载率,选择车载率最大的车型进行装载。为降低车间内部的车流量,避免因车辆过多而频繁出现的冲突与死锁情况,首先使用重载 AGV 进行装载。如果该 AGV 的剩余载荷不足以满足下一个装载点的载重需求,将此时的车载率与轻载 AGV 进行比较,如果轻载 AGV 的装载能力足以覆盖当前重载 AGV 的载重,则更换至轻载 AGV,否则,继续采用重载 AGV 进行装载。这样,在保证车间车流量较低的前提下,选取合适车型进行装载,提高单车装载率,避免资源浪费。当某种车型的 AGV 使用数目超过车间内部现有数时,则选取轻载 AGV进行装载,直至遍历所有装载点。

以图 5.6 为例,说明车型选择过程,现假设配送路网中共有 9 个装载点和 1 个配送中心,重载与轻载 AGV 集合分别设为 T_1、T_2,重载与轻载 AGV 的车载容量大小关系为 $Q_1 > Q_2$,装载点矩阵 load_route 的排列顺序为 2—8—3—7—1—4—6—5—9,各 AGV 从装载点 2 开始执行装载服务,T_1 与 T_2 的 AGV 一次性可以分别对装载点2—8—3—7—1—4 与 2—8—3—7 进行装载服务。以 T_1 为例,说明对装载点 2,8,3,7,1,4 执行装载服务的必要条件:首先需满足各个装载点的时间窗约束,其次装载点 2,8,3,7,1,4 的装载量之和不得超过 T_1 车型 AGV 的最大有效载荷。选取具有最大装载率的 AGV 车型对装载点 2,8,3,7,1,4 进行装载,再分别将其车辆型号与装载起始点位置记录到矩阵中,下次判断从排列的第 7 个装载点开始,利用上述理论与选择方法分别计算出剩余装载点使用的车型与起始装载位置,若某车型的子路径数目少于另一种车型,则空缺路径的装载率视为无穷大,再与其他车型的装载率进行比较,直至该装载矩阵中的所有装载点均被遍历。最后根据记录装载起始位置矩阵中的装载起始点添加配送中心 0,可得到两条子路径 $Route_1$: 0—2—8—3—7—1—4—0, $Route_1$: 0—6—5—9—0,完成最终路径解码。

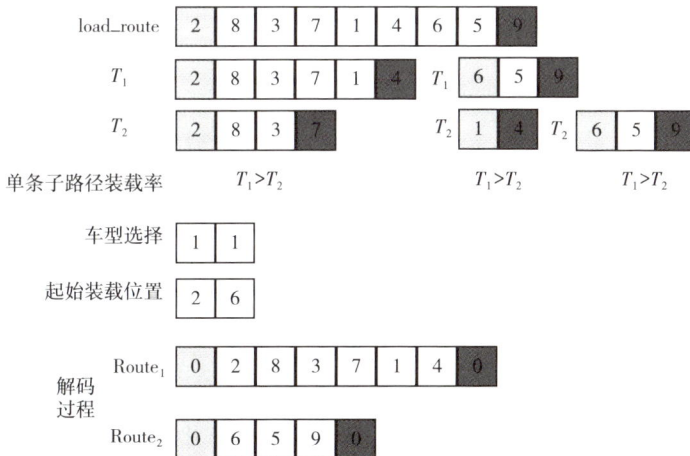

图 5.6　异构 AGV 车队编解码方式

由上述分析可知,只需要结合所设定的约束条件规划出装载点排列矩阵,对其进行车型的选择操作,再将每台 AGV 首个进行装载的装载点进行存储,就可得出该车辆类型下某台 AGV 的行驶路径,在遗传算法后续的交叉与变异以及大规模邻域搜索的操作中只对固定染色体编码长度的 load_route 进行操作。此种编码方式将装载点排列顺序、单台 AGV 执行装载任务的装载点以及 AGV 所属车型进行分离编码,有益于在后期的大规模邻域搜索操作时,生成可行解的概率大大增加,从根源上避免了邻域搜索过程中难以解决的不可行解修复问题。

编码后需对种群进行初始化处理。通常情况下,初始种群的生成有两种方法:随机生成法和启发式生成法。由启发式方法生成的初始种群质量较高,个体性能较为优良,能够减少算法后期非法解的产生,但是,启发式算法生成的初始种群大多密集分布于解空间的某块或多块区域,可能导致种群的多样性难以保证,从而极易致使算法在后期陷入局部最优而无法跳脱的现象。因此,为了防止算法因陷入局部最优而造成过早收敛的现象,本章采用随机生成初始种群的方式,使初始种群尽可能均匀分布于整个解空间中,以保证初始种群的多样性。

除种群生成方式外,种群规模也对遗传算法后续的性能有着至关重要的影响。若种群过小,会使算法在迭代初期就陷入因搜索空间过小而出现凝滞解现象,致使算法寻优性能急剧下降;反之,若初始种群规模过大,虽然种群多样性得以保证,但会增加算法的迭代时间与运行难度,从而影响计算效率。因此,适中的初始种群规模对算法性能至关重要。根据文献[3],在 VRP 问题中适宜的初始种群规模应控制在装载点数量的 4~6 倍,这样既可以保证算法的寻优性能,也可以确保求解的效率。

5.3.3 遗传算子设计

1)遍及轮盘赌选择

选择操作是遗传算法中保优进化的操作过程,其旨在从初始种群中选择适应度值大的染色体进行后续的交叉与变异操作,为生成子代种群做准备。传统的选择操作大部分采用轮盘赌进行对优秀个体的选择,将每个染色体所对应的适应度函数值 f_i 进行求和,设适应度总和为 $\sum f(i)$,然后利用式(5.23)计算出每个染色体被选中的概率即各染色体的相对适应度值,最后使用模拟轮盘赌的选择方式,确定保优解。

$$p_i = \frac{f(i)}{\sum f(i)} \tag{5.23}$$

传统轮盘赌的选择方法虽简便易行,但在选择过程中随机性较强导致误差较大,甚至有"退化解"的现象出现,这就有可能造成算法在后续计算过程中求解质量波动极大,难以获得确定最优解。因此,本章设计了轮盘赌选择机制,如图 5.7 所示。

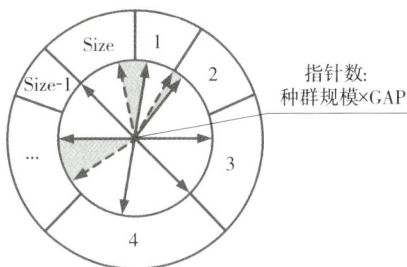

图 5.7　遍及轮盘赌选择机制

通过设定子代与父代之间的种群代沟差异比例 GAP,对赌盘的指针个数进行设计,使指针数等于子代所需的个体数。此时,赌盘每次旋转即可根据所有个体的适应度函数值对子代种群进行筛选,这样可以避免选择过程中的随机性,在保证解分布均匀的同时大幅度提升选择效率,增加算法的性能。

2）部分交叉匹配操作

交叉操作是指从染色体种群中选取两个个体充当父代,然后通过交叉算子将两父代染色体中的基因进行替换与重组,进而产生两个具有父代优良特性的新染色体个体的过程。由于本章使用整数编码方式,因此选用了能够保障算法后期寻优收敛性的部分匹配交叉法进行交叉操作。传统的交叉方法只是直接交换基因序列片段,而基因序列在染色体中的位置保存不变,增加了生成无效解的概率并降低了种群多样性。部分交叉匹配法的具体操作过程如图 5.8 所示。首先将需要进行交叉操作的基因序列移至对方染色体的首位基因前,其次将互换的基因序列片段与父代相同的基因依次删除,最后得到的染色体即为交叉操作后的新染色体个体,这种交叉方式在保障种群多样性的基础上,减少了无效解的增加,提升了算法的运算性能。

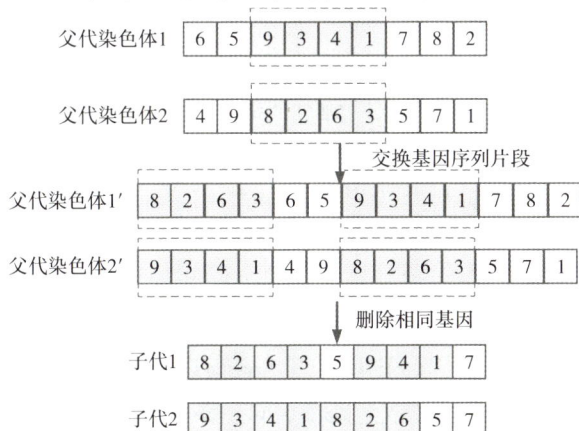

图 5.8　部分交叉匹配法的具体操作过程示意图

3）自适应变异操作

由于个体基因发生变异的概率较低,种群多样性难以得到保障,因此变异操作能够避免算法迭代后期个体的趋同现象,扩大局部搜索的寻优范围,从而增强算法的全局寻优能力,传统遗传算法的两点互换变异操作过程如图5.9所示。

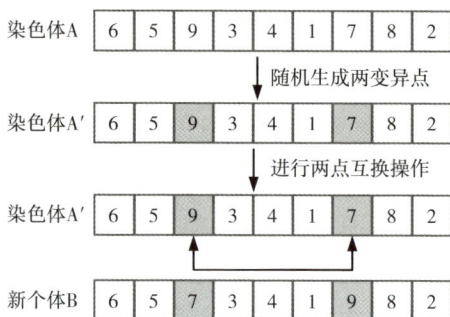

图 5.9　两点互换变异操作过程示意图

首先在染色体种群中按照预先设定的概率进行个体的选择,其次在染色体中随机产生两个或多个变异点进行变异操作,最后进行基因位置互换。这种过程由于预先设定了变异概率,造成变异结果较为固定,不利于新的优良个体的产生,因此,本章采用自适应动态交换变异法,其自适应变异公式为:

$$p_m = p_m - \frac{p_{\max} - p_{\min}}{gn_{\max}} \times gn \tag{5.24}$$

式中　p_m——当前变异操作的变异概率,随算法迭代的行进过程进行自适应更改,在增加算法的动态性的同时,保障了新的优良个体生成;

$p_{\max}$ 与 $p_{\min}$——迭代过程中变异概率的最大值和最小值;

gn 与 $gn_{\max}$——当前迭代次数与预设最大迭代次数。

5.3.4　大规模邻域搜索

对于邻域搜索而言,贴合待解决问题特征的邻域结构设计对算法寻优速度及求解质量有着至关重要的影响,多邻域结构的引入可以以增加解的多样性为基础,提升算法的全局寻优能力。因此,针对 HFGVRPTW 的问题特征,设计了破坏算子、移植算子、2-opt 交换算子与修复算子 4 种邻域搜索算子,其中破坏算子、移植算子与 2-opt 交换算子保留在传统邻域搜索算子内,修复算子针对 HFGVRPTW 在遗传算法的迭代与邻域搜索过程中违反车辆最大有效载荷的非法解进行修复操作。4 种邻域结构在搜索与算法迭代过程中均受最大迭代次数的制约,当达到预设邻域搜索次数后,邻域结构在保证每个装载点都经过优化过程后停止操作。同一条装载路径与互异的装载路径间均可进行上述 4 种邻域操作。

同时,为避免邻域变更的无效性,进一步提升算法效率与性能,本章采用最远启发式算法对选中的两装载点间的距离与相关性进行检验,相关度较小的点不被采纳进该点的邻域置换中,具体操作及说明如下:

1)任务集合定义

在已按照约束规划完成的子装载路径中,以装载起始点、结束点以及车间配送中心为边界,两个相邻的非装载点间连续的装载点视为一个任务集合。如果两个相邻的非装载点之间没有包含装载点,则不将其视为任务集合。如图 5.10 所示,装载点 1 与装载点 2 之间构成了一个完备的任务集合,而装载结束点与车间配送中心间因不含任何装载点,被判定为不构成任务集合。

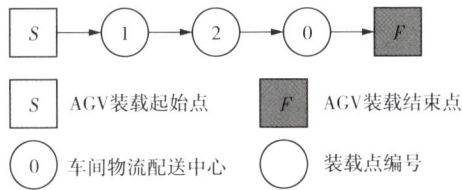

图 5.10　任务集合示意图

2)破坏、移植算子

破坏与移植算子用于将装载点从原路径删除后以相关性计算原则再移植到其他子路径中,具体操作过程如图 5.11 所示。

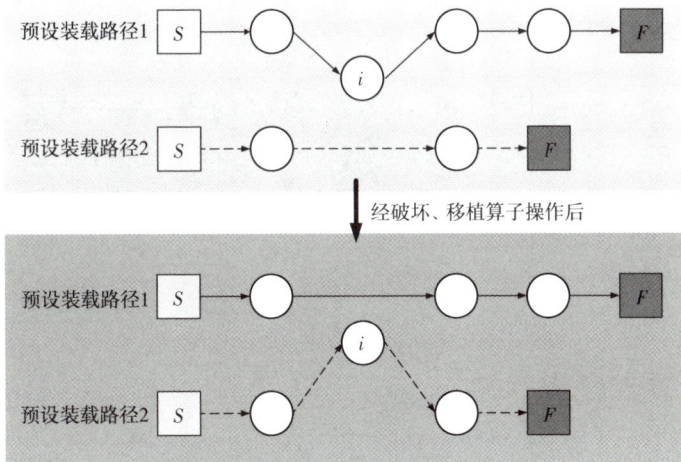

图 5.11　破坏与移植算子操作示意图

3)2-opt 交换算子

2-opt 交换算子的作用为交换两条子路径间的预设装载点。如图 5.12 所示,预设子路径中存在装载点 $i \in \mathbf{N}$ 与装载点 $j \in \mathbf{N}$，将装载点 i 与 j 进行交换，即可得到交换后的子路径。

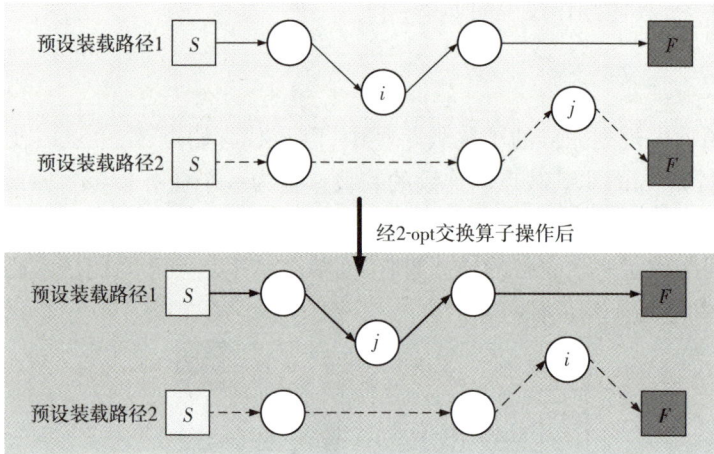

图 5.12　2-opt 交换算子操作示意图

4）修复算子

修复算子旨在对由 2-opt 交换算子带来的违反 AGV 车辆最大有效载荷约束的路径进行修复操作。如图 5.13 所示，假设 $\mathrm{AGV} o_m$ 在对装载点 $i(i \in \mathbf{N})$ 执行装载任务时超出了车辆最大有效载荷 Q_m，此时可以在装载点 i 所属的任务集合中任意选择一装载点 $j(i,j \in \mathbf{N}, i \neq j)$，任选一条非空预设子路径 R_{o_m}，将装载点 j 以 AGV 车载率最大化的原则插入至路径 R_{o_m} 中。

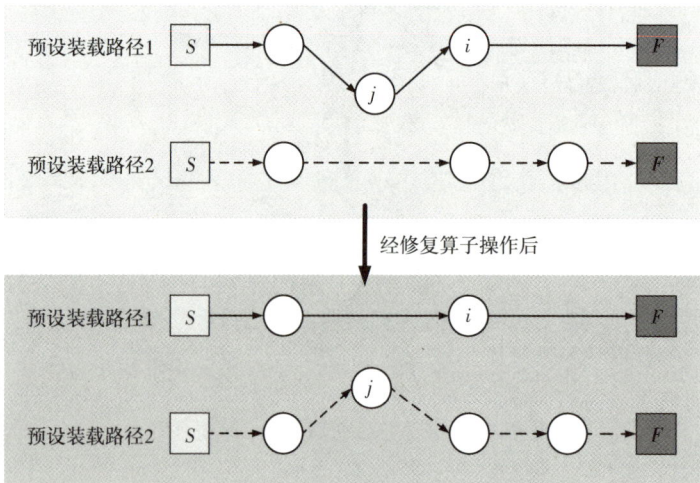

图 5.13　修复算子操作示意图

5.4 算例分析

1)模拟车间背景及问题描述

为验证所提出的 HFGVRPTW 数学模型和算法在实际柔性制造车间内部 AGV 调度及路径规划的实用性,现有一间柔性制造车间及其拓扑地图如图 5.14 所示。

该柔性制造车间由物料暂存区、加工中心和 AGV 配送中心共同组成。配送中心配备了轻载 AGV 和重载 AGV 车队,能够覆盖整个车间的全部装载任务。异构 AGV 车队在此柔性制造车间中主要执行以下生产任务:在满足自身最大有效载荷约束和各个装载点的时间窗约束等条件下,沿预设路径将各个加工机床加工完毕的零件运输至物料暂存区存储,完成装载任务后,AGV 最终驶回配送中心等候下一次调度。该车间内含 40 台加工中心,能够完成某汽车精密零件的制造。此时,需要对异构 AGV 车队的车型选配和装载路径进行优化设计,目标是使 AGV 在执行装载任务的过程中的行驶路径最短、总能耗最小。

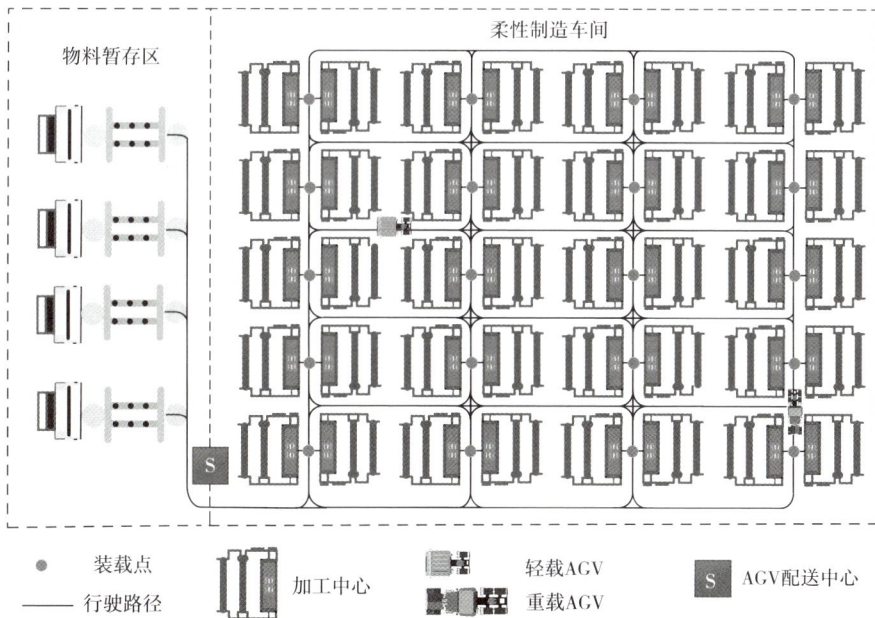

图 5.14 柔性制造车间布局图

为了描述 AGV 的行驶路径,现将装载点与路径交叉口抽象为节点,拓扑地图的每条边代表预先铺设的装载路径,AGV 在该路径中的行驶方式为单行双向,因此,AGV

间不会出现赶超冲突和死锁情况。表 5.2 为该车间内部的异构 AGV 车队主要技术参数。

表 5.2　异构 AGV 车队主要技术参数

参数	参数说明	技术规格	
		轻载 AGV	重载 AGV
$L \times W \times H$	AGV 车身尺寸	0.8 m×0.6 m×0.4 m	1.2 m×0.6 m×0.5 m
C_m	最大有效载荷	100 kg	200 kg
F_m	电机输出驱动力	130 N	200 N
E_{sm}	待机能耗	65 J	130 J
R_m	转弯半径	0.6 m	0.85 m
v_r	匀速转弯运行行驶速度	0.5 m/s	
v_s	匀速直线运动行驶速度	1 m/s	
a_{acc}	AGV 加速运动的加速度	1 m/s^2	
a_{dec}	AGV 减速运动的减速度	1 m/s^2	
η	AGV 行走驱动电机的功率因数	0.95	0.90

本次实验截取了该柔性制造车间在某时间段内的 20 条生产数据,对所提出的模型与算法进行验证分析,其中 0 号装载点为车间内部的配送中心,各装载点的位置信息与生产数据见表 5.3,在此制造系统中,各加工中心同时加工同一种精密零件,且各加工中心之间没有生产优先级,每台 AGV 均沿地面预先铺设的道路行驶,且每台 AGV 只有一条对应的装载行驶路径。

表 5.3　各装载点位置信息及生产数据

装载点编号	坐标值 /m	左时间窗	右时间窗	待装载零件质量/kg	装载时间 /min
0	(0,0)	0	+∞	—	—
1	(6.5,4.5)	9:10	9:45	25	2.0
2	(6.5,10.5)	9:15	9:40	20	1.5
3	(6.5,16.5)	10:10	10:30	15	1.0
4	(6.5,22.5)	9:30	10:20	60	4.0
5	(6.5,28.5)	10:25	11:00	25	1.5
6	(16.5,4.5)	9:40	10:20	30	1.5
7	(16.5,10.5)	10:25	11:40	70	4.0
8	(16.5,16.5)	10:40	12:10	80	3.0

续表

装载点编号	坐标值/m	左时间窗	右时间窗	待装载零件质量/kg	装载时间/min
9	(16.5,22.5)	10:30	11:15	30	2.0
10	(16.5,28.5)	10:40	12:00	60	2.5
11	(26.5,4.5)	9:20	10:00	45	3.0
12	(26.5,10.5)	11:10	11:50	35	1.5
13	(26.5,16.5)	11:30	11:50	20	1.0
14	(26.5,22.5)	9:40	10:30	55	3.0
15	(26.5,28.5)	9:45	10:40	70	4.0
16	(36.5,4.5)	10:25	10:50	15	0.5
17	(36.5,10.5)	11:00	12:00	55	2.0
18	(36.5,16.5)	11:10	11:40	20	1.0
19	(36.5,22.5)	10:00	10:30	20	1.5
20	(36.5,28.5)	10:20	11:00	35	2.0

2）实验求解结果

针对上述装载点的特征,将基于大规模邻域搜索的遗传算法中的种群规模 popsize 设置成80,为说明在柔性制造车间中使用异构车队的实用性,本次实验设计思路为使用所提模型与算法对轻载 AGV、重载 AGV 和异构 AGV 3 种不同的装载方式对上述装载任务分别进行仿真模拟求解,其中运输能耗与行驶路径计算方式按第 3 章所述重复计算十次,选取计算的最佳结果作为最终值。

表 5.4、表 5.5 与表 5.6 分别为使用单一轻载、单一重载和异构 AGV 车队配送的各子路径详细信息。

表 5.4　单一轻载 AGV 配送子路径信息表

子路径编号	行驶路径	优化目标		转弯次数/次	装载率/%
		行驶距离/m	行驶能耗/kJ		
1	0—1—13—18—19—0	118.80	17.40	6	85.00
2	0—4—0	54.40	7.83	2	60.00
3	0—6—16—17—0	95.80	13.88	4	100.00
4	0—7—0	62.40	8.93	2	70.00

续表

子路径编号	行驶路径	优化目标		转弯次数/次	装载率/%
		行驶距离/m	行驶能耗/kJ		
5	0—8—0	171.90	24.49	2	80.00
6	0—11—12—0	70.40	10.02	2	80.00
7	0—14—0	94.40	13.31	2	55.00
8	0—15—0	106.40	14.95	2	70.00
9	0—20—10—0	133.60	19.05	4	95.00
10	0—2—3—5—9—0	90.60	13.16	4	90.00

表 5.5　单一重载 AGV 配送子路径信息表

子路径编号	行驶路径	优化目标		转弯次数/次	装载率/%
		行驶距离/m	行驶能耗/kJ		
1	0—4—3—5—0	80.35	18.59	2	50.00
2	0—11—16—17—7—0	93.85	25.16	6	92.50
3	0—14—9—8—0	98.60	23.38	4	82.50
4	0—15—10—0	110.60	26.05	4	65.00
5	0—20—19—18—13—12—0	132.30	30.86	4	65.00
6	0—2—6—1—0	55.10	14.47	6	37.50

表 5.6　异构 AGV 车队配送子路径信息表

子路径编号	AGV型号	行驶路径	优化目标		转弯次数/次	装载率/%
			行驶距离/m	行驶能耗/kJ		
1	重载	0—4—5—10—0	83.10	19.94	4	72.50
2	轻载	0—6—9—12—0	100.20	14.48	4	95.00
3	重载	0—11—16—17—7—0	100.25	24.49	6	92.50
4	重载	0—14—20—15—0	129.40	30.69	6	80.00
5	轻载	0—1—13—18—19—0	115.90	17.00	6	85.00
6	重载	0—2—3—8—0	66.60	16.28	4	57.50

3)实验求解结果分析

基于大规模邻域搜索的遗传算法在求解具有最大有效载荷约束和时间窗约束的

异构 AGV 装载配送过程中,需要在保持总行驶里程最短的前提下,合理安排 AGV 车型,使车辆利用率最大化,实现车载率与行驶路径层面上的双重优化。同时,由于时间窗约束的引入,算法还需要在上述基础上尽量减少提前抵达的时间偏离成本,才能在解空间内找到全局最优解。将上述实验结果归纳总结,见表 5.7。

表 5.7　不同装载运输方式下最优路径对比表

路径信息	AGV 运输类型		
	单一轻载	单一重载	异构车队
总行驶距离/m	998.70	570.80	595.45
总行驶能耗/kJ	143.02	138.51	123.15
装载车队规模	10	6	6
平均装载率/%	78.50	65.42	80.42

根据上述求解结果的对比分析,本次实验的优化结果可以从以下几个方面进行分析:

(1)优化目标质量

从表 5.7 中可以看出,采用异构车队运输在总行驶距离和总行驶能耗两个方面,相对于使用单一轻载的配送方式,行驶距离缩短了 40.4%,行驶总能耗降低了 19.87 kJ;而相对于单一重载的配送方式,虽然行驶距离延长了 24.7 m,但是在总行驶能耗上降低了 11.1%。因此,在柔性制造车间内部使用异构车队进行装载及配送的方式能够在大幅度降低能耗的基础上,尽量缩短 AGV 的总行驶里程,减少 AGV 的充电频率及次数,在保障执行装载任务效率的同时,延长 AGV 电池的使用寿命。

(2)平均装载率

从表 5.7 中可以看出,使用异构车队装载的配送方式相比使用单一轻载的配送方式而言,能够将平均车辆装载率从 78.50% 提升至 80.42%;而对于使用单一重载的配送方式而言,异构 AGV 的配送方式能够将 AGV 车队的平均装载率增加 15%。在柔性制造车间内部,运输能力比较紧张,对配送方式进行合理的规划能够在保证生产效率的同时,在极大程度上降低装载配送过程中所产生的能耗。因此,在柔性制造车间中采用异构车队的配送方式能够提升 AGV 的平均装载率,在一定程度上减少了车间中的运输资源浪费的现象,使算法的实用性得以验证。

(3)车间内部装载

由于现有的制造工厂大部分都具有小批量、定制化、订单多的生产特征,在此生产环境及制造特征下,采用异构 AGV 车队对车间内部执行装载任务相比使用单一重载的 AGV 车队而言,具有以下优势:首先,能够避免因单车任务链过长而造成整个柔性制造车间内部的装载运输任务难以及时响应,对整个车间的任务执行准时率造成负面影响。其次,也能避免单台 AGV 因车身背负货物过多而造成的车辆在行驶过程中侧翻现象的发生,从根本上增加了 AGV 在行驶过程中的稳健性。相对于使用单一轻载 AGV 车队的运输方式而言,因轻载 AGV 自身的装载能力有限,在面对订单量大、时间窗口紧的生产环境下就会以增加车队规模为手段满足车间的装载要求。然而,AGV 避障能力有限,车间内部车流量过大易引起 AGV 行驶冲突,致相遇死锁,使任务准时率下降的同时甚至可能造成运输中断。因此,采用异构 AGV 装载及运输方案能够在减少车间内部能耗的同时及时响应及完成所需的装载任务,保障车间生产的平稳性。经上述分析论证,所提模型的实用性和优化性得以验证。

由此可得,在柔性制造车间中,采用异构 AGV 车队运输在多个应用指标上均优于同质车队运输,并且所提的模型及算法在求解该类调度方案及路径规划问题上具有可行性,展现了 AGV 作为柔性制造车间内部的一种重要运载工具的极大节能潜力。

5.5 本章小结

本章以柔性制造车间中的多项物料装载运输任务作为研究对象,对配送过程中的异构 AGV 车队调度及车辆路径规划问题进行深入分析研究,提出 HFGVRPTW 问题模型,分别对 VRPTW 和 GVRP 问题的特点进行归纳和分析。在此基础上,建立了一个带时间窗的异构 AGV 车队节能路径规划问题模型。模型的优化目标包括 AGV 行驶路径最短、能耗最少、异构车队车辆载重约束和时间窗约束 4 个部分。针对所建立的数学模型,设计了一个大规模邻域搜索算法与遗传算法相结合的混合算法框架来求解 HFGVRPTW 问题。使用本章设计的运输方式与单一轻载 AGV 配送相比,缩短了 40.4% 的行驶距离;与单一重载 AGV 配送相比,在行驶能耗方面降低了 11.1%,这表明,使用异构 AGV 的运输方式能够充分利用车间的运载能力。因此,对缩短行驶里程及节能降耗的优化目标具有重要意义。

【参考文献】

[1] 付建林,张恒志,张剑,等.自动导引车调度优化研究综述[J].系统仿真学报,2020,32(9):1664-1675.

[2] 张中伟,李俊兰,吴立辉,等.考虑能耗的制造车间单 AGV 路径规划研究[J].制造技术与机床,2021(3):118-122.

[3] 范厚明,刘浩,刘鹏程,等.集货需求模糊的异型车同时配集货路径优化

［J］.控制理论与应用,2021,38(5):661-675.

［4］ HAN Z L, WANG D Q, LIU F, et al. Multi-AGV path planning with double. path constraints by using an improved genetic algorithm［J］. PLOS ONE,2017,12 (7): e0181747.

［5］张凯,靳鹏,崔勇.带时间窗的多车型需求可拆分揽收配送问题［J］.计算机工程与应用,2021,57(14):281-288.

［6］ WANG Y, MA X L,LAO Y T, et al. Vehicle Routing Problem：Simultaneous Deliveries and Pickups with Split Loads and Time Windows［J］. Transportation Research Record,2013,2378(2378):120-128.

第6章
智能车间 AGV 集配货绿色路径规划

随着《"十四五"智能制造发展规划》的有序推进,我国制造业正在逐步实现智能化转型升级,其中智能车间的建设成了大多数制造业实现智能化转型的重要途径之一。由自动导引车组成的车间物料配送系统作为智能车间中的重要辅助环节,可以显著提高车间运营效率,增强企业的生产灵活性和竞争力。近年来,随着能源问题的日益加剧,节能减排的发展理念已成为我国制造业的发展共识。因此,实现智能化与绿色化相结合的生产模式是当前制造业的首要发展目标。基于这一应用背景和发展现状,本章对智能车间内的 AGV 集配货绿色路径规划问题进行了研究。

6.1　智能车间 AGV 集配货绿色路径规划问题

一个典型的智能车间主要由自动化工作站、自动化物料搬运设备、专用的生产调度中心和存储中心组成,能够实现高精度零件的自动化生产。这些工作站包括用于存储原材料和成品的缓冲区,以及多台消耗原材料的计算机数控机床。在目前所研究的智能车间 AGV 路径规划问题中,该问题被定义为多台 AGV 在满足一定的约束条件下,对多个物料配送或装载任务进行合理分派,指定各台 AGV 执行的先后顺序,并根据优化目标规划 AGV 行驶路径。

然而,在实际生产过程中,自动化工作站中的数控机床对原材料的持续消耗导致原材料库存的持续下降,成品库存持续上升。因此,每个自动化工作站在同一时段的车间配送任务中,配货和集货的任务需求将同时存在。目前,学者们大多仅针对单一的配送或装载问题进行研究,而单一的配送模式则会造成车间配送任务中的 AGV 数量和任务班次的增多以及资源的浪费。因此,本章以智能车间中的 AGV 执行集配货任务为研究对象,提出了智能车间 AGV 集配货绿色路径规划问题。以期待在 AGV 执行集配货任务中,寻求配送与节能优势的动态平衡,以最小的能耗完成配送任务,为企业实现节能减排的发展目标提供支持。

基于以上分析,如图 6.1 所示,本章所研究的智能车间 AGV 同时集配货绿色路径规划问题可描述为:在智能车间中,所有自动化工作站的工作状态与缓冲区容量与生产调度中心进行实时信息交互。当工作站的缓冲区容量达到给定极值时,生产调度中心根据工作站的工作状态和需求、AGV 性能、车间布置情况,为 AGV 车队制订集配货任务。每台 AGV 从生产调度中心出发,沿着路线到达指定的工作站执行集配货任务。为保证车间整体运营效率,要求每台 AGV 不能在超过规定时间窗口的最晚时间对工作站进行集配货操作,车间内每个运输周期完成后,所有 AGV 返回生产调度中心。问题的核心是如何合理分配工作站给 AGV 以及确定工作站在每台 AGV 中的服务顺序。目标是在满足 AGV 的载重约束、时间窗约束及使用规模等约束的前提下,对 AGV 行驶路径进行规划与分配,以达到减少 AGV 使用规模和降低 AGV 总能耗的目的。AGV 总能耗主要由 AGV 集配货过程能耗和待机时间偏离能耗组成。

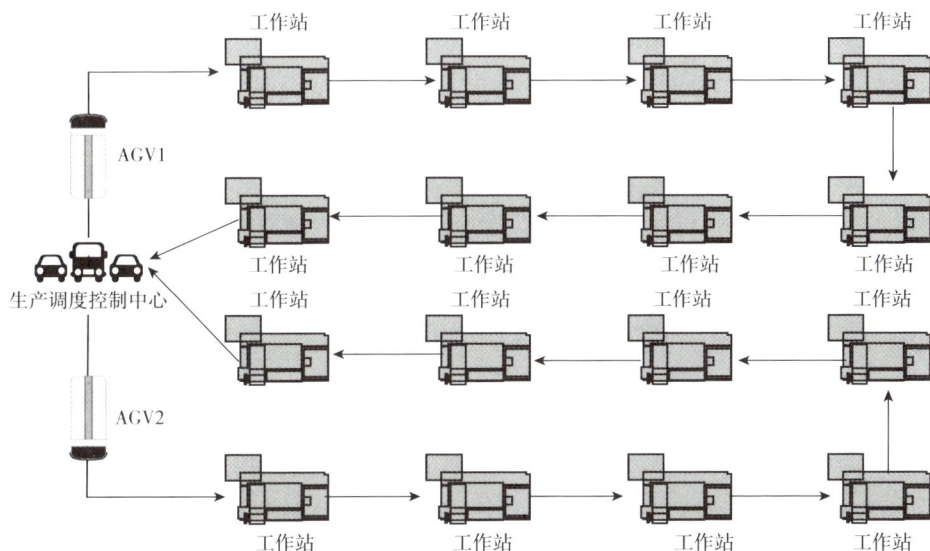

图 6.1　AGV 配送示意图

6.2　智能车间 AGV 绿色路径规划模型建立

6.2.1　模型约束与符号定义

本章以 AGV 运输能耗和 AGV 使用规模最小作为优化目标,建立智能车间绿色路径规划模型,并考虑了车间的实际生产特征、复杂性和不确定性,对智能车间内的

GVRPSPDTW 问题制订了以下假设和约束：

①车间内生产状态稳定,所有的自动化设备均不会出现停机、故障等现象。

②AGV 沿预先配置的路径行驶时可能会存在一些交通问题,本研究在 AGV 车身上安装了红外避障模块,可以避免 AGV 之间的冲突与死锁等情况。

③车间内的所有 AGV 型号相同,装载能力一致。在任务命令下达前,所有 AGV 均停放在生产调度中心。

④行驶路径为单行双向模式,即同一时刻同一路段只允许单台 AGV 驶过。

⑤AGV 在转弯和直行时的速度是一个均匀的常数,且保持不变。

⑥车间的拓扑地图以及所有工作站的集配货需求量、二维地理坐标、时间窗口均已知。

⑦每个工作站只能被一台 AGV 执行集配货服务,且该工作站缓冲区需求不可拆分。

⑧AGV 执行运输任务时从控制中心出发,完成对应运输任务后,最终返回控制中心。

为了进一步描述并系统地建立本章所提出的绿色规划模型,本小节将对数学模型的符号和决策变量做出解释说明。模型符号、决策变量及解释说明见表 6.1。

表 6.1　模型符号及解释说明

模型符号	解释说明
G	AGV 运输网络,无向图,所有行驶路径与点的集合
A	连接各个节点的所有边的集合
K	AGV 集合
S	表示路径的有序节点集合
V_0	工作站点集合
V	无向图中的节点集
i,j	工作站点 $i,j \in V$
x_i	工作站点 i 的 x 轴坐标
y_i	工作站点 i 的 y 轴坐标
n	工作站点的总数
m	车间内 AGV 的总数
k	集合 K 中任意一辆 AGV, $k \in \{1,2,3,\cdots,m\}$
Q	AGV 的最大载质量

模型符号	解释说明
Q_0	AGV 的车身质量
s_i	AGV 对工作站 i 的服务时间
g	重力加速度
P_t	AGV 待机功率
LT_i	工作站 i 的服务时间窗上限
ET_i	工作站 i 的服务时间窗下限
v	AGV 行驶速度
C_r	滚动系数
p_i	工作站 i 的集货需求量
d_i	工作站 i 的配货需求量
c_{ij}	AGV 从 i 到 j 的行驶距离
T_i	AGV 到达工作站点 i 的时间
U_{ij}	AGV 从工作站点 i 行驶到工作站点 j 的配货量 $\forall i, j \in V, i \neq j$
V_{ij}	AGV 从工作站点 i 行驶到工作站点 j 的取货量 $\forall i, j \in V, i \neq j$
x_{ijk}	若第 k 台 AGV 从工作站点 i 直接到达工作站点 j,则 $x_{ijk} = 1$,否则 $x_{ijk} = 0$

6.2.2　AGV 运输能耗分析

AGV 通常由电池供电,而电池容量有限,可能会导致 AGV 在执行车间内集配货任务时需要充电,从而中断任务。因此,对智能车间内 AGV 进行绿色路径规划不仅有助于企业节约成本并实现节能减排目标,还能够提高智能车间物料搬运系统的稳定性。根据问题描述,本章建立了一个数学模型,其优化目标是最小化智能车间 AGV 执行任务过程中的总能耗和使用规模。AGV 总能耗由集配货过程能耗与待机时间偏离能耗两部分组成。在集配货过程能耗方面,本章将从车身运动受力状态对 AGV 运动过程进行能耗分析。在待机时间偏离能耗方面,本章将从车间运行状态对 AGV 待机过程进行能耗分析。

(1)集配货过程能耗

智能车间存在周期性的集配货任务。当任务信息发布后,AGV 车队从生产调度中心出发,沿着计划路线对车间的工作站执行同时集配货的运输任务,完成任务后返回生产调度中心。在目前的绿色车辆路径问题的众多研究中,能耗或燃料消耗与车身的实时有效载荷质量密切相关。随着 AGV 执行集配货任务的进行,AGV 负载不断发生变化,其运动受力也会随之发生变化。

根据以上描述,本章将智能车间的 GVRPSPDTW 问题定义在一个无向图 $G = (V,A)$ 上,其中 $V = \{0\} \cup \{V_0\}$,节点 0 表示生产调度中心,即 AGV 的起始点,$V_0 = \{1,2,\cdots,n\}$ 表示车间工作站。A 表示连接各个节点之间所有边的集合,$A = \{(i,j) \mid i,j \in V\}$。

假设 AGV 从客户 i 行驶到客户 j,行驶距离和行驶时间分别由式(6.1)和式(6.2)计算:

$$c_{ij} = \mid x_i - x_j \mid + \mid y_i - y_j \mid \tag{6.1}$$

$$t_{ij} = \frac{d_{ij}}{v} \tag{6.2}$$

AGV 到达工作站 j 的时间计算式如下:

$$T_j = T_i + s_i + t_{ij} \tag{6.3}$$

当 AGV 在智能车间执行集配货任务时,它们通常在平坦的地面上运动,影响此类车辆功耗的主要机械力有 3 种:牵引力、摩擦力和空气阻力。由于 AGV 在集配货过程中车身总体质量相对较高,而行驶速度较低,因此车辆空气动力学在 AGV 集配货过程中的作用不大,研究中将不考虑空气阻力的影响。牵引力是在物体和切向表面之间产生运动的力,对于匀速运动的 AGV,其牵引力取决于 AGV 的额定功率和行驶速度,如式(6.4)。摩擦力表示物体在表面上滚动时阻碍运动的反作用力。根据式(6.5),摩擦力随着 AGV 的车身质量载荷、滚动系数 C_r 和重力加速度 g 的变化而变化。

$$F_{\text{traction}} = \frac{P_t}{v} \tag{6.4}$$

$$F_{\text{friction}} = mgC_r \tag{6.5}$$

研究表明任何最小化能耗的方案都应考虑负荷、停站次数和行驶距离这 3 个参数。针对本章研究问题的特点,采用 AGV 车队对车间内所有工作站进行集货和配货任务,并且车间内的工作站数量是确定的,因此,停车次数是一固定值。但由于同时集配货问题的特性,AGV 运输过程的载重是实时波动的。为了解决负载引起的能量消耗变化,使用燃料消耗率(Fuel Consumption Rate, FCR),其中,单位体积燃油消耗率与行驶距离和车身质量成正比。

$$p(Q_1) = \alpha(Q_0 + Q_1) + b \tag{6.6}$$

式中　　Q_0——车辆空载质量;

　　　　Q_1——车辆载重;

b——车辆油耗系数。

设 Q 为车辆的容量,满载时的 FCR(p^*)和空载时的 FCR(p_0)分别由式(6.7)和式(6.8)计算得到。

$$p^* = \alpha(Q_0 + Q) + b \tag{6.7}$$

$$p_0 = \alpha Q_0 + b \tag{6.8}$$

GVRPSPD 的混合整数线性规划公式为:

$$\text{minimize} \sum_{i=0}^{n} \sum_{j=0}^{n} c_0 d_{ij}(p_0 x_{ij} + \alpha(U_{ij} + V_{ij})) \tag{6.9}$$

在式(6.9)中,c_0 为单位燃烧成本,a 为参数。U_{ij} 和 V_{ij} 是一条路线上的配货和集货的总需求。

$$\alpha = \frac{p^* - p_0}{Q} \tag{6.10}$$

本章将对多个 AGV 在智能车间执行任务过程建立绿色路径规划模型。将能耗计算方法与智能车间中的 GVRPSPDTW 问题相结合,综合考虑车间实际生产状态以及实际生产约束,定义 AGV 集配货过程能耗 E_p 为:

$$E_p = \sum_{k=1}^{m} \sum_{i=1}^{n} \sum_{j=1}^{n} c_{ij} x_{ijk} \left(((V_{ijk} - U_{ijk}) + Q_0) g C_r + \frac{P_t}{v} \right) \tag{6.11}$$

在 AGV 正常工作的情况下,由于 AGV 是由生产调度中心自动管理的,速度与额定功率的数值是已知且恒定的。滚动系数 C_r 取决于车间实际地面取材。因此,当 AGV 执行集配货的运输任务时,影响 AGV 集配货过程能耗的主要参数为 AGV 的实时负载及其行驶距离。

(2)待机时间偏离能耗

智能车间拥有多批次以及高产量的生产特点,因此,AGV 对各工作站进行服务的时效性至关重要。由于车间内部各工作站在各时段的工作状态不同,所以对服务的需求也相对不同。因此,对各个工作站的服务需求赋予时间窗约束,要求每台 AGV 尽量在规定的时间内对路径规划中的工作站进行集配货服务。

因 AGV 车身所配置的电池容量有限,若 AGV 提前到达工作站,会产生一定的待机窗口期,过长的待机时间不仅会造成 AGV 执行车间内部的装载任务时的准时率下降,还有可能导致 AGV 电池电量过度消耗而无法支持剩余任务的完成。而 AGV 迟于时间窗到达工作站则是企业运营过程中较难接受的,迟到会浪费机器和人工的产能,导致缓存区过载,工作站无法进行工作。

基于上述分析,为了保证对 AGV 运输过程中能耗问题考虑的全面性,本章对工作站的服务时间窗定义为半软时间窗,即 AGV 到达工作站的服务时间存在以下 3 种

情况:

①若 AGV 提前到达工作站,则需等待该工作站缓冲区达到容量阈值后进行服务,即等待至左时间窗口开启后执行集配货服务。该情况会产生与 AGV 等待时间成正比关系的待机时间偏离能耗。

②若 AGV 在该工作站服务时间窗口内到达,可直接对该工作站进行集配货服务。该情况满足一切约束,不会产生额外的待机时间偏离能耗。

③若 AGV 超过该工作站服务需求时间窗口到达,即在右时间窗口之后抵达。此时该工作站缓冲区容量超过极值,从而导致工作站无法正常生产。此时工作站拒绝服务,该情况则判定本次路径规划失败。

基于以上分析,本章定义时间偏离能耗 E_t 如下所示:

$$E_t = P_t \max \{ ET_i - T_{ik}, 0 \} \tag{6.12}$$

6.2.3 数学模型构建

基于上述对 AGV 能耗的分析并结合所研究问题特性,以 AGV 使用规模与能耗最少作为优化目标建立数学模型。本章所需解决的问题是如何求解各 AGV 到达指定工作站执行集配货任务的服务顺序,并通过对车间内 AGV 车队制定路径规划策略来改变各 AGV 对工作站的服务顺序,从而降低 AGV 的能耗和使用规模。因此,所建立的绿色目标函数被定义为:

$$\min F_1 = E_p + E_t \tag{6.13}$$

$$\min F_2 = \sum_{j=1}^{n} \sum_{k=1}^{m} x_{0jk} \tag{6.14}$$

约束:

$$\sum_{k=1}^{m} \sum_{i=0}^{n} x_{ijk} = 1, \forall j \in V_0 \tag{6.15}$$

$$\sum_{i \in S} \sum_{j \in S} x_{ijk} \leq |S| - 1, S \subseteq V_0, k \in K \tag{6.16}$$

$$\sum_{j=0}^{n} x_{0jk} - \sum_{j=0}^{n} x_{j0k} = 0, j \in V_0; k \in K \tag{6.17}$$

$$\sum_{k=1}^{m} \sum_{j=1}^{n} x_{0jk} \leq m \tag{6.18}$$

$$\sum_{i=1}^{n} T_i \leq LT_i \tag{6.19}$$

$$0 \leq \sum_{j=1}^{n} x_{ijk}(V_{ijk} - U_{ijk}) \leq Q \tag{6.20}$$

$$U_{ijk} \leq (Q - d_i) x_{ijk}, i \in V, j \in V_0 \tag{6.21}$$

$$V_{ijk} \leqslant (Q - p_j)x_{ijk}, i \in V_0, j \in V \tag{6.22}$$

$$V_{ijk} \geqslant p_i x_{ijk} \tag{6.23}$$

$$U_{ijk} \geqslant d_j x_{ijk} \tag{6.24}$$

$$\sum_{i \in V} V_{jik} - \sum_{i \in V} V_{ijk} = p_j, j \in V_0 \tag{6.25}$$

$$\sum_{i \in V} U_{jik} - \sum_{i \in V} U_{ijk} = d_j, j \in V_0 \tag{6.26}$$

$$x_{ijk} \in \{0,1\}, \forall i, j \in V, \forall k \in K \tag{6.27}$$

上式中,目标函数(6.13)为 AGV 总能耗最小,将集配货过程能耗与待机时间偏离能耗为组合优化目标;目标函数(6.14)为 AGV 使用规模最少,在 VRPSPDTW 领域的研究中,减少配送分派的车辆数目在物流领域中具有重要意义。在智能车间中,AGV 的使用成本往往是车间配送成本中的重要组成部分,例如 AGV 的采买与折旧,包括能源消耗以及使用后期的维修保养,等等。

约束条件(6.15)确保了每个工作站只被一辆 AGV 访问,且只被访问一次;约束条件(6.16)为消除子回路约束;约束条件(6.17)确保了 AGV 从生产调度中心出发后最终又返回生产调度中心;约束条件(6.18)确保了生产调度中心所派出的 AGV 数量不超过总数;约束条件(6.19)为时间窗约束,确保 AGV 对工作站 i 的服务时间不超过工作站 i 的时间窗上限 LT_i;约束条件(6.20)确保了 AGV 在运输路径上的任一节点的车身载重均不超过车身最大负载量;约束条件(6.21)—约束条件(6.24)决定了工作站 i-j 路线上集货量和配货量的上限和下限;约束条件(6.25)和约束条件(6.26)处理路径上的集配货需求以及路径上的载质量的平衡;约束条件(6.27)为决策变量约束。

6.3　基于大邻域搜索的混合差分进化算法设计

本章设计了一种基于大邻域搜索的混合差分进化算法(DE-LNS)。该算法使用 DE 进行全局搜索。首先,根据车间运行状态,设计了一种基于集配货问题特性的种群初始化方法;其次,设计了一种带有自适应缩放因子的变异策略;再次,借鉴松鼠搜索算法的觅食过程,对交叉操作进行改进;最后,引入了大邻域搜索作为局部搜索机制,并设计了 3 种邻域搜索机制来增强算法的寻优能力。LNS 算法在局部搜索阶段具有更强的优化能力,可以弥补 DE 算法在局部搜索方面的不足。算法流程如图 6.2 所示。其中,Gen 与 MaxGen 为当前迭代次数和算法最大迭代次数。iter 与 Maxiter 为松鼠迁徙算子所筛选的精英个体群的当前个体和个体群总数。

```
                          开始
                           │
                           ▼
                       初始化参数
                           │
                           ▼
              根据集配货问题特性生成初始种群
                           │
                           ▼
              计算种群个体适应度值,执行精英保留策略
                           │
                           ▼
                      Gen < MaxGen?  ──否──►
                           │是
                           ▼
                         i = 1
                           │
                           ▼
              基于自适应缩放因子的变异操作
                           │
                           ▼
              基于自适应交叉算子的交叉操作        i = i + 1
                           │
                           ▼
              计算种群个体适应度值,并执行选择操作
                           │
                           ▼
                        i = P?  ──否──►
                           │是
                           ▼
                      产生新种群
                           │
                           ▼
              基于松鼠迁徙算子的优化,并筛
                选部分精英个体
```

大邻域搜索

```
                       iter = 1

  基于逆序反转的邻域搜索    基于路径解集的邻域搜索    基于破坏重组的邻域搜索
         │                      │                      │
  计算种群个体适应度值    计算种群个体适应度值    计算种群个体适应度值
         │                      │                      │
  满足搜索停止准则?      满足搜索停止准则?      满足搜索停止准则?

                      iter < Maxiter?  ──否──► iter = iter+1
                           │是
```

Gen = Gen+1

```
                      更新后代种群
                           │
                           ▼
                      输出最优路径  ◄──
                           │
                           ▼
                         结束
```

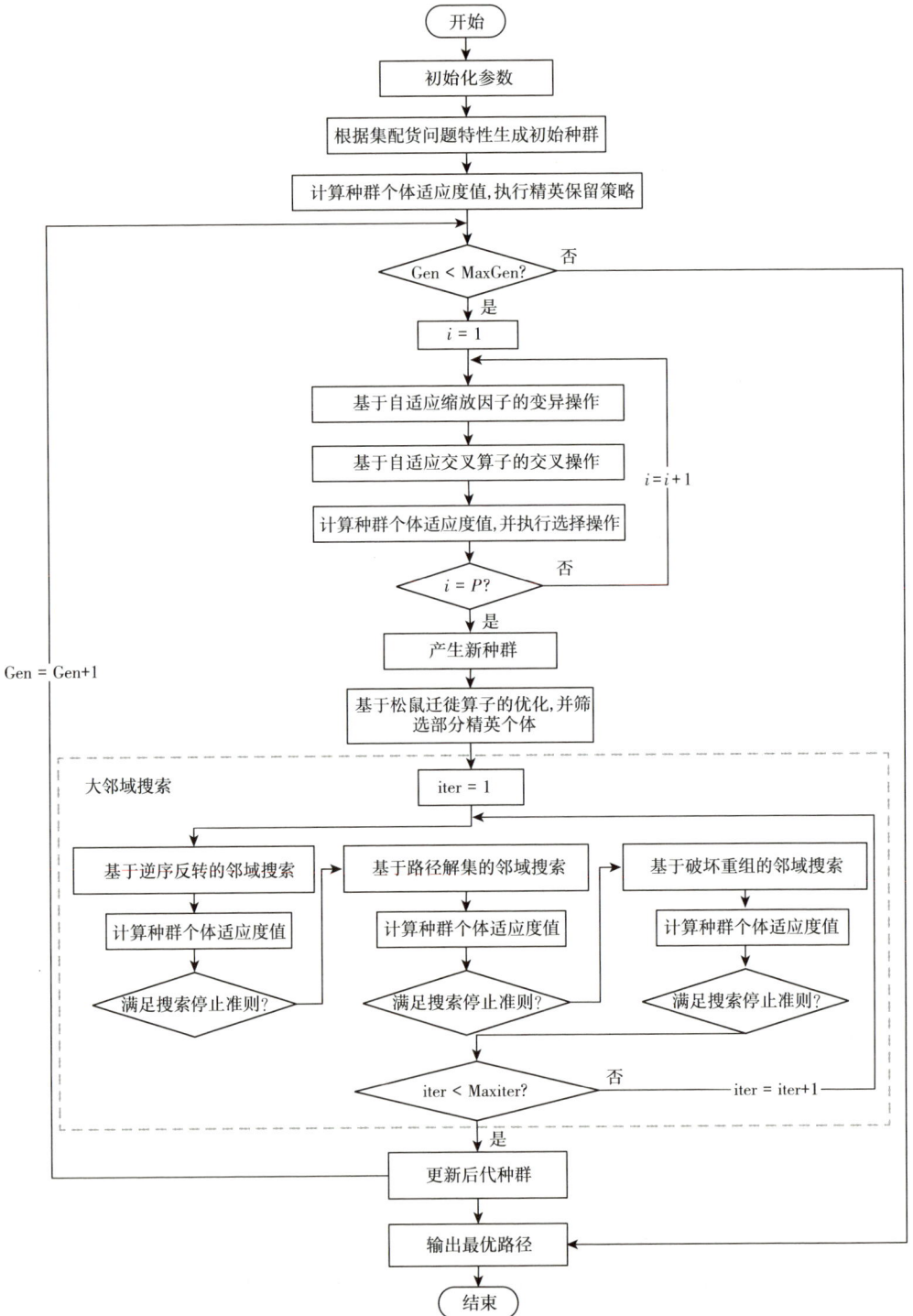

图6.2 基于大邻域搜索的混合差分进化算法

6.3.1　染色体编码设计

DE 算法的主体是通过对染色体基因执行变异、交叉等操作以达到寻优的目的,而染色体的编码过程是实现算法总体流程的基础。基本的 DE 算法编码方式为实数编码,不能直接用于求解离散域中的组合优化问题。近年来,DE 算法被大量学者不断进行改进,将其离散化并广泛用于求解车辆路径规划问题。因此,这里采用整数编码方式对染色体进行编码。

车间中的所有工作站与 AGV 以编码形式体现在每一条染色体中,其中工作站的编码为 $\{1,2,\cdots,n-1,n\}$,AGV 车队的编号为 $\{n+1,n+2,\cdots,n+m\}$,每一条染色体上的基因总数为 $n+m$ 个,是车间工作站与 AGV 车队的总数。本算法通过在工作站编码中插入 AGV 编码的方式来获取多个基因片段,每个基因片段表示每台 AGV 在执行的同时集配货任务中的一条路径,每个基因片段即为该 AGV 本次服务顺序。这样的编码方式能够直观地体现 AGV 访问工作站点的顺序,并且能够保证每台 AGV 只访问每个工作站点一次。

以图 6.3 为例,当前车间中共有 10 个自动化工作站正在进行生产作业,生产调度中心指派了共计 3 台 AGV,其中待服务工作站的集合为 $\{1,2,3,4,5,6,7,8,9,10\}$,AGV 编号为 $\{11,12,13\}$,则一个染色体初始为 $\{1,2,3,4,5,6,7,8,9,10,11,12,13\}$,按照一定的约束条件经过变异、交叉等操作后优化为 $\{2,5,4,12,1,6,7,11,9,10,8,3,13\}$。经过解码后可得到 3 条 AGV 可行路径,每台 AGV 从存储中心出发依次对路径上的工作站执行集配货任务,任务完成后返回存储中心。

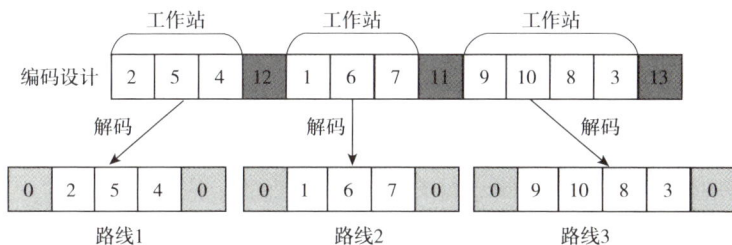

图 6.3　染色体编解码示意图

由于所研究的问题为多目标问题,所建立的模型的各目标量纲不统一,需要先对其进行无量纲化处理,将各目标统一量纲后利用线性加权将多目标转化为单目标进行优化。

为了提高算法求解效率和寻优质量,根据所研究的智能车间 GVRPSPDTW 问题特性,引入惩罚策略对路径进行约束。因此,染色体个体的适应度 S_u 的适应度 $f(S_u)$ 定义如下式:

$$F_{\text{total}} = \alpha F_1 + \beta F_2 \tag{6.28}$$

$$f(S_u) = F_{\text{total}} + \gamma_1 l_u + \gamma_2 w_u \tag{6.29}$$

其中 α 和 β 为权重系数,具体的权重系数由生产调度中心根据车间实际需求来决策制订, γ_1 与 γ_2 表示一个极大数值; l_i 表示若第 u 个染色体路径存在违反容量约束的路径,则 $l_u = 1$,否则 $l_u = 0$; w_u 表示若第 u 个染色体路径存在违反时间约束的路径,则 $w_u = 1$,否则 $w_u = 0$ 。

6.3.2　种群初始化

种群初始化的目的是尽可能地覆盖搜索空间,以便在后续的进化过程中能够找到更优解。在路径规划问题中,利用启发式算法生成的初始种群的路径解集的质量较高,极大地加快了寻优速率,但容易陷入局部最优的状态,导致无法真正找到最优路径。而随机遍历法产生初始种群的路径解集能够呈现较为均匀的分布,但所研究的智能车间内的 GVRPSPDTW 问题存在较多约束,这可能会导致解空间过于松散,从而降低寻优速率。因此,本算法将结合配货问题的特性随机遍历生成初始种群。该方法将通过随机遍历法生成的初始路径解集,并以工作站服务时间窗和 AGV 装载状态对每条路径进行约束,具体步骤如下:

步骤 1:构建初始路径解集 S ,确定车间工作站集合 V 与 AGV 集合 K 。

步骤 2:任意选择一台 AGV 生成一条初始路径,遍历所有工作站,根据集货量随机选择待服务的工作站加入该路径,直至满足 AGV 车身的最大载重。

步骤 3:判断当前路径中的 AGV 集配货量是否满足约束条件,并根据载重约束进行修复,将满足约束的路径加入解集 S 中。

步骤 4:将加入解集 S 中的工作站与 AGV 从集合 V 与集合 K 中删除。

步骤 5:判断集合中剩余工作站的集配货需求是否满足 AGV 车身的最大载量,若其需求大于一台 AGV 车身载重,则回到步骤 2;否则,收集剩余集合 V 中的工作站生成最后一条路径,并将其加入解集 S 中。

步骤 6:在满足集配货问题约束的前提下,对生成的初始路径解集 S 根据工作站的最早时间窗对所有路径进行时间偏离优化,解集 S 即为生成的初始种群。

6.3.3　基于自适应缩放因子的变异操作

进行变异操作的目的是获得与初始群体不同的新解决方案,避免算法出现"早熟"现象。在变异策略中,缩放因子 F 的取值非常关键。若 F 取值较大,则易得到最优解,但是算法收敛速度会减慢,如果 F 取值较小,虽然可以加快收敛速度,但算法易出现停滞现象。综合考虑这种因素,缩放因子 F 在算法前期应该保持较大值,而在后期则应减小其值。

基于以上分析,本章所研究的缩放因子 F 的变化规律符合 Logistic 函数模型,并根据该模型设计了一种自适应变异策略,使得缩放因子 F 随着算法迭代而自动调整其值。同时,参考 Zhou 提出的变异策略,本章设计了一种基于 Logistic 函数的自适应缩

放因子,并将其应用于智能车间 GVRPSPDTW 问题的研究中。具体算式为:

$$F = \frac{F_{\text{Start}} \cdot \lambda}{1 + F_{\text{Start}} \cdot (\lambda - 1)} \tag{6.30}$$

其中 F_{Start} 为初始值, $\lambda = e^{1 - \frac{\text{MaxGen}}{\text{MaxGen}+1-\text{gen}}}$,gen 为当前迭代次数, MaxGen 为算法最大迭代次数。在算法开始时,缩放因子会维持一个很大的值,能够保持种群的多样性。在迭代过程中,变异算子逐渐减少,收敛速度和局部优化能力提高。

为了保证缩放因子 F 在算法整体迭代过程中的全面性,本章通过改变对 F_{Start} 的取值来观察 F 在算法迭代过程中的表现,分别取 $F_{\text{Start}} = 0.9$ 、 $F_{\text{Start}} = 0.8$ 、 $F_{\text{Start}} = 0.7$ 、 $F_{\text{Start}} = 0.6$ 和 $F_{\text{Start}} = 0.5$,并计算每一代 F 的取值。如图 6.4 所示, F 随着迭代次数的增加而自适应变化,并且始终保持在一个合理的区间内。因此,这种设计能够保证在算法的前期 F 的数值较大,这有助于保持个体的多样性,而在算法后期, F 取值较小,这有助于加快算法的收敛速度。

根据以上测试数据,为了保证 F 在迭代过程中的全面性,在本算法后续数值实验计算中取 $F_{\text{Start}} = 0.9$ 。

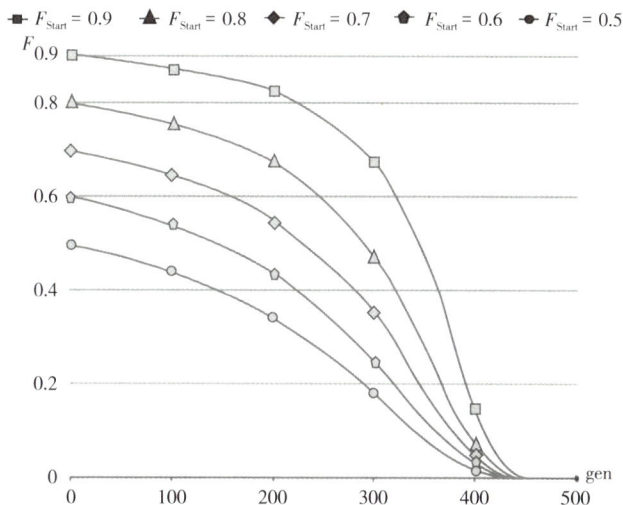

图 6.4　缩放因子迭代曲线

本章采用式(6.31)的变异算子执行变异操作,而所研究的智能车间内的 GVRP-SPDTW 问题采用的则是不同于基本差分进化算法编码方式的整数编码,而在变异过程中,缩放因子 F 为实数,当前变异个体将与种群中任意两个不同个体进行差分,从而导致变异操作后产生非法编码。此时的个体可能会存在负数位、实数位或者是值重复等问题,因此,在变异操作后,需要对该个体进行合法化处理。

$$v_i^g = x_{r1}^g + F \times (x_{r2}^g - x_{r2}^g) \tag{6.31}$$

以一个长度为 L 的染色体为例,首先对当前突变个体的基因全部进行向下取整,而后依此判断当前基因的编码 g 是否存在负数位或高数值的情况,若 $g < 0$,则 $g =$

$g + L$;若 $g > 13$,则 $g = g - L$,最后,删除染色体中存在的重复编码基因,并且依次补全缺失的基因。图 6.5 展示了一个可能的变异以及合法化的过程。

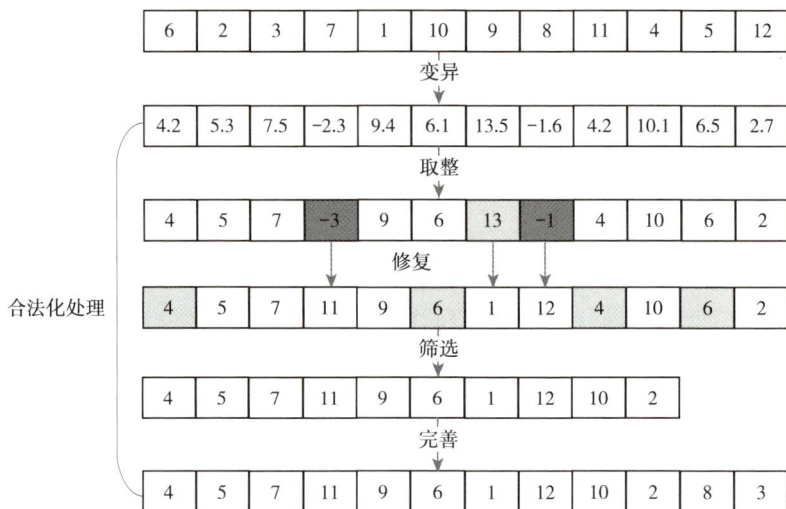

图 6.5　变异与合法化示意图

6.3.4　基于自适应交叉算子的交叉操作

交叉操作中的交叉算子 CR 控制着当前染色体中每个个体中每个基因发生改变的可能性。当 CR 取值较大时,当前变异后的个体的解空间信息能更好地传递给试验个体,确保对当前解集以外的区域进行搜索。当 CR 取值较小时,当前变异后的个体的解空间信息中能传递给试验个体的就会减少,从而使得种群可以更多地在当前解集附近搜索,有利于解决自变量相互独立的优化问题。

因此,与缩放因子类似,本章采用了一种自适应交叉算子。然而与变异操作相反,较小的交叉算子在前期可以避免当前交叉个体被破坏。较大的交叉算子可以避免算法在演化后期陷入局部最优,并且可以增加种群的多样性。所设计的交叉算子如式(6.32)所示:

$$CR = \frac{CR_{\text{Start}} \cdot \lambda}{1 + CR_{\text{Start}} \cdot (\lambda - 1)} \tag{6.32}$$

其中,CR_{Start} 为交叉算子初始数值,$\lambda = e^{1 - \frac{\text{MaxGen}}{\text{gen}+1}}$,gen 为当前迭代次数,MaxGen 为算法最大迭代次数。在算法开始时,交叉算子 CR 维持一个较小的值,能够避免交叉个体被破坏。在迭代过程中,交叉算子逐渐增大,在演化后期防止染色体解集陷入局部最优。

根据以上的测试数据,为了保证 CR 在算法整体迭代过程中的全面性,采用与缩放因子类似的方式,通过改变对 CR_{Start} 的取值来观察 CR 在算法迭代过程中的表现,分别取 $CR_{\text{Start}} = 0.9$、$CR_{\text{Start}} = 0.8$、$CR_{\text{Start}} = 0.7$、$CR_{\text{Start}} = 0.6$ 和 $CR_{\text{Start}} = 0.5$,以该算法迭代次

数为 500 次为例,计算每一代 CR 的取值。如图 6.6 所示,CR 随着迭代次数的变化不断地自适应取值,并且曲线始终处在一个合理的区间内。因此,能够保证 CR 取值在算法前期的数值较小,在算法后期 CR 的取值较大,从而加快了算法的收敛速度。

为了保证 CR 在迭代过程中的全面性,在本算法后续数值实验计算中取 $CR_{Start} = 0.9$。

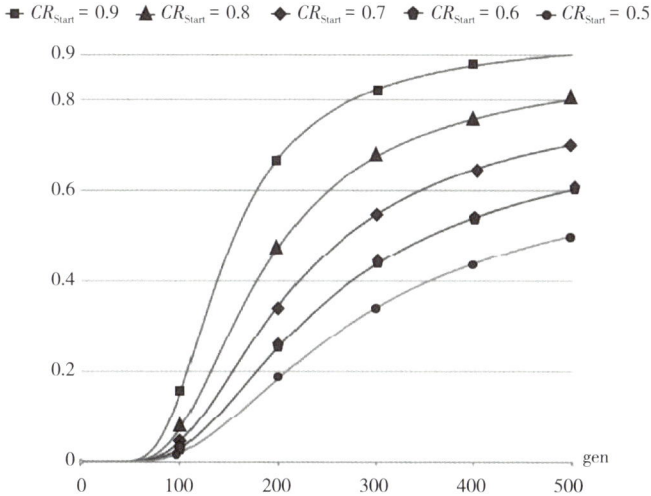

图 6.6　交叉算子迭代曲线

本章针对车辆路径问题采用了整数编码方法。传统的单点交叉由于考虑因素较少,很可能会生成带有负数位或实数位的子代。因此,为了产生不同的 AGV 同时集配货的路径规划方案,对传统的差分进化算法的交叉策略进行了改进,并使用 OX 交叉操作来扩展解空间的搜索范围。首先针对执行交叉操作的两个染色体的交叉位置进行随机选择,接着拟定进行交叉的基因片段,然后父代染色体将交叉对象的基因片段放置在染色体前端,接下来,筛去互换的基因片段中相同的基因片段,最后所得染色体即为交叉后的新个体。如图 6.7 所示为一个可能的交叉操作过程。

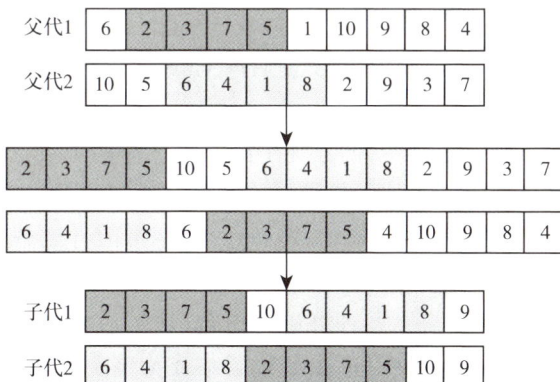

图 6.7　交叉操作示意图

6.3.5　基于松鼠迁徙算子的寻优策略

本章采用标准差分进化算法相同的选择策略,如式(6.33)所示。通过贪婪选择机制,选择适应度值更低的个体作为下一代种群个体。

$$x_i(g+1) = \begin{cases} u_i(g), & f(u_i(g)) \leqslant f(x_i(g)) \\ x_i(g), & 其他 \end{cases} \tag{6.33}$$

为了对变异和交叉过程所产生的种群进行进一步优化,并且考虑到设计的邻域结构较多,在大邻域搜索算法的每次循环中需遍历所有邻域结构。为了提高算法总体计算效率,我们设计了一种松鼠迁徙算子来对执行过差分进化后的染色体种群进行寻优。

该寻优策略是在原有的松鼠搜索算法的基础上实现的。松鼠搜索算法是通过模仿松鼠觅食过程进行的搜索与优化。松鼠会通过滑行的方式在树与树之间寻找食物资源,根据对食物的喜好以及天敌的情况,共分为3种类型,排名第一的松鼠被认为位于山核桃树上,排名前列的松鼠被认为位于橡子树上,其余位置的任务位于普通树上。为了躲避天敌与补充能量,橡子树上的松鼠会向山核桃树上迁徙,普通树上的松鼠会向橡子树或山核桃树上迁徙。根据这种自然现象,提出了一种基于松鼠迁徙算子的寻优策略。

根据适应度函数,将种群中的所有染色体分为3种不同类型的松鼠,其中,最优松鼠位于山核桃树上,它是当前种群中最好的个体;次优松鼠位于橡子树上,其数量占总数的10%。其余松鼠位于普通树上。为了获得更好的食物来源,它们会逐渐向更好的树迁徙,但在该过程中会受到天敌出现概率 e 的影响。因此,在该寻优策略中设置一随机数值 $r = \text{rand}(0,1)$,该策略共分为以下3种情况:

第一种情况,若随机数 $r < e$,则处于橡子树上的松鼠以山核桃树上的松鼠为对象进行迁徙。

第二种情况,若随机数 $r < e$,则处于普通树上的松鼠以橡子树上的松鼠为对象进行迁徙。

第三种情况,若随机数 $r < e$,则处于普通树上的松鼠以山核桃树上的松鼠为对象进行迁徙。

在上述3种情况的迁徙过程中,两迁徙个体随机选择两个点位基因和交叉点位基因,并生成新个体,由于本章所采用的编码形式为整数编码,因此在迁徙过程中生成的新个体可能会出现工作站或 AGV 编码缺失和冗余,这可能导致解空间出现异常。为了解决这一问题,采用了对新个体进行遗传算法中的基因修复操作来解决这一问题。最后,收集所有迁徙后的个体与原始种群进行拟合,根据适应度函数保留原始种群数量的优异个体。同时,筛选当前种群中的最优解集作为精英个体,以便进行大邻域搜索。一个可能的迁徙过程如图6.8所示。

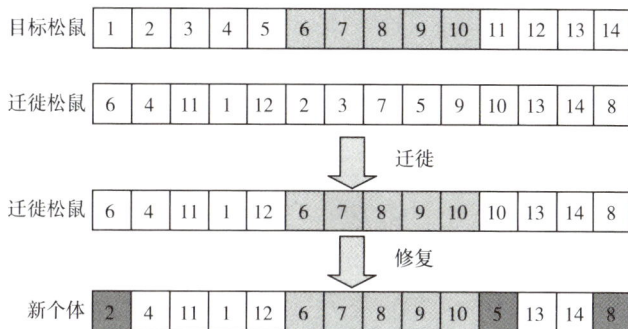

图 6.8　松鼠迁移示意图

6.3.6　大邻域搜索算法

在进化操作完成后,采用大邻域搜索算法对松鼠迁移策略筛选出的精英个体进行深度局部搜索操作。在大邻域搜索算法中,邻域搜索的主要影响因素是邻域规模的大小,每个待解决的问题都需要单独地确定其邻域大小。因此,设计贴合待解决问题特征的邻域结构能够显著提高算法寻优速度和总体求解质量。多邻域结构的设计以增加解的多样性为基础,能够提升算法的全局寻优能力。为了进一步改善解的质量,并针对问题模型的特点,设计了基于 3 种邻域结构的搜索机制,分别是基于逆序反转的邻域搜索机制、基于路径解集的邻域搜索机制以及基于破坏重组的邻域搜索机制。这些机制旨在在保证算法局部搜索能力的同时,增加邻域结构的多样性。

（1）基于逆序反转的邻域搜索机制

基于逆序反转的邻域搜索机制主要针对整条染色体的各基因之间进行邻域搜索,而不对路径解集进行考虑,这种方法能够打乱现有路径解集中的 AGV 服务顺序,从而增强解空间的多样性。一个可能的逆序反转邻域搜索如图 6.9 所示,执行邻域搜索之前的路径规划分别是 AGV $\{12\}$ 依此服务工作站 $\{1,2,3,4\}$、AGV $\{13\}$ 依此服务工作站 $\{5,6,7\}$ 和 AGV $\{14\}$ 依此服务工作站 $\{8,9,10,11\}$。随机逆序反转基因片段为 $\{4,12,5,6,7,13\}$。经过邻域搜索后的路径规划为 AGV $\{12\}$ 依此服务工作站 $\{7,6,5\}$、AGV $\{13\}$ 依此服务工作站 $\{1,2,3\}$ 和 AGV $\{14\}$ 依此服务工作站 $\{4,8,9,10,11\}$。

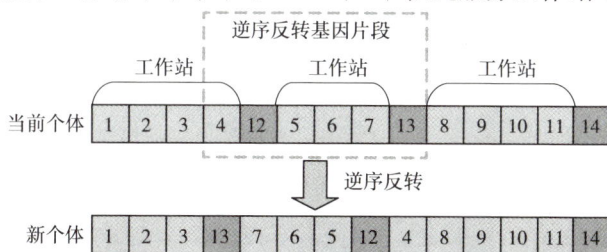

图 6.9　逆序反转邻域搜索示意图

（2）基于路径解集的邻域搜索机制

基于路径解集的邻域搜索机制主要是针对智能车间内的 GVRPSPDTW 问题设计的邻域搜索机制,针对每条染色体解码后的每台 AGV 路径服务顺序分为路径间与路径内的交换策略。

一个可能的路径间交换策略如图 6.10 所示,执行邻域搜索之前的路径规划分别是 AGV {13} 依此服务工作站 {1,2,3} 和 AGV {14} 依此服务工作站 {4,5,6}。对两条路径执行路径间的邻域搜索,随机确定交换的工作站编号为 {2,5}。经过邻域搜索后的路径规划为 AGV {13} 依此服务工作站 {1,5,3}、AGV {14} 依此服务工作站 {4,2,6}。

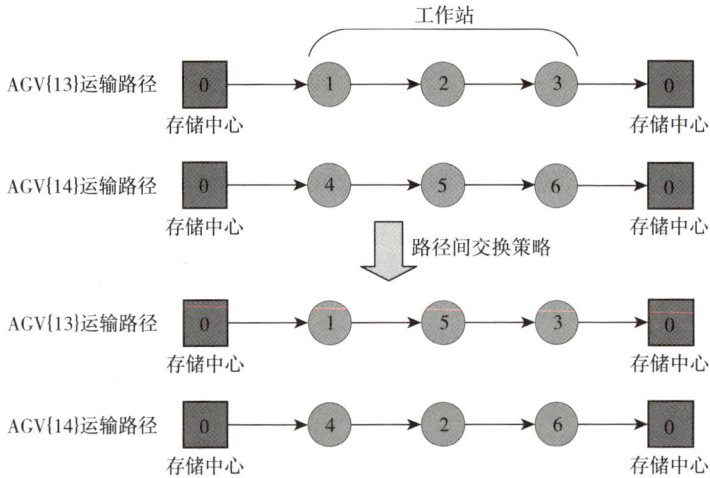

图 6.10　路径间交换策略

一个可能的路径内的交换策略如图 6.11 所示。执行邻域搜索前的路径规划分别为 AGV {13} 依此服务工作站 {1,2,3}、AGV {14} 依此服务工作站 {4,5,6}。对两条路径执行路径间的邻域搜索,随机确定交换的工作站编号为 {2,3} 和 {5,6}。经过邻域搜索后的路径规划为 AGV {13} 依此服务工作站 {1,3,2}、AGV {14} 依此服务工作站 {4,6,5}。

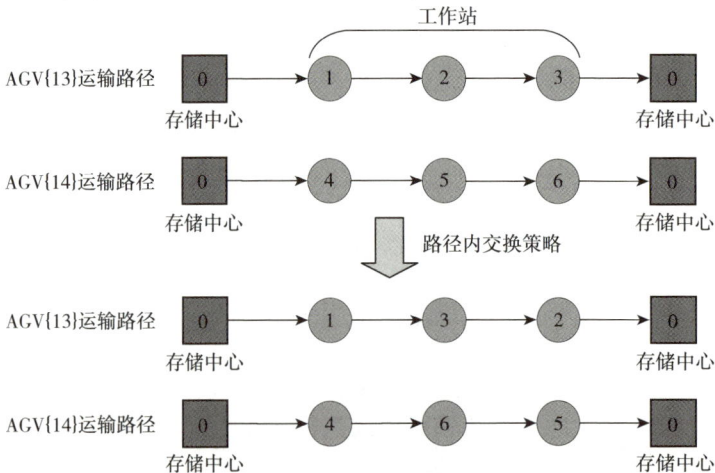

图 6.11　路径内交换策略

（3）基于破坏修复的邻域搜索机制

对于考虑 AGV 同时取送货的路径构建，在满足所有约束的情况下，通过破坏和修复的方法，将解决方案集的一些部分完全破坏并重新创建，以搜索新的可行解决方案。这个过程可能是为了提供一个更好的机制来逃离差分进化算法创建的局部最优解。

针对智能车间的 GVRPSPDTW 问题的 AGV 路径解集，采用 shaw removal（SR）的破坏方法，SR 算子的一般思想是移除一组点。两个工作站 i 和 j 之间的相似度由关联度权重 $w(i,j)$ 定义。这包括 C'_{ij} 距离项和 R'_{ij} 关系项。用工作站 i 和 j 之间的距离 c_{ij} 来定义两点之间的相关性 C'_{ij}。C'_{ij} 越低，这两个工作站之间的关系就越大。R'_{ij} 的判定与 C'_{ij} 相同，因为同一条任务路径上的两个工作站 i 和 j 之间的关系大于不同路径上的关系。$w(i,j)$ 定义如下：

$$w(i,j) = \frac{1}{C'_{ij} + R'_{ij}} \tag{6.34}$$

其中，C'_{ij} 通过 $C'_{ij} = \dfrac{d_{ij}}{\max d_{ij}}$ 来定义，C'_{ij} 值的区间为 $[0,1]$，当两个工作站 i 和 j 在同一条运输任务的路径上时为 1，否则为 0。

在目前的研究中，贪婪修复算法是修复算法中最常用的方法之一。两种常见的贪婪修复算法为顺序贪婪修复和随机贪婪修复。其中，顺序贪婪修复的设定是将之前被破坏的基因逐一插入到染色体上最有利的位置进行修复。然而，这种修复方法在插入每个基因时，仅优化了插入时的路径解集，而忽视了方案整体的优化。随机贪婪修复的总体方式与顺序贪婪修复类似，其区别在于破坏基于插入顺序的随机性和多样化。

基于以上分析，目前适用性较强的贪婪修复方式只考虑了当前破坏基因修复至最佳位置时所带来的改进效果，而忽略了这种修复对后续决策的影响。而文献[2]所设计的 Regret Insertion 修复机制很好地规避了该问题的发生，该方式对于工作站 i，令 Δf_i^n 表示被优化的路径解集中的第 n 个最佳位置在插入工作站 i 后所引起适应度函数值的变化，即当 $n \leqslant n'$ 时，$\Delta f_i^n \geqslant \Delta f_i^{n'}$。在本章的研究中，参考了文献[3]的修复机制，使用 Regret-2 修复算子使第一个插入的工作站 i 满足：

$$i^* = \arg\max(\Delta f_i^1 - \Delta f_i^2) \tag{6.35}$$

首先将工作站插入最佳位置，然后对该过程进行迭代，直到插入所需的数量工作站。一个可能的破坏修复的邻域搜索机制的操作过程如图 6.12 所示。

由于本章涉及的邻域结构较多，且每次循环都需遍历所有的邻域结构。考虑到全局算法在迭代过程的不同时期，种群所需的扰动强度不同，因此，为了提升算法整体的求解速度，设计了一种基于自适应的大邻域搜索算法迭代次数策略。在全局算法的迭代初期采用较低的迭代次数，以此来加快种群收敛；在迭代后期，增加大邻域搜索算法

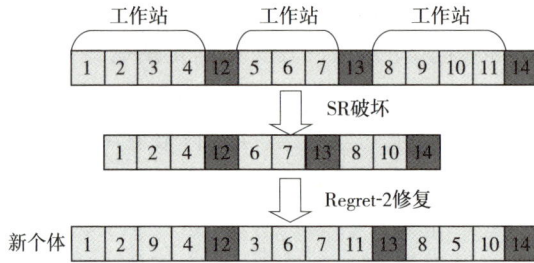

图 6.12　破坏与修复操作示意图

的迭代次数,以便对染色体进行更深入的搜索。其计算式为:

$$NS_{num} = \rho_1 + \left\lfloor \rho_2 \times \frac{Gen}{MaxGen} \right\rfloor \tag{6.36}$$

式中　NS_{num} ——第 Gen 代染色体的大邻域搜索算法的迭代次数;

　　　ρ_1 ——大邻域搜索算法的最小搜索次数;

　　　ρ_2 ——自适应搜索次数;

　　　MaxGen ——算法预设的最大迭代次数;

　　　$\lfloor \ \rfloor$ ——向下取整。

具体步骤如下:

步骤 1:初始化参数,并根据式(6.36)自适应确定最大搜索次数 IterMax。

步骤 2:对当前染色体逆序反转得到 $f(S'_u) \geqslant f(S_u)$ 的新解 S'_u,令 $f(S_u) = f(S'_u)$,$S_u = S'_u$,解码得到 AGV 执行集配货任务的路径解集。

步骤 3:遍历所有 AGV 运输路径,对解码得到的路径解集分别从路径间与路径内执行基于路径解集的邻域搜索机制,得到满足 $f(S'_u) \geqslant f(S_u)$ 的新解,重新编码生成优化后的染色体。

步骤 4:对当前染色体执行基于破坏修复的邻域搜索机制。得到满足 $f(S'_u) \geqslant f(S_u)$ 的新解。

步骤 5: Iter = Iter + 1,并判断是否达到自适应搜索次数的最大值,若 Iter > IterMax 则输出优化后的染色体,否则返回步骤 2。

6.4　案例分析

针对 6.2 节提出的智能车间内的 AGV 绿色路径规划模型,利用 6.3 节所设计的基于大邻域搜索的混合差分进化算法对其进行求解。为了验证所提出的混合算法的有效性与适用性以及绿色路径规划模型的合理性与节能效果,将通过国际标准算例集和某智能车间的生产案例进行求解与分析。

1)案例背景

某智能车间主要由自动化工作站(包括物料缓冲器和数字加工设备)、生产调度中心、货物存储中心以及物料搬运设备组成,能够覆盖整个车间的全部集配货任务。车间主要实现对高精度零件的自动化生产。本章建立的车间拓扑图如图 6.13 所示。该车间拓扑图由 27 个节点和 32 条边组成,其中数字 0 是生产调度中心,数字 1—26 是用于生产加工的自动化工作站。车间的每一条边都代表一条运输路径,这些路径属性为具有单个单位容量的双向路径,可以最大限度地避免 AGV 之间的死锁和冲突现象。各工作站之间不存在生产优先级关系,每个 AGV 对应一个指定的运输路径。

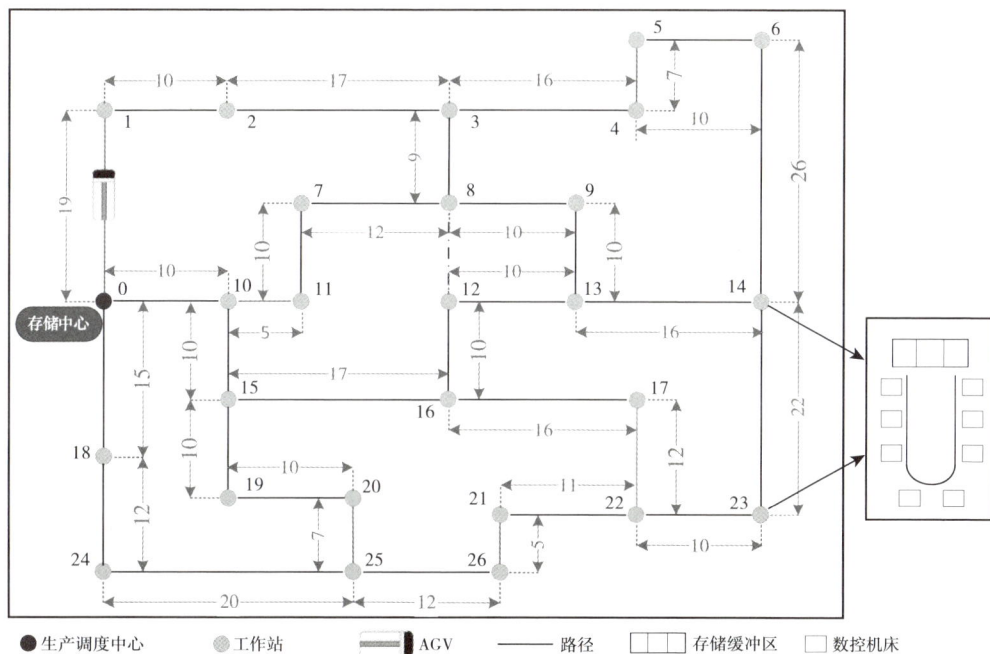

图 6.13　车间拓扑图

目前,该车间内共有 10 台 AGV 设备。本实验所需的 AGV 具体参数包括 AGV 的自重、车身的最大负载、额定功率和速度。利用这些参数来计算 AGV 的总能耗。参数来源于实际车间工作的 AGV,见表 6.2。

表 6.2 实验所需的 AGV 参数

表 6.2 实验所需的 AGV 参数

参数	描述	取值
Q_0	AGV 的自重	50 kg
Q	AGV 车身的最大负载	200 kg
P_t	AGV 额定功率	200 W
v	AGV 行驶速度	1 m/s

本章提取了该车间某一时段集配货任务的具体数据,并将工作站在该时段的服务需求时间抽象为时间窗口。生成了 26 个点来验证所提模型和算法的能效性和优化性。见表 6.3。表中的 ID 是生产调度中心与工作站的编号,坐标是它们在拓扑网络中的二维坐标点,取货量与集货量是 AGV 对该工作站服务的货物重量。左时间窗与右时间窗分别代表该工作站时间窗口范围。服务时间是 AGV 对每个工作站的服务时间。

表 6.3 当前时段车间集配货信息

ID	坐标	集货量 /kg	配货量 /kg	左时间窗	右时间窗	服务时间/min
0	(0,27)	—	—	8:00	—	—
1	(0,46)	10	20	8:00	8:05	1
2	(10,46)	20	15	8:01	8:05	1
3	(27,46)	20	10	8:01	8:06	1
4	(43,46)	20	19	8:01	8:06	1
5	(43,53)	31	20	8:01	8:06	1
6	(53,53)	35	22	8:02	8:06	1
7	(15,37)	23	10	8:02	8:09	1
8	(27,37)	22	20	8:01	8:08	1
9	(37,37)	20	14	8:01	8:08	1
10	(10,27)	10	23	8:01	8:10	1
11	(15,27)	10	30	8:02	8:10	1
12	(27,27)	25	20	8:02	8:10	1
13	(37,27)	20	14	8:02	8:10	1
14	(53,27)	36	23	8:02	8:10	1

续表

ID	坐标	集货量 /kg	配货量 /kg	左时间窗	右时间窗	服务时间/min
15	(10,17)	21	10	8:01	8:08	1
16	(27,17)	18	20	8:01	8:08	1
17	(43,17)	26	26	8:02	8:10	1
18	(0,12)	17	24	8:03	8:20	1
19	(10,7)	33	28	8:02	8:20	1
20	(20,7)	15	15	8:02	8:20	1
21	(32,5)	10	20	8:05	8:20	1
22	(43,5)	15	30	8:02	8:20	1
23	(53,5)	22	27	8:02	8:20	1
24	(0,0)	26	20	8:03	8:25	1
25	(20,0)	26	40	8:03	8:25	1
26	(32,0)	10	20	8:04	8:25	1

2）用 Dijkstra 算法计算车间二维邻接矩阵

根据拓扑地图可以观察到,由于车间环境的复杂性,各工作站之间的路径距离并不是传统的欧式距离,而是更加复杂的曼哈顿距离。因此,在对 AGV 路径规划前,需要对 AGV 与服务对象之间的行驶路径进行计算处理。本章根据车间布局情况,选择 Dijkstra 算法对车间任意两对象之间的最短距离提前进行计算,并将车间拓扑地图转换为二维邻接矩阵,然后带入算法中进行路径规划求解。

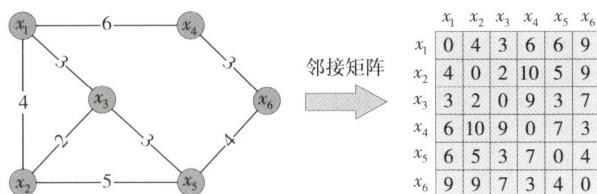

图 6.14　邻接矩阵转换示意图

Dijkstra 算法是一种用于求解两点之间的最短路径的经典算法。该算法通过利用贪心策略遍历地图中的所有点位,并基于构成两点之间边的权值参数来找到从起点到终点的最短路径。该算法的优点是路径准确性高,搜索时间短,但该算法在路径搜索时搜索范围较大,当车间内的工作站数量较多时,会产生极大的计算负荷。因此,针对本章的实验环境,无法将该算法与本章所设计的 DE-LNS 算法相结合使用。为了在不降低算法计算效率的前提下保证本次实验的顺利进行,本章在实验开始之前,利用 Dijkstra 算法对车间所有点位之间的最短路径进行计算,并建立车间的二维邻接矩阵,算法的具体步骤如下:

步骤1:初始化参数。将货物存储中心 0 点设置为起始点,邻接矩阵 $D[i]$,$d[0]$ 的值为货物存储中心到工作站 i 的距离 $w[0][i]$,如果货物存储中心与工作站点 i 直接相连,则将邻接矩阵中的数值设置为两点之间的距离,否则为∞。

步骤2:将 0 点进行标记,表明其已计算完成。

步骤3:寻找与 0 点直接连接且距离最近的工作站 i 并记录,将 i 与货物存储中心的距离记为 min;

步骤4:对 i 进行标记,表明已为其找到最近距离;

步骤5:比较剩余点的距离,让 $D[j]$ 与 $min + w[i][j]$ 进行比较,通过公式 $dis[j] = Min(dis[j], min + w[i][j])$ 计算并得到最短距离。

步骤6:重复进行步骤3到步骤5,直到遍历所有点。

3)应用案例求解

针对该车间的分布特征,本章对模型中的参数进行设定,其中重力加速度 $g = 9.8$ N/kg,并根据车间地面材料,设定滚动系数 $C_r = 0.71$。其余算法参数见表6.4。

表6.4 参数设置

参数	描述	取值
MaxGen	全局算法最大迭代次数	500
P	种群规模	100
P_{elite}	精英个体群规模	25
F_{Start}	初始缩放因子	0.9
CR_{Start}	初始交叉概率	0.9
ρ_1	大邻域搜索算法最小搜索次数	1
ρ_2	大邻域搜索算法自适应最大搜索次数	50
Max_N	邻域循环次数	200

为了验证本章所提的绿色路径规划模型的有效性以及所提算法的适用性,本节将车间集配货案例应用于以下3个部分的仿真实验。

①由于车间内的 GVRPSPDTW 问题的高度复杂性,目前该车间尚未针对同时集配

货的问题特性制订 AGV 调度方案。现行的车间物流作业采用的配送模式是每台 AGV 在运输过程中仅执行集货或配货的运输任务。为展示车间中考虑同时集配货模式的实用性和有效性,本次实验采用本章所提出的模型与算法,对 AGV 执行同时集配货运输任务、仅执行集货或配货的运输任务 3 种配送模式进行试验求解。其中 AGV 总能耗与使用规模的计算方式参照 6.1 节所述的方法。每次实验重复计算 20 次,选取计算的最佳结果作为最终值。表 6.5 和表 6.6 分别展示了 AGV 仅执行集货或配货任务以及执行同时集配货任务所产生的路径规划方案。

表 6.5　AGV 分别集配货的路径方案

配送模式	路径信息	AGV 总能耗 /kJ		行驶距离 /m	总耗时 /min	AGV 数量
		集配货过程能耗	时间偏离能耗			
配货路径	0—2—1—0	35.92	3.72	58	3.48	4
	0—5—6—4—3—8—7—11—0	136.29	0	158	9.63	
	0—9—14—13—12—16—15—10—0	124.85	1.56	146	9.65	
	0—17—23—22—21—26—19—20—25—24—18—0	170.89	8.04	194	14.35	
集货路径	0—1—2—4—5—6—14—23—0	147.15	0	202	8.68	4
	0—10—11—7—8—3—9—13—12—0	109.76	5.4	132	10.95	
	0—15—16—17—22—21—26—0	123.37	4.8	140	9.00	
	0—18—24—25—20—19—0	85.61	19.8	94	9.32	
总计		897.92	43.32	1 124	14.35	8
		977.16				

表 6.6　AGV 执行同时集配货的路径方案

序号	路径信息	AGV 总能耗 /kJ		行驶距离 /m	总耗时 /min	AGV 数量
		集配货过程能耗	时间偏离能耗			
1	0—1—2—3—8—7—11—10—0	142.21	0	92	8.53	
2	0—4—5—6—14—13—9—0	254.22	0	178	8.97	
3	0—16—12—17—22—23—21—26—0	230.43	2.76	180	10.38	

续表

序号	路径信息	AGV 总能耗/kJ		行驶距离/m	总耗时/min	AGV数量
		集配货过程能耗	时间偏离能耗			
4	0—15—19—20—25—24—18—0	263.62	4.80	94	8.23	
总计		820.64	7.56	544	10.38	4
		828.20				

②除了研究 AGV 同时集配货和分别集配货,本节还探讨了本章设计的绿色车辆路径规划模型对能耗成本的影响。本节设置了以传统车辆路径规划问题优化方向以及企业关注度较高的研究方向为主的路径规划场景,即在 AGV 执行同时集配货任务的路径规划中,不考虑能源消耗与 AGV 数量的全局优化方向,而是分别以 AGV 行驶距离成本最低、任务总耗时最短以及 AGV 使用数量最少为优化方向,重新进行相同场景下的案例结果分析。本章采用 DE-LNS 算法对不同优化方向模型分别进行了 20 次重复实验,获得的最佳解决方案见表 6.7—表 6.9。

表 6.7　优化任务总耗时的路径方案

序号	路径信息	总能耗/kJ	总耗时/min	行驶距离/m	AGV数量
1	0—1—8—9—16—17—22—23—21—26—0	429.99	12.71	218	
2	0—2—3—4—5—6—14—13—12—0	329.39	11.48	178	
3	0—15—19—20—25—24—18—0	158.05	8.23	94	
4	0—11—7—10—0	64.22	5.58	50	
总计		981.65	12.71	540	4

表 6.8　优化任务总耗时的路径方案

序号	路径信息	总能耗/kJ	总耗时/min	行驶距离/m	AGV数量
1	0—1—2—3—8—7—11—10—0	158.59	8.53	92	
2	0—4—5—6—14—9—13—12—0	326.49	10.30	198	
3	0—15—19—20—25—24—18—0	158.06	8.23	94	
4	0—16—17—22—23—21—26—0	221.87	9.05	160	
总计		865.01	10.30	544	4

表 6.9　优化 AGV 使用数量的路径方案

序号	路径信息	总能耗/kJ	总耗时/min	行驶距离/m	AGV数量
1	0—1—2—3—9—8—7—11—0	194.39	8.87	112	
2	0—26—21—23—22—17—0	209.23	10.68	160	
3	0—18—24—25—20—19—15—10—0	161.264	10.11	94	
4	0—4—5—6—14—13—12—16—0	286.69	9.96	178	
总计		851.57	10.68	544	4

③由于车间生产环境与布局的复杂性,与标准的 VRPSPDTW 问题相比,智能车间内的 GVRPSPDTW 是一个更加困难并具有挑战性的问题。因此,为了验证本章所提出的算法在实际环境中的适用性以及探索该算法在解决智能车间 GVRPSPDTW 问题的实际性能,本节以该智能车间作为实验背景,将 DE-LNS 算法分别与标准遗传算法(GA)、差分进化算法(DE)、变邻域搜索算法(LNS),以及自适应大邻域搜索算法(ALNS)对该应用案例进行求解,并对计算结果进行数值分析。其中算法的迭代次数、种群数量等基本参数与本章算法一致,遗传算法中的变异算子与交叉算子分别为 $P_c = 0.9$,$P_m = 0.05$。 实验过程中,每种算法均重复计算 20 次,本章统计了每种算法在 20 次求解中的最优解,见表 6.10,优化曲线如图 6.15 所示。

表 6.10　各算法运行结果的最优解

算法	路径信息	AGV 能耗			AGV数量
		总能耗/kJ	集配过程能耗/kJ	时间偏离能耗/kJ	
GA	0—1—2—19—20—25—26—0 0—16—12—13—14—15—11—10—0 0—18—24—21—22—23—17—0 0—5—6—4—3—8—9—7—0	1 008.38	985.82	22.56	4
DE	0—1—2—3—8—7—11—10—0 0—5—4—6—22—26—24—18—0 0—9—13—14—12—15—0 0—16—17—23—21—25—20—19—0	992.01	947.61	44.40	4
VNS	0—4—5—6—14—13—12—10—0 0—16—17—22—23—21—26—20—0 0—1—2—3—8—9—7—11—0 0—15—19—25—24—18—0	844.48	836.92	7.56	4

续表

算法	路径信息	AGV 能耗			AGV 数量
		总能耗 /kJ	集配过程 能耗/kJ	时间偏离 能耗/kJ	
ALNS	0—18—24—25—19—15—10—0 0—16—17—22—23—21—26—20—0 0—4—5—6—14—13—12—0 0—1—2—3—9—8—7—11—0	834.02	811.46	22.56	4
DE-LNS	0—1—2—3—8—7—11—10—0 0—4—5—6—14—13—9—0 0—16—12—17—22—23—21—26—0 0—15—19—20—25—24—18—0	828.20	820.64	7.56	4

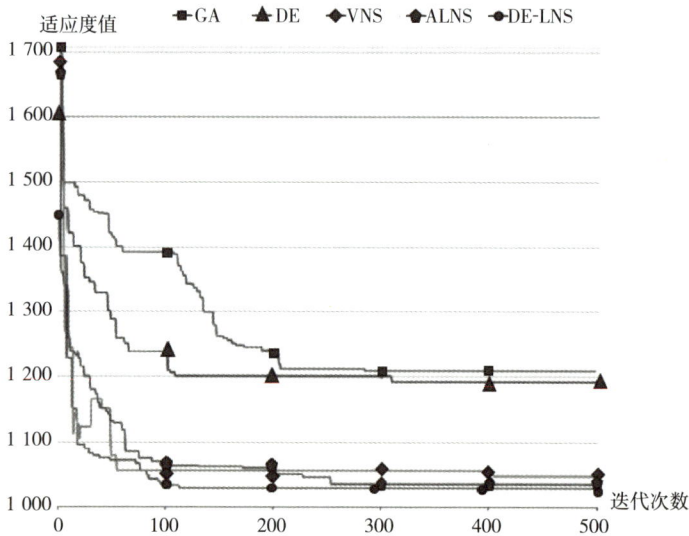

图 6.15 各算法优化曲线

4)求解结果分析

为了验证本章所提模型的有效性和所提算法的适用性,在求解智能车间 GVRPSP-DTW 问题的过程中,需要在保证车身最大有效载荷约束与时间窗约束的同时,合理规划 AGV 的运输路径和 AGV 对工作站的服务顺序,以达到运输能耗和 AGV 使用数量上的双重优化。本章将对仿真实验结果进行归纳总结,见表 6.11 和表 6.12。

(1)不同运输模式下的求解结果比对

从表 6.11 中数据可以看出,考虑同时集配货模式的 AGV 运输路径方案在能耗与

AGV 使用数量两个方面均产生了更优的解决方案,相较于 AGV 仅执行集货或配货任务的运输方式,总能耗与 AGV 使用规模分别优化了 12.01% 和 27.67%。其中集配货过程能耗降低了 77.28 kJ,时间偏离能耗降低了 35.76 kJ。由于 AGV 避障能力有限,车间内部车流量过大可能出现 AGV 行驶冲突和死锁现象,从而造成任务中断。而 AGV 执行同时集配货的路径规划方案相比单一集配货的运输模式减少了 4 台 AGV 的使用,该方案不仅能极大限度地降低车间配送成本,还保障了车间生产过程的平稳性。同时集配货任务的 AGV 仅通过一次服务即可完成工作站的所有物流需求,降低了 AGV 使用数量,减少了 AGV 行驶距离,提高了任务执行的高效性,并减少了 AGV 的充电频率,延长了电池寿命。

由此可知,在智能车间内部考虑同时集配货的 AGV 路径规划方案在多个性能指标方面优于传统车间配送模式。在该运输模式下,通过本章算法与模型所规划的路径方案能够在大幅度降低能耗的基础上,减少 AGV 的使用数量,缩短 AGV 行驶距离以及降低物流时间成本。这不仅有助于企业实现节能减排的发展目标,还能在保障执行任务效率的同时,最大限度地降低车间配送成本。因此,本章模型的有效性和实用性得以验证。

表 6.11　不同运输模式下求解结果比对

性能指标	AGV 运输模式		
	同时集配货	单一配货	单一取货
AGV 总能耗/kJ	828.20	481.27	495.89
集配货过程能耗/kJ	820.64	467.95	465.89
时间偏离能耗/kJ	7.56	13.32	30
AGV 数量	4	4	4
行驶距离/m	544	556	568
任务总耗时/min	10.38	14.35	10.95

(2) 不同优化目标下的求解结果比对

根据表 6.6—表 6.9 和表 6.12 中的实验数据对比可以看出,不同优化方向所规划的 AGV 运输路线存在明显差异。本章设计的绿色车辆路径规划模型相比于车辆路径规划问题的传统优化目标行驶距离方面,以仅牺牲 0.74% 的行驶距离的代价,优化了 18.33% 的任务总耗时和 15.63% 的能耗量。在目前企业关注度较高的任务总耗时与 AGV 使用数量方面,相较于单独优化任务总耗时的求解结果,本模型所得出的行驶距离与 AGV 使用规模方面与其求解结果一致,并在能耗方面优化了 36.81 kJ,总耗时几乎一致(小于 1%)。相较于单独优化 AGV 使用规模的求解方案,本模型在 AGV 使用规模方面与其一致,并在总能耗与总耗时方面均有较为优异表现,分别优化了 23.37

kJ 的能耗量和 2.8% 的总耗时。

　　基于以上数据分析,本章设计的绿色车辆路径规划模型不仅在 AGV 能耗与使用规模方面拥有较强的优化能力,而且在行驶距离、运输时长等方面也具有不错的优化潜力。究其原因,本章的绿色车辆路径规划模型不仅考虑了 AGV 行驶路径对能耗与AGV 使用规模的影响,也对 AGV 行驶过程中同时集配货的问题特性和影响能耗的机械力进行了深入分析,加入了对实时变化的负载以及 AGV 的功率的考虑。实验数据表明,本章的绿色车辆路径规划模型能够在保障车间 AGV 集配货任务整体效率的同时,大幅降低 AGV 的能源消耗。因此,本章所提出的绿色车辆路径规划模型在实际智能车间中具有很大的应用价值和节能潜力。

表 6.12　不同优化方向的结果对比

性能指标	优化方向			
	绿色路径规划模型	行驶距离	任务总耗时	AGV 使用规模
AGV 总能耗/kJ	828.20	981.65	865.01	851.57
AGV 数量	4	4	4	4
行驶距离/m	544	540	544	544
任务总耗时/min	10.38	12.71	10.30	10.68

6.5　仿真验证

　　本章利用 Plant Simulation 对智能车间的 AGV 集配货过程进行模拟仿真,所创建的智能车间 AGV 集配货过程仿真模型,如图 6.16 所示。

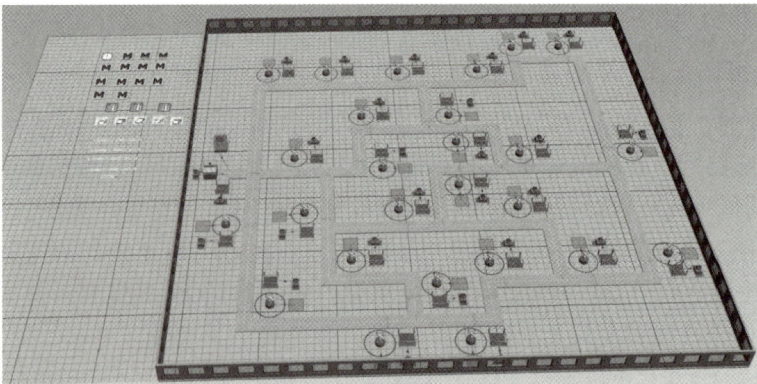

图 6.16　仿真模型示意图

在确定仿真实体的基础上,还需对 AGV、各种产品的搬运方式、设备加工时间等仿真参数进行设定以及应用 SimTalk 语句来实现 AGV 集配货的任务,以保证仿真模型与现场实际的真实对应。

AGV 作为车间的关键搬运设备,为了满足车间整体配送的实际需求,必须对其设定合理的参数。该车间目前采用的 AGV 大小为 1.6 m × 0.5 m × 0.4 m,其动力锂电池为 48 V,50 A·h。其余参数与表 6.2 一致。为了观察 AGV 在车间仿真过程中的能耗与本章算法所求结果之间是否存在差异,本章根据 AGV 动力锂电池型号对其 Battery 模块的电量进行设置。同时,车间实体通道参数以及事件控制器时间等参数也根据车间实际生产调度情况而设定,见表 6.13。

表 6.13　仿真参数设置

仿真实体	参数	描述	取值
AGV	Length	长度	1.6 m
	Width	宽度	0.8 m
	Capacity	电池容量	50 A·h
	Height	高度	0.4 m
	Basic consumption	基础耗电量	4.15 A
	Driving consumption	驱动耗电量	16 A
	Reserve	保留电量	5 A·h
实体通道	Width	宽度	2 m
	Track pitch	道路间距	1 m
事件控制器时间	Date	当前时间	2024/03/01 08:00:00
	End	运输时间上限	30 min

为进一步验证本章模型和算法在计算能耗方面的准确性和合理性,本章对该车间的 AGV 执行集配货任务进行仿真模拟,并对 6.4 节中利用本章所提模型与算法所计算出的 AGV 同时集配货路径方案进行仿真验证。仿真结果与实验结果所计算的总能耗与任务完成总耗时,如图 6.17 所示。

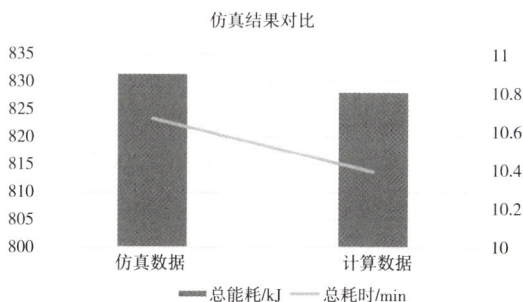

图 6.17　仿真结果对比

如图 6.17 所示,利用 Plant Simulation 仿真所得的 AGV 集配货任务总能耗为831.39 kJ,任务完成总耗时为 10.65 min。由于车间环境的特殊性以及生产制造过程的复杂性,例如,AGV 运输过程可能存在的防碰撞以及路口相遇判定等情况。因此,利用本章所提出模型及算法在对问题进行求解与分析时并未对 AGV 冲突与避障所导致的能耗问题进行考虑,所求数值与仿真过程会存在一定的差值。仿真结果表明,相较于数值实验求解数据,所计算出的总能耗相差仅为 3.19 kJ,由此可验证本章所设计的模型与算法在求解智能车间 AGV 能耗方面的适用性和有效性,与仿真过程所计算的 AGV 能耗值基本一致。任务总耗时仅相差 0.27 min,这表明在优化过程中,将 AGV 使用规模与能源消耗最少作为优化目标,不仅优化了能耗,同时,还减少了 AGV 使用规模,降低了配送成本,并极大程度地降低了车间集配货过程中的 AGV 碰撞与相遇等待等情况的发生。这不仅降低了 AGV 能耗,还节省了实际配送时间,有效提高了车间运输效率。

6.6　本章小结

本章研究了智能车间中 AGV 执行配送任务时采用的集配货运输模式,综合考虑了提升车间整体运营效率和实现节能减排的目标。提出了一个在智能车间背景下的带时间窗约束的 AGV 同时集配货绿色路径规划问题,并设计了一种路径规划模型,该模型以最小化 AGV 运输能耗和使用规模为优化目标。该模型不仅全面反映了 AGV 运输能耗的情况,还考虑了时间窗约束对能耗的影响,从而有效提升了路径规划在实际应用中的价值。为了解决提出的路径规划模型,设计了一种混合差分进化算法。该算法采用差分进化算法进行全局搜索,并引入大邻域搜索作为局部搜索机制。结合自适应缩放因子变异策略、自适应交叉算子和基于 3 种邻域搜索机制的大邻域搜索,该算法旨在提高解的质量和算法的求解效率。在实验方面,验证了所提算法在解决复杂 VRPSPDTW 问题上的有效性,并在实际智能车间环境中进行了详尽的实验测试。结果显示,与传统运输模式相比,AGV 同时集配货方案能够显著降低能耗和运输总耗时,且算法在优化目标和求解效率上具备出色表现。最后,利用 Plant Simulation 对所提路径规划模型在实际智能车间中的应用进行了仿真验证,结果表明该模型能够为车间提供精确的集配货绿色路径方案,从而证实了模型在实际应用中的有效性和适用性。

【参考文献】

[1] ZHOU B H, HE Z X. A material handling scheduling method for mixed. model

automotive assembly lines based on an improved static kitting strategy[J]. Computers & In-dustrial Engineering, 2020, 140(C): 106268-106268.

[2] ROPKE S, PISINGER D. An adaptive large neighborhood search heuristic for the pickup and delivery problem with time windows[J]. Transportation Science, 2006, 40(4): 455-472.

[3] HAMMAMI F, REKIK M, COELHO C L. Exact and heuristic solution approaches for the bid construction problem in transportation procurement auctions with a heterogeneous fleet[J]. Transportation Research Part E-Logistics and Transportation Review, 2019(127): 150-177.

第 7 章
机加工车间天车与 AGV 协同调度

在制造企业中,生产物流主要包括原料物流和工序间物流,是影响企业生产效率的关键环节,同时也是制约制造企业发展的重要环节。对于制造企业而言,实现生产物流搬运方案的合理规划以及生产物流搬运设备的协同调度,是确保企业效益和未来扩大企业生产规模的重要途径。

本章以混合流水车间中的加工工位即搬运节点的搬运需求为基础,将天车调度问题与 AGV 调度问题进行协同调度研究。

7.1 天车与 AGV 协同调度问题

天车与 AGV 是车间协同调度问题中的关键生产物流搬运设备。天车的主要任务是工序间物流的搬运,AGV 的主要任务是原料物流和工序间物流的搬运。天车与AGV 协同调度问题作为本章研究的关键点,其基本概念是指混合流水车间内多种作业计划间的协调与配合,通过一种协同效应来实现整体车间调度效率的提升。其中,协同效应是指包含诸多种类的车间调度系统中各分系统之间彼此关联而形成的整体效应或集体效应,是车间调度系统中各分系统间协同调度产生的结果。其基本特征在于通过对多个子系统的统一规划来实现整体系统的优化。

如图 7.1 所示,为了更系统地描述整个生产搬运流程,设 $G = (S,E,Z)$,其中 S 表示包括起始点在内的各搬运节点即工位加工区的集合(包含其位置、加工工位大小等);E 表示两个搬运节点间的搬运弧集合(包含搬运时间、搬运距离、搬运能力等);Z表示天车、AGV 两种搬运方式(主要包括搬运设备的搬运速度)。相邻的两个搬运节点(工位加工区)间,根据实际情况可存在一种或两种搬运方式。由于本章所研究的天车与 AGV 协同调度问题具有动态不确定特性,因此,应用弧段属性 $e(s_q,s_{(q+1)},t)$ 表示在 t 时刻离开搬运节点 s_q 发往下一个搬运节点 $s_{(q+1)}$ 的时间值,搬运节点 $s(s_q,$

t'）表示在 t' 时刻到达搬运节点 s_q 的值（$s_q \in S$）。并且协同调度搬运任务的产生以生产车间混合流水线中工位加工需求为背景，其中第 m_1 道工序需要在工位 s_1 上加工，第 m_2 道工序中存在并行工位 s_2 和 s_3，第 m_3 道工序中存在并行工位 s_4 和 s_5，第 m_4 道工序需要在工位 s_6 上加工。原料物流由于需要跨车间搬运，因此只能通过 AGV 执行搬运任务。对于工序间物流，由于加工工位位置限制或缓存区工件过多超出原本区域等原因而无法使用 AGV 进行搬运。相比之下，天车在搬运过程中不需要考虑地面设备和区域限制，因此，搬运节点作为两种搬运方式中搬运弧段的衔接点，其中所包含的加工工位和缓存区属性对协同调度策略的选择和搬运任务的执行有着直接影响。

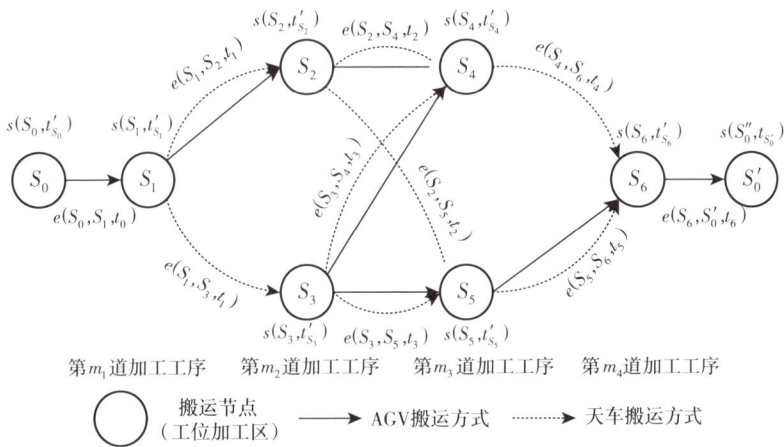

图 7.1　天车与 AGV 协同调度网络图

　　生产车间中的缓存区位置的大小和加工工位位置是协同调度问题中重要的影响因素。当工件的数量达到缓存区最大容量时，AGV 在执行搬运任务的过程中可能会因存在障碍物而无法完成装卸任务，导致生产物流搬运过程中时间上的浪费。在天车与 AGV 的协同调度中，两种搬运设备各有其优缺点。AGV 作为地面生产物流搬运设备，具有很高的灵活性，但受生产车间工作环境的复杂性和车身大小限制，容易受到其他因素影响而无法完成工件的搬运。同时，AGV 在生产车间的运行路径还受天车作业序列的影响，相比之下，天车作为非地面搬运设备，只能沿着预设的固定轨道运行，这在很大程度上限制了其工作区域。然而，由于天车运行轨道通常搭建在生产车间高空中，不受地面设备或区域的影响，一般不会存在无法完成搬运任务的情况。当工序间物流搬运任务逐渐增加时，单台天车执行整个系统的搬运任务可能无法满足需求。随着天车数量的增加和搬运任务的频繁执行，多天车同轨运行作业中必然会出现路径冲突问题。当相邻天车的最小距离小于安全距离 δ 时，就会发生路径冲突问题。同轨多天车中常见的路径冲突类型如图 7.2 和图 7.3 所示。

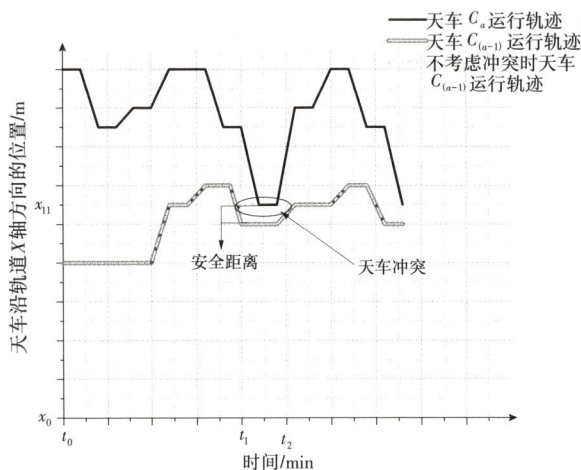

图 7.2　同轨多天车中常见的路径冲突 1

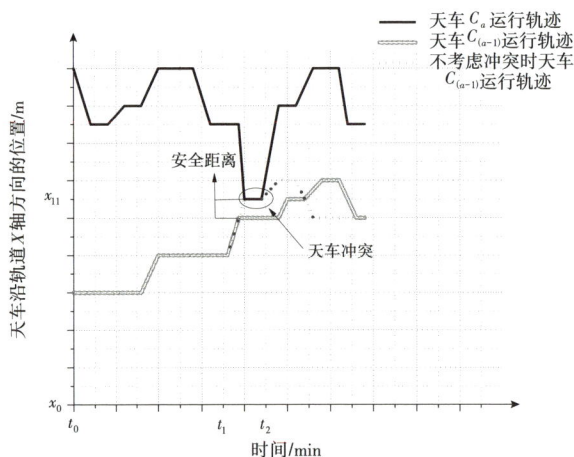

图 7.3　同轨多天车中常见的路径冲突 2

同轨多天车在执行搬运任务的过程中,相邻两天车间 C_a 与 $C_{(a-1)}$ 发生路径冲突是较为常见的两种类型。图 7.2 中 $t_0 \sim t_1$ 时刻两台天车 C_a 与 $C_{(a-1)}$ 各自执行搬运任务,其间没有发生两台天车最小距离小于安全距离的情况(即 $|x_{C_a} - x_{C_{(a-1)}}| \geqslant \delta$),$t_1 \sim t_2$ 时刻天车 C_a 与 $C_{(a-1)}$ 相向而行,因为需要到 x_{11} 的位置进行装卸作业而产生了 $|x_{C_a} - x_{C_{(a-1)}}| < \delta$ 的情况。图 7.3 中 $t_0 \sim t_1$ 时刻无两台天车 C_a 与 $C_{(a-1)}$ 间的最小距离 $|x_{C_a} - x_{C_{(a-1)}}|$ 小于安全距离 δ 的情况,$t_1 \sim t_2$ 时刻天车 $C_{(a-1)}$ 因无搬运任务需要执行而在原地待命,而天车 C_a 因需要到 x_{11} 的位置进行装卸作业而产生了 $|x_{C_a} - x_{C_{(a-1)}}| < \delta$ 的情况。当相邻两台天车发生冲突时,通常会应用比较两台天车在执行任务时优先级大小的方法来进行冲突消解。优先级低的天车在遇到优先级高的天车时主动调整运行方向和位置,跟随优先级高的天车被动移动,直至两台天车最小距离 $|x_{C_a} - x_{C_{(a-1)}}|$ 始终大于安全距离 δ 后方可恢复到原位置和所需执行的任务状态。

7.2　协同调度问题数学建模

7.2.1　问题描述

本节所研究的是混合流水车间天车生产搬运系统与 AGV 生产搬运系统的协同调度问题。天车主要负责工序间物流的搬运,而 AGV 主要负责原料物流和工序间物流的搬运。在制造企业的实际生产中,有 N 个待加工的工件需要在 S 个工位上加工,每个工件的加工工序已知。天车与 AGV 的搬运路线不固定,搬运时间主要取决于上下游工序中加工工位间可行路径的选择。虽然这使得搬运任务的总搬运时间存在不确定性,但搬运工件所需的总搬运时间中一定存在最优值。天车与 AGV 协同调度的目标是选择最合适的天车与 AGV 协同搬运方案,以最小化生产车间的总搬运时间并最大化搬运设备的利用率,从而确定每个工件的每道工序的最优加工顺序和最优搬运路径。图 7.4 所示为 G 公司机加工车间天车与 AGV 的协同调度示意图。

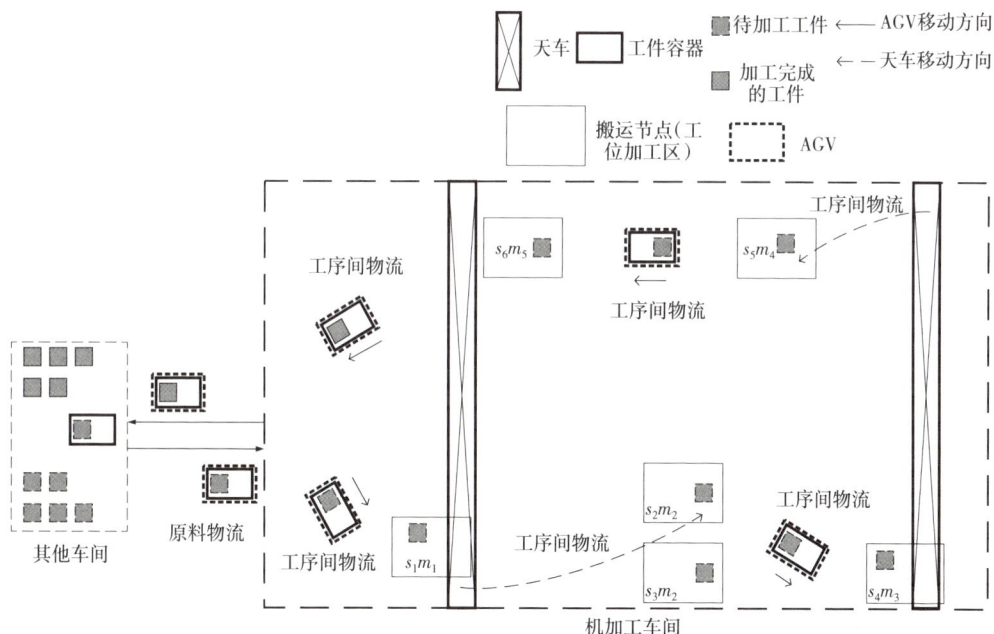

图 7.4　机加工车间天车与 AGV 的协同调度示意图

天车和 AGV 作为生产加工车间搬运任务的主要执行者,由于两种搬运设备的作业特点不同,搬运时间的构成也不同。AGV 的搬运时间主要由起始装卸地点与终止装卸地点之间的行驶路径、上下游工序间工位的位置以及装卸工件的准备时间决定。而天车的搬运时间主要由天车的运行时间和抓取、释放工件以及准备时间构成。在执行整个生产搬运任务的过程中,天车与 AGV 在执行搬运任务时会互相影响。例如,AGV 可能因为上一个搬运任务没有及时完成而无法立即移动到下一个任务点执行装卸作业,导致等待时间较长,造成时间上的浪费。由于 AGV 是原料物流搬运任务的主要设备,其响应时间较长时,会造成天车搬运系统因无搬运任务可以执行而停滞。当天车执行搬运任务的响应时间较长时,也会使得 AGV 因需要等待天车搬运任务完成而停滞。因此,如何合理进行天车与 AGV 间的协同调度,以保证生产车间总搬运时间最小和搬运设备利用率最大,是本章研究的关键。

在研究机加工车间天车与 AGV 的协同调度问题时,其中核心的协同调度决策问题包括以下两个部分:

1)AGV 调度决策

AGV 作为生产车间原料物流和工序间物流的主要搬运设备,是否能够合理规划搬运任务将直接影响天车搬运系统的工作效率和整个机加工车间的生产效率。

2)天车调度决策

天车作为工序间物流搬运的主要设备,在满足天车间安全距离等约束前提下,如何高效快速地实现工序间物流搬运将直接影响整个机加工车间的生产效率和 AGV 的调度决策。

因此,本节构建了天车与 AGV 的协同调度数学模型,以混合流水车间中工件的搬运需求为依托,通过研究天车与 AGV 的协同调度问题,探讨如何合理分配天车与 AGV 的调度方案才能最大化提升生产车间整体作业效率。

7.2.2 数学模型

1)协同调度模型假设

本节针对天车与 AGV 的协同调度问题,建立了以最小总搬运时间和最大化搬运设备利用率为目标函数的协同调度数学模型,其中所需考虑的各约束条件如下:

①各加工工位和缓存区间的位置固定,距离已知;

②初始状态下加工工位和搬运设备均为空闲;

③天车在作业跨上沿任意方向的移动速度,抓取及释放工件的速度均为定值;

④AGV 的移动速度为匀速;

⑤天车和 AGV 在装卸不同工件时的准备时间与装卸时间为定值;

⑥同一工件在搬运过程中不可拆分搬运,即只能选择一种搬运方式将某一工件由某一工位加工区搬运至另一工位加工区;

⑦在所有搬运任务执行过程中,不发生中断等其他特殊情况;

⑧搬运过程中所涉及的所有搬运设备的搬运能力充足;

⑨搬运方式的转换只能在工位加工区处转换,且工件在 　　　多只能进行一次搬运方式转换。

2) 协同调度任务模型

（1）符号定义

结合天车与 AGV 的协同调度模型假设和各约束条件,在构建数学模型时所需使用的符号与变量定义见表7.1。

表 7.1　模型符号、决策变量及定义

变量符号	变量定义
N	待加工工件总数
M	工序总数
S	工位总数
m_p	工序总数 M 中的第 m_p 道工序
s_q	工位总数 S 中的第 s_q 个工位
s_0	起始搬运节点
s_0'	终止搬运节点
n_w	代加工工件总数 N 中的第 w 个工件
T	总搬运时间
$s_q m_p$	第 p 道工序中的第 q 个加工工位
$m_{w,p}$	工件 w 的第 p 道工序
R	AGV 总数
r	AGV 总数 R 中的第 r 辆 AGV
C	天车总数
c_a	天车总数 C 中的第 c_a 台天车
x_{c_a}	天车沿作业跨方向所在的位置
δ	两台天车间的安全距离
K	搬运设备种类数
k	搬运设备种类数 K 中的第 k 种搬运方式

续表

变量符号	变量定义
$x^k_{s_q,s_{(q+1)}}$	$x^k_{s_q,s_{(q+1)}} = \begin{cases} 1, & \text{两工位加工区之间采用搬运方式 } k \text{ 时} \\ 0, & \text{其他} \end{cases}$
$t^k_{s_q,s_{(q+1)}}$	搬运弧段 $(s_q,s_{(q+1)})$ 之间采用搬运方式 k 时的搬运时间
$d^k_{s_q,s_{(q+1)}}$	第 k 种搬运方式执行搬运任务时所需要运行的距离
$t^0_{s_q}$	加工工位 s_q 的下一个搬运弧段的开始时间
$t^b_{s_q}$	加工工位 s_q 的上一个搬运弧段的结束时间
$t^0_{i,k}$	第 k 种搬运方式执行搬运任务 i 时的等待时间
$t^b_{i,k}$	第 k 种搬运方式执行搬运任务 i 时的空载时间
$v^k_{s_q,s_{(q+1)}}$	第 k 种搬运方式执行时搬运设备的移动速度
$t^b_{s_q,m_p}$	工序 m_p 在工位 s_q 上结束加工的时间
$t^0_{s_q,m_p}$	工序 m_p 在工位 s_q 上开始加工的时间
ε	一个无穷大的整数
$\lambda_{(p+1)ps_q}$	$\lambda_{(p+1)ps_q} = \begin{cases} 1, & \text{如果 } M_{(p+1)} \text{ 先于 } M_p \text{ 在工位 } S_q \text{ 上加工} \\ 0, & \text{其他} \end{cases}$
I	搬运任务总数
i	搬运任务总数 I 中的第 i 个搬运任务
r_i	第 r 辆 AGV 执行搬运任务 i
t_{r_i}	第 r 辆 AGV 执行任务 i 时最后一个弧段搬运时间
$c_{a,i}$	第 c_a 台天车执行搬运任务 i
$\tau_{i,t}$	任务 i 的开始时间
$\gamma_{i,t}$	任务 i 的结束时间
η_{rtn_w}	$\eta_{rtn_w} = \begin{cases} 1, & \text{如果 AGV}_r \text{ 在 } t \text{ 时刻搬运到工件 } n_w \\ 0, & \text{其他} \end{cases}$
γ_{xyrn_wt}	$\gamma_{xyrn_wt} = \begin{cases} 1, & \text{如果 AGV}_r \text{ 在 } t \text{ 时刻将工件 } n_w \text{ 搬运到装载／卸载点}(x,y) \\ 0, & \text{其他} \end{cases}$
$t^b_{r,i}$	AGV 执行搬运任务 i 的结束时间

变量符号	变量定义
$t_{k,i}$	采用第 k 种搬运方式时,搬运设备在执行搬运任务 i 时搬运工件的时间
$t_{n_w s_q m_p}^{b}$	最后一个工件 n_w 的最后一道工序 m_p 的结束时间
num	执行搬运任务 i 时工件的搬运数量
$\mathrm{cap}_{s_q, s_{(q+1)}}^{k}$	第 k 种搬运方式在 s_q 和 $s_{(q+1)}$ 间的容量限制

（2）数学模型

本节针对机加工车间混合流水线中的搬运问题进行研究,结合实际生产企业物流搬运需求,建立以最小总搬运时间和最大化搬运设备的利用率为目标函数的数学模型。总搬运时间是指在混合流水线的协同调度过程中多个工件依据所需要搬运的节点进行搬运,所有工件搬运需求都满足时搬运设备所需的最大总搬运时间。最小总搬运时间是使所有工件都完成搬运时所需的总搬运时间最小化。相对于传统生产制造车间来说,柔性制造车间内的生产加工情况更加复杂,为了高效地完成生产搬运任务,需要考虑多方面约束,除了在保证规定时间内完成生产制造任务,还需要考虑车间内搬运设备的使用情况,本节建立的多目标数学模型如下:

优化目标函数:

$$\min f_1 = \sum_{s_q \in S} \sum_{k \in K} t_{s_q, s(q+1)}^{k} x_{s_q, s(q+1)}^{k} + \sum_{i \in I} \sum_{k \in K} (t_{i,k}^{o} + t_{i,k}^{b}) \tag{7.1}$$

$$\max f_2 = \sum_{i \in I} \sum_{k \in K} \left(\frac{t_{k,i}}{\gamma_{i,t} - \tau_{i,t}} \right) \tag{7.2}$$

约束条件:

$$\sum_{s_q=1}^{S} s_q m_p = 1 \qquad \forall s_q \in S, \forall m_p \in M \tag{7.3}$$

$$t_{s_q, m_p}^{0} \leqslant t_{s_q, m_p}^{b} \qquad \forall s_q \in S \tag{7.4}$$

$$\sum_{i=1}^{I} c_{a,i}^{t} = 1 \qquad \forall c_a \in C \tag{7.5}$$

$$|x_{c_a} - x_{c(a+1)}| \geqslant \delta \qquad \forall c_a \in C \tag{7.6}$$

$$\sum_{c_a}^{C} \sum_{i}^{I} c_{a,i} = i_{\max} \tag{7.7}$$

$$\sum_{r}^{R} \sum_{i}^{I} r_i = i_{\max} \tag{7.8}$$

$$\{c_{a,i} = c_{a,(i+1)}\} \Rightarrow \tau_{i,t} < \gamma_{i,t} \qquad \forall i \in I \tag{7.9}$$

$$\sum_{t=0}^{T} \sum_{r} \eta_{rtn_w} = 1 \qquad \forall t \in T \tag{7.10}$$

$$t_{r,i}^{b} = t_{n_w s_q m_p}^{b} + t_{r_i} \tag{7.11}$$

$$\sum_{k \in K} x_{s_q,s(q+1)}^{k} = 1 \qquad \forall s_q \in S, \qquad \forall k \in K \tag{7.12}$$

$$\sum_{k \in K} x_{s_q,s(q+1)}^{k} - \sum_{k \in K} x_{s(q-1),s_q}^{k-1} = \begin{cases} 1, & s_q = s_0 \\ -1, & s_q = s_0' \\ 0, & \text{其他} \end{cases} \tag{7.13}$$

$$x_{s_q,s(q+1)}^{k} (t_{s_q}^{o} - t_{s_q}^{b}) \geqslant 0, \qquad \forall s_q \in S, \qquad \forall k \in K \tag{7.14}$$

$$\text{num} \cdot x_{s_q,s(q+1)}^{k} \leqslant \text{cap}_{s_q,s(q+1)}^{k} \tag{7.15}$$

优化目标中,目标函数(7.1)为主要的优化目标函数,表示生产加工过程中使得搬运设备的总搬运时间最小化,其中 $\sum_{s_q \in S} \sum_{k \in K} t_{s_q,s(q+1)}^{k} x_{s_q,s(q+1)}^{k}$ 为两搬运节点间的弧段搬运时间,$\sum_{i \in I} \sum_{k \in K} (t_{i,k}^{o} + t_{i,k}^{b})$ 为搬运设备 k 在执行任务 i 时的非搬运工作时间。其中,搬运弧段 $(s_q,s(q+1))$ 之间采用搬运方式 k 时的搬运时间 $t_{s_q,s(q+1)}^{k}$ 可表示为:$t_{s_q,s(q+1)}^{k} = \dfrac{d_{s_q,s(q+1)}^{k}}{v_{s_q,s(q+1)}^{k}}$。目标函数(7.2)表示天车与 AGV 协同调度搬运过程中搬运设备执行整个搬运任务时搬运设备的利用率最大化。

约束条件中,式(7.3)表示工件的每道工序加工任务每次只能分配给一个工位进行加工;式(7.4)表示每个工件的每道工序有上下游次序限制,同一个工件的上一道工序加工完成后才可以进行下一道工序的加工;式(7.5)约束同一时刻 t 一台天车 c_a 只能执行一个任务 i;式(7.6)约束两台天车间的最小距离要大于安全距离,以防止天车运行过程中发生路径冲突;式(7.7)表示分配给天车的所有搬运任务天车都必须执行;式(7.8)表示分配给 AGV 的所有搬运任务 AGV 都必须执行;式(7.9)表示要求保证天车需按照一定的搬运顺序执行搬运任务;式(7.10)表示每一个工件 n_w 只能分配给一个 AGV 进行搬运;式(7.11)表示工件的最后一道工序加工完成后必须由 AGV 搬运出机加工车间;式(7.12)表示相邻的两工位加工区之间只能选择一种搬运方式进行搬运;式(7.13)为确保搬运全过程有完整的搬运路径;式(7.14)为确保搬运的合理性,到达前一工位加工区的时间一定要比到达后一工位加工区的时间早;式(7.15)为搬运数量约束,表示工件在任意搬运弧段的搬运数量不允许超出所选择搬运方式在该路线上的最大数量。

7.3　协同调度问题算法设计

7.3.1　算法框架

　　针对本章所研究的具体问题,在考虑天车与 AGV 的搬运任务、工件的加工工位和加工顺序等约束条件下,对问题做进一步深入分析时发现随着生产搬运任务需求数量的增加,此调度问题求解具有一定的复杂性,对于此类问题,人们通常应用启发式算法对问题进行求解。因此,本节应用一种改进的遗传算法对协同调度问题进行求解,其中具体的算法逻辑框架如图 7.5 所示。

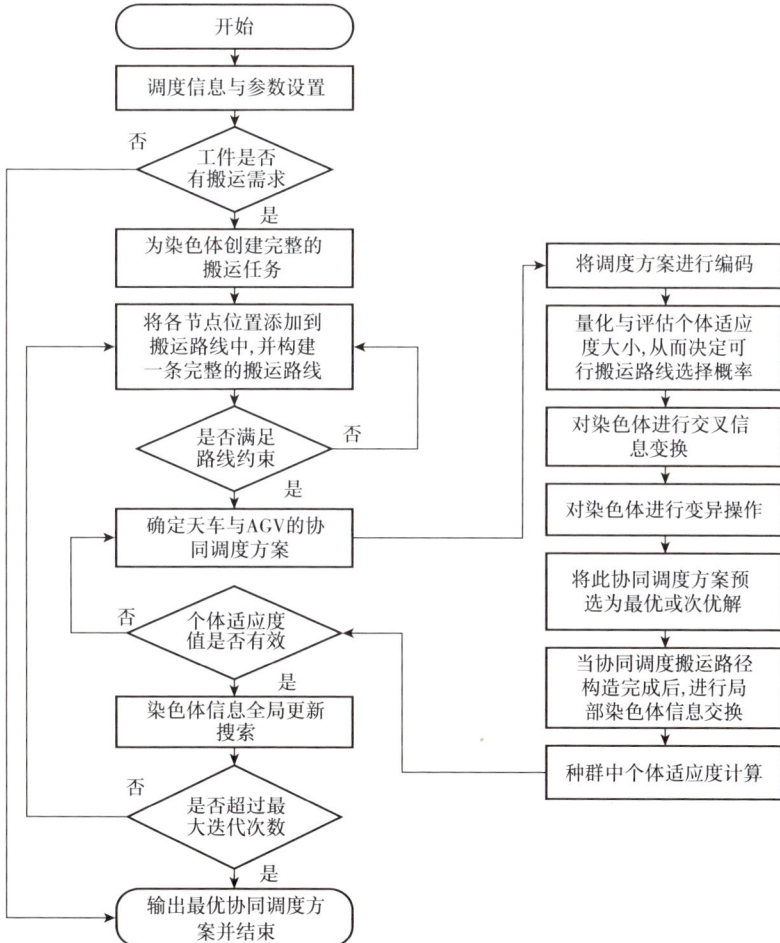

图 7.5　算法逻辑框架

7.3.2 改进遗传算法设计

为了克服基本遗传算法在求解协同调度问题时的局限性,本章结合实际问题,对于基本遗传算法中的交叉概率和变异概率进行了改进与优化,这些改进旨在提高新个体产生的概率,从而弥补基本遗传算法在求解过程中的不足,并使其更加适合于本节所研究的协同调度问题。

在传统遗传算法中,在对协同调度问题求解时,交叉概率 p_c 和变异概率 p_m 是影响协同调度问题求解效率的重要因素之一。它们是遗传算法运行过程中产生新的可行搬运方案的重要手段,其中控制参数的不同会对遗传性能产生不同的效果,影响算法的整个寻优效率。传统遗传算法在整个计算过程中交叉概率和变异概率的数值一成不变,这就使得算法具有容易陷入局部最优解、依赖初始解的质量和寻优效率比较慢等缺点。因此,本节对传统的遗传算法进行了优化,以改善其不足之处,从而更高效、准确地求解天车与 AGV 的搬运路径选择问题。

在 7.2 节建立的数学模型中,最小化天车与 AGV 的总搬运时间(包括搬运工件时间、等待时间和空载时间)是一个重要的优化目标。由于需要考虑搬运弧段即搬运节点之间的距离和搬运工作顺序等约束条件,若天车生产搬运系统和 AGV 生产搬运系统之间没有按照最优或次优求解方案执行任务,彼此之间就会因为搬运任务之间没有很好的协调而造成一定时长的等待,从而严重影响整个生产加工过程中物流搬运工作的运行效率。因此,为了更好地求解,从而找出协同调度问题中的最优或次优解,在基本遗传算法的交叉和变异操作过程中增加了可随遗传算法迭代次数和个体适应度函数值变化的自适应交叉概率、变异概率,公式如下:

$$p_c = \begin{cases} \dfrac{k_1(f_{\max} - f_c)}{f_{\max} - f_{\mathrm{avg}}} & f_c \geq f_{\mathrm{avg}} \\ k_2 & f_c < f_{\mathrm{avg}} \end{cases} \tag{7.16}$$

$$p_m = \begin{cases} \dfrac{k_3(f_{\max} - f_m)}{f_{\max} - f_{\mathrm{avg}}} & f_m \geq f_{\mathrm{avg}} \\ k_4 & f_m < f_{\mathrm{avg}} \end{cases} \tag{7.17}$$

在式(7.16)和式(7.17)中,p_c 和 p_m 分别表示可随遗传算法计算进程而改变概率数值的交叉概率和变异概率公式;$f_{\max}$ 表示群体中最大的适应度值;f_{avg} 表示群体的平均适应度值;f 表示要交叉的两个个体中较大的适应度值;f' 表示即将变异的个体适应度值;k_1、k_2、k_3、k_4 为常量。

在协同调度问题求解过程中,适应度值与交叉概率和变异概率间呈现出一种简单的线性映射关系。当代表一种可行解的个体适应度值低于平均适应度时,表明此可行解并非全局最优解或次优解,而是天车生产搬运系统和 AGV 生产搬运系统中的一种可行的分配调度方案,其间所产生的等待时间并不是最短时间;相反,当个体适应度值高于平均适应度时,此种协同调度方案就很可能是天车与 AGV 协同调度分配方案的最优或次优解。

此种改进的自适应遗传算法在对问题进行求解优化的过程中,可以自适应调节算法的交叉、变异概率。算法在对问题求解初期,由于种群个体质量较低,高概率的交叉、变异操作有利于算法初期对问题求解效率的提高。随着计算迭代次数增加和种群个体质量提高,算法在对问题求解中后期高概率的交叉、变异操作很容易使得较优解被破坏,而无法寻找到最优的可行解。因此,通过对传统遗传算法迭代次数和个体适应度函数值进行判断,在原有遗传算法的交叉、变异操作中增加了自适应函数,使得算法在整个问题求解过程中寻优能力更强。

7.4　实例分析

本案例是对大连市 G 公司的机加工车间的生产物流搬运方式进行的研究。G 公司主要的生产加工工件为:铁路机车车辆、城市轨道交通设备、高铁车组、高铁设备等零部件产品。机加工车间作为生产制造企业最基本的生产单位,主要是对大型半成品工件及零部件通过应用机械设备精确加工去除原材料的生产加工车间。目前,由于 G 公司机加工车间各加工工位工作任务繁忙,工件加工及搬运方式相对混乱,需要对其进行合理的分配调度,从而满足公司提高产能的需求。为了对本节所提出的研究内容进行可行性和有效性的验证,本节以 G 公司机加工车间所需生产加工的零部件相关数据为依据,利用 MATLAB 对本节所建立的模型进行求解。

1)企业车间布局

通过多次实地调研,本节对 G 公司各生产车间的位置情况进行了详细的信息统计。现阶段 G 公司共有 15 个生产车间,包括机加工车间、铝合金车间、焊接车间、打磨车间、焊丝车间、锅炉车间、喷涂车间、成品车间、激光下料车间、油漆车间、下料车间和仓库车间。企业具体车间位置布局如图 7.6 和图 7.7 所示。

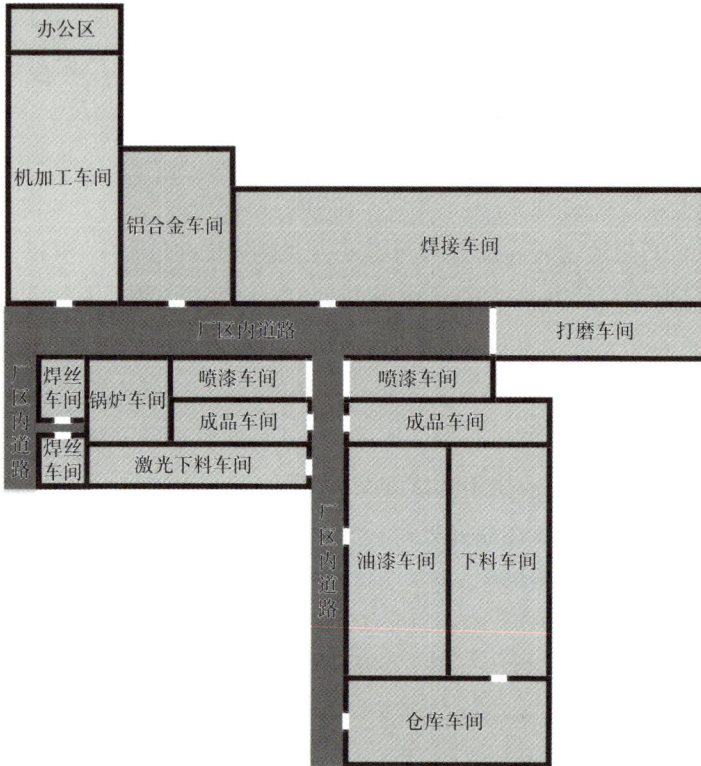

图 7.6　G 公司各生产车间位置图

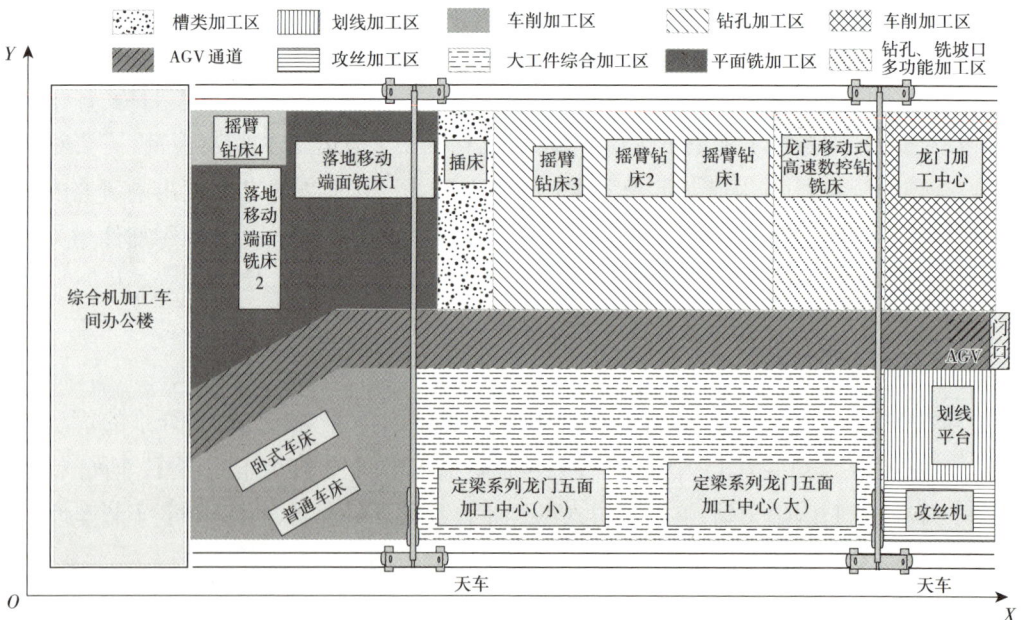

图 7.7　G 公司机加工车间各加工区位置图

2）机加工车间各工位间的位置及工序关系

机加工车间是本章所研究的重点,共有 15 个加工工位,分别为龙门加工中心、龙门移动式高速数控钻铣床、摇臂钻床、插床、落地式移动端面铣床、划线平台、攻丝机、定梁系列龙门五面加工中心和车床。其中,各加工工位可执行的具体加工任务类型见表 7.2,各加工工位的具体尺寸见表 7.3。在机加工车间的实际物流搬运过程中,由于车间布局和各缓存区位置等因素,AGV 在两加工工位间的搬运距离通常不是直线距离。因此,本节依据实际可行的搬运路径和机加工车间各工序间的加工任务需求,结合对 G 公司进行的多次调研后,统计汇总了机加工车间各加工工位间不同搬运方式的搬运距离。为了更加方便地分析问题,机加工车间协同调度问题的研究只考虑机加工车间内 AGV 和天车的搬运距离。由于企业内部道路允许 AGV 双向行驶,具有较高的自由度,而天车在作业跨方向移动时不受地面任何设备或区域的干扰,因此采用对称矩阵的形式来表示两工位加工区域(搬运节点)之间的往返路径距离。另外,由于个别加工工位名称较长,为了简化表示,现将各加工工位的名称进行了定义,见表 7.4。

表 7.2　加工工位名称及可执行的加工任务类型

加工工位名称	加工任务类型
龙门加工中心	切削毛坯料(大型工件)
龙门移动式高速数控钻铣床	集钻、铣、镗、磨于一体
摇臂钻床	钻孔、扩孔、铰孔
插床	加工槽类特征
落地式移动端面铣床	加工平面、磨平、沟槽、曲面、螺纹等
划线平台	划线
攻丝机	内螺纹加工(小型零部件)
定梁系列龙门五面加工中心	铣削、镗削、钻削(钻、扩、铰孔)、攻螺纹、锪削等多种加工功能(大型半成品工件)
车床	车削(中小型零部件)

表 7.3　加工工位尺寸大小

车间设施名称	尺寸大小 (长×宽)/m	车间设施名称	尺寸大小 (长×宽)/m
机加工车间	71×27	落地移动端面铣床 1	11×3
车间办公楼	10×27	摇臂钻床 4	2×1
龙门加工中心	8.1×5.24	落地移动端面铣床 2	4×11

续表

车间设施名称	尺寸大小 （长×宽）/m	车间设施名称	尺寸大小 （长×宽）/m
龙门移动式高速数控钻铣床	7.98×3.25	卧式车床	5×1
摇臂钻床 1	4×3	普通车床	3×1
摇臂钻床 2	4×2.5	定梁系列龙门五面加工中心（小）	17×6
摇臂钻床 3	2×1.5	定梁系列龙门五面加工中心（大）	23×8
插床	2×1	划线平台	2×8
车间内主道路	3 m 宽	攻丝机	3×1

表 7.4　加工工位名称及符号定义

加工工位名称	符号定义	加工工位名称	符号定义
龙门加工中心	s_1	落地式移动端面铣床 2	s_9
龙门移动式高速数控钻铣床	s_2	划线平台	s_{10}
摇臂钻床 1	s_3	攻丝机	s_{11}
摇臂钻床 2	s_4	定梁系列龙门五面加工中心（大）	s_{12}
摇臂钻床 3	s_5	定梁系列龙门五面加工中心（小）	s_{13}
插床	s_6	卧式车床	s_{14}
落地式移动端面铣床 1	s_7	普通车床	s_{15}
摇臂钻床 4	s_8	门口位置	s_0

3）搬运工件的相关属性

本节所选择的研究对象主要为 G 公司整个生产加工任务中有在机加工车间进行某一道或多道工序加工需求的大型工件及零部件,总共有 26 类工件,其中具体编号、质量、所需加工工序和加工所需搬运的搬运节点顺序见表 7.5。

表 7.5　搬运工件类型及相关属性

工件编号	质量/kg	加工工序	加工所需搬运的搬运节点顺序
n_1	18.959	划线—钻孔—铣坡口	划线平台—摇臂钻床—龙门移动式高速数控钻铣床
n_2	882.396	划线—钻孔	划线平台—定梁系列龙门五面加工中心

工件编号	质量/kg	加工工序	加工所需搬运的搬运节点顺序
n_3	7.802	划线—钻孔—攻丝	划线平台—摇臂钻床—攻丝机
n_4	177.183	钻孔—铣坡口	龙门移动式高速数控钻铣床—落地移动端面铣床
n_5	283.251	铣平面—倒角	落地移动端面铣床—龙门移动式高速数控钻铣床
n_6	84.019	钻孔—铣平面	摇臂钻床—龙门移动式高速数控钻铣床
n_7	102.68	钻孔—铣坡口—铣平面	摇臂钻床—龙门移动式高速数控钻铣床—落地移动端面铣床
n_8	219.82	铣坡口—铣平面	龙门移动式高速数控钻铣床—落地移动端面铣床
n_9	76.977	划线—钻孔—铣坡口	划线平台—摇臂钻床—龙门移动式高速数控钻铣床
n_{10}	50.432	车削—划线—钻孔—攻丝	龙门加工中心—划线平台—龙门移动式高速数控钻铣床—摇臂钻床
n_{11}	27.14	车削—划线—钻孔	卧式车床—划线平台—摇臂钻床
n_{12}	42.069	划线—钻孔—攻丝	划线平台—摇臂钻床—攻丝机
n_{13}	53.41	铣坡口—镗削—去毛刺—攻丝	龙门移动式高速数控钻铣床—摇臂钻床—攻丝机
n_{14}	1 467	铣坡口—镗削	定梁系列龙门五面加工中心
n_{15}	79.55	划线—铣坡口—钻孔—攻丝	划线平台—龙门移动式高速数控钻铣床—摇臂钻床
n_{16}	74.37	铣平面—钻孔—钻孔—攻丝—打磨	落地移动端面铣床—摇臂钻床—龙门移动式高速数控钻铣床
n_{17}	37.23	铣平面—划线—钻孔—攻丝	落地移动端面铣床—划线平台—插床—摇臂钻床
n_{18}	64.5	车削—钻孔—攻丝	普通车床—摇臂钻床
n_{19}	48.66	划线—钻孔—铣平面	划线平台—插床—落地移动端面铣床
n_{20}	43	车削	普通车床
n_{21}	1 049	铣坡口	定梁系列龙门五面加工中心
n_{22}	1 169	铣坡口	定梁系列龙门五面加工中心
n_{23}	81	钻孔	插床

续表

工件编号	质量/kg	加工工序	加工所需搬运的搬运节点顺序
n_{24}	73.76	攻丝	摇臂钻床
n_{25}	295.5	镗削	定梁系列龙门五面加工中心
n_{26}	368.66	切削	龙门加工中心

4)协同调度网络参数

对于 G 公司机加工车间协同调度问题案例求解,各搬运方式的可行搬运路径和具体搬运节点名称等相关参数指标必不可少。结合机加工车间实际情况,本节所研究的协同调度网络搬运节点共包含了 80 个 26 类工件的加工搬运过程,各类工件的具体数目如图 7.8 所示。该网络由 15 个搬运节点和 84 条搬运弧段构成,每个搬运弧段最多包含两种搬运方式。为了更清晰地表达 80 个 26 类工件的搬运路线和可行搬运方式,图中展示了协同调度网络中搬运节点及搬运弧段的分布情况。搬运节点之间有线段连接的表示两节点间可以通过所对应方式进行搬运,n_3、n_{11}、n_{12} 和 n_{13} 类的工件搬运需求中,由于所需到达的摇臂钻床 4(s_8)或者攻丝机(s_{11})搬运路径位置关系只能通过天车搬运方式进行搬运节点间物流搬运。并且其中摇臂钻床 1(s_3)、摇臂钻床 2(s_4)、摇臂钻床 3(s_5)、摇臂钻床 4(s_8)为并行工位;落地移动端面铣床 1(s_7)和落地移动端面铣床 2(s_9)为并行工位;卧式车床(s_{14})和普通车床(s_{15})为并行工位;定梁系列龙门五面加工中心(大)(s_{12})和定梁系列龙门五面加工中心(小)(s_{13})为并行工位。本节在 MATLAB 环境下完成案例的算法程序设计,在完成算法参数设置的基础上,对天车与 AGV 的协同调度问题进行了求解。对案例进行了 50 次运行结果的计算,并对所求得的计算结果进行了统计分析,选取其中最优的仿真结果作为 G 公司机加工车间天车

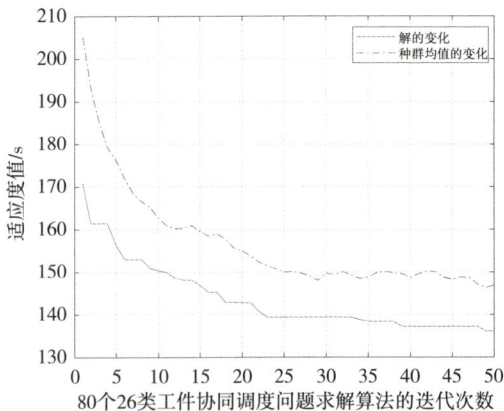

图 7.8　协同调度问题解和种群均值大小随迭代次数的变化情况

与 AGV 协同调度问题的解。在 50 次问题求解中,最优运行结果所得到的协同调度问题解和种群均值大小随迭代次数的变化情况如图 7.8 所示。算法运行终止条件是当最大迭代次数达到指定数值时,所得出的模型最优结果汇总归纳后的结果如图 7.8 所示。

由图可知,随着求解算法迭代次数的增加适应度值逐渐减少,并且求解算法在达到一定迭代次数后种群均值趋于稳定,目标函数最优解逐渐收敛于一定值。在达到规定的最大迭代次数 max gen = 50 时,输出此次算法的运行结果。

7.5　仿真验证

根据 G 公司机加工车间实际场地布局,天车与 AGV 将协同配合进行机加工车间的物流搬运任务。针对不确定环境下机加工车间的实时调度问题,在 7.5 节通过 MATLAB 计算分析的基础上,采用可视化建模方法建立了一种基于 Plant Simulation 的动态机加工车间天车与 AGV 协同调度模型。仿真建模过程中的主要要素包括:

①生产类物流对象:这些对象通常用于表示工作站、机床、仓库等设施,包括搬运节点中的缓存区和加工工位等。

②运输类物流对象:这些对象通常代表与运输活动有关的设备和设施,主要包含天车、AGV 等。

③信息流对象:这些对象是在案例仿真模型中用于控制、传输和统计仿真信息,主要包括控制天车与 AGV 搬运任务执行的方法、变量等。

④用户接口对象:这些对象是用户与案例仿真模型之间的信息交流手段,为用户提供建模仿真相关信息,并作为控制仿真系统的工具。主要包括图表(Chart)对象、线型图(Plotter)对象和计量器(Gauge)对象,以及用于创建用户自定义对象接口界面的对话框(Dialog)对象和对模型进行解释说明的备注(Comment)对象等。

⑤移动对象:这些对象指在整个生产周期中随着时间或任务的变化而发生位置移动的对象,包含工件托盘、工件料箱等,它们在物流对象中被储存、处理,并沿着物流对象之间的连接件(Connector)在物流对象间移动。

仿真模型能否准确地反映现实生产搬运系统的协同调度问题,仿真参数的设置对最终仿真结果的准确性有重要影响。在仿真参数设置阶段,最佳校准方法是根据实际生产系统的运行情况进行分析和数据汇总。因此,本章节根据对 G 公司机加工车间的设施布局和搬运设备使用情况的实地调研,对模型的主要仿真参数进行了设置。

两种搬运设备在进行搬运时,因其自身特点和企业实际生产搬运过程中的运行情况,结合 Plant Simulation 可以直接在生产对象内部进行参数设置,如图 7.9 所示为此次可视化仿真模型中两种搬运设备的主要运行参数。

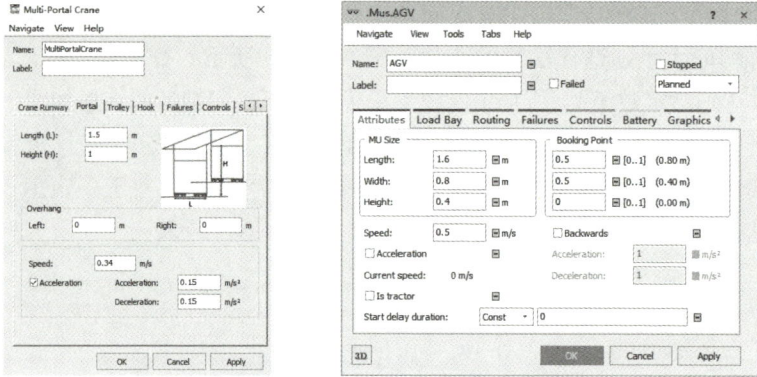

图 7.9　两种搬运设备的主要运行参数

　　基于 MATLAB 应用改进遗传算法所优化的结果,对天车与 AGV 的协同调度结果和协同调度前车间单一的搬运方式进行对比。在协同调度实施前,除了一些规定的搬运节点必须使用天车进行生产搬运,其他所有搬运任务均采用 AGV 完成。因此,G 公司机加工车间协同调度前的搬运方案存在搬运任务执行混乱、搬运设备利用率低、所需生产加工的工件配送不及时等问题。为了更好地解决协同调度前搬运方案中所存在的问题,构建了协同调度优化前后的两种可视化仿真模型。对 G 公司机加工车间协同调度仿真模型输出结果的评价,是需要考虑多种因素的一种多层次综合评价问题,在依据第三节所建立的以协同调度总搬运时间最小化和搬运设备利用率最大化为目标函数评价指标的基础上,基于两种搬运设备在生产搬运过程中的作业特点,并结合两种仿真模型的运行输出结果,如图 7.10 和图 7.11 所示进行系统的分析。

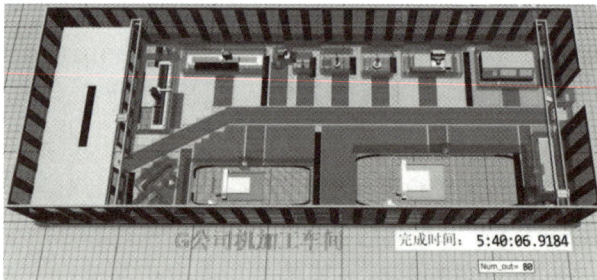

图 7.10　协同调度前搬运方案仿真结果

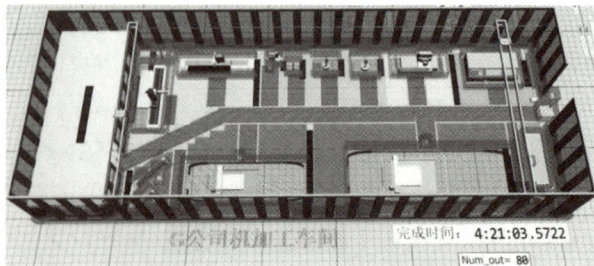

图 7.11　协同调度搬运方案仿真结果

通过建立两个可视化仿真模型,分别对 80 个 26 类工件的协同调度搬运过程进行仿真,对仿真模型输出结果进行汇总分析,应用 Chart 对象对天车与 AGV 搬运设备的利用率进行统计,在 Plant Simulation 仿真模型中,生产搬运设备在运行过程中会存在两种工作状态,分别为等待状态和搬运状态(其中搬运状态又可分为搬运工件运输状态和空载运输状态)。其中,搬运设备的状态会随着加工工位的生产需求和工件搬运需求情况而变化,两种仿真模型中天车与 AGV 的各性能指标数值对比,见表 7.6。

表 7.6　两种仿真模型中天车与 AGV 的各性能指标

搬运设备名称	协同调度前		协同调度后	
	天车	AGV	天车	AGV
任务数/个	18	206	99	125
搬运状态百分比/%	14.982	47.41	61.382 6	71.13
空闲状态百分比/%	85.018	52.59	38.617 4	28.87
总搬运时间/h	5:40:06.918 4		4:21:03.572 2	

在协同调度前的仿真模型中,AGV 是几乎承担了所有搬运任务的主要执行者,而天车仅负责那些由于工位加工区位置限制 AGV 无法进行运输的搬运任务。大部分搬运任务都是由 AGV 执行,在多种搬运任务需求共存的情况下,AGV 需要运行较长的路径距离,这使其空载运输时间变长。与此同时,天车因搬运任务较少,在任务执行过程中的等待搬运时间较长,而实际搬运工件的时间较短。如此一来,导致天车与 AGV 的搬运设备利用率都较低,且两种搬运设备的利用率不均衡,使得整个协同调度前的仿真方案总搬运时间较长。

在协同调度优化后的仿真模型中,根据计算出的搬运任务分配方案执行各工件的搬运任务。天车在执行 AGV 无法运输的搬运任务的同时,与 AGV 一起参与搬运,有效地减少了 AGV 的空载运输时间和天车的等待搬运时间。这种协同执行搬运任务的方式提高了整个搬运系统搬运设备的利用率,并实现了均衡。它还能保证机加工车间各加工工位的生产搬运需求,有效缩短了仿真方案的总搬运时间。

综上所述,通过应用 Plant Simulation 构建 G 公司机加工车间天车与 AGV 协同调度的可视化仿真模型并进行仿真实验,有效地验证了所应用改进遗传算法的可行性。这不仅减少了机加工车间物流搬运的时间成本,还提高了物流搬运的及时性、准确性和物流搬运过程中调度决策的实时性。因此,对生产企业在降低搬运成本、提高搬运效率以及节约时间成本等方面起到了积极有效的作用。

7.6　本章小结

本章对天车调度与 AGV 调度的独立领域进行了综合考察,并提出了天车与 AGV 协同调度的全新概念,构建了一个以最小化总搬运时间为首要优化目标的数学模型。鉴于协同调度问题的复杂性与非线性特征,本章在详尽阐述各类求解方法的基础上,通过对比分析各方法的适用性与效率,最终采用了改进的遗传算法作为求解工具。该算法通过引入自适应交叉率和变异率,有效提升了求解过程中的收敛速度与解的质量,为协同调度问题提供了一种高效、可靠的解决方案。为了验证所提出的数学模型的有效性,利用 Plant Simulation 软件构建了详细的仿真模型,并对优化前后的搬运流程进行了对比分析。仿真结果表明,实施协同调度策略后,天车与 AGV 的利用率分别显著提升了 46.4% 和 23.72% ,同时总搬运时间减少了 23.24% 。这一系列数据进一步证明了通过优化搬运调度策略,能够显著提升制造企业的生产效率,降低运营成本,为实现智能制造与精益生产提供有力支持。

参考文献

[1] 席裕庚,柴天佑,恽为民. 遗传算法综述[J]. 控制理论与应用,1996,13(6): 697-708.

[2] 李延梅. 一种改进的遗传算法及应用[D]. 广州:华南理工大学,2012.

[3] 唐文艳. 结构优化中的遗传算法研究和应用[D]. 大连:大连理工大学,2002.

[4] 朱灿. 实数编码遗传算法机理分析及算法改进研究[D]. 长沙:中南大学,2009.

[5] 郝利帆. RNA 遗传算法及在桥式吊车中的应用研究[D]. 杭州:浙江大学,2017.

[6] 蔡金武. 面向数据库多表查询的遗传算法的改进[D]. 大庆:东北石油大学,2012.

[7] 陶思南. 一种改进遗传算法及其在车间作业调度中的应用[D]. 重庆:重庆大学,2010.

［第三部分］
城市配送问题智能优化

第8章
客户细分下的日化产品装箱问题优化

随着市场经济的快速发展,日用消费品市场的竞争日益激烈。日用消费品企业不仅要面对日益增长的市场竞争压力,还必须满足消费者对产品多样性、质量和快速交付的高度期待。上述挑战迫使企业在不断变化的市场环境中寻找新的创新途径和提升运营效率的方法。在全球化和电子商务的推动下,产品种类和订单量的激增使得有效的库存管理和物流优化成为企业成功的关键因素。因此,运用科学的方法解决不同配送需求下的装箱问题,对于提高车辆装载率、降低企业物流成本、提高客户满意度、增强竞争力具有重要意义。

P 公司是全球日用消费品行业的领军企业之一。P 公司的产品遍布全球 160 多个国家和地区,并且在全球 80 多个国家建立了生产基地和分支机构,经营着 300 多个品牌。产品涵盖洗发、护发、护肤、化妆品、婴儿护理、女性卫生、医药、织物、家居护理和个人清洁用品等多个领域。本章主要针对 P 公司日化产品装箱方面存在的问题进行客户细分及典型装箱问题研究。

8.1 客户细分聚类问题

8.1.1 客户细分相关理论

客户细分是指根据客户的共性和差异性将他们划分为不同的类别,每个类别的客户具有相似的行为、需求或购买习惯等。这种策略有助于企业实施更精准的营销,从而提高客户满意度和忠诚度。由于不同客户的消费能力、消费需求、消费习惯、消费观念各异,企业可以根据客户的不同属性,将具有相同性质的客户群体划分为一类,这有助于更好地识别客户需求,提供差异化服务,合理分配资源,降低成本,最终实现企业收益的最大化。日用消费品行业已成为客户细分广泛应用的重要领域之一。通过有效利用企业积累的海量客户交易数据,分析客户的购买行为,并进行合理的客户

·201·

细分,企业可以更好地了解客户需求、提供优质的服务,从而在激烈的市场竞争中获得优势。

客户细分有多种方法,但大多数方法都依赖于客户的统计学特征,这些特征可能无法完全体现客户的内在价值和客户关系的质量。目前广泛使用的 RFM 模型是将平均值作为各指标重要性的判定标准,用以评估客户价值。客户最近一次消费(Recency, R)、消费频率(Frequency, F)、消费金额(Monetary, M)是 RFM 模型中用来判定客户价值的三个指标。这些指标的具体含义如下:

①客户最近一次消费(R)是指客户最后一次购买日期和统计周期结束日期之间的时间间隔。间隔越短,表明客户重复购买的可能性越高,客户价值越大。因此,R 值与顾客价值之间呈负相关。

②消费频率(F)是指客户在一段时间内购买商品的次数。购买频率越高,客户黏性和忠诚度越高,重复购买的可能性越大。因此,F 值与顾客价值之间呈正相关。

③消费金额(M)是指在一段时间内客户在购买中花费的总金额。金额越大,表明顾客的消费意愿越强烈,购买能力也越大。M 值越大,顾客价值越高,即 M 值和顾客价值呈正相关。

通过 RFM 模型,企业可将客户分成不同的群体,以更好地理解他们的行为和需求,并采取针对性的策略。一般通过构建客户价值矩阵,可以将客户划分成为 8 个群体,如图 8.1 所示。

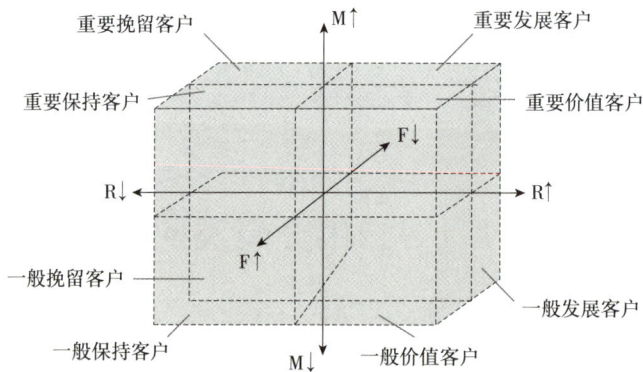

图 8.1　基于 RFM 模型的客户价值矩阵

8.1.2　客户细分聚类算法

根据对 P 公司物流装箱模式的现状及其问题分析,发现固定客户是 P 公司的重要群体,但固定客户存在缺乏完整的客户管理体系、缺少差异化装箱策略等问题,不能真正识别有价值客户。因此,本章根据客户细分的相关理论,将 P 公司的固定客户作为研究对象,研究其基本属性和货物订购特征,旨在通过构建客户细分模型,有效实现固定客户的群体分类、识别各类客户在订购属性上的潜在偏好、为固定客户提供定制化的差异化服务。通过这些措施,期望提升固定客户的黏性和忠诚度。

1)RFM 模型的改进

本小节将对传统的 RFM 模型进行优化,结合优化后的 RFB 模型和模糊 C 均值聚类算法构建适用于日用消费品企业的客户细分模型。结合 P 公司当前的经营状况,引入以下 3 个指标:计费吨(Revenue Tons,R)、订货频率(Frequency,F)、平均整板率(Average Board Rate,B)。其中计费吨表示订购货物的质量和体积的比例。其计算式为:

$$R = \max\left(\frac{\sum L_n \times W_n \times H_n}{5\,000}, \sum W_{ns}\right) \tag{8.1}$$

式中　n——货物;

　　　L_n, W_n, H_n——货物的长、宽、高;

　　　$L_n \times W_n \times H_n$——货物的体积;

　　　W_{ns}——货物的质量,kg。

订货频率指标衡量的是客户在特定时间内的订货次数,反映了客户的活跃程度。在日用消费品行业,较高的订货频率意味着客户对商品的持续需求。这不仅增加了业务的稳定性,还可能带来更多的协作机会。因此,订货频率是判断客户价值的重要维度之一。

平均整板率是指客户订单中整车装运的比率,其计算式为:

$$r = \frac{q_n}{b_n \times l_n} \tag{8.2}$$

式中　q_n——客户订购货物 n 的数量;

　　　b_n——托盘每层能够装载货物 n 的数量;

　　　l_n——托盘能够堆叠货物 n 的层数,托盘容量由二者的乘积决定。

整板率的最大值不能超过 1,因此,通过除以该比率的向上取整值来调整。

$$b = \begin{cases} r, & r \leqslant 1 \\ \dfrac{r}{\lceil r \rceil}, & r > 1 \end{cases} \tag{8.3}$$

该指标反映了客户订单批量的合理性及对运输成本控制的能力。在装箱时,整车装运可以减少运输成本,更具效益。

为了能同时处理交易频率高的顾客和交易频率低的顾客,为了得到更客观的细分结果,选用熵权法,对每位客户的 R、F、B 值赋权重。该方法的核心思想是,指标的信息熵越小,该指标的变异程度就越大,在综合评价中的作用越重要。下面通过归一化处理、计算比值、计算指标的信息熵、确定各指标的权重 4 个步骤,分别确定计费吨(R)、订货频率(F)、平均整板率(B)的所占权重。

首先进行数据归一化处理。考虑到指标值越大,客户价值越高,采用正向指标的归一化公式如下：

$$Y_{ij} = \frac{X_{ij} - \min(X_i)}{\max(X_i) - \min(X_i)} \tag{8.4}$$

式中　Y_{ij}——第 i 个客户在第 j 个指标上归一后的值；

$\quad\quad X_{ij}$——第 i 个客户的第 j 个指标；

$\quad\quad \max(X_i)$ 和 $\min(X_i)$——第 j 指标的最大值和最小值。

其次，计算比值。其计算式为：

$$p_{ij} = \frac{Y_{ij}}{\sum\limits_{i=1}^{n} Y_{ij}} \tag{8.5}$$

式中　P_{ij}——第 i 个客户在第 j 个指标上的比值；

$\quad\quad n$——客户总数。

再次，计算指标的信息熵。其计算式为：

$$E_j = -\ln(n)^{-1} \sum\limits_{i=i}^{n} p_{ij} \ln p_{ij} \tag{8.6}$$

式中　E_j——第 j 个指标的信息熵。

最后，确定各指标的权重。根据信息熵计算各指标的权重，权重越大的指标在决策中的作用越重要。指标 j 的权重 ω_j 可计算为：

$$\omega_j = \frac{1 - E_j}{k - \sum E_j} \tag{8.7}$$

式中　k——选取指标的数量。

计算完成后，根据计算得到的各指标权重，为每个客户的各项指标赋予相应权重。根据式(8.8)将各分项指标进行汇总求和得出综合评分；最后，进行价值排序分类，得分越高，则价值越大。

$$\text{score} = \sum\limits_{i=1}^{n} Y_{ij} \times \omega_j \tag{8.8}$$

2）模糊 C 均值聚类算法的改进

由于 RFM 模型在客户价值分类的准确性上存在局限，导致获得的各类价值客户的装箱方法缺乏差异化。此外，分群后的重要价值客户的整板率和订货次数有时甚至低于一般价值客户，这使得重要客户区分度不高，分群趋势不明显。为了解决这些问题，本研究提出了一种基于 RFB-FCM 的客户细分聚类算法。利用 FCM 算法对 P 公司的多个变量进行聚类分析，以实现更精准的客户分类。

（1）确定 K 值

FCM 算法需要先确定初始聚类中心，再进行聚类计算。若初始聚类中心的选取过于随机,不仅可能会陷入局部最优,而且还会对整个聚类过程造成影响,如目标函数值在迭代前期出现剧烈变化等。因此,选取初始聚类中心应采用更有目的的方法。

根据改进的 RFB 模型,事先设置了最佳聚类个数 K 值的范围(即 2.8 类),以减少人为确定聚类个数的盲目性和主观性。这有助于实现对 P 公司庞大而复杂的数据的精准高效客户细分管理,进行客户保留和潜在客户挖掘,从而促进 P 公司的高效发展。但在 P 公司的实际应用中,过多的分类会增加企业在装箱、配送计划制订及执行过程中的管理复杂度。企业资源有限,当客户分类过多时,要为每一类客户都提供最优化的服务和资源分配,可能会导致资源过度分散,难以做到真正的优化配置。同时,随着客户分类数量的增加,为每个分类制订和执行个性化方案的成本也会相应增加。因此,本研究选择将聚类结果简化为一般价值客户和重要价值客户两类,以确保有限的资源得到最有效的分配和利用,简化操作流程,提高工作效率和客户满意度。

(2)使用 *K*-Means++算法选择初始聚类中心

由于 FCM 算法的聚类中心每次都是随机生成的,且初始中心的选择对聚类结果的影响极大,因此,采用 *K*-Means++算法,在选取初始中心时考虑了数据点之间的相对距离,提前选出较优的聚类中心,从而提高了初始聚类中心的质量。

(3)实施 FCM 算法进行聚类

确定了最佳的 *K* 值和高质量的初始聚类中心后,将这些参数代入 FCM 算法中执行计算,得到最终的聚类结果。该步骤的目标是通过精确的聚类分析,识别出不同的客户群体,并针对这些群体的特定特征,提供差异化的装箱服务。

3)RFB-FCM 模型的实例分析

本节以 P 公司的 133 个客户为研究对象,选取了从 2023 年 10 月到 2023 年 12 月共 130 000 多条历史购买记录构成数据集,每个样本数据有 17 个属性。因数据量比较大,本节对原始数据进行了筛选,主要排除了退款订单和取消订单等未完成的交易记录,最终得到了 71 个有效客户的购买数据。最终选择客户订货日期、客户 ID、货物编号、货物名称、体积、质量、优先级等与 RFB-FCM 模型细分指标相关的属性,见表 8.1。

表 8.1　数据集字段展示

序号	客户信息	单位	描述
1	date		订货日期
2	lineId		客户 ID
3	skuId		货物编号
4	skuName		货物名称

续表

序号	客户信息	单位	描述
5	volume	dm^3/CS	体积
6	weight	kg/CS	质量
7	quantity	CS	购买货物数量
8	priority		优先级

首先对客户数据进行数据预处理,主要包括数据清洗、数据标准化、构建客户价值矩阵 3 个步骤。

(1)数据清洗

①文本统一处理:在物流管理的数据集中,同一商品的名称可能因录入差异而存在多种不同的表达方式。即对货物名称字段进行了文本统一处理,选择了标准化的货物名称。

②数据类型校验:体积和质量字段应被明确地定义为数值型数据,以确保在进行数学运算和统计分析时的数据兼容性和准确性。

③重复值处理:在客户订购数据集中,存在重复记录。通过对数据集进行去重处理,确保了每条记录的唯一性。

④缺失值处理:考虑数据库中存储的数据量庞大,优质样本数量充足,当发现客户的某个指标数据缺失时,直接删除该样本,以保证分析的准确性。

⑤异常值处理:为了确保数据质量,需检查数据中的极端值,如订购数量、体积或质量的最大值和最小值,确保它们在标准范围内,所有负值均被视为异常值进行清除。

(2)数据标准化

由于各评估指标的类型和量纲不一致,为了排除计费吨、订货次数、整板率等相关物理量单位的影响,对目标原始数据采用归一化方法。这一过程将数据样本标准化,使各个指标数据转化为无量纲的纯数值。通过将指标转化为[0,1]之间的数值,根据式(8.9)—式(8.11)对指标进行无量纲化处理。

$$Y_{ij}^R = \frac{R_{ij} - \min(R_i)}{\max(R_i) - \min(R_i)} \tag{8.9}$$

$$Y_{ij}^F = \frac{F_{ij} - \min(F_i)}{\max(F_i) - \min(F_i)} \tag{8.10}$$

$$Y_{ij}^B = \frac{B_{ij} - \min(B_i)}{\max(B_i) - \min(B_i)} \tag{8.11}$$

数据标准化后的部分样本数据见表 8.2。

表 8.2　标准化后的部分样本数据

客户编号	R-value	F-value	B-value	R'	F'	B'
line1	43 033 577. 977	24	0. 604	0. 491	0. 410	0. 809
line2	7 512 888. 964	24	0. 440	0. 065	0. 410	0. 350 573 284
line3	19 805 990. 785	32	0. 526	0. 212	0. 615	0. 590
line4	26 878 448. 886	37	0. 520	0. 297	0. 744	0. 574
…	…	…	…	…	…	…
line71	14 176 843. 496	17	0. 570	0. 144	0. 231	0. 711

注: R', F', B' 分别为标准化后的 R-value, F-value, B-value 值。

（3）构建客户价值矩阵

基于 RFB 模型,构建客户价值矩阵。以计费吨作为 x 轴,以订购频率作为 y 轴,以平均整板率作为 z 轴,得到 P 公司客户对应的价值散点图,如图 8.2 所示。

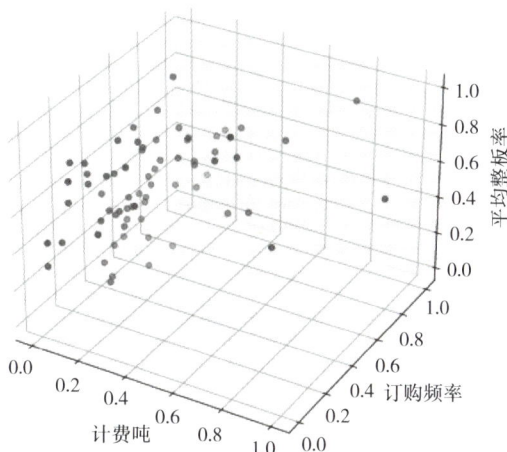

图 8.2　客户价值散点图

（4）确定指标权重

采用熵权法计算得出 R、F、B 这 3 个指标的权重,权重结果见表 8.3。

表 8.3　R、F、B 模型指标权重

指标	R	F	B
权重	0. 488	0. 227	0. 285

由表 8.3 可知,计费吨（R）的权重最大为 0.488,反映其在客户价值评估中的重要性;而订货频率（F）和平均整板率（B）所占权重则相差不大。数据表明,在评估客户价值时,计费吨是一个关键指标,直接关系到客户的消费能力和业务量。相比之下,订货

频率和平均整板率虽然也重要,但是它们在权重上的接近性表明这两者对于综合客户价值的贡献程度比计费吨数小。

(5)选择最优 K 值,确定初始聚类中心

使用 K-Means++算法确定初始聚类中心,见表 8.4。

表 8.4　聚类中心点坐标

聚类种类	聚类中心
1	[0.077 004 72　0.372 781 07　0.383 132 37]
2	[0.298 124 91　0.660 256 41　0.617 109 5]

(6)FCM 聚类算法将客户聚类

为使聚类结果具有实际操作性,方便 P 公司能够更直观地观察每类客户的特征,从而为之提供差异化服务,现使用 FCM 聚类算法,将客户群进行进一步合并,其聚类结果见表 8.5。

表 8.5　RFB-FCM 算法的客户聚类结果

客户类别	客户数量	客户数占比/%	客户编号
重要价值客户	39	54.93	line 2,line 5,line 9,line 10,line 11,line 12,line 14,line 20,line 22,line 29,line 30,line 31,line 34,line 36,line 39,lin 40,line 41,line 43,lin 44,line 47,line 48,line 49,line 50,line 51,line 54,line 55,line 56,line 58,line 59,line 60,line 61,line 62,line 63,line 65,line 66,line 67,line 69,line 70,line 71
一般价值客户	32	45.07	line 1,line 3,line 4,line 6,line 7,line 8,line 13,line 15,line 16,line 17,line 18,line 19,line 21,line 23,line 24,line 25,line 26,line 27,line 28,line 32,line 33,line 35,line 37,line 38,line 42,line 45,line 46,line 52,line 53,line 57,line 64,line 68

由表 8.5 可知,P 公司的客户分为两类,即重要价值客户和一般价值客户。

①第一类客户属于重要价值客户群体,这类客户是企业重要的收入来源,数量为 39 个,占据总客户数的 54.93%。由于这类客户订购货物的计费吨高、订购频率高、平均整板率高,说明其活跃度高,需求量大且稳定。针对这类客户,企业应给予重点维护,为其提供更加快速的整车装箱服务,应尽可能地确保同一客户的货物被装载在同一车辆内,以便于装卸,从而提升客户的满意度。

②第二类客户属于一般价值客户群体,数量为 32 个,占总客户数的 45.07%。虽然这类客户的客户价值较低,客户订购货物的计费吨、订购频率、平均整板率相对于重要价值客户普遍偏低,但基于总量过大,挽留这类客户也可使企业得到大量利润,因

此,企业应投入相应的资源来挽留这类客户。企业应提供高效的装箱服务,同时优化配送成本和提高车辆的满载率。

本节提出的基于 RFB-FCM 的客户细分聚类算法对客户进行分群。通过实例分析将客户划分为重要价值客户和一般价值客户。通过算法性能评估,验证了该算法有助于企业识别并获取高收益的价值客户。

8.2　针对重要价值客户的多箱混合装箱问题

8.2.1　多箱混合装箱问题模型构建

装箱环节作为日用消费品公司物流中心装箱作业的核心环节,其装载方案的优劣直接影响运输车辆的满载率和工作人员在搬运及装载过程中的效率。基于上述的客户细分结果,针对重要价值客户,本节提出了一个基于多约束条件的、以层为单位的多箱混合装箱模型。

本节研究的多箱混合装箱问题旨在优化物流运输车的装卸效率,同时不违反实际应用场景中普遍存在的多个约束条件,例如车辆体积不能超载等。目标是通过有效的空间管理和资源配置,减少物流运输车辆空余面积的浪费,并降低所需使用车辆的数量,进而实现降低车辆使用成本的目的。具体业务需求见表 8.6。P 公司使用托盘装载货物,托盘的具体规格见表 8.7。

表 8.6　业务需求

项目	装载规则	参数
参数设置	散货叠至整托的最大高度/mm	2 100
	散货拼托的最大高度/mm	1 750
	散货拼托的质量限制/kg	1 100
	加高的最大高度/mm	1 750
	车尾散货的最大高度/mm	1 750
客户需求	整托之间堆叠	Y/N
	散货堆叠至整托	Y/N

表 8.7　托盘信息

长/mm	宽/mm	高/mm	允许堆叠最大高度/mm	最大载重/kg
1 200	1 000	150	1 750	1 100

　　P 公司由于客户数量众多,客户规模不同,每个客户有不同的要求,即客户是否允许整托叠托、散货是否允许叠到整托上、散货是否可拼托、车尾是否可堆放散货、是否允许加高或降层。

　　为保证货物运输安全,现制定硬性指标:散货堆叠到整托上时,高度不能超过 2 100 mm;进行散货拼托时,必须确保托盘的高度不超过 1 750 mm,并且托盘的载重不超过 1 100 kg;加高时高度不能超过 1 750 mm;车尾堆放散货的高度不能超过 1 750 mm。

1)问题假设

多箱混合装箱问题的模型构建基于如下假设:

①货物的形状均假设为标准长方体,托盘的形状也假设为长方体;

②货物的长、宽、高等尺寸均小于车厢的可用长宽以及限高,保证每件货物能够装箱到车厢内;

③货物之间存在品类互斥,部分货物不能摆放在一起,即货物不可混装;

④对于货物重心稳定与包装支撑方面暂不考虑,本节仅计算装箱率部分;

⑤同一托盘上摆放的货物间不会发生重叠现象。

2)符号说明

本节研究所涉及的有关符号及含义见表8.8。

表8.8　符号及含义

符号	含义
K	车辆的集合,$k \in K$
C	客户点的集合,$c \in C$
O_c	客户的所有订单的集合,$o \in O_c$
I_o	订单中所有货物的集合,$i \in I_o$
J	托盘的集合,$j \in J$
E	互斥品类的集合 $(g, g') \in E$
T_k	车辆 k 的成本
Q_{ioj}	订单 o 中的货物 i 被装载到托盘 j 上的数量
Q_{iok}	订单 o 中的货物 i 被装载到车辆 k 上的数量
w_i	货物 i 的质量
h_i	货物 i 的高度

符号	含义
v_i	货物 i 的体积
$H_{\max}^k$	车辆 k 的最大限高
$W_{\max}^k$	车辆 k 的最大载重
$V_{\max}^k$	车辆 k 的最大容积
$H_{\max}$	托盘的最大限高
H_j	托盘 j 的实际装载高度
$W_{\max}$	托盘的最大载重
$l_{\max}$	托盘的最大装载
l_j	托盘 j 的实际装箱层数
x_k	如果车辆 k 装载货物，则 $x_k=1$；否则，$x_k=0$
x_{ock}	如果客户 c 的订单 o 被装载到车辆 k 上，则 $x_{ock}=1$；否则，$x_{ock}=0$
x_{iock}	如果货物 i 从客户 c 的订单 o 中被分配到车辆 k 上，则 $x_{iock}=1$；否则，$x_{iock}=0$
y_i	如果货物 i 符合堆叠标准1，则 $y_i=1$；否则，$y_i=0$
y_{ijg}	如果品类 g 的货物 i 被装载到托盘 j 上，则 $y_{ijg}=1$；否则，$y_{ijg}=0$
z_{iocj}	如果货物 i 从客户 c 的订单 o 中被装载到托盘 j 上，则 $z_{iocj}=1$；否则，$z_{iocj}=0$
z_{ip}	如果位置 p 上堆叠了货物 i，则 $z_{ip}=1$；否则，$z_{ip}=0$

3）数学模型

根据优化目标以及多个实际约束条件，建立多箱混合装箱问题的数学规划模型如下：

（1）目标函数

最小化车辆的使用成本。其计算式为：

$$\min \sum_{k \in K} x_k T_k \tag{8.12}$$

（2）约束条件

①总载重约束：车辆装载货物的总质量不超过规定最大载重。

$$\sum_{k \in K} w_i Q_{iok} x_{iock} \leqslant W_{\max}^k, \forall i \in I_o, o \in O_c, c \in C \tag{8.13}$$

②总体积约束：车辆装载货物的总体积不超过规定最大容积。

$$\sum_{k \in K} v_i Q_{iok} x_{iock} \leqslant V_{\max}^k, \forall i \in I_o, o \in O_c, c \in C \tag{8.14}$$

③订单拆分约束:同一客户的订单最多装在两辆车中。

$$\sum_{k \in K} x_{ock} \leqslant 2, \forall o \in O_c, c \in C \tag{8.15}$$

④货物装载约束:每个客户的每个订单下的每种货物只能装载在一辆车里。

$$\sum_{k \in K} x_{iock} = 1, \forall i \in I_o, o \in O_c, c \in C \tag{8.16}$$

⑤货物最大摆放层数限制:为了使货物在运输过程中能够保持稳定,防止货物因堆叠过高而产生跌落和损坏,货物堆放层数被严格限制为一个特定的最大值。

$$\sum_{j \in J} l_j \leqslant l_{\max} \tag{8.17}$$

⑥托盘限高约束:托盘中摆放多层货物,托盘摆放货物的实际高度需要小于限高,否则,只能分开摆放。

$$\sum_{j \in J} H_j \leqslant H_{\max} \tag{8.18}$$

⑦托盘最大载重约束:每个托盘中装载货物的质量之和不能超过托盘规定的最大载重。

$$\sum_{j \in J} w_i Q_{ioj} z_{iocj} \leqslant W_{\max}, \forall i \in I_o, o \in O_c, c \in C \tag{8.19}$$

⑧堆叠标准特征约束:货物根据其堆叠标准被标记为堆叠标准1和堆叠标准2,堆叠标准1的货物上不能堆叠托盘。

$$Z_{ip} \leqslant 1 - y_i, \forall i \in I_o \tag{8.20}$$

⑨品类互斥约束:货物品类之间存在互斥关系,即某些品类的货物不能与其他特定品类的货物共同装载在同一个托盘上。

$$y_{igk} + y_{ig'k} \leqslant 1, (g,g') \in E, i \in I_o, k \in K \tag{8.21}$$

8.2.2 多箱混合装箱问题的算法设计

由于本章提出的多箱混合装载问题具有较高的复杂性且难以直接求解,因此将问题拆分为托盘装载和混合装箱两个子问题,建立两阶段装载模型。第一阶段,基于提出的实际约束条件,将货物在托盘上水平摆放形成层。然后将每一层摆放的货物看成一个整体,并根据托盘的尺寸和形状,确定每一层在高度方向或其他方向上的最优摆放方式。第二阶段,采用启发式算法将第一阶段完成后所形成的托盘块和散货等待装载货物装入运输车辆。

在设计过程中,需综合考虑实际应用场景中的多重约束条件和复杂性因素,以确保模型的实用性。下面将详细阐述4个核心策略:订单拆分规则、货物兼容性限制、堆叠规则和货物装载优先级的设置。

(1)订单拆分规则

P 公司的客户订单中货物种类繁多,若订单不拆分会降低装载率,从而需要更多车辆参与配送,导致配送成本上升。若将单一客户的订单拆分至多辆车,可能会引起配送过程混乱和到货延迟,影响客户满意度。为了平衡这两种极端情况,制订以下订单拆分规则:订单可拆分到不同车辆中进行装载,但存在最大拆单数限制,要求每个订单 o 最多允许分配到两辆车 k 中,但相同 Sku 只能装载在一辆车里,且仅当确认所有货物 $i \in I_o$ 都能顺利装载时,即 $L(i)=1$,才允许进行装箱操作;否则,不进行装载。此规则有助于确保装载过程的高效性和连续性,减少因部分货物无法装载而导致的运输中断,进一步提升客户满意度,并降低整体的配送成本。

假设,客户同时下两个订单:订单 1 和订单 2,订单 1 包含 2 个 Sku1(每个 Sku1 质量为 2 kg)和 4 个 Sku2(每个 Sku2 质量为 1 kg),订单 2 包含 1 个 Sku1(每个 Sku1 质量为 2 kg)和 3 个 Sku3(每个 Sku3 质量为 3 kg)。有 3 辆车可用,分别为 T1、T2 和 T3,它们的最大载质量分别为 9 kg、10 kg 和 12 kg,成本分别为 900 元、1 000 元和 1 200 元。若不允许订单拆分,装载结果如图 8.3 所示,订单 1 装载到车辆 T1 中,订单 2 装载到车辆 T3 中。但是在订单拆分规则下,订单 2 被拆分成 2 个子订单,结果如图 8.4 所示。其中,Sku1 与订单 1 共同装载到车辆 T1 中,而订单 2 的剩余子订单被装载到车辆 T2 中,节约成本 200 元。

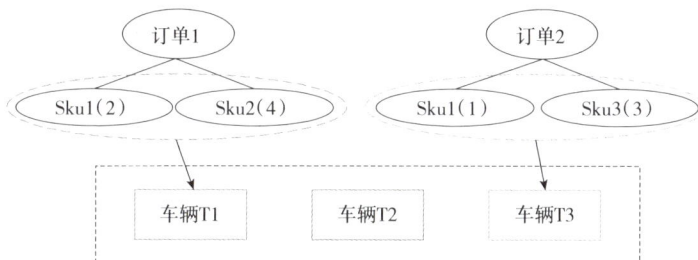

图 8.3　订单不拆分结果示意图

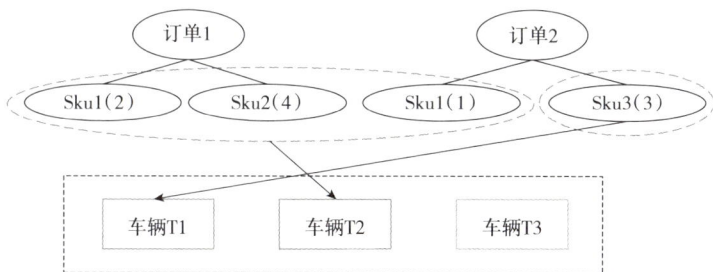

图 8.4　订单拆分规则下的结果示意图

(2)货物兼容性限制

货物之间的兼容性是由它们各自所属的品类决定的。某些品类的物品可能因安全、卫生或其他相关因素而不能被共同装载。在装载规划过程中,兼容性必须被严格遵守,以确保货物运输过程的安全性和合规性。

(3)堆叠规则

根据货物特性和安全要求,将货物分为不可堆叠(标准1)和可堆叠(标准2)两类。不可堆叠的货物需单层托盘装载,且高度限制为1 750 mm,以避免损害。可堆叠货物允许在不超过2 100 mm 的高度范围内进行堆叠装载,且上方允许堆叠托盘,以充分利用运输空间,提高装载效率。

(4)货物装载优先级设置

本节通过设置货物的装载优先级,优化装载顺序。根据订单中各 Sku 数量从大到小进行排序。首先,将相同 Sku 的货物集中摆放在同一托盘中;接着,将属于相同品类的货物放置在一起;随后,对于品类相近但不完全相同的货物,按照近亲品类的原则进行归类装载;最终,对剩余的货物进行安排。此方法通过精细化管理货物的装载顺序,实现装载过程的最优化,以达到提高效率、降低成本的双重目标。

由于货物的种类很多,且数量不固定,所以生成的托盘装载类型众多,当生成的布局类型只有一种货物时,这种布局类型称为单一托盘装载,如图8.5所示。当所生成的布局类型中包含多种货物,且这些货物的属性相同,如相同的长宽高,这种布局称为同规格混合托盘装载,如图8.6所示。当托盘内货物长宽高等尺寸不相同时,这种布局类型被定义为混合托盘装载,如图8.7所示。在进行同规格混合托盘装载时,本节制定了装载流程。首先,将相同货物优先装载;其次,将属于相同品类的货物放置在一起;再次,对于品类相近但不完全相同的货物,按照近亲品类的原则进行归类装载;最后,对剩余的其他货物进行安排。

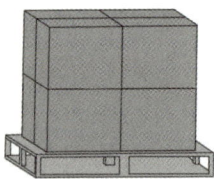

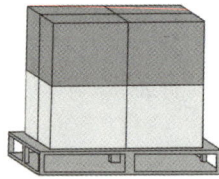

图8.5 单一托盘装载   图8.6 同规格混合托盘装载   图8.7 混合托盘装载

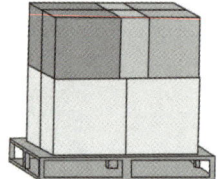

这种托盘装载方式优先将同种货物、同品类货物摆放在一起,更加符合生产实践中的实际做法,从而提高操作效率。

8.2.3 基于品类互斥的托盘装载方法设计

多箱混合装载的第一阶段,是以层为单位的托盘装载,装载流程如图8.8所示。

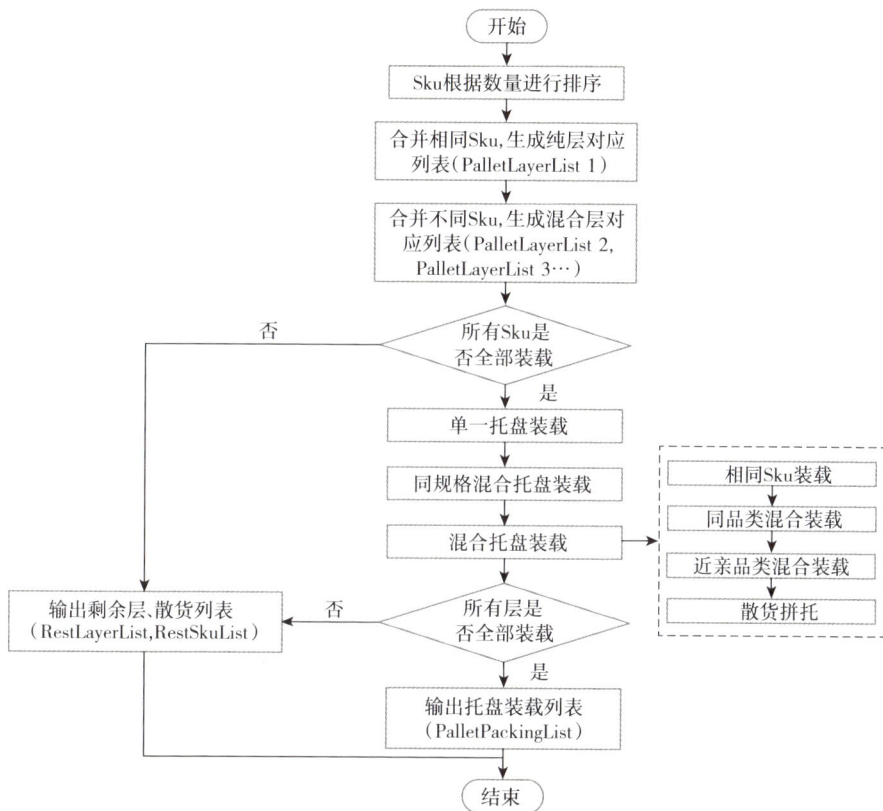

图 8.8　基于品类互斥的托盘装载流程图

首先,合并相同 Sku 的货物类型,构成纯层,生成对应的层列表(PalletLayerList 1)。其次,根据货物的尺寸、所属层级、单层最大箱数、最大层数及是否允许堆叠托盘,生成混合层列表(PalletLayerList 2,PalletLayerList 3,…),并标注各层的可堆叠高度、混合标识、层内货物类型、数量及所属订单编号。再次,基于本节拼托流程,按"相同货物→同品类货物→近亲品类货物→剩余散货"的顺序,将各层货物依次装载到托盘中,形成托盘装载列表(PalletPackingList),记录托盘编号、尺寸及对应层信息。最后,将未装载的剩余层和散货分别保存至剩余层列表(RestLayerList)和剩余货物列表(RestSkuList)。

8.2.4　基于启发式规则的多箱混合装箱方法设计

经过基于品类互斥的托盘装载,绝大部分的待装载货物已成功装入托盘内;但是,在创建层列表时,只取了足以构成层的货物,那么极有可能有未构成层的零散货物存在。第二阶段将在第一阶段完成后所形成的托盘块和散货等待装载的货物装入运输车辆的装载空间,具体实现流程如图 8.9 所示。

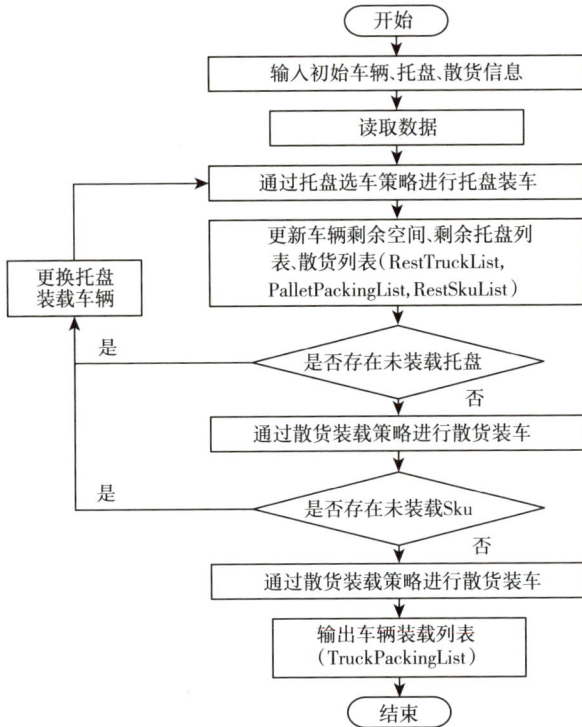

图8.9 混合装箱算法流程图

从图8.9中可以看出,基于启发式规则的混合装箱主要分为两步:第一步,将托盘装上车;第二步,根据车辆剩余空间放置散货。

(1)托盘选车策略

在托盘选车时,首先根据车货匹配算法寻找最优装载车辆,生成算法伪代码如下:

Algorithm 1: 车货匹配算法

Input: TruckMap, PalletPackingList
Output: TruckPackingList

1 $totalSkuWeight$: total weight of all goods in the **PalletPackingList**
2 $totalSkuVolume$: total volume of all goods in the **PalletPackingList**
3 $tNumber \leftarrow$ length(**TruckMap**)
4 **for** $i \leftarrow 0$ to tNumber **do**
5      $tNumberWeight \leftarrow$ calculate required number of vehicles based on weight
6      $tNumberVolume \leftarrow$ calculate required number of vehicles based on volume multiplied by vfr
7      $tMax \leftarrow \max(tNumberWeight, tNumberVolume)$
8      $tBest \leftarrow \min(tMax, tNumber)$
9 **end**
10 **if** totalSkuWeight < tNumberWeight **then**
11   Set objective function: Minimize vehicle usage costs
12 **else**
13   Set objective function: Minimize volume of goods
14 **end**
15 Add weight constraint conditions
16 Add volume constraint conditions
17 Linear programming solution
18 **return truckPackingList**

引入 vfr 参数,用于表示车辆的体积满载率,vfr 是大于 0 小于 1 的系数,为了保证运输效率同时避免过度负载,规定:$0.2 \leqslant vfr \leqslant 1$。为了找到满载率最高的装箱方案,对 vfr 进行动态优化,具体步骤如下:

步骤 1:输入托盘装载列表(PalletPackingList)和可用车辆列表(TruckList),给定初始参数 $vfr = 0.5$,最优装载解集 $opt \in \phi$。

步骤 2:计算车辆和货物的总质量和总体积,若货物数量较少,则采用以货物为基准的方法寻找装载车辆;若货物数量较多,则采用以车辆为基准的方法装载货物。

步骤 3:判断 opt 中是否为空、是否存在未装载货物及车辆是否有剩余空间。若 opt 不为空,且有剩余货物,则退出 vfr 循环;若 opt 不为空,且车辆有剩余空间,则将车辆使用成本和 opt 对比,如果比 opt 成本低,则更新 opt,且 vfr 增加 0.01,返回步骤 2,否则退出 vfr 循环;若 opt 为空,且有剩余货物,则 vfr 减少 0.01,返回步骤 2;若 opt 为空,且车辆有剩余空间,则将结果存入 opt,且 vfr 增加 0.01,返回步骤 2。

步骤 4:输出最终的 vfr 和最优装载解集 opt。

目标是最小化车辆使用成本,同时需要满足质量和体积的约束条件。其中,车辆的体积需按 vfr 系数调整计算;如果车辆数量较少,则目标是最小化货物的体积,同样需要满足质量和体积的约束条件,车辆的体积计算同样需乘以 vfr 系数。

在成功为托盘选择最优装载车辆后,接下来将进行托盘装载上车的操作。首先,规定托盘的装箱顺序,依次为订单维度的单一托盘、同规格混合托盘、混合托盘。然后,根据相同货物不可分车装载规则,对于所有单一托盘(PurePallet),需要计算其包含的每种货物的总质量和总体积,并在可用车辆列表中找到满载率最高的车辆作为装载车辆。完成装载后,更新剩余托盘列表(RestPalletList)。最后,对于每一个托盘,遍历可用车辆列表,如果当前车辆已装载托盘中包含相同订单的该种货物,但没有全部装完,那么就在装载后继续遍历车辆剩余空间;如果已全部装完,继续遍历下一个托盘,直至所有的托盘都尽可能被装到车上。

(2)散货装载策略

当托盘装载完成后,如果车尾还有剩余空间,尽可能将这些未构成层的零散货物摆放在车尾,以实现空间利用率的最大化。图 8.10 展示了托盘装载上车后,车辆剩余空间放置散货的示意图。散货装载上车需要更新散货列表(RestSkuList)和车辆剩余

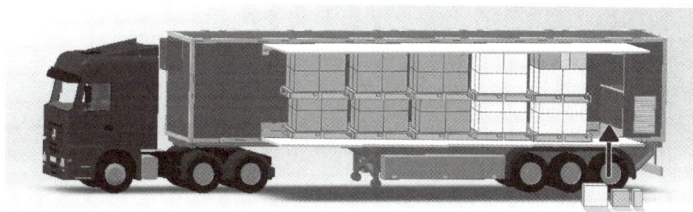

图 8.10　散货装载示意图

空间(RestTruckList)。对于每一种剩余货物,遍历车辆剩余空间,如果当前车辆已装载托盘中包含相同订单的该种货物但未全部装完,那么就装载部分后继续遍历车辆剩余空间;如果已装完,继续遍历下一种类型的货物,直至所有的货物都被装在车辆上。

8.2.5　实例分析

本章采用 P 公司的货物运输数据作为实验测试算例,验证所提方法的可行性和有效性。

1)算例结构

算例共由 3 部分组成,分别为车辆信息、托盘信息和货物信息。下面分别用表格的形式介绍每部分数据的详细信息。

车辆信息见表 8.9,算例中分别给出了每种车型的额定容积、额定载重、固定成本和允许装载托盘的最大数量。

表 8.9　车辆信息

车型	额定容积/m³	额定载重/kg	固定成本/元	允许装载托盘数量/个
T96	56	17 990	2 455	16
T125	76	23 000	2 718	20
T135	82	23 000	3 356	22
T146	88	25 000	3 433	24
T165	105	28 000	3 514	28

本节选择使用规格完全相同的托盘进行装载,具体规格详见表 8.7。同时,给定一个足够使用的数量。

P 公司的数据库中共存储了 16 000 余种不同类型的货物。由于货物种类繁多,表 8.10 中仅展示了部分信息,包括货物的编号、所属品类、质量、体积、托盘允许装载该货物的最大数量、托盘允许装载该货物的最多层数以及货物的堆叠标准。

表 8.10　货物信息(部分)

货物编号	品类	质量/kg	体积/mm³	托盘每层最大货物装载量	托盘最大货物装载层数	堆叠标准
s1	HC	0.906	3 675 112	39	8	1
s2	HC	0.908	4 790 016	36	7	2
s3	HC	3.549	9 463 662	28	4	1
s4	HC	3.07	4 858 560	25	5	2
s5	HC	1.003	7 002 480	50	5	1

续表

货物编号	品类	质量/kg	体积/mm³	托盘每层最大货物装载量	托盘最大货物装载层数	堆叠标准
s6	Laundry	10.108	1 181 821	10	9	1
…	…	…	…	…	…	…

2）选取算例

算法相对于问题规模增长的适用性是算法的重要指标。本章选取了不同规模和不同货物数量的 6 组实例数据（表 8.11）作为测试数据，以评估算法的性能和适用性。

表 8.11　实例测试数据

实例编号	订单数量/个	Sku 数量/个	Sku-订单密度
1	4	118	29.5
2	5	199	39.8
3	13	94	7.23
4	15	246	16.4
5	22	294	13.36
6	29	1 252	43.17

3）实验结果分析

实验结果见表 8.12，其中，vfr 表示货物合计体积占车辆容积的比率，wfr 表示货物合计质量占车辆载重的比率，upn 表示使用的托盘数量，mpn 表示车辆允许装载的最大托盘数量，pfr 表示托盘利用率，phr 表示平均托盘高度利用率。

表 8.12　MCLP 的求解结果

实例编号	vfr/%	wfr/%	upn/个	mpn/个	pfr/%	phr/%	运行时间/s
1	47.39	52.47	62	64	96.88	94.59	2.42
2	46.35	52.60	144	148	97.3	93.41	4.92
3	44.66	43.64	432	432	100	92.29	5.65
4	70.71	38.70	46	48	95.83	95.38	5.41
5	42.77	52.85	430	440	97.73	84.72	13.73
6	45.38	61.37	105	108	97.22	98.03	9.16

$$pfr = \frac{upn}{mpn} \qquad (8.22)$$

$$phr = \frac{\sum_{i=1}^{n} \dfrac{h_i}{1\ 750}}{n} \qquad (8.23)$$

式中 h_i——第 i 个托盘装载货物的实际高度；

$\dfrac{h_i}{1\ 750}$——第 i 个托盘的实际高度 h_i 相对于最大允许高度 1 750 mm 的比例，用

于反映托盘高度的利用程度；

n——使用的托盘总数。

从表 8.12 中可以看出，针对不同规模的实例数据，算法均能在满足实际约束条件的情况下求出结果。尽管运行时间随着订单数量及货物种类的增多而略有增长，但均不超过 15 s。在空间利用率方面，实验数据表明，虽然在托盘加高和车尾堆叠散货高度不能超过 1 750 mm 的限制下，空间利用率受到一定影响，导致体积满载率（wfr）、质量满载率（vfr）并不高，但与 P 公司原有优化目标（40% 满载率）相比，已经实现了显著的提升。此外，托盘的利用率（pfr）在一个较高的水平，保持在 95% 以上，同时，平均托盘高度利用率（phr）也达到了 84% 以上，说明算法符合实际需求，能够充分利用托盘的可用空间，且在托盘的垂直维度上实现了高效的货物堆放。

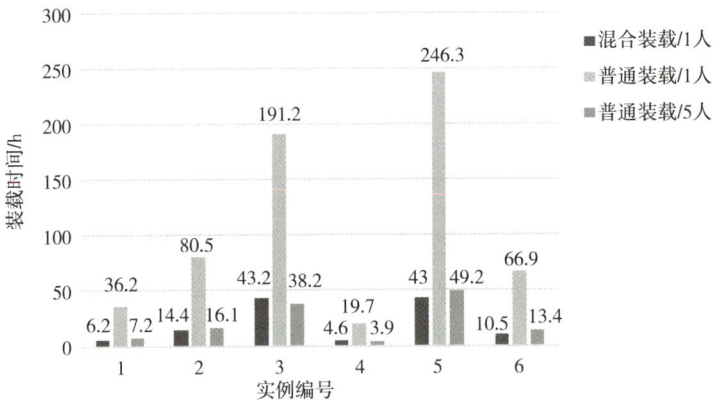

图 8.11   混合装载与普通装载时间对比

通过进一步调研发现，P 公司使用托盘的装卸效率可达 10 托盘/h，而普通货物的装卸效率为 1 000 kg/h。从图 8.11 中可以看出，针对不同规模的实例数据，使用本章所提的算法求解出的装箱时间均优于未使用托盘的普通货物装箱方法。在同样使用 1 人装载货物的情况下，实例 1 和实例 2 中，采用混合装载方法相比普通装载方法，装箱时间分别减少了 79% 和 82%。而在更大规模的实例 4 和实例 5 中，装箱效率得到了更为显著的提升，分别达到 95% 和 96%。当 P 公司雇用 5 名工人进行普通装载时，其装

箱时间与单人使用托盘进行混合装载相近,从而有效降低了人员成本。这些结果表明,本章所提出的多箱混合装载算法在处理大批量货物时具有明显优势,能够有效提高装卸效率,节约人力资源。

8.3　针对一般价值客户的订单不完全拆分装箱问题

相对于重要价值客户,一般价值客户的订货频率、货物的计费吨及平均整板率均较低,因此,不需要使用托盘对货物进行装载以提高装卸效率。鉴于此,本章运用了一种新的装箱优化算法,以提升车辆装载率和降低货物运输成本。虽然传统的线性规划和启发式方法能够解决一定规模的货物装箱问题,但它们已不足以满足目前信息化的物流产业发展需求。因此,本章对模拟退火算法进行了改进,并将改进后的算法应用于 P 公司的装箱问题。通过实际应用,验证了改进算法的有效性。

8.3.1　订单不完全拆分下的装箱问题模型构建

传统的装箱问题是指给定一组尺寸和数量各异的货物,将其尽可能快地装入容器中。其核心目标是最小化容器的使用数量。本节研究的订单不完全拆分下的装箱问题在传统装箱问题的基础上进行了拓展,不仅考虑了货物的尺寸和数量,还纳入了客户维度以及订单优先级、品类互斥和订单拆分等需求。

具体问题可描述为:给定一组客户 $c \in C$,每个客户包含多个订单,其中,每个订单 $o \in O_c$ 包含若干货物,每个货物 $i \in I_0$ 具有一定的质量 w_i、体积 v_i、数量 Q_i 和所属类别 g_i。同时,有一组可用运输车辆 K,每辆车 $k \in K$ 具有最大载重 W_{max}^k、最大容量 V_{max}^k 和固定成本 T_k。其目标是为客户的多个订单分配最适合的运输车辆,使得总的车辆使用成本最小化。在装载过程中考虑订单优先级、存在品类互斥的货物不能装载在同一车辆以及相同订单最多可拆分至两辆车内的约束条件。

1)问题假设

模型基于以下假设:
①货物的形状均假设为标准长方体;
②货物的长宽高等尺寸均小于车厢的可用长宽和限高,保证每件货物能够装载到车厢内;
③货物之间存在品类互斥,部分货物不能摆放在一起,即货物不可混装;
④对于货物重心稳定与包装支撑方面暂不考虑,仅计算装载率部分;
⑤摆放在同一车辆的货物之间不会发生重叠现象。

2）符号说明

本章研究的订单不完全拆分下的装箱问题所涉及的有关符号及含义，见表8.13。

表8.13　符号及含义

符号	含义
K	车辆的集合，$k \in K$
C	客户点的集合，$c \in C$
O_c	客户的所有订单的集合，$o \in O_c$
I_o	订单中所有货物的集合，$i \in I_o$
E	互斥品类的集合 $(g, g') \in E$
T_k	车辆 k 的成本
Q_{iok}	订单 o 中的货物 i 被装载到车辆 k 上的数量
w_i	货物 i 的质量
h_i	货物 i 的高度
v_i	货物 i 的体积
H_{max}^k	车辆 k 的最大限高
W_{max}^k	车辆 k 的最大载重
V_{max}^k	车辆 k 的最大容积
x_k	如果车辆 k 装载货物，则 $x_k = 1$；否则，$x_k = 0$
x_{ock}	如果客户 c 的订单 o 被装载到车辆 k 上，则 $x_{ock} = 1$；否则，$x_{ock} = 0$
x_{iock}	如果货物 i 从客户 c 的订单 o 中被分配到车辆 k 上，则 $x_{iock} = 1$；否则，$x_{iock} = 0$
P_o	订单 o 的优先级，$P_o \in [0,1]$
y_{ijg}	如果品类 g 的货物 i 被装载到车辆 k 上，则 $y_{igk} = 1$；否则，$y_{igk} = 0$

3）数学模型

根据优化目标和多个实际约束条件，本章建立了基于订单不完全拆分条件下的装箱问题的数学模型，具体如下：

（1）目标函数

最小化车辆的使用成本。

$$\min \sum_{k \in K} x_k T_k \tag{8.24}$$

（2）约束条件

①总载重约束：车辆装载货物的总质量不超过规定最大载重。

$$\sum_{k \in K} w_i Q_{iok} x_{iock} \leqslant W_{\max}^k, \forall i \in I_o, o \in O_c, c \in C \tag{8.25}$$

②总体积约束：车辆装载货物的总体积不超过规定最大容积。

$$\sum_{k \in K} v_i Q_{iok} x_{iock} \leqslant V_{\max}^k, \forall i \in I_o, o \in O_c, c \in C \tag{8.26}$$

③订单拆分约束：同一客户的订单最多装在两辆车中。

$$\sum_{k \in K} x_{ock} \leqslant 2, \forall o \in O_c, c \in C \tag{8.27}$$

④货物装载约束：每个客户的每个订单下的每种货物只能装载在一辆车中。

$$\sum_{k \in K} x_{iock} = 1, \forall i \in I_o, o \in O_c, c \in C \tag{8.28}$$

⑤优先级约束：订单根据其优先级被标记为优先级 1 和优先级 2……，优先级小的订单优先装载。

$$P_o \in \{0,1\}, \forall o \in O_c, P_b > P_a, P_a = 1, P_b = 0 \tag{8.29}$$

⑥品类互斥约束：货物品类之间存在互斥关系，即某些品类的货物不能与其他特定品类的货物共同装载在同一辆车上。

$$y_{igk} + y_{ig'k} \leqslant 1, (g,g') \in E, i \in I_o, k \in K \tag{8.30}$$

8.3.2　订单不完全拆分下的装箱设计算法

模拟退火算法是一种受热力学中固体退火过程启发的随机优化方法。该算法从一个较高的初始温度开始，逐渐降低温度，并在此过程中不断重复搜索最优解，直到满足终止条件。模拟退火算法跳出局部极值的能力较强、所求得解的可靠性较高、算法计算流程简单且鲁棒性较强，有广泛的应用范围。但还存在对整体解空间认识不足、搜寻效率低和求解性能有限等问题。因此，本节拟对传统模拟退火算法进行改进，设计出一种基于搜索树的模拟退火算法，通过改进模拟退火算法求解订单不完全拆分下的装箱问题。

1）解的表示

算法的解由一个二维矩阵 A 表示，该矩阵的行数代表货物的数量，列数代表车辆的数量。矩阵中的每个元素表示一个货物是否被分配到了对应的车辆上。如果第 i 行的第 j 列元素为 1，则表示第 i 个货物被分配到了第 j 辆车中；如果为 0，则表示第 i 个货物未被分配。并且根据所规定的约束条件，每个货物只能被分配给一辆车，故而每一行的元素和为 1。

$$A = \begin{bmatrix} a_{11} & a_{12} & \cdots & a_{1n} \\ a_{21} & a_{22} & \cdots & a_{2n} \\ \cdots & \cdots & \cdots & \cdots \\ a_{m1} & a_{m2} & \cdots & a_{mn} \end{bmatrix} \tag{8.31}$$

2）初始解的生成

在传统的 SA 算法中,初始解的生成通常是随机的,可能存在质量不稳定和偏离最优解的问题。特别是在面对结构复杂和有严格约束条件的问题时,随机生成的初始解可能在大多数情况下都不可行或者质量较低,从而影响算法的性能和效率。在本节研究的订单不完全拆分下的装箱问题中,随机生成初始解可能会导致某些货物被不适宜的车辆装载,或造成某些车辆超载或装载率不高。由于解空间的庞大性和可行解集的稀疏性,这种随机生成初始解的方法会使 SA 算法在搜索过程中浪费大量的时间,在非可行解上,降低了找到最优解的可能性。

为了解决以上问题,本章采用搜索树来搜索初始解。首先,搜索树能够以结构化的方式探索解空间,从而更有可能发现满足约束的合适初始解。其次,通过搜索树的展开,能够有效减少搜索空间,节省计算资源和时间。最后,搜索树的展开规则可根据问题的特性和约束条件进行设计,从而提高算法的性能和效率。因此,使用搜索树搜索初始解有助于使模拟退火算法更加高效和可控,从而更有可能在有限的时间内找到高质量的解。

本章构建搜索树的基本步骤如下:

步骤1:初始化状态。

初始化车辆状态,为每种品类的货物随机分配一个相应的装载车辆,并确保每种品类的货物均有车辆装载。每辆车都显示有对应客户和订单列表,以及各车辆的剩余载重和体积情况。

步骤2:状态转移规则。

遍历剩余的每个货物,基于以下规则确定其可以被装载的车辆。

①品类互斥:品类互斥的货物不得装进一辆车;

②质量和体积限制:确保选择的车辆可以在不超过最大载重和体积的情况下装载货物;

③客户和订单约束:优先考虑已有相同客户或订单的车辆,以减少总车辆数和提高效率。

步骤3:扩展搜索树。

对于每件货物,从符合上述条件的车辆中随机选择一辆进行装载,每次选择都将基于当前状态生成一个新的状态,从而扩展搜索树。

步骤4:剪枝策略。

超过载重或体积限制的车辆不应被考虑,及时从候选车辆中剪枝。对于已达到客户或订单限制的车辆进行剪枝,避免违反订单不完全拆分的规则。

步骤5:选择和回溯。

如果当前货物无法找到合适的车辆装载,需进行回溯,返回步骤3,重新调整前面货物的装载方案。

步骤 6：目标检验。

检查所有货物是否都被成功装载，并确保所有规则和约束都得到满足。目标是最小化使用的车辆数量并最大化每辆车的满载率。

步骤 7：结果输出。

输出所有满足条件的装载结果，包括每辆车装载的货物详细信息、装载的客户和订单信息。

3）参数设置

实验中发现，不同的参数值适用于不同规模的装箱问题。因为 SA 算法的性能受各控制参数的影响较大，所以要对参数值进行合理的选择。在该算法中，通过多次实验，确定了以下参数设置：

（1）初始温度

模拟退火过程中，初始温度设置为 $T_0 = 100$。

（2）降温机制

降温机制的合理性能够有效控制温度的衰减量，小的衰减量对于增大搜索范围非常有利，可进一步找到质量更好的最优解。采用搜索树技术对模拟退火算法进行了改进，在很大程度上找到了满足约束条件的合适初始解。因此，设置一个足够大的参数 coolingRate，采用式（8.32），表示以很大的概率接受较差的解。

$$T(s + 1) = T(s)\text{coolingRate} \tag{8.32}$$

式中　$T(s + 1)$ ——新的温度；

　　　$T(s)$ ——上一温度状态；

　　　coolingRate $\in (0.95, 0.99)$，coolingRate $= 0.9$。

（3）接受准则

算法的目标函数为车辆使用成本最小，在模拟退火算法中，车辆使用成本对应于物理退火过程的当前状态的能量。根据 Metropolis 接受准则设计状态接受函数如下：

$$P = \begin{cases} 1, & C(s + 1) \geqslant C(s) \\ \exp\left(-\dfrac{C(s + 1) - C(s)}{T(s)}\right), & C(s + 1) < C(s) \end{cases} \tag{8.33}$$

式中　$C(s + 1)$ ——当前车辆使用成本；

　　　$C(s)$ ——上一温度状态。

（4）终止原则

本算法的终止原则有以下两个条件：

①设置终止温度 $T(\min) = 0.01$；

②为了更有效地探索解空间，同时避免算法在某个温度下过度运行，设定每个温

度级别的最大迭代次数 $Iter_{max} = 200$。

确保算法在初始阶段能广泛搜索，接受一些非最优解以避免局部最优，而随着温度降低，逐步减少接受这些劣质解的机会，更加集中于寻找高质量解。此外，设定迭代上限有助于控制运行时间，确保在有限的计算资源下有效逼近全局最优解。

当退火温度 $T(s)$ 降至 $T(min)$ 以下或迭代次数达到 100 次时，算法中止。

4）基于搜索树的模拟退火算法流程

基于改进的模拟退火算法，解决订单不完全拆分下的装箱问题算法流程如下：

步骤1：初始化参数。定义初始温度 T_0，终止温度 $T(min)$，退火系数 coolingRate。

步骤2：生成初始解集。使用搜索树来搜索符合约束条件的解集，每个粒子表示一个可能的装载方案。

步骤3：随机生成初始解。从初始解集中随机选取一个解作为初始解 A_0。

步骤4：生成新解 A_0。

步骤5：Metropolis 准则判定。对于每一个新生成的解，评估车辆使用成本。如果新解的车辆使用成本优于当前解，或者即使不优于当前解但根据 Metropolis 准则（以一定的概率接受较差的解）仍被接受，更新当前解为最优解；否则，返回步骤4。

步骤6：退火过程。判定当前退火温度 $T(s)$ 是否降至终止温度 $T(min)$ 以下，若否，根据退火系数 coolingRate 更新退火温度，跳转至步骤4，继续生成新的解；若是，算法中止。

具体流程如图8.12所示。

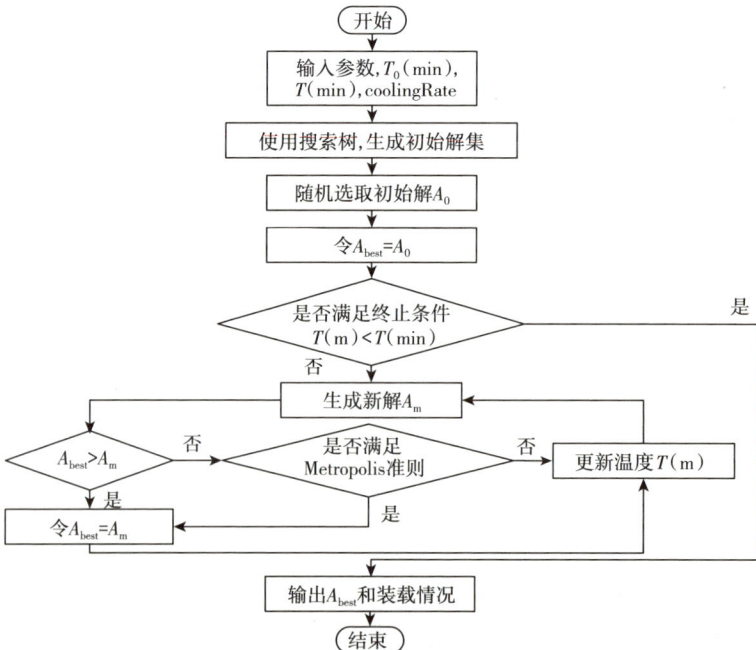

图 8.12　订单不完全拆分下的装箱优化算法流程图

8.3.3　实例分析

为了验证本章算法的有效性,将进行性能对比分析,通过比较本算法的计算结果与 P 公司现有的装箱方案来进行验证。

1)实例验证

选取不同型号、尺寸的 7 辆车对货物进行装载,车辆基本信息见表 8.14。

表 8.14　车辆基本信息

车型	额定容积/m³	额定载重/kg	固定成本/元
T42	12	2 000	1 018.62
T68	23	3 800	1 110.31
T96	55	14 500	1 502.5
T125	63	18 800	1 674.87
T135	73	23 210	1 768.97
T165	93	23 400	1 882.88
T175	98	27 000	1 958.96

为了实施装载优化,算例 1 选取了不同品类的 50 种货物进行装载。待装载货物的相关信息见表 8.15。

表 8.15　算例 1 待装载货物的相关信息

货物编号	质量/kg	体积/dm³	数量/个	品类	所属客户编号	所属订单编号	订单优先级
1	10	22	320	3	line1	d1001	1
2	12	22	321	1	line1	d1001	1
3	12	18	112	1	line1	d1002	2
4	12	16	122	2	line1	d1003	1
5	10	15.148	332	1	line1	d1003	1
6	2.501	12.555	80	2	line1	d1003	1
7	2.455	12.555	74	1	line1	d1003	1
8	6.332	59.236	77	2	line1	d1003	1
9	4.995	10.679	120	1	line2	d2001	1
10	2.875	32.117	330	3	line2	d2001	1

续表

货物编号	质量 /kg	体积 /dm³	数量 /个	品类	所属客户 编号	所属订单 编号	订单优 先级
11	2.785	29.605	18	1	line2	d2001	1
12	1.928	5.075	15	1	line2	d2002	1
13	3.59	15.1	16	1	line2	d2003	1
14	4.819	7.331	13	1	line2	d2004	1
15	6.257	11.788	50	1	line2	d2004	1
16	6.257	11.788	150	1	line2	d2004	1
17	6.329	11.788	150	3	line2	d2004	1
18	1.988	20.48	715	1	line2	d2004	1
19	8.566	26.064	700	1	line3	d3001	1
20	6.329	11.788	150	1	line3	d3001	1
21	6.257	11.788	120	1	line3	d3001	1
22	2.295	23.971	326	3	line3	d3001	1
23	0.568	6.336	128	1	line3	d3001	1
24	1.766	8.891	114	1	line3	d3002	2
25	9.1	19.481	114	3	line3	d3002	2
26	1.583	8.891	113	1	line3	d3002	2
27	5.38	16.538	112	1	line4	d4001	1
28	8.12	24.174	112	1	line4	d4001	1
29	2.931	8.001	108	1	line4	d4001	1
30	1.809	8.554	107	1	line4	d4001	1
31	13.907	35.722	106	1	line4	d4001	1
32	2.234	4.724	102	1	line4	d4001	1
33	13.887	35.015	101	3	line4	d4001	1
34	8.837	27.574	101	2	line4	d4002	1
35	9.982	27.574	100	2	line4	d4002	1
36	1.789	14.836	100	2	line4	d4002	1
37	7.896	13.64	100	1	line4	d4002	1
38	12.6	35.712	96	1	line4	d4002	1
39	12.929	36.83	96	1	line4	d4002	1
40	3.538	9.738	96	1	line5	d5001	1

续表

货物编号	质量/kg	体积/dm³	数量/个	品类	所属客户编号	所属订单编号	订单优先级
41	9.717	18.383	96	1	line5	d5001	1
42	9.694	18.383	96	1	line5	d5001	1
43	7.74	12.944	95	1	line5	d5001	1
44	1.435	7.458	94	1	line5	d5001	1
45	12.929	36.83	94	1	line5	d5001	1
46	13.432	35.712	93	3	line5	d5001	1
47	9.717	18.383	91	1	line5	d5001	1
48	9.717	18.383	91	1	line5	d5001	1
49	12.614	35.712	48	1	line5	d5001	1
50	5.081	9.408	48	1	line5	d5001	1

对于算例 1,使用基于搜索树的模拟退火算法进行求解,得到总成本和外循环次数的关系曲线,即总成本的收敛性曲线,如图 8.13 所示。

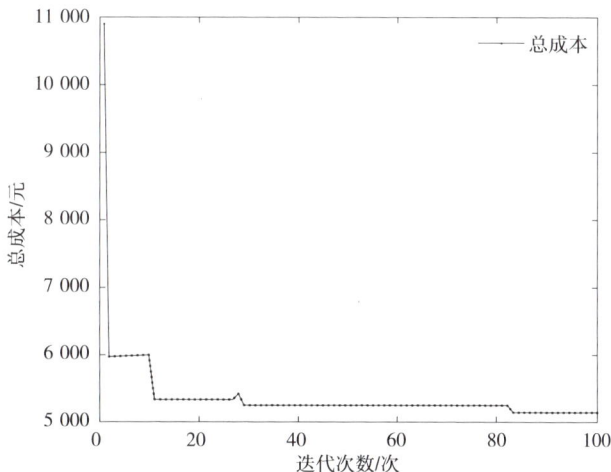

图 8.13　基于搜索树的模拟退火算法求解结果

由图 8.13 可知,基于搜索树的模拟退火算法在求解过程中显示出强大的性能。随着迭代次数的增加,车辆总成本迅速下降并迅速接近一个较优解决方案。首先,在第一个平稳阶段,算法探索解空间,并对当前解进行微调以寻找更优解。其次,在迭代次数大约为 10 次时,成本出现了显著的降低,算法跳出了局部最优解,找到了一个更佳的全局解。当外循环次数达到 80 次时,总成本趋于稳定,算法收敛。最后,通过算法将货物有效装载进 3 辆车中,实现了 4 946.34 元的低车辆成本。

2）算法性能分析

由于缺少订单不完全拆分下的装箱问题的标准算例集,为了充分论证所提算法对不同规模货物装箱问题的求解能力,本章选用 P 公司提供的大、中、小 3 种规模的算例进行实验分析。具体详情见表 8.16。

表 8.16　算例集

算例编号	客户数量/个	订单数量/个	Sku 种类/种	Sku-客户密度
1	5	13	50	10
2	6	20	120	20
3	7	24	305	44

算例中数据的规模由 Sku 数量与客户数量之比表示,如算例中客户数量为 5 个、Sku 种类为 50 种时,比值为 10。Sku 与客户的相对密度小,算例为小规模数据。算例 1,2,3 的数据密度分别为 10,20,44。

在本算例集上,分别对"品类互斥"和"订单不完全拆分"约束进行验证。不同客户的订单中含有不同品类的货物,设定"品类 1"和"品类 2"的货物存在品类互斥关系,不可混合装载。使用改进的 SA 算法对算例 1、2、3 进行求解,求解结果见表 8.17。

表 8.17　算法结果检验

算例编号	装载方案	装载货物品类	是否存在订单拆分情况	拆分订单
1	T96	品类 2、品类 3	是	d1003,d2001,d2004,d3001,d4001,d4002,d5001
	T125	品类 1、品类 3	是	d1003,d4001,d4002
	T135	品类 1	是	d2001,d2004,d3001,d5001
2	T96	品类 1	是	d3001,d3004,d3005,d4002,d4003
	T125	品类 1	是	d1001,d2001,d2002,d3001,d3003,d3005
	T165	品类 2、品类 3	是	d1001,d2001,d2002,d4002,d5001,d6001
	T175	品类 1	是	d4003,d5001,d6001
3	T125	品类 1	是	d3001,d4002,d6003,d6005,d7001,d7003
	T135	品类 2、品类 3	是	d1001,d2003,d3001,d4002,d6003,d6005,d7001
	T175	品类 1	是	d1001,d2003,d7003

从表 8.17 中可以看出,所有算例中的"品类 1"和"品类 2"均未混合装载,装载方

案遵守品类互斥的规则。以算例 1 为例,车辆 T96 对"品类 2"和"品类 3"的货物进行装载、车辆 T125 则被用来装载"品类 1"和"品类 3"的货物。这种分配方式确保了不同品类之间的清晰隔离,符合 P 公司物流管理中对品类互斥的要求。同时,装载方案中存在订单拆分情况,且满足订单拆分条件的,即同一订单最多拆分至两辆车内。这种拆分方式能够在满足车辆装载率和节约运输成本的同时,避免订单因拆分次数过多,引起的客户订单送达时间不同,管理复杂性增加,运输效率降低等情况。

在本章的算例集中,分别将提出的改进 SA 算法与 P 公司现有算法进行比较,结果见表 8.18。在进行算法性能分析时,将从车辆的使用成本和平均满载率两个方面进行计算和比较,其中平均重量满载率用 wfr 值表示。

表 8.18 算法性能对比

算例编号	改进模拟退火算法			P 公司现行算法		
	成本/元	装载方案	wfr/%	成本/元	装载方案	wfr/%
1	4 946.34	T96	73	5 060.25	T125	83
		T125	94		T165	92
		T135	85		T175	73
Avg	—	—	84	—	—	82.7
2	7 019.21	T96	93	7 939.53	T68	63
		T125	100		T96	65
		T165	75		T125	91
		T175	97		T135	87
		—	—		T165	80
Avg	—	—	91.3	—	—	77.2
3	5 402.8	T125	98	6 264.66	T68	92
		T135	79		T96	93
		T175	100		T135	93
		—	—		T165	90
Avg	—	—	92.3	—	—	92

经计算得知,大、中、小 3 种规模的算例,采用改进模拟退火算法解决订单不完全拆分下的装箱问题,在成本和装载方案上均优于 P 公司现有算法。由图 8.14 可知,通过使用改进算法,算例 1、算例 2、算例 3 的成本分别降低了 113.91 元、920.32 元和861.86 元,其中,算例 2、算例 3 车辆数减少了一个。此外,由表 8.18 可知,在满载率方面,采用改进模拟退火算法求解出的平均质量满载率(wfr)得到了有效提升。其中,算例 2 的平均 wfr 能达到 91.3%,相对于 P 公司现有算法提高了 14.1%,说明货物装载

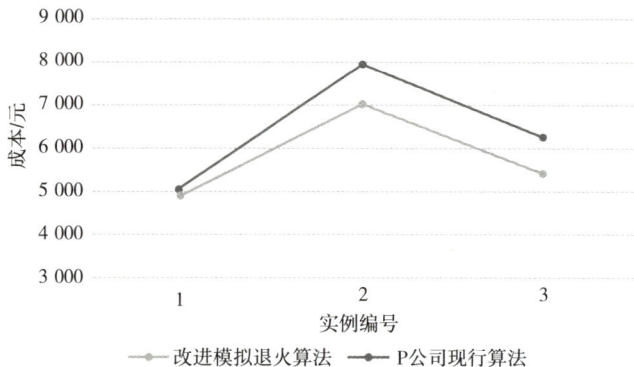

图 8.14　车辆使用成本对比

更为集中,有效利用了车辆的空间利用率,显示出本章改进算法在处理订单不完全拆分下的装箱问题时的显著效率和经济性提升。

8.4　本章小结

在日用消费品企业中,精确界定客户价值并进行细分,以及基于此的装箱服务定制,对于提升运营效率和降低成本至关重要。本章通过构建改进的 RFB 模型和引入模糊 C 均值算法,进行客户细分,将 P 公司客户聚类分为重要价值客户和一般价值客户两类。对于重要价值客户面临的混合装箱问题,将其拆分为托盘装载和混合装车两个子问题,并据此建立了两阶段装载模型和求解算法。实验结果证明,应用该模型后,托盘的整体利用率和平均高度利用率均得到了显著提升,分别达到了 95% 和 84% 以上。而对于一般价值客户面临的订单不完全拆分下的装箱问题,设计了基于搜索树的模拟退火算法。通过对大、中、小不同规模的实例数据进行测试,该算法均能在满足实际约束条件的情况下求出结果,车辆成本分别降低了 113.91 元、920.32 元和 861.86 元。

【参考文献】

[1] 马慧.SH 物流公司客户关系管理问题与对策研究[D].济南:山东建筑大学,2023.

[2] 赵元帅,权诗琦,刘畅,等.铁路集装箱客户关系管理模式优化设计研究[J].铁道货运,2024,42(1):12-18.

[3] 唐欣.优化的 K-means 聚类算法在客户细分中的应用研究[J].智能计算机与应用,2023,13(9):194-197.

［4］LANG L, ZHOU S,ZHONG M J, et al. A Big Data Based Dynamic Weight Approach for RFM Segmentation［J］. Computers, Materials & Continua, 2023, 74（2）: 3503-3513.

［5］柳雅真,王利强.面向批量订单包装的物流箱规格优化问题研究［J］.包装工程,2023,44(17):229-236.

［6］贺倩倩,魏琳,张军,等.基于模拟退火算法的农村物流网络体系最优配送问题研究［J］.物流工程与管理,2023,45(6):6-8.

第9章
硬时间窗约束的车辆装载路径优化

近几年,线下实体商超和连锁店铺不断探索线下与线上融合购物的新模式。这种融合使得依托于线下实体店铺的线上商超成为电子购物的新热点。全新的线上购物模式极大地推动了电商行业的飞速发展,与此同时,电商行业的兴起也带动了现代物流产业的发展。现代物流产业不仅是电商行业发展的重要支撑,也是影响电商行业发展的关键因素。尽管电商行业的线上购物模式蓬勃发展,但现代物流业却成为制约当前电商发展的一个突出短板。疫情暴发后,物流产业的重要性不断凸显,"物流业"成为业内高频词,物流运输行业迎来了全新的发展,也正逐渐成为我国重要的支柱产业。

近年来,我国社会物流总额持续增长,表明我国的物流需求在不断扩大,推动了物流产业的飞速发展。从2010年开始,我国社会物流总费用占GDP的比重整体呈现下降趋势。尽管如此,与日本和美国等国家相比,我国在物流成本方面仍有明显差距,这种现象揭示了我国的物流支出成本过高。在物流成本控制方面,物流运输配送的成本费用是控制物流成本的关键。因此,对于物流运输配送成本费用的控制问题,关键在于如何优化配送过程中所涉及的配送车辆、配送路径以及货物装箱方案。

本章对影响物流企业制定合理的车辆配送路线和货物装箱方案的诸多因素进行分析,将车辆路径优化问题和货物装箱优化问题进行联合研究。以苏宁大件家用电器配送为研究对象,本章对配送大件家用电器的二维装箱与车辆路径规划问题进行了深入研究。

9.1 基于硬时间窗约束的二维装箱与车辆路径规划

车辆路径优化问题(Vehicle Routing Problem,VRP)具体描述为:一个(或多个)物流配送中心负责向若干个客户提供货物配送服务。在满足一定的约束条件(如车辆车厢的底面积限制、车辆最大行驶距离和客户的时间要求等)的前提下,配送中心需规划行车路线,确保所有客户的货物需求得到完全满足。随后,物流运输车辆从配送中心出发,按照规划的路线完成所有客户的货物配送,最终返回配送中心。整个过程的目标是在满足客户需求的同时,实现物流配送的优化目标(如行驶路线尽可能短、使用的物流运输车辆数量少以及物流运输车辆的车厢面积浪费少等),以此达到降低物流配送成本的目的。VRP 示意图如图9.1 所示。

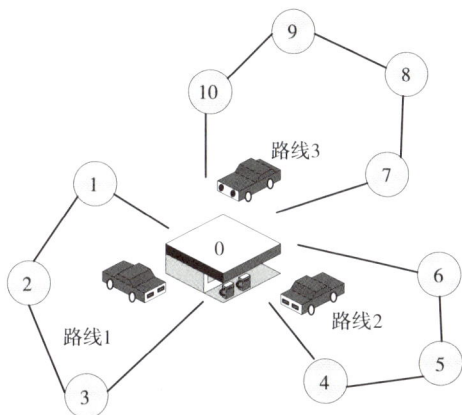

图 9.1　VRP 示意图

VRP 研究要素主要包括服务需求的客户、物流配送中心、配送货物、配送车辆、运输网络、约束条件和优化目标 7 部分。

①服务需求的客户:是物流配送服务的主体,主要包括客户位置、服务的时间窗、所需配送货物的种类和数量等,如图9.1 中的 1～10 点所示。

②物流配送中心:在实际应用中,配送中心主要完成货物的收发和分拣工作,其属性包括配送中心所在位置、所配置的车辆种类和数量等,如图9.1 的 0 点所示。

③配送货物:是物流配送服务的对象,其基本属性有物品种类、尺寸和质量等。

④配送车辆:主要工作是完成货物的装载配送,其基本属性包括车辆额定载重、车辆最大行驶距离和物流运输车辆箱体的尺寸等。

⑤运输网络:一个完整的运输网络包括以上 4 种要素和配送中心与客户、客户之间的连线,其中连线代表两者之间的距离(时间、成本)。

⑥约束条件:指在规划配送路线时,必须满足一定的约束条件,例如,配送车辆最大行驶距离和额定载重,客户的时间要求和配送车辆车厢的容积等。

⑦优化目标:为了尽可能地控制物流配送成本,对 VRP 设置优化目标,如优化路径长度、车辆数目和车辆相关费用等。

VRPTW(VRP with Time Windows)是指带时间窗约束的车辆路径优化问题,考虑有货物配送需求的客户节点在物流配送过程中,由于每个客户所需要服务的时间不同,物流运输车辆必须在每个客户规定的时间内到达客户节点,完成所需货物的配送,在完成车辆路径上所有客户的需求服务后,物流运输车辆最终返回物流配送中心,完成一次规划路线上的客户服务。

时间窗约束的车辆路径问题是在传统车辆路径规划问题的基础上引入了时间窗约束,时间窗约束包括硬时间窗约束、软时间窗约束和混合时间窗约束 3 种类型。时间窗约束说明见表 9.1。

表 9.1 时间窗约束说明

类型	解释说明
硬时间窗约束	必须在客户规定的时间段内进行服务,当车辆提前到达客户服务点时,必须进行等待,因此,会产生等待成本
软时间窗约束	允许配送车辆违反时间窗约束,但是早到或晚到客户服务点时,会产生一定的惩罚成本
混合时间窗约束	硬时间窗与软时间窗约束的组合

2L-CVRP(Two-Dimensional Loading Capacitated Vehicle Routing Problem)是不考虑时间窗约束的二维装箱与车辆路径规划问题,对于该问题,可以用图论的相关知识进行问题描述,令 $G = \{U,A\}$ 为无向完全图,其中,$U = \{0,1,2,3,\cdots,n\}$ 表示包括客户与配送中心的节点集合,$A = \{(i,j) \mid i,j \in U\}$ 表示各个节点之间连线的弧集。集合 U 中共有 $n+1$ 个节点,其中节点 0 表示配送中心节点,节点 $\{1,2,3,\cdots,n\}$ 表示各个客户节点。弧集 A 中的边 (i,j) 表示客户节点 i 和 j 之间的路线,每条弧所表示路线的属性均为大于 0 的相对行驶距离 $d_{ij}(i, j = 1,2,3,\cdots,n)$。物流中心拥有多辆同种类型的物流运输车辆,每辆物流运输车辆具有一定的最大额定载重 Q_{max} 和最大运送距离 D_{max},并且每辆物流运输车辆车厢的长度和宽度分别为 L 和 W,则车厢可装箱面积为 $A = L \times W$。每个客户有多个不同货物的派送需求,其中,所有货物的种类有 m 种,第 $k(1,2,\cdots,m)$ 种货物的长度和宽度分别为 l_k 和 w_k。物流运输车辆需要装载所有客户的货物进行配送,最终运输车回到物流中心。

本章研究仅存在单个物流配送中心情况下的 2L-CVRPTW 问题,2L-CVRPTW 问题是 2L-CVRP 和 VRPTW 的集成研究,在综合考虑客户时间窗要求以及二维货物装箱问题两部分的因素下,对车辆路径规划问题进行研究,物流配送中心安排多辆物流车辆,规划合理配送路线及货物装箱位置和货物摆放方式,实现所有客户多个货物的配送需求。图 9.2 为不同路线的 2L-CVRPTW 示意图,其中 0 为配送中心,1 ~ 10 表示有货物配送需求的客户节点,每个客户所需配送的货物数量及尺寸不同,图 9.3 所示为不同线路的货物装箱方案。

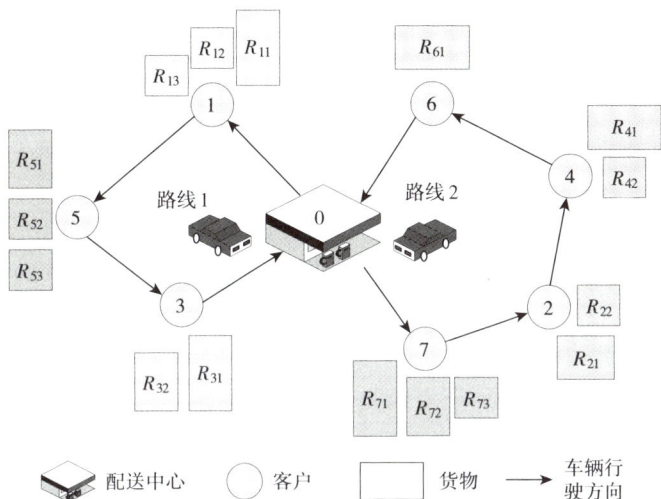

图 9.2　2L-CVRPTW 示意图

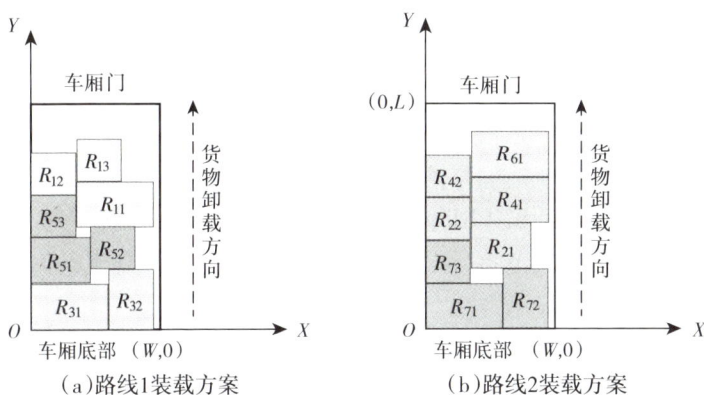

图 9.3　不同线路的货物装箱方案

9.2　2L-CVRPTW 模型构建

9.2.1　模型约束与假设

针对本章研究的 2L-CVRPTW 问题,以物流运输车辆路径最短、等待时间产生的惩罚费用最少,装箱利用率最大化为优化目标,在考虑优化问题时,必须满足以下约束条件:

①每个客户的需求必须得到满足,且每个客户只能由一辆车服务一次。

②在物流运输车辆出发前,每个客户的相关信息及订单需求已知。

③每辆物流运输车辆从配送中心出发,完成客户货物配送服务后返回配送中心。

④同一客户所需的所有货物必须装载在同一辆物流运输车辆上。

⑤最大行驶距离约束:每条配送路径总距离不得超过物流运输车辆的最大行驶距离。

⑥货物装箱质量约束:物流运输车辆所装货物总重不超过运输车的额定载重。

⑦货物装箱底面积约束:每辆物流运输车辆所装货物的总底面积不得超过物流运输车辆车厢底面积。

⑧同一辆物流运输车辆装载货物不得超出车厢边界。

⑨货物摆放约束:货物必须正交地装载进物流运输车辆车厢,即货物底面积的两边必须与物流运输车辆车厢的边界平行或垂直。

⑩货物旋转约束:在保证货物摆放约束的前提下,货物在车厢内只能在水平面上做90°旋转,不能以其他角度旋转。

⑪LIFO(Last In First Out)约束:考虑客户服务的先后顺序,为了减少货物搬卸时间,实现货物连续搬卸,要求先装载的货物后卸货,先卸载的货物后装载,即如果在同一配送路径时服务两个客户的货物需求,那么先服务客户的货物不能被后服务客户的货物遮挡住。

⑫客户所需货物在物流运输车辆车厢内部不能相互堆叠。

⑬本章研究的是硬时间窗 VRP 问题,物流运输车辆必须在规定时刻进行服务,若物流运输车辆提前到达客户节点,需进行等待,直至达到客户规定的时刻才进行客户服务。

在考虑上述约束条件后,建立 2L-CVRPTW 数学模型,在建立数学模型前,为简化模型的复杂度,现将模型做以下假设:

①所有客户的坐标位置及需求均已知。

②物流运输车辆车厢箱体形状为矩形。

③物流运输车辆车厢内货物的摆放位置没有区域限制。

④客户所需货物均为规则矩形箱体且质量分布均匀。

⑤货物必须保持其形状和尺寸,不会发生变形,且非危险品等特殊货物。

⑥货物的种类以及相关尺寸已知。

⑦在配送过程中不考虑物流运输车辆的加减速及停车启动时间。

⑧货物有两种放置形式:水平放置和垂直放置。其中水平放置方式是指小矩形货物的长和宽分别平行于车厢箱体的长和宽;垂直放置方式是指小矩形货物的长和宽分别垂直于车厢箱体的长和宽,如图9.4所示。

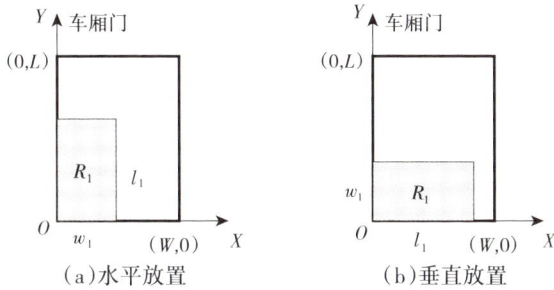

图 9.4　货物的两种放置形式

9.2.2　数学模型

本章对 2L-CVRPTW 问题进行了深入研究,结合实际物流行业的配送要求,本节建立了以实现车辆路径最短、等待时间产生的惩罚费用最少、装箱利用率最大化的优化目标,其中,对惩罚费用的计算,必须根据客户的时间窗进行评价,本章对硬时间窗的 VRP 问题进行剖析,若配送员(车辆)在期望时间窗内到达,则惩罚费用为 0,若配送员(车辆)违反客户所期望的时间窗,提前到达客户所在位置,无法完成货物的配送,配送员(车辆)会在客户节点位置进行等待,因此,本章内容针对违反客户时间窗提前到达客户节点时进行的等待时间产生一定的惩罚费用,惩罚费用的高低取决于等待时间的长短,惩罚费用低,说明等待所浪费的时间少,说明配送效率较高,反之亦然。用 a 表示车辆提前到达客户节点所产生的单位等待时间惩罚费用,当第 c 辆物流配送车辆在 t_i 时刻提前到达客户节点 i 时,在客户节点 i 所产生的惩罚费用 $u_i^c(t_i^c)$ 可表示为:
$u_i^c(t_i^c) = a \cdot \max(t_{is}^c - t_i^c, 0)$。

根据上述描述,建立 2L-CVRPTW 的多目标数学模型。

目标函数:

$$\min f_1 = \sum_{c=1}^{C} D_c = \sum_{c=1}^{C} \sum_{i,j \in NVC}^{N_{NVC}} (d_{0i}^c + x_{ij}^c d_{ij}^c + d_{j0}^c) \tag{9.1}$$

$$\min f_2 = \sum_{c=1}^{C} \sum_{i \in NVC}^{N_{NVC}} u_i^c(t_i^c) \tag{9.2}$$

$$\min f_3 = \sum_{c=1}^{C} \frac{Q^c}{Q_{\max}^c} \tag{9.3}$$

约束条件:

$$x_{0i}^c d_{0i}^c + x_{ij}^c d_{ij}^c + x_{j0}^c d_{j0}^c \leqslant D_{\max}^c, \quad i \neq j; \quad i,j \in \{1,2,\cdots,N_{NVC}\}; \quad c \in \{1,2,\cdots,C\} \tag{9.4}$$

$$\sum_{c=1}^{C} \sum_{i,j \in NVC}^{N_{NVC}} x_{ij}^c = 1, \quad i \neq j \tag{9.5}$$

$$\sum_{i,e \in NVC}^{N_{NVC}} x_{ie}^c = \sum_{e,j \in NVC}^{N_{NVC}} x_{ej}^c, \quad i \neq j \neq e; \quad c = 1,2,\cdots,C \tag{9.6}$$

$$\sum_{c=1}^{C} \sum_{i \in NVC}^{N_{NVC}} x_{0i}^c = C \tag{9.7}$$

$$\sum_{c=1}^{C} \sum_{j \in NVC}^{N_{NVC}} x_{j0}^c = C \tag{9.8}$$

$$\sum_{c=1}^{C} N^c = N \tag{9.9}$$

$$\sum_{c=1}^{C} \sum_{i \in NVC}^{N_{NVC}^c} Num_i^c = \sum_{i \in NVC}^{N_{NVC}} M_i \tag{9.10}$$

$$\sum_{c=1}^{C} \sum_{i \in NVC}^{N_{NVC}} \sum_{m=1}^{M_i} \mu_{im}^c Q_{im}^c \leqslant Q_{\max}^c \tag{9.11}$$

$$\sum_{c=1}^{C} \sum_{i \in NVC}^{N_{NVC}} \sum_{m=1}^{M_i} \mu_{im}^c (l_{im}^c \times w_{im}^c) \leqslant L^c \times W^c \tag{9.12}$$

$$\begin{cases} 0 \leqslant X_{im}^{Lc} \leqslant W^c - w_{im}^c \\ 0 \leqslant Y_{im}^{Lc} \leqslant L^c - l_{im}^c \end{cases} \quad 如果货物摆放方式为水平放置 \tag{9.13}$$

$$\begin{cases} 0 \leqslant X_{im}^{Lc} \leqslant W^c - l_{im}^c \\ 0 \leqslant Y_{im}^{Lc} \leqslant L^c - w_{im}^c \end{cases} \quad 如果货物摆放方式为垂直放置 \tag{9.14}$$

$$0 \leqslant X_{im}^{Rc} \leqslant W^c \tag{9.15}$$

$$0 \leqslant Y_{im}^{Rc} \leqslant L^c \tag{9.16}$$

$$\mu_{im}^c \mu_{jn}^c [\max(X_{im}^{Rc},X_{jn}^{Rc}) - \min(X_{im}^{Lc},X_{jn}^{Lc})] \geqslant \mu_{im}^c \mu_{jn}^c [(X_{im}^{Rc} - X_{im}^{Lc}) - (X_{jn}^{Rc} - X_{jn}^{Lc})]$$
$$c = 1,2,\cdots,C; i,j \in \{1,2,\cdots,N_{NVC}\}; m,n = 1,2,\cdots,M_i; \overline{i=j \& m=n} \tag{9.17}$$

$$\mu_{im}^c \mu_{jn}^c [\max(Y_{im}^{Rc},Y_{jn}^{Rc}) - \min(Y_{im}^{Lc},Y_{jn}^{Lc})] \geqslant \mu_{im}^c \mu_{jn}^c [(Y_{im}^{Rc} - Y_{im}^{Lc}) - (Y_{jn}^{Rc} - Y_{jn}^{Lc})]$$
$$c = 1,2,\cdots,C; i,j \in \{1,2,\cdots,N_{NVC}\}; m,n = 1,2,\cdots,M_i; \overline{i=j \& m=n} \tag{9.18}$$

$$X_{im}^{Lc} \geqslant X_{jn}^{Rc} \bigvee Y_{im}^{Lc} \geqslant Y_{jn}^{Rc},$$
$$c = 1,2,\cdots,C; i,j \in \{1,2,\cdots,N_{NVC}\}; m,n = 1,2,\cdots,M_i; \overline{i=j \& m=n} \quad (if \ \sigma_{ij}^c = 1) \tag{9.19}$$

式(9.1)为目标函数之一,表示物流运输车辆行驶总路径最短。

目标函数(9.2)的目的是使货物配送时违反客户时间窗要求进行时间等待而造成的惩罚费用最少,其中,t_i 为第 c 辆物流运输车辆到达第 i 个客户的时间,$t_i = \dfrac{d_{0i}^c + x_{ij}^c d_{ij}^c}{v^c} +$

$t_0^c, i \neq j, i \in \{1, 2, \cdots, N\}, j \in \{1, 2, \cdots, N\}, v_c$ 为第 c 辆物流运输车辆的行驶速度,且规定车辆的行驶速度为匀速行驶,t_0^c 为第 c 辆物流运输车辆离开物流配送中心的时间。

目标函数(9.3)表示物流运输车辆的装箱率最高,在不违反最大载质量和车厢底面积的约束条件下,通过优化物流运输车的装箱率,使物流运输车辆尽可能避免空余面积浪费,能够增加配送路线上所服务客户的数量,减少所使用的物流运输车辆数目,从而降低物流企业对车辆的使用和维护成本。

式(9.4)是行驶距离约束,表示第 c 辆物流运输车辆行驶总路径不超过车辆规定的最大行驶距离。

式(9.5)表示每个客户仅由一辆物流运输车进行服务且只被服务一次。

式(9.6)表示每个客户点到达和离开的物流运输车辆数相等,即在运输车完成上一个客户点的服务后,到达当前所服务的客户点,完成当前客户点的服务后,离开当前客户点出发到下一个客户点,即流量平衡。

式(9.7)和式(9.8)表示物流运输车辆从配送中心出发,最终返回配送中心。

式(9.9)表示所有客户必须被服务一次。

式(9.10)表示所有客户的所有货物必须都装载进物流运输车的集装箱内,保证不会遗漏客户的货物。

式(9.11)表示车辆载重约束,目的是保证物流运输车在装载客户所需求的货物过程中,货物的载质量不会超过物流运输车的最大载质量。

式(9.12)表示车厢底面积约束,保证物流运输车的装箱货物的投影面积不超过运输车车厢的底面积。

式(9.13)—式(9.16)分别表示所有客户的所有货物在长度和宽度两个维度都不会大于运输车车厢的长度和宽度,即货物不会超过车厢边界。

式(9.17)和式(9.18)分别表示货物在车辆内不会在 X 和 Y 方向上发生堆叠。

式(9.19)为 LIFO 约束,满足先进后出、后进先出的要求,由于本章研究的 2L-CVRPTW 问题,必须保证同一客户的货物在装卸过程中实现一次卸载,不需要搬运其他客户的货物,能够减少人工成本以及搬卸成本,因此,此公式主要用于表示后卸载的客户的所有货物在 X 和 Y 任意方向上都不会遮挡住先需要进行卸载服务的客户的货物。

9.3　2L-CVRPTW 求解算法

车辆路径规划问题和货物装箱问题都是经典的 NP-hard 难题。本章研究的 2L-CVRPTW 问题将这两个问题结合起来,不仅增加了问题的研究难度,也属于 NP-hard 问题。

针对 2L-CVRPTW 问题,我们采用了混合求解算法,将车辆路径规划问题和二维货物装箱问题相结合。对于该研究问题,采用混合求解算法进行求解,其中车辆路径优化问题可以看作引入时间窗约束的多个旅行商问题结合构成的 VRPTW 问题。对于旅行商问题(Travelling Salesman Problem,TSP),要求访问所有的城市,最终回到起始位置,完成一次访问任务。对于该研究问题,相当于将客户比作城市,对城市进行拆分后,一次访问拆分后的部分城市,通过多次访问实现所有城市(客户)的访问。TSP 问题的模式与蚁群算法的觅食模式相似,旅行商对于实际问题,相当于物流配送公司的配送车辆,对于蚁群算法,相当于算法中的蚁群;访问城市对于实际问题,相当于配送的客户,对于蚁群算法,相当于算法中的蚂蚁的觅食位置;旅行商回到的起始位置对于实际问题,相当于配送中心的位置,对于蚁群算法,相当于蚂蚁的巢穴。因此,本章求解的车辆路径规划问题可以被视为蚂蚁在觅食过程中寻找的最优路径。在对 2L-CVRPTW 的求解方法进行总结的基础上,本章对于车辆路径优化问题采用了改进蚁群算法进行求解,而对于装箱问题则采用了基于最小浪费优先策略的启发式装箱算法进行求解。

9.3.1 算法总体流程

针对基于硬时间窗约束的二维装箱与车辆路径规划问题,本研究提出了一种混合求解算法。该算法分为两个部分:外部算法和内部算法。外部算法采用求解车辆路径优化问题,使用改进蚁群算法对问题进行求解;内部算法主要用于判断货物装箱可行性和对二维货物装箱方案进行优化,通过调用最小浪费优先策略的启发式装箱算法对问题进行求解。两种算法结合并对问题进行求解,从而实现了车辆路径优化问题和二维货物装箱问题的联合优化。

混合算法的总流程图如图 9.5 所示,算法总流程图由两个部分组成:

①左边虚线框为外部算法,用于求解车辆路径优化问题的改进蚁群算法。第一步,初始化蚁群算法的相关参数。第二步,使用状态转移概率选择下一个访问的客户点,当选择下一个访问客户点时,需要满足路径上车辆的额定载重、最远行驶距离等约束条件。第三步,在满足车辆路径优化问题的约束时,调用基于最小浪费优先策略的启发式装箱算法,判断路线上客户货物的装箱可行性并进行装箱方案优化。如果所选择客户的货物无法完全装载,则需要返回第二步重新选择新客户,并再次进行客户货物的装箱可行性检查。若客户货物能够完全装载,则进行下一步操作。第四步,根据启发式装箱算法的返回值进行路径优化。

②右边虚线框为内部算法,用于求解二维装箱问题的基于最小浪费优先策略的启发式装箱算法。第一步,根据先进后出原则确定货物初始装箱序列;第二步,对访问客户的所有货物按照面积大小对货物进行降序排列;第三步,删除坏点后确定可行放置点集合,更新可行区域;第四步,选择放置货物、货物放置点和货物摆放方式求解浪费面积,获得最优放置方案;第五步,判断客户所有货物是否完全装箱,返回货物装箱可行性、装箱方案和最小浪费面积。

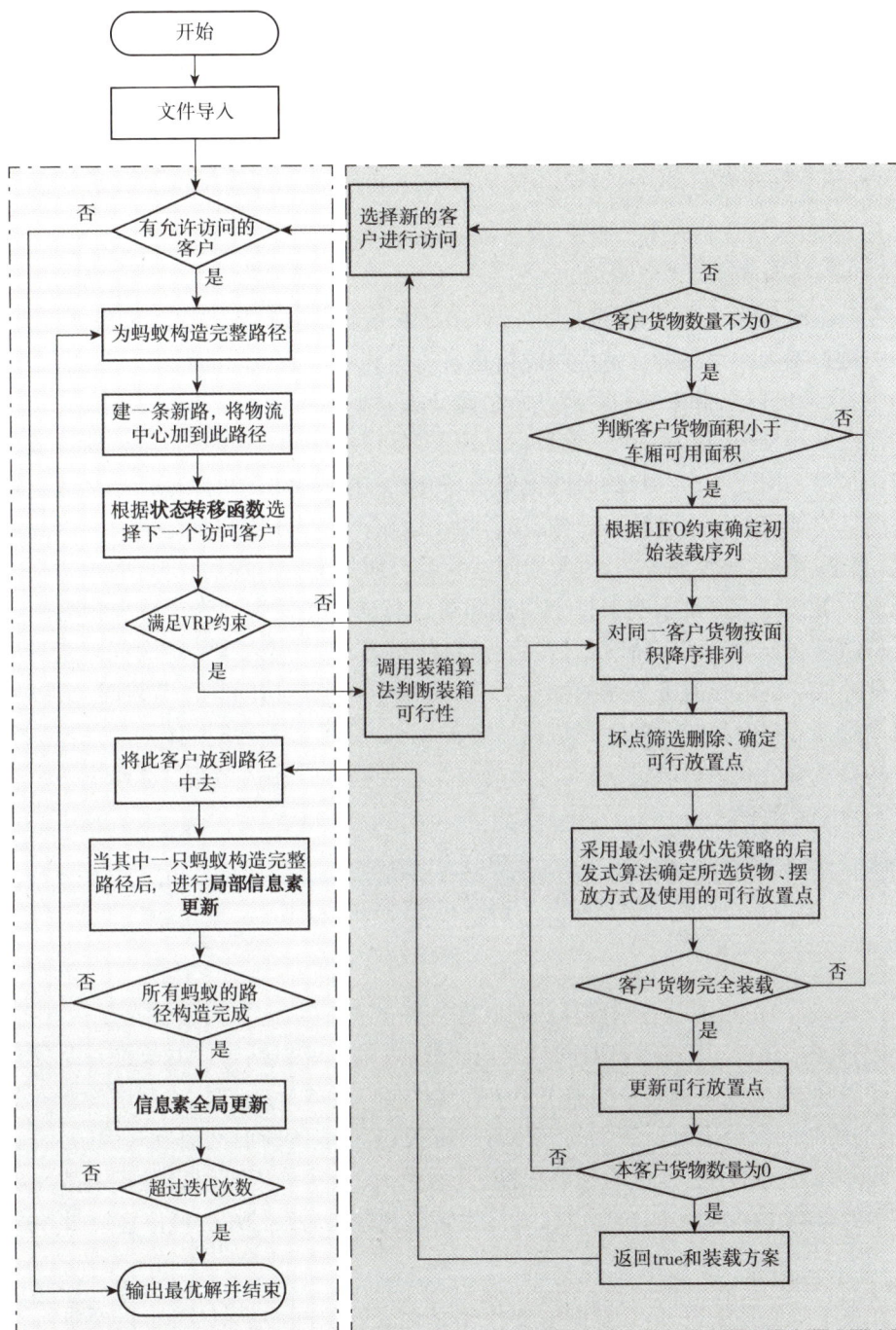

图 9.5　求解算法总流程图

9.3.2　改进蚁群算法

针对基本蚁群算法存在的缺点,并结合本章所研究的问题,本节将从状态转移概率、信息素的更新策略以及信息素挥发因子的设计 3 个方面对基本蚁群算法进行改进,改善基本蚁群算法的不足,使其更加符合本章所建立的数学模型和求解问题的需求。

(1)状态转移概率的改进

在基本蚁群算法中,蚂蚁选择下一个客户服务节点主要基于状态转移概率公式,其中关键影响因素包括客户节点间的信息素浓度和客户节点间的距离。然而,在实际问题中,仅考虑信息素浓度和距离这两个部分难以满足客户选择概率的精度要求。

在数学模型中,其中一个优化目标是违反客户规定的时间窗进行等待所造成的惩罚费用最少。由于考虑客户的时间窗要求,物流配送时需要尽可能地保证物流运输车辆按照客户规定的时间到达客户位置,若物流运输车辆早于客户规定的时间到达客户位置,会进行一定时长的等待,直至时间达到客户所规定的时间后,进行客户货物的配送服务。等待时长严重影响了整个物流配送过程的工作效率。为了减少物流配送车辆在待服务客户节点的等待时长,在状态转移概率公式中引入了等待时间因素。尽可能保证完成当前客户服务节点的配送后,在选择下一个待访问客户节点时,会以更高的概率选择等待时间较短的客户进行服务。因此,在考虑等待时间因素的情况下,对状态转移概率公式进行改进,建立对于蚂蚁 k 从当前客户服务节点 i 选择下一个客户服务节点 j 的概率为:

$$p_{ij}^{k}(t) = \begin{cases} \dfrac{[\tau_{ij}(t)]^{\alpha} \cdot [\eta_{ij}(t)]^{\beta} \cdot [\mu_{ij}(t)]^{\chi}}{\sum\limits_{z \subset \text{allowed}_k} [\tau_{iz}(t)]^{\alpha} \cdot [\tau_{iz}(t)]^{\beta} \cdot [\mu_{iz}(t)]^{\chi}}, & j \in \text{allowed}_k \\ 0, & \text{其他} \end{cases} \quad (9.20)$$

在式(9.20)中,除基本蚁群算法的状态转移概率中的参数外,还引入 $\mu_{ij}(t)$ 和 χ 两个参数,其中,$\mu_{ij}(t)$ 表示等待时间启发式函数,表示蚂蚁根据等待时长进行路径选择的期望程度,与蚂蚁离开客户服务节点 i 后到达客户服务节点 j 时,违反客户服务节点 j 规定的硬时间窗约束时所产生的等待时长有关;χ 代表等待时间启发式因子,表示等待时间对蚂蚁选择下一节点的影响程度,其值越大,表示等待时间启发式函数在状态转移中的影响作用越大,蚂蚁会以较大概率转移到等待时间较短的城市客户服务点。

(2)信息素更新策略的优化

在基本蚁群算法中,信息素的主要作用是保证蚂蚁间的信息交流,以便进行路径选择,随着信息素在某些路径上积累的浓度越来越大,这些路径直接被蚂蚁选中,导致部分较优路径被忽略,算法陷入局部最优,信息素更新机制就是为了防止这种弊端。若信息素更新较慢,则算法收敛速度变缓,出现无法找到最优解的情况;若信息素更新过快,算法容易过早收敛于局部最优解,因此,本章在信息素的更新策略上采用局部更新和全局更新两种方式进行信息素更新。

①局部信息素更新策略。基本蚁群算法在信息素的更新时,并没有考虑路径上信息素的更新,因此,对每条路径,本章引入局部信息素蒸发因子,能够有效防止蚂蚁在路径上释放的信息素的不断增加,舍弃之前更新过的劣解路径。

$$\tau_{ij}(t+1) = \omega_1(1-\varepsilon)\tau_{ij}(t) \tag{9.21}$$

式中　ε——信息素局部更新蒸发因子;

　　　ω_1——剩余信息素的系数,其值为随机生成小于 1 的数。

②全局信息素更新策略。为了保证蚁群算法在求解过程中,能尽快收敛于最优目标的路径,因此,当全部的蚂蚁走访完所有的配送服务点后,在信息素的全局信息素更新策略中引入精英策略,对最优路径实行信息素全局更新。一方面能够让蚂蚁在短时间内根据路径上的信息素的残余浓度高效找寻到较优路径,另一方面能够使蚂蚁朝着更多方向寻优,促进算法的计算收敛,信息素全局更新机制的计算式为:

$$\tau_{ij} = (1-\rho)\tau_{ij}^0 + \sum_{k=1}^m \Delta\tau_{ij}^k + \omega_2\Delta\tau_{ij}^b$$

$$\Delta\tau_{ij}^k = \begin{cases} (C_k)^{-1}, & ij \in R^k \\ 0, & \text{其他} \end{cases} \tag{9.22}$$

$$\Delta\tau_{ij}^b = \begin{cases} (C_b)^{-1}, & ij \in \text{最优总成本的路径} \\ 0, & \text{其他} \end{cases}$$

式中　ρ——全局信息素蒸发系数,取值范围为 $0 < \rho \le 1$;

　　　τ_{ij}^0——边 ij 的初始信息素浓度;

　　　$\Delta\tau_{ij}^k$——第 k 只蚂蚁在它所经过的边上释放的信息素含量,与路径和等待时间的总费用有关;

　　　ω_2——权值,其值一般等于客户规模;

　　　$\Delta\tau_{ij}^b$——在每次迭代后,属于最优路径上的边额外增加的信息素含量,与最优路径的路径和等待时间的总费用有关;

　　　C_k——第 k 只蚂蚁的总费用,即路径费用和等待时间造成的费用之和;

　　　C_b——一次迭代后,蚁群中总费用最少蚂蚁的花费。

这一更新规则在信息素释放过程中也考虑了信息素的挥发,这样改进信息素更新策略既考虑了全局最优路径的信息,也考虑了本次迭代最优路径的信息,使得蚁群算法不容易进入局部较优,从而改变搜索停滞不前的弊端。

(3)信息素挥发因子 ρ 的优化

在传统蚁群算法中,信息素挥发因子 ρ 通常是一个固定的数值,在迭代计算中不会发生改变。经研究表明,信息素挥发因子 ρ 主要是控制路径上信息素的浓度值,而信息素浓度又决定着路径被选取的概率,因此,信息素挥发因子ρ对求解寻优的作用是两面性的。若ρ过大,算法完成一次迭代后,路径上的信息素大量挥发,每条路径上剩余信息素含量趋于均匀,信息素对蚂蚁的指引作用变差,蚂蚁随机选择路径进行觅食,算法求解效率较差;若ρ过小,一次迭代后,路径上残余信息素过多,蚂蚁走过的路线和未走过的路线上信息素含量差距较大,算法容易陷入局部最优,收敛于可行解(走过路线)中的最优解。为了平衡二者,引入ρ的动态调节机制,其具体实现方式如下:

$$\rho = \begin{cases} 0.7, & NC \in \left[0, 0.25NC_{\max}\right] \\ 0.4, & NC \in \left[0.25NC_{\max}, 0.75NC_{\max}\right] \\ 0.1, & NC \in \left[0.75NC_{\max}, NC_{\max}\right] \end{cases} \tag{9.23}$$

式中　NC——算法当前进行的迭代次数;

　　　$NC_{\max}$——算法所设定的最大迭代次数。

当算法迭代次数达到规定的最大迭代次数时,算法停止求解;在算法迭代开始阶段,将ρ的数值设计得尽可能大一些,能够增加蚁群算法的搜索空间,算法的全局搜索能力相应会增强,当迭代次数到达一定次数后,为了增强算法的局部搜索能力,本章将ρ的数值逐渐降低,算法在局部空间中进行最优解的搜索,可以避免蚁群算法进入停滞状态,陷于局部最优的状况。

9.3.3　启发式装箱算法设计

在采用改进蚁群算法求解客户的车辆配送路线之后,必须确保每个客户的货物能够完全装载进所规划路径的配送车辆的车厢内,且配送路线上的所有客户及其服务顺序也是固定的。在不违反先进后出(Last-In-First-Out, LIFO)约束的前提下,不同客户的货物装箱顺序是固定的,但同一客户的货物装箱顺序并不是固定的。

考虑到不同客户的所有货物在装箱时有固定的装货顺序,且不能将所有货物混合装载,其中,对于求解二维装箱问题的经典求解算法,如最佳适应算法、最先适应算法和最佳最先适应算法,在规划货物装载方案时并没有考虑货物的装箱顺序。然而,本章研究的是配送路径上的客户货物的装箱问题,必须考虑货物的装箱顺序。因此,这些传统算法并不适用于本章所提出的装箱问题。同时,考虑到数学模型中装箱利用率最大化的优化目标,目的是在货物装箱过程中尽可能地减少空余面积的浪费,故采用最小浪费优先策略的启发式装箱算法对二维货物装箱问题进行装箱可行性验证和装箱方案求解优化。

在设计启发式装箱算法之前,会涉及货物的装箱顺序和货物的旋转摆放等问题,首先介绍货物的装箱顺序规则和货物的摆放方式。

1)货物装载规则

同一客户的货物装箱顺序并不是固定的,根据人工装箱经验,在货物装箱初始化时,将同一客户的货物按照箱子的面积降序排列,即优先装载大货物,后装小货物。

2）货物摆放方式

本章研究的二维装箱问题中,为了更贴近实际问题,货物的摆放方式规定有两种:垂直摆放或水平摆放。

在进行货物装箱优化时,解空间的表示方法至关重要。它是构成求解装箱问题算法的基础结构。采用阶梯线的结构对解空间进行解释。其原理如下:

（1）解空间的表达方式-阶梯线

阶梯线作为装箱问题解空间的一种常见结构,其原理如下:首先以物流运输车辆车厢（装箱矩形大容器）的两条边为坐标轴和以物流运输车辆车厢的左下角为坐标原点建立直角坐标系,如图 9.6 所示,并且装箱矩形大容器的每条边都平行于 X 轴或 Y 轴,R_p 为已装箱的小矩形货物（以下简称小矩形）的集合,由于考虑到小矩形货物的稳定性约束,所有已装箱的小矩形货物的所有边都必须平行或垂直于坐标系的坐标轴,以所有已装箱的小矩形货物的右上角坐标与坐标原点为对角构成每个已装箱小矩形货物的占用面积,用 I 表示,已装箱小矩形货物的占用面积。对于装箱矩形大容器而言,未被占用的面积称为空闲面积,用 U 表示,已装箱小矩形货物的占用面积 I 与空闲面积 U 之间的分界线为一条向右单调递减的线段,形状类似于楼梯的形状,因此,称此条线段为阶梯线。

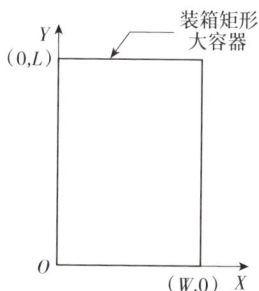

图 9.6 装箱矩形大容器

阶梯线是由 m 段连续水平线段 $(s_1,s_2,\cdots,s_m)$ 所组成的集合,每条水平线段是由其线段的两个端点决定的,因此,水平线段 s_j 可以由包括 x_j^l,x_j^r,y_j 这 3 个元素对其进行描述,其中元素 x_j^l 为水平线段 s_j 左端点所对应的横坐标值,元素 x_j^r 为水平线段 s_j 右端点所对应的横坐标值,y_j 为水平线段 s_j 左右两个端点所对应的纵坐标值,所有水平线段 s_j 构成阶梯线的条件为:$y_j \geqslant y_{j+1}(j=1,2,\cdots,m-1)$ 和 $x_j^r \geqslant x_{j+1}^l(j=1,2,\cdots,m-1)$。图 9.7 为构造阶梯线的例子,图 9.7（a）中包括 5 个已装箱小矩形货物,阶梯线由 $s_1,s_2,\cdots,s_5$ 构成,对于每条水平线段,水平线段右端点的纵坐标会影响水平线段的左端点,因此,规定水平线段右端点为决策点,水平线段左端点为角点。图 9.7（a）

中 1,3,5,7,9 为角点,2,4,6,8,10 为决策点,角点对应的坐标点为小矩形货物可行放置点,即小矩形货物的左下角坐标值须与其中某一角点的坐标值相等。如图 9.7(b)所示,小矩形货物 r 选择序号为 5 的角点作为货物的放置点,在小矩形货物 r 装箱过程中,其右上角的决策点高度会对角点产生影响,从图 9.7(b)中可以看出,受到小矩形货物 r 右上角决策点的影响,会产生新的角点,从决策点分别向左和向下画两条直线,直线与其他小矩形块的交点为新的角点,新产生的角点可能与原角点重合。初始填充状态的水平线由大容器底部的水平线段表示,当 $x_1 \leqslant x_2$ 且 $y_1 \leqslant y_2$ 时,则决策点 (x_2,y_2) 支配 (x_1,y_1)。

在矩形装箱大容器中装填进新的小矩形货物 r 到可行放置点(某一角点)$p(x_p,y_p)$ 位置时,受到小矩形货物 r 决策点的影响,阶梯线需要进行更新调整,更新调整的过程如下:首先考虑小矩形货物 r 的右上角坐标点为决策点,将此决策点 $p^*(x_p+w_r,y_p+l_r)$ 添加到决策点列表中,其中 w_r 和 l_r 分别为小矩形货物 r 的横向和纵向长度,之后在决策点列表中删除受到决策点 p^* 支配后的其他决策点,更新决策点列表。如图 9.7(c)所示,装填进新的小矩形货物 r 后,阶梯线进行更新,图中斜线部分为装填小矩形货物 r 后所造成的装填浪费面积,在之后的装填过程中,阶梯线以下的装填浪费面积在后续的货物装填过程中,不允许货物放置在此区域,为了提高物流运输车辆的装箱利用率,在制订货物装箱方案中尽可能地减少小矩形货物装箱过程所造成的装填浪费面积。

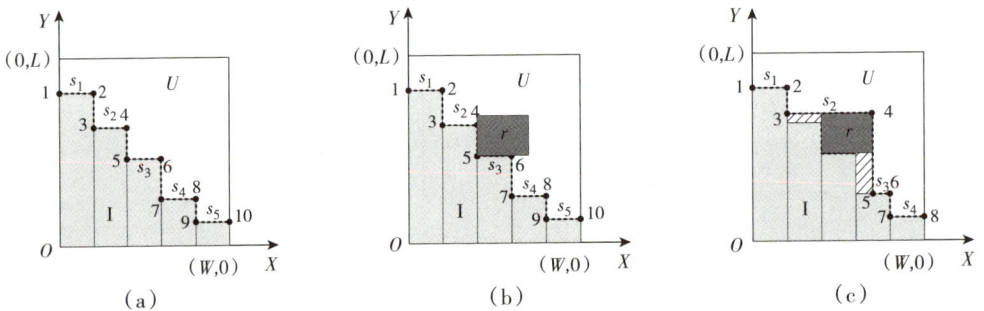

图 9.7　阶梯线的更新过程

(2)最小浪费优先策略的启发式装箱算法

本章内容对单配送中心的 2L-CVRPTW 问题进行研究,在所建立的数学模型中,其中一个优化目标为车辆装箱利用率最高,若想实现此优化目标,应尽可能地减少物流运输车辆进行货物装箱时造成的空洞,即所谓的浪费面积,通过对文献的查阅,本章拟借鉴魏丽军在 2008 年提出的基于最小浪费优先策略的启发式装箱算法,通过改进此算法来进行货物的装箱优化。原启发式装箱算法在进行货物装箱时,并没有考虑货物的旋转和货物的装箱顺序,本章针对研究问题,在算法中考虑了货物的旋转和装载顺序,通过选择合适的可行放置点,对客户货物进行顺序调整及旋转模式的尝试,选择浪费面积小的货物装箱方案,提高货物装箱利用率。

　　改进后的基于最小浪费优先策略的启发式装箱算法的基本原理如下:规定小矩形货物的左下角坐标为基点。进行货物放置时,小矩形货物的基点必须与选择的可行放置点相对应。首先,建立二维直角坐标系,其中装箱矩形大容器(以下简称矩形大容器)的左下角对应坐标原点。在初始时刻,第一个客户的第一个货物放置在矩形大容器的左下角。设 I 表示已经装填进矩形大容器的小矩形货物的集合,对于尚未装入矩形大容器的小矩形货物,根据上述关于阶梯线的相关介绍,其装填位置如下:对于 I 中的任一小矩形货物 R_i,待装填的小矩形货物只能在 R_i 的右方或者上方,并且不能超过矩形大容器的边界,即所装入矩形大容器的位置为:

$$S(I) = \left\{ (x,y) : \forall R_i \in I, (x \geq x_{ri} \text{ 或 } y \geq y_{ri}) \text{ 且 } (x \leq W \text{ 且 } y \leq L) \right\}$$

$$(9.24)$$

　　图 9.8 由虚线包围的区域为货物装填的可行区域。可行区域中包括 $S(I)$ 中的所有点,待装箱小矩形货物可以装进可行区域的任一点,由于可行区域内包括的点较多,因此,通过一定的方法减少点的数量,在可行区域,随机选择一个点,按顺时针方向,选择从水平走向变为垂直走向的拐点,将所选择的拐点称为货物装填可行点(可行区域右上角的拐点除外)。在图 9.8 中,除了拐点 7,拐点 1,2,3,4,5,6 为货物装填可行点,此外,可进一步筛选减少货物装填可行点的数量。若同一配送路径上客户待装箱货物中,任一待装箱小矩形货物的最短尺寸均大于货物装填可行点与车厢边界之间的距离,则说明所有未装填货物都不能在此货物装填可行点进行货物装箱,上述货物装填可行点称为坏点。如果车厢的空闲面积内存在坏点,则将该坏点进行删除并将车厢的空闲面积进行调整。如图 9.9 和图 9.10 所示,若所有客户待装箱货物的最小尺寸都大于间隔 l_1 和 l_2 的尺寸,说明任一货物放置在可行放置点 1 和放置点 5 时,小矩形货物都会超过车厢的边界,违反装箱问题的边界约束,因此,对坏点 1 和坏点 5 进行删除,更新货物装填可行点列表,只包括可行放置点 2、放置点 3 和放置点 4,空闲面积也进行相应的更新,斜线部分被删除。

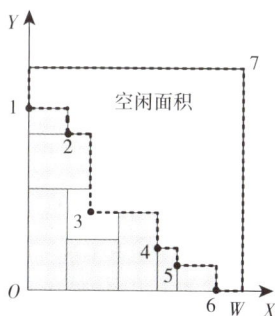

图 9.8　可行放置点

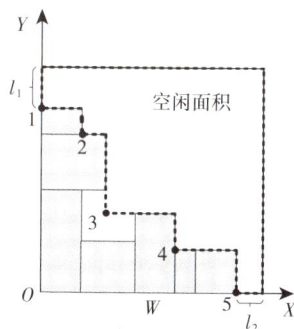

图 9.9　坏点

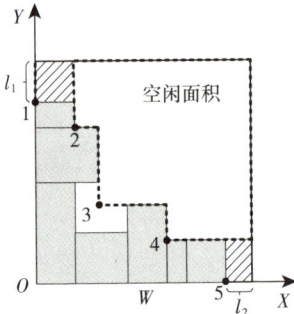

图9.10 删除坏点以及可行区域调整

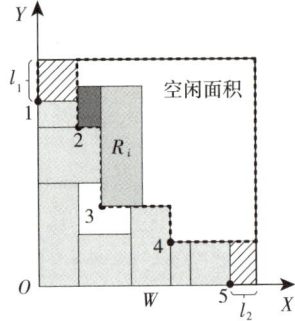

图9.11 装填后造成的面积浪费

若存在较多的小矩形货物可以装填进可行放置点2,3和4时,如图9.10所示,在确定最优的货物装箱方案时,需要考虑以下3个因素:小矩形货物的选择、小矩形货物的放置方式和可行放置点的选择。当选定某个小矩形货物以某种放置方式装进其中某一个可行放置点时,车厢的空闲面积变少,此外,可能出现以下情况,即空闲面积的减少面积大于被装入的小矩形货物面积,如图9.11所示,当小矩形货物 R_i 放置在可行放置点3时,灰色矩形的区域将会被浪费,因此,R_i 放置在可行放置点3处并不是最佳选择。

为了获得更好的装箱方案,定义最小浪费优先策略来进行货物装箱优化。令当前可行放置点集合为 P,当前未装入小矩形货物集合为 U,令 (R_i,p,b) 表示小矩形货物 R_i 以摆放方式 b 装填在可行放置点 p。其中 $R_i \in U$,$p \in P$,$b \in \{0,1\}$,$b=0$ 表示小矩形货物以垂直放置的方式进行放置(小矩形货物的长与 Y 轴平行,宽与 X 轴平行),$b=1$ 表示小矩形货物以水平放置的方式进行放置(小矩形货物的长与 X 轴平行,宽与 Y 轴平行)。令 $A(R_i,p,b)$ 表示 (R_i,p,b) 所造成的浪费面积,即小矩形货物 R_i 以 b 摆放方式装填在可行放置点 p 后,可行区域减少的面积与放入的小矩形货物 R_i 的面积之差。由此可知,当浪费面积越小,大矩形容器中用于进行小矩形货物装箱的空闲面积就越大。因此,应选择合适的待装填小矩形货物 r 以合适的放置方式放到合适的可行放置点 q 中使得其浪费面积 $A(r,q,c)$ 最小,即 $A(r,q,c) = \min\limits_{R_i \in U, p \in P, b \in \{0,1\}} A(R_i,p,b)$。若存在多种货物装箱方案造成的浪费面积相同的情况,则随机选择一种货物装箱方案进行小矩形货物的装箱。对于浪费面积的计算,为保证算法求解的精度,应先对可行放置点进行检验,是否存在坏点,若可行放置点列表中存在坏点,应将坏点进行删除,更新可行放置点列表,随后进行货物装箱方案优化。

9.3.4 算法测试

本章研究的2L-CVRPTW问题是在传统VRP问题的基础上,引入了"硬时间窗"和"二维装箱"两个问题,因此,针对本章的研究问题,并没有标准测试算例可供使用。

为了验证本章所提出算法的有效性,先将所提出的求解车辆路径的蚁群算法通过Solomon 的 VRPTW(不考虑装箱约束)标准测试算例进行验证,Solomon 标准算例的求解是以车辆路径最短为优化目标,而本章所涉及的关于车辆路径的优化目标为路径最短和等待时间最短为优化目标,因此,为了缩短车辆等待时间所造成的费用,会产生一定的路径浪费,表9.2为本章所提出的改进蚁群算法以路径最短和等待时间最短为优化目标求解时的路径长度和等待时间,并与已知文献中的测试算例的最优解进行对比,表9.2为不同算法求解路径长度和等待时间结果对比,表9.3为不同算法求解最短路径结果对比。

表9.2　不同算法求解路径和等待时间结果对比

算例	元启发式算法		时差插入式启发算法		本章算法	
	路径长度	等待时间	路径长度	等待时间	路径长度	等待时间
R101	1 436.7	258.8	1 387.07	285.60	1 300.18	235.10
R201	1 402.4	175.6	1 219.14	393.25	1 307.39	229.18
RC101	1 596.5	178.5	1 564.36	215.46	1 444.44	249.70

表9.3　不同算法求解最短路径结果对比

算例	基本水滴算法	遗传算法	基本蚁群算法	本章算法
R101	1 499.23	1 557.27	1 494.756	1 300.18
R102	1 399.17	1 489.45	1 494.756	1 233.77
R103	1 147.21	1 216.36	1 494.756	1 135.42
R104	1 065.64	1 067.47	1 494.756	1 040.85
R105	1 205.29	1 196.47	1 494.756	1 157.82
R106	1 181.21	1 254.36	1 494.756	1 208.24
R107	1 117.31	1 127.24	1 494.756	1 156.62
R108	1 057.28	1 043.35	1 494.756	1 037.09
R109	1 130.34	1 139.27	1 494.756	1 177.23
R110	1 192.84	1 201.53	1 494.756	1 175.59

通过对标准算例的求解,求解结果与不同算法和基本蚁群算法所求解的结果进行对比,发现本章所设计的改进蚁群算法在求解车辆路径方面,与基本蚁群算法关于求解 Solomon 标准算例的 R 系列算例的平均结果对比,本章所设计的改进蚁群算法的求解结果优于基本蚁群算法;由改进的蚁群算法与基本水滴算法和遗传算法的结果对比可知,改进蚁群算法的结果优于其他两种算法或者改进蚁群算法与其他两种算法的结果的差距控制在5%以内,造成此问题的原因是:本章内容的优化目标是以车辆路径长度和等待时间的惩罚费用为共同优化目标,最优解是同时考虑了路径和惩罚费用两者的最优解,若单纯只对路径长度进行优化,结果会更优于其他两种算法。因此,本章提出的改进蚁群算法在求解车辆路径优化问题时有效,为了进一步验证该算法在解决 VRPTW 问题以及启发式装箱算法在货物装箱优化问题的可行性与有效性,本章计划通过结合实际物流配送中的货物车辆装载路径优化问题进行详细的求解分析。

9.4　案例分析

针对所提出的 2L-CVRPTW 问题数学模型,通过设计的改进蚁群算法和基于最小浪费优先策略的启发式装箱算法对数学模型进行求解。本节将通过对案例进行求解,证明本章所提出的混合算法对问题求解的有效性以及数学模型的合理性。

1)案例背景

本章以大连市苏宁易购西安路店的货物配送为例展开研究,目前,苏宁的配送模式为集中配送模式,即在苏宁西安路店半径 5 km 范围内的线下门店和线上订单的货物都会集中运送到该店。在该店进行货物装箱后,车辆从此店出发,完成所有客户服务后,最终返回该店。

2)数据采集

(1)获取配送中心及客户节点的地理位置

通过实地调查,本章采集了苏宁西安路店半径 5 km 范围内的客户信息。选取了一个以苏宁西安路店为配送中心的节点和 20 个客户的地理位置作为研究对象。根据这 21 个节点的位置进行了相关研究,具体位置分布如图 9.12 所示。

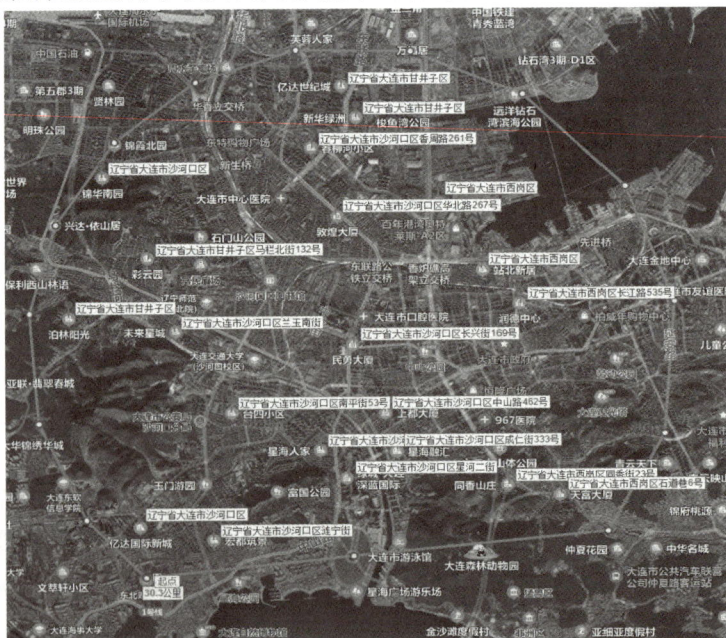

图 9.12　配送中心及客户节点位置图

（2）获取配送中心与客户、客户点之间的距离

通过查阅文献，目前大多数用于求解 VRP 问题的文献中，通常是根据两点间的坐标使用曼哈顿距离公式或者欧式距离公式计算两点间的距离。然而，在实际物流配送过程中，两点间的物流配送行驶路线通常不是直线。因此，本章考虑实际物流配送的路线，在获取配送中心与客户、客户之间的距离时，使用百度地图的导航系统，根据配送中心与客户点的位置，通过驾车方案，在导航框中输入起点和终点，选择"最短路程"策略，可获得两节点间的最短距离，在根据百度地图测量两点间的相对距离时，由于大部分路线采用双行线，因此两点间的距离是相等的，此外，通过测量发现，即使两点间的路线不是同一条，其相对距离也相差不大，因此，对于两点间的路径距离，采用对称矩阵，如图 9.13 所示，所有节点间的距离采用百度地图的驾车距离。

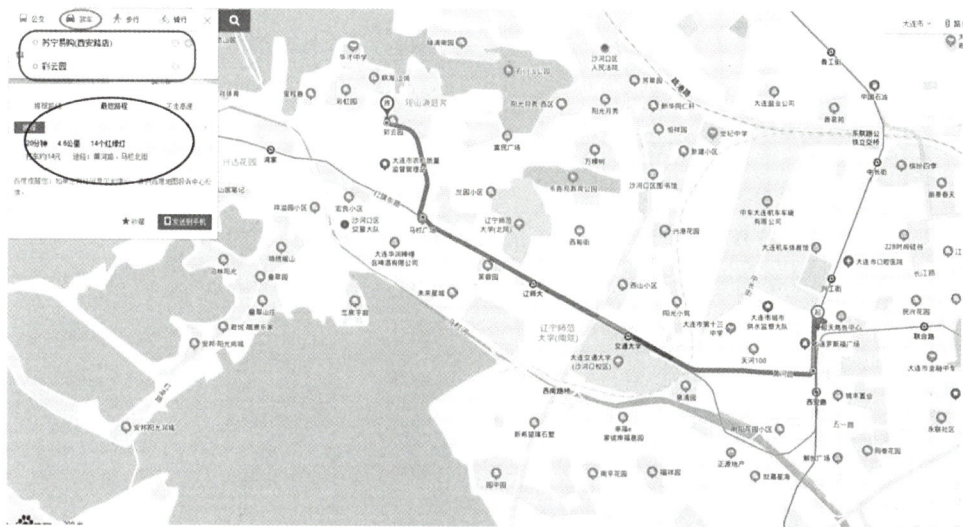

图 9.13　计算节点间的最短距离

（3）获取配送货物的相关属性

由于本章选择配送的货物为大件家用电器，这类货物主要包括电热水器、冰箱、洗衣机、空调和电视机等。在配送装货时，必须知道货物的产品类型以及其相关属性，表 9.4 为大件家用电器的产品类型及相关属性。

表 9.4　大件家用电器的产品类型及相关属性

产品类型	长度/mm	宽度/mm	质量/kg
海尔 60 L 电热水器 EC6002	760	460	24
美的 60 L 电热水器 F6021	850	400	20
史密斯 60 L 电热水器 E60	900	450	25

续表

产品类型	长度/mm	宽度/mm	质量/kg
史密斯 60 L 电热水器 EWH-80HG	1 000	340	35
海尔 405 L 多开门冰箱	800	780	83
海尔 411 L 多开门冰箱	780	750	96
西门子 502 L 对开门冰箱	950	700	96
美的 213 L 直冷冰箱	620	660	60
美的 323 L 多门电冰箱	690	730	69
海尔 8 kg 波轮洗衣机	600	600	30
创维 6 kg 波轮洗衣机	570	600	23
小天鹅 10 kg 滚筒洗衣机	700	700	68
美的 8 kg 波轮洗衣机	580	590	31
松下 10 kg 滚筒洗衣机	690	660	68
小天鹅 8 kg 波轮洗衣机	590	480	31
美的 10 kg 滚筒洗衣机	700	740	78
小米 65 寸电视机	1 500	300	18
TCL75 寸电视机	1 700	400	30
创维 70 寸电视机	1 600	350	22
海信 65 寸电视机	1 500	300	20
三星 65 寸电视机	1 500	300	21
海尔 70 寸电视机	1 600	330	24
格力 1.5 匹变频挂机空调外机	800	560	28.5
格力 1.5 匹变频挂机空调内机	900	300	11
美的 1.5 匹变频挂机空调外机	800	560	31
美的 1.5 匹变频挂机空调内机	910	320	11
TCL 大 2 匹立柜式空调外机	860	600	32
TCL 大 2 匹立柜式空调内机	400	400	28
美的 3 匹立柜式空调外机	890	680	43
美的 3 匹立柜式空调内机	400	400	31
海尔洗碗机	470	490	24
美的洗碗机	600	600	42

续表

产品类型	长度/mm	宽度/mm	质量/kg
西门子洗碗机	600	600	50
松下洗碗机	550	350	20
方太油烟机	900	520	23.5
华帝油烟机	800	380	22.6
老板油烟机	900	520	24
美的蒸烤一体机	670	700	36
老板蒸烤一体机	600	570	31.5
西门子蒸烤一体机	660	700	37

（4）获取客户位置、需求及送货时间

由于不同客户的位置、需求及送货时间不同，在获取信息时，必须知道客户的位置、货物需求、送货时间、服务开始时间和服务结束时间，以便于后续安排配送车辆和合理规划行车路线，其中，物流配送车辆按照时间段进行货物配送服务，本章对物流配送车辆的一次配送服务进行仿真，配送中心在早上 8:00 开始服务，10:00 时结束第一次服务，所有物流车辆返回配送中心，配送服务客户的相关信息见表 9.5。

表 9.5　客户的相关信息

客户编号	所在小区	所需货物种类	服务开始时间	服务结束时间	服务时长/min
1	星海融汇	海尔 60 L 电热水器 海尔 411 L 多开门冰箱 海尔 8 kg 波轮洗衣机 格力 1.5 匹挂机空调外机 格力 1.5 匹挂机空调内机 海尔洗碗机	8:24	8:40	12
2	彩云园	老板蒸烤一体机 美的 3 匹立柜式空调外机 美的 3 匹立柜式空调内机 TCL75 寸电视机 小天鹅 10 kg 滚筒洗衣机	8:20	8:50	10

续表

客户编号	所在小区	所需货物种类	服务开始时间	服务结束时间	服务时长/min
3	亿达世纪	史密斯 60 L 电热水器 美的 8 kg 波轮洗衣机 海尔洗碗机 方太油烟机	8:40	9:14	8
4	金海花园	美的 323 L 多门电冰箱 美的 10 kg 滚筒洗衣机	8:15	8:43	4
5	宏都筑景	西门子蒸烤一体机 TCL75 寸电视机	8:35	8:58	4
6	春柳河	西门子 502 L 对开门冰箱 创维 6 kg 波轮洗衣机 松下洗碗机	8:10	8:42	6
7	天富大厦	美的蒸烤一体机 老板蒸烤一体机	9:02	9:34	4
8	润德中心	美的 3 匹立柜式空调外机 美的 3 匹立柜式空调内机 TCL 大 2 匹立柜式空调外机 TCL 大 2 匹立柜式空调内机	8:15	8:41	8
9	站北新居	创维 6 kg 波轮洗衣机 海尔洗碗机 松下洗碗机	8:30	8:55	6
10	亿达国际	华帝油烟机 老板油烟机 美的蒸烤一体机	8:21	8:46	6
11	新华绿洲	海尔 60 L 电热水器 小天鹅 10 kg 滚筒洗衣机 海尔 70 寸电视机 华帝油烟机	8:25	8:56	8

续表

客户编号	所在小区	所需货物种类	服务开始时间	服务结束时间	服务时长/min
12	同香山庄	美的 60 L 电热水器	8:47	9:14	10
		海尔 8 kg 波轮洗衣机			
		小米 65 寸电视机			
		海信 65 寸电视机			
		西门子洗碗机			
13	深蓝国际	海尔 405 L 多开门冰箱	8:45	9:21	4
		海尔 411 L 多开门冰箱			
14	泊林阳光	小米 65 寸电视机	8:30	9:04	9
		三星 65 寸电视机			
		TCL 大 2 匹立柜式空调外机			
		TCL 大 2 匹立柜式空调内机			
		西门子洗碗机			
15	未来星城	美的 8 kg 波轮洗衣机	8:10	8:44	3
		松下 10 kg 滚筒洗衣机			
16	敦煌大厦	海尔 411 L 多开门冰箱	8:29	9:02	5
		格力 1.5 匹挂机空调外机			
		格力 1.5 匹挂机空调内机			
17	星海人家	海尔 405 L 多开门冰箱	8:22	8:43	8
		美的 323 L 多门电冰箱			
		创维 6 kg 波轮洗衣机			
		小天鹅 10 kg 滚筒洗衣机			
18	上都大厦	海尔 60 L 电热水器	8:10	8:34	5
		老板油烟机			
		美的蒸烤一体机			
19	锦华南园	史密斯 60 L 电热水器	8:45	9:14	7
		松下洗碗机			
		方太油烟机			
		老板蒸烤一体机			

续表

客户编号	所在小区	所需货物种类	服务开始时间	服务结束时间	服务时长/min
20	台四小区	小天鹅 8 kg 波轮洗衣机	8:11	8:36	3
		三星 65 寸电视机			

（5）获取配送车辆的相关属性

对于货物装箱和车辆路径问题，由于本章内容考虑货物装箱问题，因此需知道配送车辆车厢的尺寸以及最大载重，以便所有货物在装箱时，不会超过车厢边界以及车辆的最大载重；由于本章内容主要考虑硬时间窗约束，因此需要知道车辆行驶时的耗时，对于车辆行驶时的耗时，需要知道配送车辆的行驶速度，考虑到堵车及红绿灯因素，在一定程度上将车辆行驶速度进行调整，表 9.6 为配送车辆的相关属性。

表 9.6　配送车辆的相关属性

车辆种类	车厢长度/mm	车厢宽度/mm	最大载重/kg	最大行驶距离/km	匀速行驶速度/(km·min^{-1})
小卡车	4 300	1 800	1 500	100	0.5

3）算法参数设置

在参数的初始范围确定后，本研究采用试验设计方法（Design of Experiments，DOE）和对参数进行调整的试验来确定最终的参数设置，随后利用这些参数通过算法进行问题的求解。

DOE 方法能够有效识别关键的试验因子，并确定最佳的参数组合。其中，DOE 方法中的正交试验方法是一种部分因子试验，它通过仔细构造试验方案来保证因子的正交性。在本章蚁群算法参数中，某些关键参数对算法的影响较大，因此，选取最关键的参数因子进行试验分析，以确定其参数数值。正交试验方法，顾名思义，就是指使用正交表来安排试验方案和进行结果分析的一种试验设计的方法。正交表是一种简单的数学表格，它具有正交性、典型性等特点，一般适用于多指标因素和具有随机误差的试验。通过正交试验，可以分析得出各因素对试验指标影响的相对大小，并通过比较其重要性来确定它们的主次关系，从而找出试验指标的相对最优参数组合。其中，正交表是根据正交原理设计的规范化表格，是正交试验设计的基本工具。通过正交表的安排，试验点在实验范围内排列整齐、规律、散布均匀，即"整齐可比、均衡分散"。

最后,本章根据算例的规模、DOE 方法的正交试验方法和对参数的调整试验,最终获得改进蚁群算法的参数设置,见表9.7。

表 9.7　改进蚁群算法的参数设置

参数	数值	参数	数值
蚂蚁数量 m	50	最大迭代次数 NC_max	200
信息素启发式因子 α	2	初始化信息素浓度 $\tau_{ij}(0)$	10
期望路径启发式因子 β	3	信息素局部更新蒸发因子 ε	0.3
等待时间启发式因子 χ	1	剩余信息素的系数 ω_1	0.2
信息素挥发系数 ρ	0.5	全局信息素蒸发系数 ρ	0.5
信息素浓度 Q	100	权值 ω_2	25

4)案例结果分析

通过对所构建的案例进行求解,本章对构建的案例进行了 30 次运行仿真,对求得的 30 次仿真结果,选取其中仿真结果最优解进行分析,仿真结果中包括以下几个具体部分:车辆所服务的客户顺序、路径长度、等待时间、装箱质量,具体求解结果见表9.8。

表 9.8　求解结果

线路编号	服务客户顺序	路径长度/km	等待时间/min	装箱重量/kg	浪费面积/mm²
1	苏宁—星海融汇—彩云园—金海花园—苏宁	19.9	18.6	564	797 500
2	苏宁—亿达世纪—宏都筑景—春柳河—天富大厦—台四小区—苏宁	41.4	28.4	429	595 000
3	苏宁—润德中心—站北新居—亿达国际—新华绿洲—苏宁	27.0	11.78	422.2	510 900
4	苏宁—同香山庄—深蓝国际—泊林阳光—苏宁	20.0	38.2	466	410 000
5	苏宁—未来星城—敦煌大厦—星海人家—上都大厦—苏宁	20.0	5.8	561.5	772 900
6	苏宁—锦华南园—苏宁	16.4	28.3	100	22 500

不同路线上服务客户的货物摆放方式和装箱效果图如图9.14—图9.19所示。以车厢底面建立坐标系,车厢左下角为坐标原点,车厢底面宽为横坐标,车厢底面长为纵坐标,最外侧实线框表示车厢底面的装箱范围,不同纹理的黑色实线框表示不同客户所需装箱的货物,相同灰底的黑色实线框表示相同客户所需装箱的货物,文字部分标明客户所需货物种类和所对应的货物尺寸。

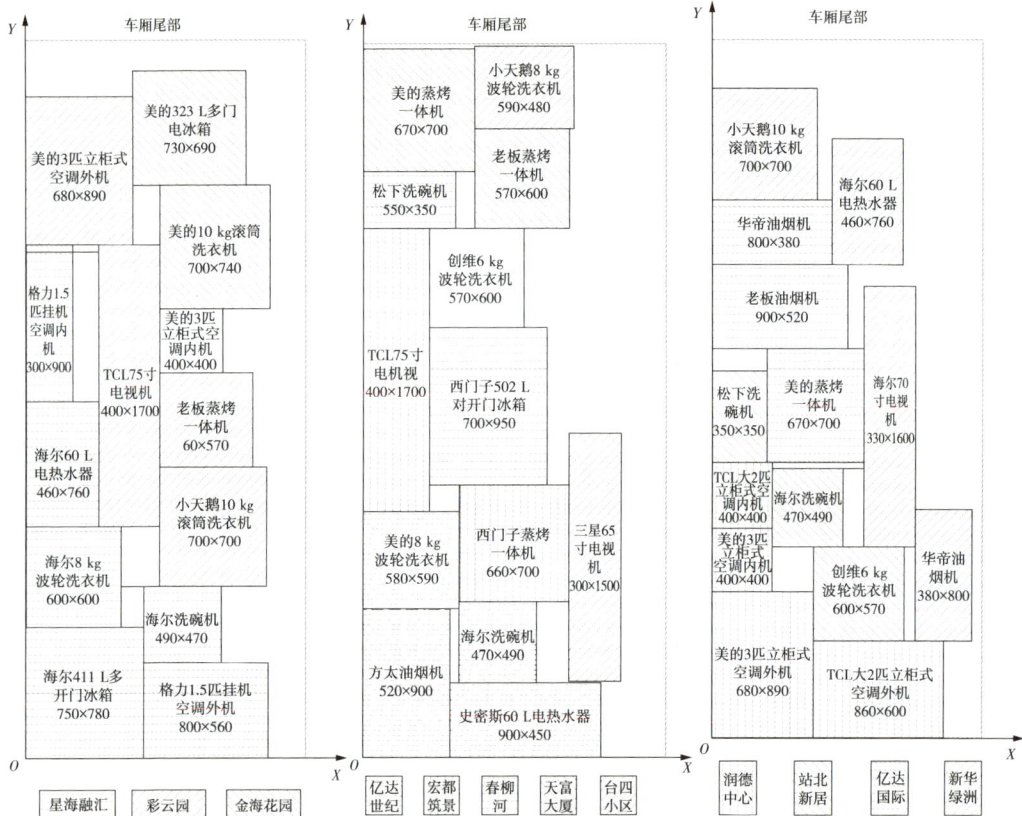

图9.14　路径1货物装箱效果图　图9.15　路径2货物装箱效果图　图9.16　路径3货物装箱效果图

在证明本章内容所提出算法的有效性的基础上,通过对实例的仿真,能够得到表9.8中所列的结果。在求解车辆路径优化问题时,通过改进的蚁群算法进行路径构造,并在此过程中调用基于最小浪费优先策略的启发式装箱算法来验证所选客户的货物装箱可行性。最终,针对所有客户的货物,构造了6条合理的配送路线,使求解的数学目标达到最优。通过图9.14—图9.19可以看出,对于每条路线上客户的货物需求,货物能够实现完全装箱,并且不违反VRPTW的LIFO约束。这表明在派送过程中不会发生货物的遮挡阻隔,也不需要进行货物的挪动。这些结果证明了本章设计的混合求解算法能够有效求解2L-CVRPTW问题,降低配送成本,提高配送效率。

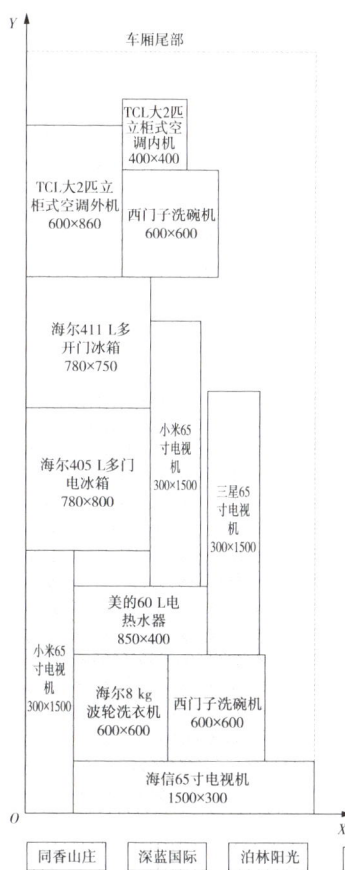

图 9.17　路径 4 货物装箱结果　　　图 9.18　路径 5 货物装箱结果　　　图 9.19　路径 6 物装箱结果

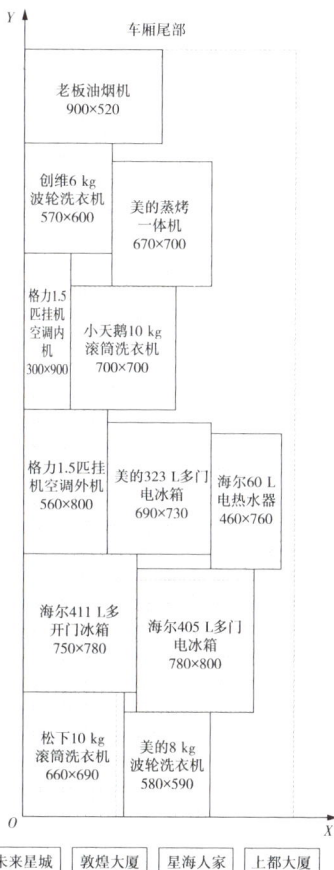

9.5　本章小结

　　本章以苏宁大件家用电器的实际物流配送作为研究对象,将配送过程中所涉及的车辆路径规划问题和货物装箱问题的相关理论进行深入的分析研究。对车辆路径优化问题和二维货物装箱优化问题进行联合拓展研究,提出 2L-CVRPTW 问题,并建立了更加符合企业物流配送的数学模型。模型优化目标包括车辆路径最短、等待时间产生的惩罚费用最少和装箱利用率 3 个部分。针对所建立的数学模型,设计了改进蚁群算法和基于最小浪费优先策略的启发式装箱算法的混合算法框架求解 2L-CVRPTW 问题,通过对算法的优化,可以有效减少物流配送公司的运输成本、车辆固定成本和客户的等待时间,从而提高车辆的使用效率和客户满意度。此外,本章关于配送中心与客户、客户间的距离时,采用的是百度地图上两点间的实际最短路线距离,而不是通过计算两点间的欧式或曼哈顿距离,使用实际最短路线距离更加符合物流配送的实际情况,具有现实意义。

【参考文献】

[1] 王文峰.现代物流运输管理的创新机制分析[J].企业导报,2014(21):19,9.

[2] 王永胜.考虑装卸约束的二维矩形装箱问题研究[D].南昌:江西财经大学,2018.

[3] 魏丽军.求解装箱问题的启发式算法研究[D].厦门:厦门大学,2008.

[4] 姚怡.二维装箱问题的启发式算法研究[D].广州:华南理工大学,2016.

[5] BRÄEYSY I, GENDREAU M. Vehicle Routing Problem with Time Windows, Part Ⅱ: Metaheuristics[J]. Transportation Science,2005,39(1):119-139.

[6] 潘立军,符卓.求解带硬时间窗车辆路径问题的时差插入启发式算法[J].计算机应用,2012,32(11):3042-3043,3070.

[7] 王涛,倪静.改进智能水滴算法求解混合时间窗车辆路径问题[J].科技管理研究,2019,39(11):246-253.

[8] 修桂华,王俊鸿.求解带硬时间窗车辆路径问题的自适应蚁群算法[J].计算机应用与软件,2008,25(11):109-111.

第 10 章
共同配送模式下末端设施选址及车辆路径规划

近年来,不断发展的共同配送模式通过整合各物流企业的配送业务,实现了物流的统一配送。这种模式在有效降低配送成本的同时减少了配送时间,已成为解决末端配送诸多问题的有效途径之一。基于此,本章将共同配送模式引入末端配送网络中,研究末端共同配送设施选址和车辆配送路径优化问题。

10.1 共同配送模式概述

共同配送又称为协同配送,是一种由多个企业共同组织或委托第三方物流服务企业提供集约化配送服务的方式。其核心在于建立资源共享的企业联盟,通过规模化配送活动和共同储运设备提高物流资源的利用效率,降低物流成本,统一的路线规划还能缩短配送活动的总运输路程和集配时间。

共同配送模式为物流企业节省了大量成本,并提供了可靠的客户配送服务。此外,实施共同配送模式还能减少物流企业间的不正当竞争,增强企业的竞争力。物流企业采用共同配送的模式优势包括:

①提高配送车辆装载率,减少出行车辆数量。

②减少无回程货物的空车行驶路程。

③降低企业单独配送而所租赁的物流仓储设施数量,减少固定成本。

④提升物流配送集约化程度,降低仓储成本和信息处理成本,提高工作效率。

⑤提高各物流企业分批到达货物的检验效率,降低物流工作人员成本。

通过推动配送共同化,除以上优势外,还有一些其他附属效果:

①提高物流业务水平。即使个别企业引入不划算的物流设备,配送共同后也可以得到充分利用,且符合成本收益的核算,特别是配送车辆的配备、运行管理等。

②提高物流服务水平和配送服务水平的稳定性。一方面高质量的物流中心能掌握适应多品种、少量、多频率、小口径出厂的设备和信息手段,不论从客户满意度等方

面还是从物流质量方面来看,都具备良好的体系。另一方面,出厂体制的合理化、城市内交通拥堵的消除、接货方的顺畅卸载,都缩短了配送的响应时间。

③促进物流标准化。在共同化形成过程中,为了运输、保管商品流程顺畅和仓库内的陈列更加效率化,要求商品运输工具大小统一化、清晰反映物流成本的费用标准化、包装材料的统一化及来往文书的标准化,以及订单接收业务和物流信息业务的标准化。

从长远来看,共同分配带来的经济效益是显著的,但其短期效益可能并不总是明显的。组织和推广这种合作模式仍面临一些障碍。因此,本章将共同配送模式引入末端配送网络中,以末端共同配送设施选址和车辆配送路径为研究对象。在已知配送需求的基础上,构建末端物流设施选址和车辆配送路径模型,并结合案例对问题模型的可行性和求解算法的有效性进行验证分析。

10.2　共同配送模式下自提点与配送中心选址

10.2.1　问题描述及模型构建

本章研究的共同配送设施选址问题可描述为一个双层结构的末端共同配送设施选址网络。该网络包括多个潜在的配送中心和多个居民点,其中每个居民点代表一个区域内共同配送服务的对象。具体来说,每个居民点集合了一个小区内所有居民的需求,而本研究仅考虑居民的自提需求,在共同配送网络中,所有居民点的位置是已知的,具体分布情况如图 10.1 所示。

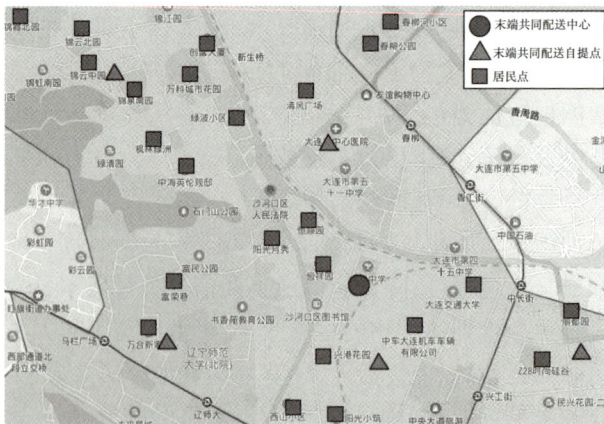

图 10.1　末端共同配送网络结构

在已知备选共同配送中心位置的情况下,共同配送中心采取统一类型的车辆向末端共同配送自提点执行配送任务,由于各个自提点的货物需求量较小且配送路程短,配送车辆主要采取巡回运输的配送方式为各个自提点提供配送服务。自提点的位置及需求量需要根据已知的居民点的位置及需求量确定,要求共同配送中心选址的目标是在满足居民所有需求的前提下,使配送中心到各自提点的总配送路程与总配送量加权最小。

1) 问题假设

本模型要解决以下问题:在共同配送模式下,由自提点所服务的居民点群体的划分;末端共同配送自提点的选址定位、配送中心的选址定位。为此,做出以下假设:

(1) 自提点选址问题假设

① 众多小区内的居民在空间上聚集形成居民点,各居民点位置及需求量已知;

② 自提点无容量限制;

③ 自提点存在建设成本和运营成本;

④ 每个居民点只由一个自提点提供服务;

⑤ 居民点到自提点的距离为欧氏距离;

⑥ 不考虑竞争企业对自提点选择的影响;

⑦ 各居民点需求量均为日需求量;

⑧ 各居民点存在距离满意度。

(2) 配送中心选址问题假设

① 配送中心的规模容量足够大且能够满足居民点的所有需求;

② 配送点到自提点的距离为欧氏距离;

③ 配送中心的货物均由分拨中心提供,且上级分拨中心到配送中心的费用相同,即配送中心位置的调整不影响分拨中心到配送中心的运输费用;

④ 最终仅在配送区域内的若干备选配送中心中选择一个配送中心,并且单配送中心能够为该配送区域内的所有自提点提供配送服务。

2) 模型符号定义及说明

在建立数学模型前,首先对模型中的参数和决策变量进行说明,设定各模型符号定义见表 10.1。

表 10.1　模型符号定义表

符号	类型	定义
G	集合	F_{ce},配送中心集合
P	集合	$P = \{P_c \mid c = 1,2,\cdots,n\}$,自提点集合
L_c	集合	$L_c = \{1,2,\cdots,q\}$,自提点 c 所覆盖的居民点集合
A	集合	$A = \{0,1,2,\cdots,n,n+1\}$,$i,j \in A$,配送中心及自提点集合
b	参数	$b \in G$,配送中心

续表

符号	类型	定义
c	参数	$c \in P$,自提点
r	参数	自提点服务半径
e	参数	$e = 1,2,\cdots,q$,各自提点所覆盖的各居民点
Q_{bc}	参数	配送中心 c 到自提点 b 的配送量
W_e	参数	各居民点需求量
Q_c	参数	各自提点需求量
Q_a	参数	各自提点平均需求量
U_{ce}	决策变量	自提点 c 为居民点 e 提供自提服务即为1,否则为0
U_b	决策变量	在 b 点设立配送中心即为1,否则为0
U_c	决策变量	在 c 点设立自提点即为1,否则为0
U_{cb}	决策变量	配送中心 b 为自提点 b 提供配送服务即为1,否则为0
F_{ce}	参数	自提点每日运营成本
d_{LW}	参数	居民点到自提点的距离
$p_s(i-1) < r < p_s(i)$	参数	配送中心房租系数
H_b	参数	配送中心 b 所在区域租房价格
H_a	参数	沙河口区平均租房价格

3)数学模型

(1)自提点选址模型

每个自提点对覆盖区域内的居民点提供自提服务,配送中心所覆盖的自提点坐标为 (x_c, y_c),每个自提点覆盖下的居民点坐标为 $(x_e^{L_c}, y_e^{L_c})$,自提点与居民点之间的距离为欧氏距离:

$$d_{LW} = \sqrt{(x_c - x_e^{L_c})^2 + (y_c - y_e^{L_c})^2} \tag{10.1}$$

自提点选址时需考虑完全覆盖居民点需求量,设 n 个自提点对 nq 个居民点提供需求服务,将在每一居民点子集处设置一个自提点,并且每个自提点存在一次性建设成本和日常投入成本,本节为了便于计算将自提点建设成本与日常投入成本折算到自提点运营成本中。由于本节要求自提点在完全满足居民点需求的情况下建立最少的自提点数,因此要求完全满足居民点需求的最少自提点数量,即求每日的自提点运营成本最低,则自提点运营成本函数为:

$$\min f = \sum_{c=1}^{n} \sum_{e=1}^{q} F_{ceuce} \tag{10.2}$$

由于居民点存在距离满意度,当居民的自提距离在一定范围内时,居民距离自提点越近其满意度越大;当居民自提距离超过一定范围时,则其满意度为零,因此,本节采用线性递减函数来描述居民 e 到自提点 c 的满意度函数,即

$$f(d_{LW}) = \begin{cases} 1, & [0, r_{\min}] \\ 1 - \dfrac{d_{LW} - r_{\min}}{r_{\max} - r_{\min}}, & r_{\min} < d_{LW} < r_{\max} \\ 0, & [r_{\max}, +\infty] \end{cases} \quad (10.3)$$

式中　$[0, r_{\min}]$——居民对自提距离感到非常满意时所接受的自提范围;

$[r_{\max}, +\infty]$——居民对自提距离感到非常不满意时的自提范围。

则居民基于距离的满意度函数为:

$$\max f_d = \sum_{c=1}^{n} \sum_{e=1}^{q} f(d_{LW}) \quad (10.4)$$

则末端共同配送自提点选址数学模型如下:

$$\min f = \sum_{c=1}^{n} \sum_{e=1}^{q} F_{ce} u_{ce} \quad (10.5)$$

$$\max f_d = \sum_{c=1}^{n} \sum_{e=1}^{q} f(d_{LW}) \quad (10.6)$$

$$\sum_{c=1}^{n} u_{ce} = 1, e \in L_c \quad (10.7)$$

$$\sum_{c=1}^{n} Q_c = \sum_{c=1}^{n} \sum_{e=1}^{q} w_e \quad (10.8)$$

$$\sum_{c=1}^{n} u_c = n \quad (10.9)$$

$$d_{LW} \leqslant r \quad (10.10)$$

$$u_{ce} \leqslant u_c, c \in P, e \in L_c \quad (10.11)$$

$$\sum_{c=1}^{n} u_{ce} = 1, e \in L_c \quad (10.12)$$

$$u_c u_{ce} \in \{0,1\}, c \in P, e \in L_c \quad (10.13)$$

其中,目标函数(10.5)表示最小化自提点每日运营成本;目标函数(10.6)表示最大化居民点距离满意度;约束条件(10.7)要求每个居民点只能选择一个自提点接受服务;约束条件(10.8)要求各自提点可供自提服务满足居民点最大需求量;约束条件(10.9)要求自提点数量为 n 个;约束条件(10.10)要求自提点与其所覆盖的居民点的距离不可大于自提点的覆盖半径;约束条件(10.11)要求只有设定自提点之后,居民才能进行自提服务;约束条件(10.12)表示每个居民点只能由一个自提点提供服务;约束条件(10.13)为变量取值类型。

(2)配送中心选址模型

设备选配送中心集合 $G = \{G_b \mid b = 1, 2, \cdots, m\}$,从备选配送中心集合中选取一个

配送中心对覆盖区域内的各自提点提供配送需求,其中,配送中心坐标为 (x_b^G, y_b^G) ,各自提点坐标可设为 (x_c^P, y_c^P) ,任一配送中心与任一自提点间的欧氏距离为:

$$d_{GP} = \sqrt{(x_b^G - x_c^P)^2 + (y_b^G - y_c^P)^2} \qquad (10.14)$$

各自提点的需求量为 Q_c ,各自提点平均需求量为 Q_a ,则末端共同配送中心选址数学模型如下:

$$\min E = \sum_{c=1}^{n} \frac{d_{GP} \cdot Q_a}{Q_c} \cdot \delta \qquad (10.15)$$

$$\sum_{b=1}^{m} Q_b = \sum_{c=1}^{n} Q_c \qquad (10.16)$$

$$\sum_{b=1}^{m} u_b = 1 \qquad (10.17)$$

$$u_{bc} \leqslant u_b, b \in G, c \in P \qquad (10.18)$$

$$ub, ubc \in \{0,1\}, b \in G, c \in P \qquad (10.19)$$

目标函数(10.15)表示最小化配送中心到各自提点的总配送路程与总配送量加权值;约束条件(10.16)要求配送中心的配送量与各自提点可供自提量总和相等;约束条件(10.17)要求只能设立一处配送中心;约束条件(10.18)要求只有设立配送中心才能为各自提点提供配送服务;约束条件(10.19)为变量取值类型。

10.2.2　求解算法设计

由于该问题是典型的 NP-hard 问题,一般运筹学方法无法解决,因而选用启发式算法进行求解。求解双层选址网络模型的思路:首先求出上层模型的最优解,并代入到下层模型的目标函数,然后求出下层模型的最优解,从而得出整个末端共同配送中心选址及末端共同自提点选址问题的优化方案,但是对本问题由上到下的求解方式会产生较大的计算规模,浪费较多的求解时间。为获取更精确的选址数据,减少计算规模,采用动态规划法的逆推思想,在下层模型中先利用基于就近原则的启发式算法求解若干自提点的选址位置;然后求解上层模型,基于下层模型取得的自提点的选址位置及各自提点需求量,利用枚举法进行上层模型中单配送中心的选址。

1)自提点选址模型的算法设计

本节构建的末端共同配送自提点选址模型的目标是根据已知的居民点的位置、需求量和自提点服务半径来确定若干自提点的位置,因此本节将采用基于就近规则的启发式算法对问题进行求解。算法求解问题模型的步骤如下:

步骤1:初始化所有居民点的点集 L_i 。

步骤2:初始化自提点 c ,并随即获取任一居民点 e 。

步骤3:自提点获取距离本次已获取居民点最近的待获取居民点 e_i 的位置。

步骤4:计算已获取的两个居民点的欧氏距离 d ,并与自提点服务直径 $2r$ 比较,判断自提点服务半径能否同时覆盖到这两个居民点。若 $2r \geq d$，则执行下一步，否则完成本次计算后返回步骤 2。

步骤 5：自提点坐标位置更新为已获取的两个居民点连线中点的坐标，并完成对两个居民点的覆盖。

步骤 6：自提点获取距离最近的居民点 e_j。

步骤 7：计算本次自提点 c 与 e_j 之间的欧氏距离 d，并与自提点服务半径 r 相比。若 $r \geq d$，则执行下一步，否则，完成本次计算后返回步骤 2。

步骤 8：自提点将坐标位置更新为本次自提点 c 与 e_j 之间的连线中点坐标，并完成对居民点 e_j 的覆盖。

步骤 9：自提点每成功获取一个居民点，则从点集 L_i 中抽取出此居民点，直至点集 L_i 为空集，算法结束。

基于就近规则的启发式算法运算流程如图 10.2 所示。

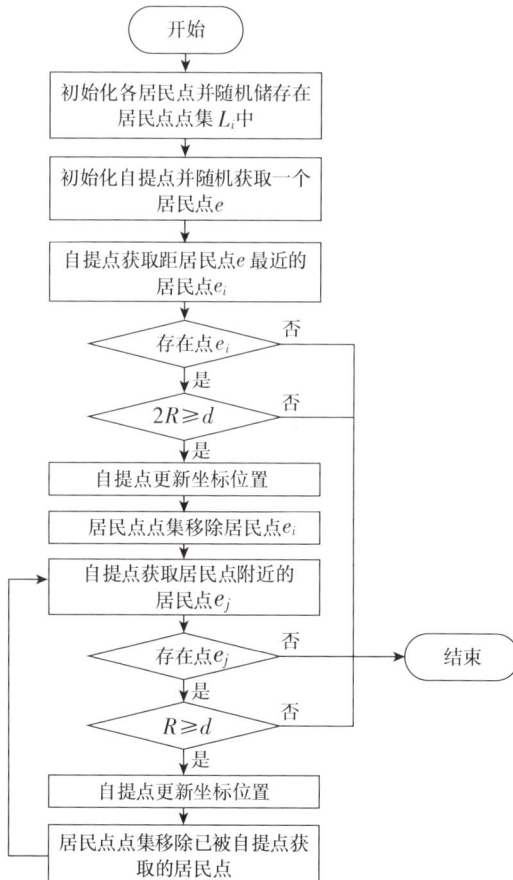

图 10.2　基于就近规则的启发式算法运算流程

2）配送中心选址模型的算法设计

本节构建的末端共同配送中心选址模型是一个单中心选址问题。我们可依次从备选配送中心集合中抽取各备选配送中心坐标,并直接采用枚举法与下层模型利用基于就近原则的启发式算法求得的若干自提点的选址位置进行计算,即可确定共同配送中心的位置坐标。

算法求解问题模型的步骤如下:

步骤1:确定各自提点坐标与需求量和自提点的平均需求量;

步骤2:根据目标函数,依次计算各备选配送中心与各自提点之间的总距离与需求量的加权值;

步骤3:根据步骤2的结果,求出各备选配送中心与各自提点总距离和需求量的加权值中的最小值,算法结束。

10.2.3 实例验证

1）案例背景

本章以某末端共同配送公司在大连市沙河口区建立的末端配送网络系统为研究对象,开展末端共同配送设施选址研究。某末端共同配送公司拟配送区域有7个街道:西安路街道、星海湾街道、黑石礁街道、南沙河口街道、马栏街道、李家街道、春柳街道,共计约87个社区,街道详情见表10.2。

表 10.2 末端配送街道区域详情

街道名称	辖区面积/km²	人口数量/万人	社区数量/个
西安路街道	5.83	12.88	14
星海湾街道	10.46	10.88	17
黑石礁街道	6.04	9.69	7
南沙河口街道	9.40	8.60	17
马栏街道	6.23	10.25	14
李家街道	5.76	10.66	12
春柳街道	4.41	9.10	6
总计	48.13	72.06	87

2）数据获取

利用地图软件获取大连市沙河口区内87个社区内各住宅小区、政府机构、商业大厦、公司企业、高校等地理坐标信息进行筛选处理,并通过获取其配送货物需求量,配送区域内各居民点坐标及需求量数据经处理后见表 10.3。

表 10.3　配送区域居民点坐标及需求量

居民点 ID	居民点坐标	需求量/件	居民点 ID	居民点坐标	需求量/件
L1	(191,68)	115	L28	−368,465	275
L2	(145,91)	120	L29	−570,492	165
L3	−235,114	110	L30	−761,474	50
L4	(358,80)	90	L31	−937,498	105
L5	−678,102	95	L32	−332,530	230
L6	(870,62)	60	L33	−410,550	330
L7	−413,128	50	L34	−581,563	155
L8	−647,137	110	L35	−712,524	90
L9	−111,189	125	L36	−891,568	75
L10	−178,168	125	L37	−1 042,560	195
L11	−241,160	115	L38	−530,630	125
L12	−310,190	125	L39	−748,638	55
L13	−393,178	200	L40	−900,629	200
L14	−550,201	70	L41	−310,642	215
L15	−640,203	80	L42	−598,651	150
L16	−452,237	190	L43	−100,642	115
L17	−273,280	160	L44	−450,660	310
L18	−335,261	150	L45	−530,720	390
L19	−598,251	80	L46	−666,683	65
L20	−382,308	200	L47	−761,702	70
L21	−503,335	30	L48	−446,730	60
L22	−610,307	50	L49	−792,788	35
L23	−560,372	120	L50	−378,772	40
L24	−505,400	160	L51	−530,795	190
L25	−765,415	40	L52	−730,808	175
L26	−573,438	135	L53	−882,814	155
L27	−641,439	30	L54	−540,833	135

续表

居民点 ID	居民点坐标	需求量/件	居民点 ID	居民点坐标	需求量/件
L55	−805,845	65	L78	(113,1 182)	155
L56	−700,868	115	L79	(178,1 188)	120
L57	−878,882	75	L80	(332,1 203)	85
L58	−556,889	90	L81	(130,1 257)	280
L59	−830,891	60	L82	(348,1 263)	100
L60	−380,905	50	L83	(412,1 253)	130
L61	−771,910	125	L84	(515,1 251)	125
L62	−652,945	105	L85	(21,1 288)	55
L63	−804,942	45	L86	(65,1 305)	75
L64	−588,958	100	L87	(382,1 320)	110
L65	−965,967	85	L88	(532,1 300)	135
L66	−348,978	110	L89	(59,1 338)	220
L67	−412,977	120	L90	(121,1 338)	290
L68	(785,1 012)	75	L91	(413,1 363)	35
L69	(591,1 049)	105	L92	(546,1 343)	50
L70	(806,1 068)	95	L93	(359,1 380)	105
L71	(770,1 072)	80	L94	(625,1 380)	85
L72	(320,1 078)	135	L95	(210,1 402)	350
L73	(458,1 114)	150	L96	(292,1 447)	80
L74	(822,1 121)	105	L97	(400,1 459)	90
L75	(203,1 130)	110	L98	(262,1 523)	185
L76	(150,1 150)	175	L99	(280,1 552)	300
L77	(756,1 207)	60	L100	(130,1 460)	160
总计					12 645

为确定自提点服务半径对居民点群体划分的影响,将自提点服务半径分别设置为 50 m、100 m、200 m;居民对自提距离感到非常满意时所接受的自提范围为[0,70],居民对自提距离感到非常不满意时的自提范围为[150,+∞];各自提点的建设成本与运营成本经折合后为 500 元/天,上述数据经调查处理所得,下面将根据自提点运营成本和距离满意度函数最终确定自提点服务半径。

配送中心无配送半径与容量约束,配送中心选址存在房租成本,房租成本以房租系数的形式体现,其计算式为:

$$\delta = \frac{H_b}{H_a} \tag{10.20}$$

备选配送中心坐标及房租系数经处理后见表 10.4,下述数据为经调查处理后所得。

表 10.4 备选配送中心坐标及房租系数

备选配送中心 ID	配送中心坐标	房租系数	备选配送中心 ID	配送中心坐标	房租系数
G1	(480,280)	1.0	G8	(640,930)	1.2
G2	(440,1 170)	1.3	G9	(50,1 460)	1.22
G3	(765,750)	1.4	G10	(650,460)	1.03
G4	(800,1 115)	1.2	G11	(450,960)	1.14
G5	(620,370)	1.16	G12	(445,790)	1.6
G6	(930,825)	1.05	G13	(490,700)	1.25
G7	(810,900)	1.24	G14	(670,700)	1.3

居民点和备选配送中心坐标数据的分布位置经整理后,如图 10.3 所示。

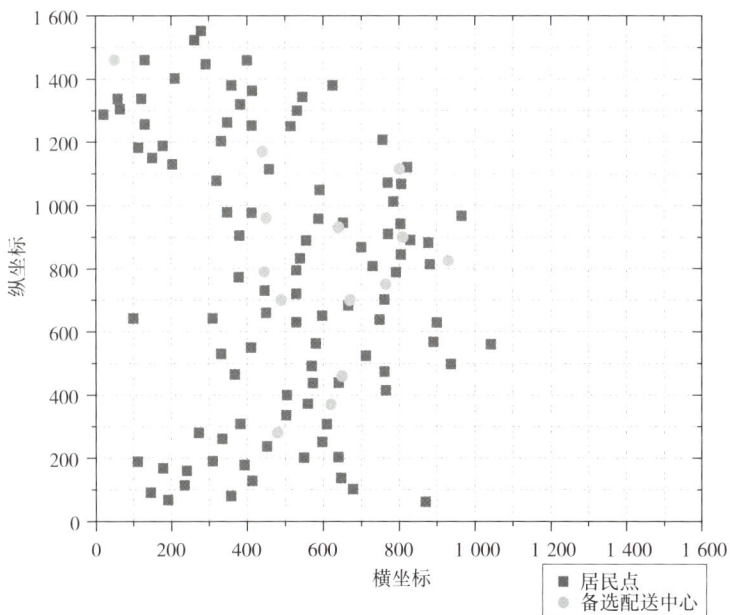

图 10.3 居民点和备选配送中心坐标分布

3）案例计算及分析

（1）自提点选址计算与分析

在 Java 1.8 开发环境下进行编程实现基于就近规则的启发式算法求解末端共同配送自提点选址问题，当自提点服务半径 $r = 50$ m 时，通过编程计算得到的自提点选址数据见表 10.5，若要满足所有居民点的自提需求，需设立 56 个自提点，各居民点基于距离的满意度为 100。

表 10.5　自提点服务半径为 50 m 的选址数据

自提点 ID	自提点坐标	可服务居民点 ID	可供需求量/件	距离满意度
1	(280. 000,1 552. 000)	99	300	1
2	(403. 000,153. 000)	7,13	250	2
3	(168. 000,79. 500)	1,2	235	2
4	(364. 000,1 239. 667)	80,82,83	315	3
5	(218. 000,147. 333)	3,10,11	350	3
6	(548. 000,861. 000)	54,58	225	2
7	(81. 667,1 327. 000)	86,89,90	585	3
8	(322. 500,225. 500)	12,18	275	2
9	(417. 000,272. 500)	16,20	390	2
10	(522. 667,369. 000)	21,23,24	310	3
11	(594. 667,456. 333)	26,27,29	330	3
12	(380. 000,953. 333)	60,66,67	280	3
13	(384. 667,1 354. 333)	87,91,93	250	3
14	(895. 500,598. 500)	36,40	275	2
15	(277. 000,1 485. 000)	96,98	265	2
16	(604. 000,279. 000)	19,22	130	2
17	(643. 500,170. 000)	8,15	190	2
18	(140. 333,1 209. 000)	78,79,81	555	3
19	(632. 000,667. 000)	42,46	215	2
20	(826. 500,862. 000)	53,61	280	2
21	(799. 333,1 087. 000)	70,71,74	280	3
22	(555. 500,596. 500)	34,38	280	2
23	(530. 000,757. 500)	45,51	580	2

自提点 ID	自提点坐标	可服务居民点 ID	可供需求量/件	距离满意度
24	(794.500,977.000)	63,68	120	2
25	(176.500,1 140.000)	75,76	285	2
26	(715.000,838.000)	52,56	290	2
27	(531.000,1 298.000)	84,88,92	310	3
28	(736.500,499.000)	30,35	140	2
29	(837.667,872.667)	55,57,59	200	3
30	(448.000,695.000)	44,48	370	2
31	(170.000,1 431.000)	95,100	510	2
32	(350.000,497.500)	28,32	505	2
33	(776.500,745.000)	47,49	105	2
34	(620.000,951.500)	62,64	205	2
35	(358.000,80.000)	4	90	1
36	(678.000,102.000)	5	95	1
37	(870.000,62.000)	6	60	1
38	(111.000,189.000)	9	125	1
39	(550.000,201.000)	14	70	1
40	(273.000,280.000)	17	160	1
41	(765.000,415.000)	25	40	1
42	(937.000,498.000)	31	105	1
43	(410.000,550.000)	33	330	1
44	(1 042.000,560.000)	37	195	1
45	(748.000,638.000)	39	55	1
46	(310.000,642.000)	41	215	1
47	(100.000,642.000)	43	115	1
48	(378.000,772.000)	50	40	1
49	(965.000,967.000)	65	85	1
50	(591.000,1 049.000)	69	105	1
51	(320.000,1 078.000)	72	135	1
52	(458.000,1 114.000)	73	150	1

续表

自提点 ID	自提点坐标	可服务居民点 ID	可供需求量/件	距离满意度
53	(756.000,1 207.000)	77	60	1
54	(21.000,1 288.000)	85	55	1
55	(625.000,1 380.000)	94	85	1
56	(400.000,1 459.000)	97	90	1
合计			12 645	100

当自提点服务半径 $r=100$ 时,通过编程得到的自提点选址数据见表 10.6,要满足所有居民点的自提需求,需设立 28 个自提点,各居民点基于距离的满意度为 92.903。

表 10.6　自提点服务半径为 100 m 的选址数据

自提点 ID	自提点坐标	可服务居民点 ID	可供需求量/件	距离满意度
1	(310.000,642.000)	41	215	1
2	(100.000,642.000)	43	115	1
3	(565.333,381.833)	21,22,23,24,26,27	525	5.376
4	(385.500,104.000)	4,7	140	2
5	(183.500,131.667)	1,2,3,9,10,11	710	5.720
6	(114.500,1 223.500)	76,78,81,86	685	3.538
7	(357.500,242.333)	12,13,16,17,18,20	1 025	5.357
8	(569.750,584.000)	29,34,38,42	595	3.691
9	(382.800,1 315.800)	82,83,87,91,93	480	5
10	(942.500,563.750)	31,36,37,40	575	3.532
11	(622.600,178.800)	5,8,14,15,19	435	4.539
12	(739.400,723.800)	39,46,47,49,52	400	4.276
13	(746.000,471.000)	25,30,35	180	3
14	(308.500,1 495.250)	96,97,98,99	655	3.645
15	(258.250,1 149.750)	72,75,79,80	450	3.193
16	(828.333,880.667)	53,55,57,59,61,63	525	5.805
17	(370.000,515.000)	28,32,33	835	3
18	(67.000,1 321.333)	85,89,90	565	3
19	(607.200,898.600)	54,56,58,62,64	545	4.355
20	(466.800,735.400)	44,45,48,50,51	990	4.373

自提点 ID	自提点坐标	可服务居民点 ID	可供需求量/件	距离满意度
21	(524.500,1 081.500)	69,73	255	1.900
22	(965.000,967.000)	65	85	1
23	(554.500,1 318.500)	84,88,92,94	395	3.603
24	(795.750,1 068.250)	68,70,71,74	355	4
25	(380.000,953.333)	60,66,67	280	3
26	(170.000,1 431.000)	95,100	510	2
27	(870.000,62.000)	6	60	1
28	(756.000,1 207.000)	77	60	1
总计			12 645	92.903

当自提点服务半径 $r=200$ 时,通过编程得到的自提点选址数据见表 10.7,若要满足所有居民点的自提需求,需设立 14 个自提点,各居民点基于距离的满意度为 50.719。

表 10.7　自提点服务半径为 200 m 的选址数据

自提点 ID	自提点坐标	可服务居民点 ID	可供需求量/件	距离满意度
1	(100.000,642.000)	43	115	1
2	(462.800,849.700)	44,48,50,51,54,58,60,64,66,67,	1 205	3.883
3	(655.250,577.583)	25,27,29,30,34,35,38,39,42,45,46,47	1 385	4.282
4	(286.929,175.143)	1,2,3,4,7,9,10,11,12,13,16,17,18,20	1 875	5.789
5	(586.400,274.600)	5,8,14,15,19,21,22,23,24,26	930	4.813
6	(799.467,928.867)	49,52,53,55,56,57,59,61,62,63,65,68,70,71,74	1 395	6.347
7	(82.750,1 356.000)	85,89,90,100	725	3.173
8	(942.500,563.750)	31,36,37,40	575	3.531
9	(352.100,1 397.200)	80,82,91,93,94,95,96,97,98,99	1 415	4.091
10	(165.571,1 184.286)	72,75,76,78,79,81,86	1 050	4.863
11	(490.857,1 232.857)	69,73,83,84,87,88,92	805	3.549

续表

自提点 ID	自提点坐标	可服务居民点 ID	可供需求量/件	距离满意度
12	(355.000,546.750)	28,32,33,41	1 050	3.398
13	(870.000,62.000)	6	60	1
14	(756.000,1 207.000)	77	60	1
总计			12 645	50.719

自提点各服务半径选址数据汇总见表 10.8,在满足居民点所有需求量的前提下,随着自提点服务半径的减少,居民点的距离满意度也随之增加,但自提点的每日运营成本也相应增加。

表 10.8 自提点选址汇总数据

自提点服务半径/m	可供需求量/件	每日运营成本总和/元	距离满意度总和	自提点个数/个
50	12 645	28 000	100	56
100	12 645	14 000	92.903	28
200	12 645	7 000	50.719	14

从表 10.8 中可以看出,自提点的每日运营成本与距离满意度存在矛盾,二者无法同时达到最优,高距离满意度的背后是物流公司投入大量的资金建设较多的自提点,而自提点的选址原则应该为在保证居民满意度的同时,尽量降低自提点的运营成本。

为直观地了解自提点的每日运营成本与距离满意度之间的动态关系,求得较优的选址方案,本节根据线性加权法作为评价函数将包含每日运营成本与距离满意度的多目标优化问题转化为单目标优化问题,其计算式为:

$$\max F = \frac{w_2 \cdot f_d - w_1 \cdot f}{1\ 000} \tag{10.21}$$

式中 w_1——每日运营成本权重系数;

w_2——距离满意度权重系数。

自提点选址数据经评价函数设置不同的权重系数,计算所得结果见表 10.9。

表 10.9 不同目标函数权重系数下的计算结果

权重		F		
w_1	w_2	$r = 50$ m	$r = 100$ m	$r = 200$ m
0.9	0.1	−15.200	−3.310	**−1.228**
0.8	0.2	−2.400	7.381	4.544
0.7	0.3	10.400	18.071	10.316

权重		F		
w_1	w_2	$r = 50$ m	$r = 100$ m	$r = 200$ m
0.6	0.4	23.200	28.761	16.088
0.5	0.5	36.000	39.452	21.860
0.4	0.6	48.800	**50.142**	27.631
0.3	0.7	61.600	60.832	33.403
0.2	0.8	74.400	71.522	39.175
0.1	0.9	**87.200**	82.213	44.947

由表 10.9 可知,随着 $[1,n]$ 的减小、w_2 增大,单目标优化值 F 随之增加,当 $0.1 \leqslant w_1 \leqslant 0.3, 0.7 \leqslant w_1 \leqslant 0.9$ 时,选取自提点服务半径为 $r = 50$ m 能取得更好的单目标优化值,$F = 87.200$;当 $0.4 \leqslant w_1 \leqslant 0.8$ 时,选取自提点服务半径为 $r = 100$ m 能取得更好的单目标优化值,$F = 50.142$;当 $w_1 = 0.9$、$w_2 = 0.1$ 时,选取自提点服务半径为 $r = 200$ m 能取得更好的单目标优化值,$F = -1.228$。

由上述可知,物流公司在建设末端配送设施时应根据自身战略规划改变每日运营成本和距离满意度的权重,以选择适合公司发展的选址方案。

本案例暂选取自提点服务半径 $r = 100$ m 作为自提点的选址参数进行案例计算。当自提点服务半径 $r = 100$ m 时,根据自提点选址结果得出各自提点分布位置,如图 10.4 所示,其中黑色圆圈为自提点服务范围。

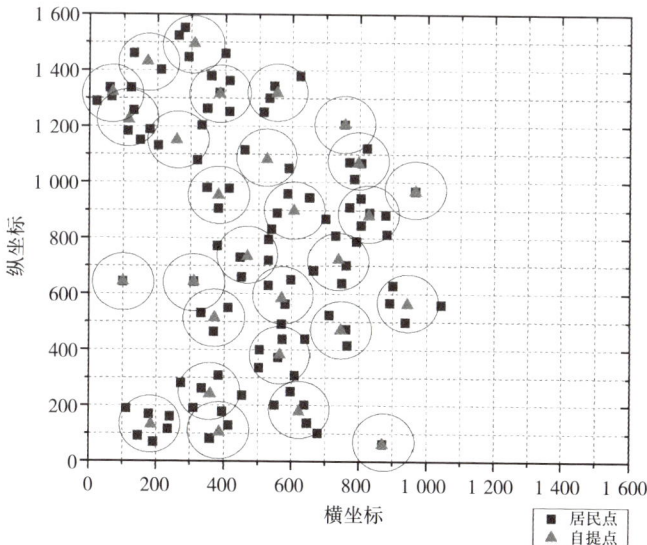

图 10.4　自提点分布位置

由表 10.6 和图 10.4 可知,在自提点服务半径 $r = 100$ m 的情况下,由计算得到的 28 个自提点可供需求总量为 12 645 件,能够满足所有居民点的需求,所有自提点每日运营成本为 14 000 元,各居民点的距离满意度总和为 92.903。

(2)单配送中心选址计算与分析

在同样的计算机环境下,通过编程实现枚举法计算得到的配送中心选址数据见表 10.10。

表 10.10　配送中心选址结果

备选配送中心 ID	配送中心坐标	编程计算结果
G1	(480,280)	1 028.723
G2	(440,1 170)	1 211.855
G3	(765,750)	1 156.458
G4	(800,1 115)	1 137.094
G5	(620,370)	1 098.436
G6	(930,825)	998.452
G7	(810,900)	1 065.269
G8	(640,930)	952.081
G9	(50,1 460)	1 785.232
G10	(650,460)	914.156
G11	(450,960)	923.143
G12	(445,790)	1 254.385
G13	(490,700)	976.297
G14	(670,700)	1 031.388

结合房租系数,考虑自提点可供需求量及配送中心到各自提点的距离加权后,经枚举法计算,选择第 10 个备选配送中心(650,460),目标函数即可得到最小值,最小值为 914.156。

综合自提点和配送中心的选址结果,即末端共同配送设施选址分布和所服务的居民点分布位置如图 10.5 所示,其中黑色圆圈为自提点服务范围。

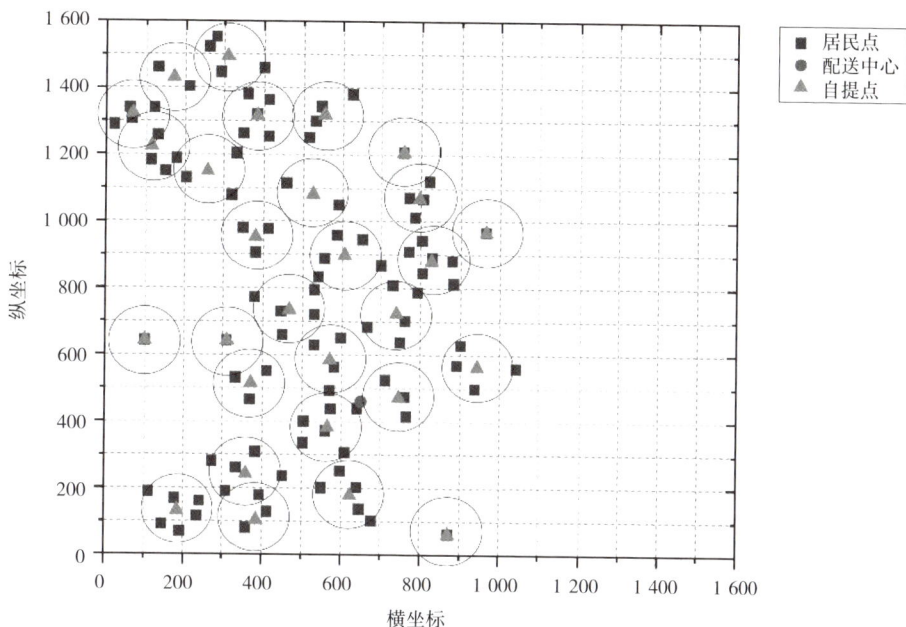

图 10.5　末端共同配送设施选址分布

10.3　共同配送模式下车辆路径规划

共同配送能够有效提升物流企业的配送效率,提高客户收发货物的便利性。这种模式对车辆配送路径的优化提出了更高要求。车辆配送路径的优化研究是城市末端物流降本增效的重要因素和主要方法。通过对车辆配送路径的优化研究可以有效减少配送车辆的数量和车辆的行驶距离,缩短货物配送时间,从而帮助企业降低配送成本。

10.3.1　问题描述及模型构建

基于 10.2 节求得的单配送中心和多自提点选址数据,本节将构建末端共同配送车辆路径的数学模型。末端共同配送车辆路径问题可以具体描述为:根据上一节确定的单配送中心位置,配送中心有若干配送车辆,负责为覆盖区域内的若干个自提点提供配送服务。已求得每个自提点的坐标值和需求量,每辆车具有最大载质量限制。任意两个自提点或自提点与配送中心之间的距离可以通过欧氏距离公式计算得出。每辆车从配送中心出发,为服务范围内的若干自提点提供配送服务,最后返回该配送中心。城市末端共同配送网络示意图,如图 10.6 所示。

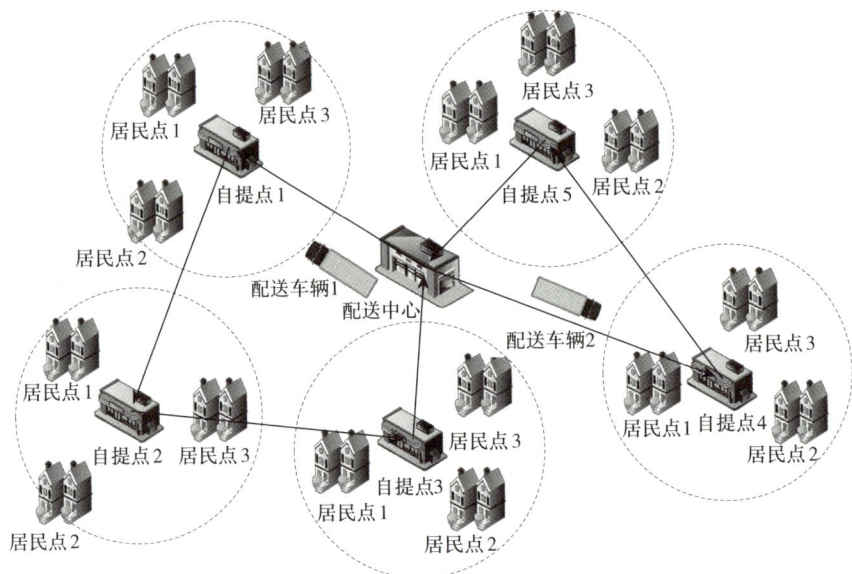

图 10.6　城市末端共同配送网络示意图

共同配送模式下车辆路径要解决的问题是:在共同配送模式下,由已知的单配送中心,通过若干车辆向若干自提点提供配送服务,要求得到最小化车辆配送路程。

1)问题假设

根据末端共同配送路径模型的若干问题,现做以下假设:

①配送中心和各自提点的位置由第 3 章计算得出,配送中心与自提点之间的距离为欧氏距离:

$$d_{ij} = \sqrt{(x_i^A - x_j^A)^2 + (y_i^A - y_j^A)^2} \tag{10.22}$$

②各自提点的需求量由 10.2 节计算得出;

③各配送车辆车型一致,且载重始终符合要求;

④各自提点的配送任务只能由配送中心的一辆车完成配送,且一辆车可配送多个自提点,快递可混装;

⑤车辆配送过程中不接受新的配送任务;

⑥车辆保持匀速行驶;

⑦每条配送路线上的自提点需求量之和或单一自提点的需求量均不能超过配送车辆的最大载质量;

⑧每条配送路线的长度不能超过配送车辆一次配送的最大行驶距离;

⑨配送车辆从配送中心出发完成配送任务后再返回配送中心;

⑩车辆配送路况良好;

⑪无时间窗约束,即自提点对车辆配送时间没有要求。

2)模型符号定义说明

在建立数学模型前,首先对模型中的参数和决策变量进行说明,设定各模型符号及定义,见表 10.11。

表 10.11　模型符号及定义

符号	类型	定义
D	参数	配送总路程
k	参数	配送中心出发的车辆 k 在一次配送中的最大行驶距离
K	集合	$K = \{K_k \mid k = 1,2,\cdots,v\}$,配送车辆集合
Q^K	参数	车辆 k 的配送容量
W^i	参数	自提点 i 的需求量
d_{ij}	参数	i,j 两点间的欧氏距离
x_{ij}^k	决策变量	车辆 k 从 i 点行驶到 j 点为 1,否则为 0
z_i^k	决策变量	车辆 k 为 i 点提供配送服务为 1,否则为 0

3)模型建立

已知单配送中心及自提点集合 $A = \{0,1,2,\cdots,n,n+1\}$, $i,j \in A$,配送中心坐标为 (x_0^A, y_0^A) ,自提点坐标为 (x_i^A, y_i^A) 。 配送中心拥有若干配置、规格相同的车辆,需为配送中心覆盖区域内的 n 个自提点提供配送服务。已知每个自提点的需求量、每辆车的最大载质量,任意两个自提点或与配送中心之间的距离可由欧氏距离公式求得。

每辆车均从配送中心出发为覆盖范围内的若干自提点提供配送服务,最后返回该配送点。在本章末端共同配送路径模型中需考虑车辆配送最短总路程。

其数学模型如下:

$$\min D = \sum_{k=1}^{v} \sum_{i=0}^{n} \sum_{j=1}^{n+1} d_{ij} x_{ij}^k z_j^k \tag{10.23}$$

$$\sum_{j=1}^{n+1} x_{0j}^k = 1, k \in K \tag{10.24}$$

$$\sum_{i=0}^{n} x_{i(n+1)}^k = 1, k \in K \tag{10.25}$$

$$\sum_{j=1}^{n+1} x_{j0}^k = 0, k \in K \tag{10.26}$$

$$\sum_{i=0}^{n} x_{(n+1)i}^k = 0, k \in K \tag{10.27}$$

$$\sum_{k=1}^{v} z_i^k = 1, i \in A \tag{10.28}$$

$$\sum_{i=0}^{n} x_{ij}^k = z_j^k, j \in A, k \in K \tag{10.29}$$

$$\sum_{j=1}^{n+1} x_{ij}^k = z_i^k, i \in A, k \in K \tag{10.30}$$

$$\sum_{i=1}^{n} W_i z_i^k \leqslant Q^k, k \in K \tag{10.31}$$

$$\sum_{j=1}^{n+1} d_{0j} \leqslant D^k \tag{10.32}$$

$$x_{ij}^k \in \{0,1\}, i, j \in A, k \in K \tag{10.33}$$

$$z_i^k \in \{0,1\}, i \in A, k \in K \tag{10.34}$$

其中,目标函数(10.23)表示最小化配送车辆总的行驶距离;约束条件(10.24)要求每辆车都从配送中心开始出发;约束条件(10.25)要求每辆车都最后回到配送中心点,在集合 $A = \{0,1,2,\cdots,n,n+1\}$, $i,j \in A$ 中,0 点即 $(n+1)$ 点;约束条件(10.26)要求每辆车在配送过程中都不能回到配送中心 0 点;约束条件(10.27)要求每辆车都不能从 $(n+1)$ 点出发,不可以反向而行;约束条件(10.28)要求每个自提点仅由一辆车提供配送服务;约束条件(10.29)要求若车辆 k 到达 j 点则必为 j 点提供配送服务;约束条件(10.30)要求车辆 k 为 i 点提供配送服务,完成后必从 i 点离开;约束条件(10.31)为每辆车的容量约束;约束条件(10.32)为每条配送路线上配送车辆的最大行驶距离约束;约束条件(10.33)与约束条件(10.34)为变量取值类型。

10.3.2 求解算法设计

在10.3.1节提到的末端共同配送路径模型中,对于求解车辆配送路径问题,所列出的目标函数主要是最小化车辆行驶总路程,约束条件包括车辆载荷和车辆配送距离等。本节所求解的问题为 VRP 问题,由于其求解问题规模较大,同时拥有错综复杂的约束条件,已被证明为 NP-hard 问题,使用传统算法难以求出精确解,启发式算法有着先天的优势,因此本章将构建遗传算法来求解这一问题。

遗传算法因其良好的全局搜索能力、收敛性好、鲁棒性高等优点,已被国内外学者广泛应用于求解该类问题领域。这些特点也适用于求解本节研究的末端共同配送车辆路径问题模型,因此,选择并设计了适合本节的遗传算法作为求解算法。

(1)编码方案

根据本章模型求解的特点,为了减少查找空间并消除部分冗余解,将采用两段式实数编码方式。与常用的两段式编码方式不同的是,第二阶段编码采用断点表示。设有 $n+1$ 个节点,其中固定第 1 个节点为配送中心,其余 n 个节点为自提点,将由 k 辆车

遍历其余 n 个随机排列的自提点。在编码中,配送中心是固定的,不需要编码。编码的第一阶段长度为 n,表示 n 个自提点的随机排列;第二阶段长度为 k,表示如果需要对 n 个自提点全部遍历,则需要 k 辆车,即需要 k 个断点,且这些断点代表的数字依次增大。

　　例如,配送中心有 3 辆车需要对 10 个自提点提供配送服务,一般设配送中心编号为 0。由于配送中心固定不变,因此其编号不在编码中显示。假如求得的一条染色体为 3—5—9—1—10—2—8—6—7—4—3—6—10,设断点为 3,6,10,则第一辆车的遍历路径为 0—3—5—9—0,即第一辆车从配送中心出发,经过自提点 3、自提点 5 和自提点 9 后返回配送中心;第二辆车的遍历路径为 0—1—10—2—0,即第二辆车从配送中心出发,经过自提点 1、自提点 10 和自提点 2 后返回配送中心;第三辆车的遍历路径为 0—8—6—7—4—0,即第三辆车从配送中心出发,经过自提点 8、自提点 6、自提点 9 和自提点 4 后返回配送中心。本例编码方式如图 10.7 所示。

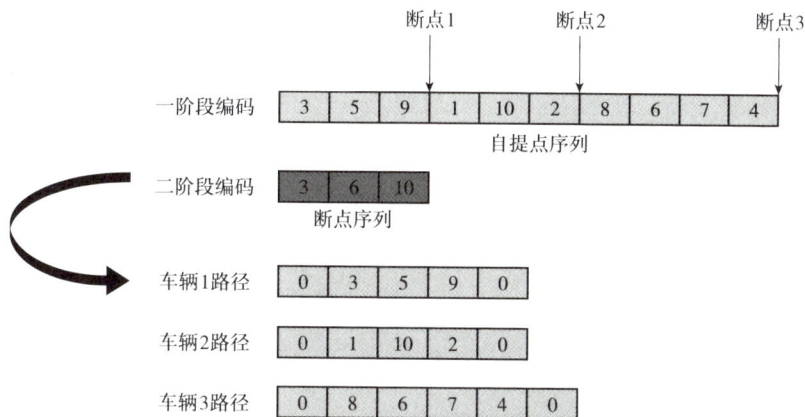

图 10.7　本例编码方式

（2）种群初始化

　　按照上述编码方式随机初始化种群,种群规模的大小对算法的性能有着较大的影响。较大的种群规模能够提升算法的全局搜索能力,降低进化迭代次数,但算法收敛时间也会相应地增加。

（3）适应度函数与约束处理

　　考虑本章研究的末端共同配送车辆路径问题是求车辆配送路径最小化问题,即将目标函数作为适应度函数。所以总的车辆配送距离 D 的值越小表示所对应的个体越好。

　　由于本章提出的数学模型具有车辆容量约束及车辆行驶距离约束,所以将采用惩罚函数的方式对模型约束条件进行处理,对超过车辆容量约束和行驶距离约束的个体的惩罚为 M,具体的惩罚函数设计如下:

配送距离惩罚：

$$P_d = \begin{cases} M_1, & d > D^k \\ 0, & d \leq D^k \end{cases} \qquad (10.35)$$

配送容量惩罚：

$$P_q = \begin{cases} M_2, & q > Q^k \\ 0, & q \leq Q^k \end{cases} \qquad (10.36)$$

其中，M_1 和 M_2 为较大正数，通过设置惩罚值可以使得不满足距离与容量约束的个体的函数值极大化。

由此可得目标函数为：

$$\min D = \sum_{k=1}^{\nu} \sum_{i=0}^{n} \sum_{j=1}^{n+1} (d_{ij} x_{ij}^k z_j^k + p_d + p_q) \qquad (10.37)$$

（4）遗传操作

①选择。本节采用父代个体适应度值最高的个体直接复制到子代的方式和"轮盘赌"选择法的方式进行选择操作，具体步骤如下：

步骤 1：计算当前种群中每个个体的适应度值 $\text{fit}(i)$；

步骤 2：计算当前种群的总适应度值 $\text{Sumfit} = \sum_{i=1}^{n} \text{fit}(i)$；

步骤 3：计算当前种群中每个个体被遗传到下一代的概率 $p(i) = \text{fit}(i)/\text{Sumfit}$，$i \in A$；

步骤 4：计算当前种群中每个个体的累计概率 $p_s(i) = \sum_{i=1}^{n} p(i)$；

步骤 5：在区间 $[0,1]$ 内生产随机数 r，若 $p_s(i) \geq r$，则选择第一个个体；否则，选择个体 k，使得 $p_s(i-1) < r < p_s(i)$ 成立。

②交叉。常见的实数交叉算子主要有：映射交叉、顺序交叉、循环交叉和部分匹配交叉等。为了避免交叉操作致使子代产生较大的多样性损失并提高交叉效率，本节采用顺序交叉的方式进行交叉操作。具体交叉步骤如下：

步骤 1：在区间 $[1,n]$ 之间随机生产两个不同的随机数，并以此确定在父代染色体上的交叉位置；

步骤 2：将随机数确定的父代染色体基因片段复制到子代染色体中；

步骤 3：在另一条父代染色体中找到相同的基因片段，并将这个片段删除，然后将剩余的基因依次放入步骤 2 生产的子代染色体中。对本条父代染色体也重复步骤 1 和步骤 2 的操作，如此便可生成两条子代染色体。具体交叉过程如图 10.8 所示。

③变异。当父代个体性状趋于一致时，会限制交叉操作的探测能力，因而产生"早熟"现象。变异算子的引入可在一定程度上解决这一问题，并且有利于进一步保持种

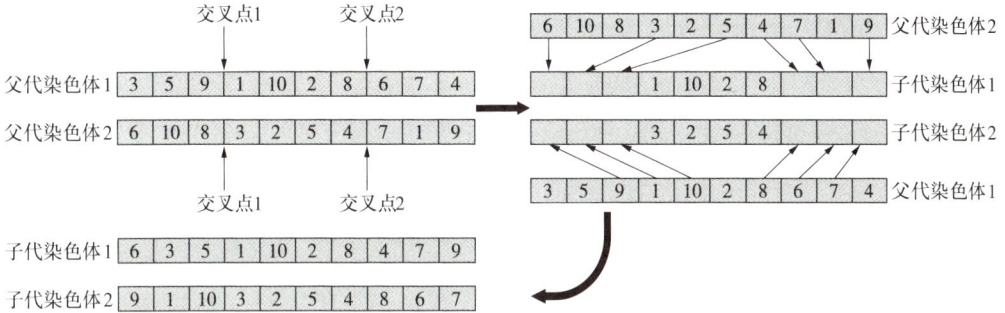

图 10.8　本例交叉过程

群的多样性,提高算法的寻优能力。

常见的实数变异算子主要有倒位变异、互换变异、插入变异和逆序变异等。本节采用互换变异对染色体进行变异操作,这种变异操作主要通过两个父代染色体中任意两个位置的基因互换来实现,相对插入变异和逆序变异更能提高算法的全局搜索能力。具体变异步骤如下:

步骤 1:在区间 $[1,n]$ 之间随机生产两个不同的随机数,并以此确定在父代染色体上的变异位置。

步骤 2:将两个随机数确定的父代染色体上变异位置处的基因位置互换,即生成新的变异染色体。具体变异过程如图 10.9 所示。

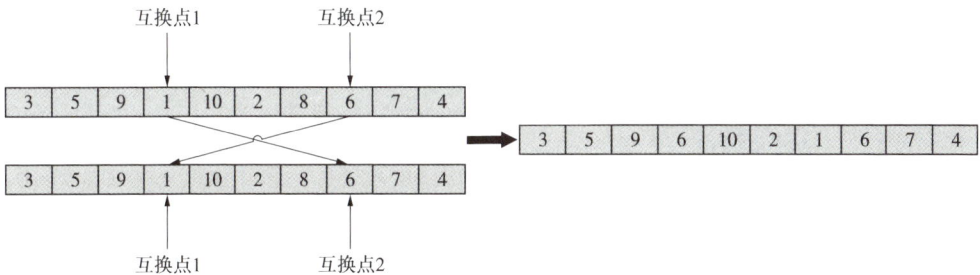

图 10.9　本例变异过程

(5)终止条件

由于遗传算法是随机搜索算法,所以需要预先设定终止规则以结束遗传算法的进化循环。常见的终止规则有 3 种:一是达到预先设定的目标;二是种群中的最优个体在连续若干代中没有获得改进;三是达到预先设定的进化代数。预先设定进化代数能够有效控制算法的求解精度和运行时间,因此本节采用事先确定的进化代数作为终止规则。

本节设计的遗传算法流程图,如图 10.10 所示。

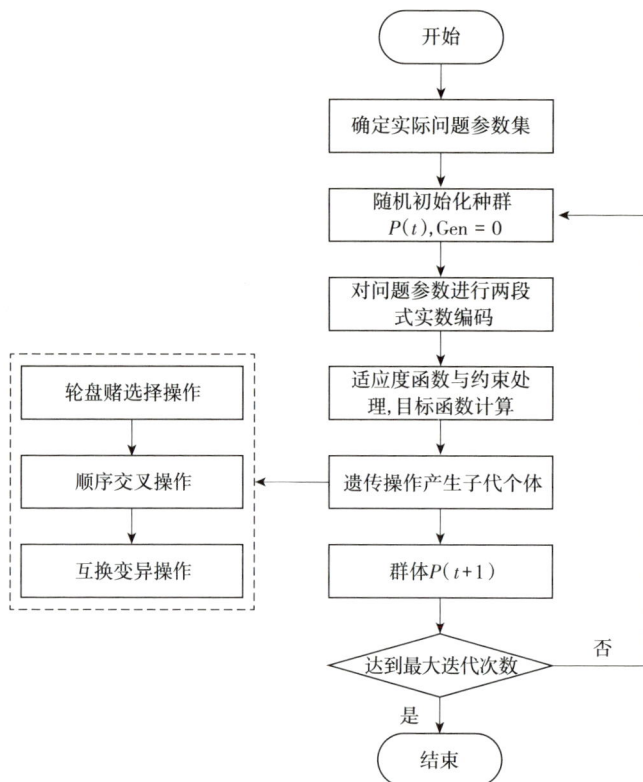

图 10.10　遗传算法流程图

10.3.3　实例验证

本节仍以某末端共同配送公司在大连市沙河口区 9 个街道的物流配送网络为案例,根据 10.3.2 节确定的末端共同配送设施选址位置对车辆配送路径进行优化研究,研究数据包括自提点位置及需求量、共同配送中心位置等此类数据沿用上节所求数据,此处不再重复列举。最后利用本章所设计的遗传算法对问题模型进行求解并分析。

本章新添加的参数主要为:从配送中心出发到自提点的配送车辆的最大容载量为 $Q^K = 3\ 000$ 件,车辆最大行驶距离为 $D^K = 3\ 000$(数据由调查获取并经过处理)。

1)算法参数设置

算法的计算参数需根据实际问题而定,并且参数的选取会对算法的计算结果产生较大的影响。遗传算法中的主要参数包括种群规模、交叉概率、变异概率和最大迭代次数。

　　种群规模参数一般按照问题求解规模的大小来设置,根据本算例的实际情况设置为 300,最大迭代次数设置为 500。

　　交叉概率和变异概率对算法的性能有着较大的影响,交叉概率过小易造成求解时间过长,交叉概率过大则使高适应度的种群个体遭到破坏;而变异概率过小易导致局部最优解的出现,变异概率过大则会消耗大量的求解时间。因此为保障高适应度的种群个体及算法的全局性,算法中交叉概率 P_c 和变异概率 P_m 的设置通过调试的方法,将交叉概率 P_c 设置为 0.8,变异概率 P_m 设置为 0.16。

2）实例计算及分析

　　通过遗传算法在 Java 1.8 开发环境下进行编程实现,求解某末端共同配送公司在大连市沙河口区 9 个街道的车辆配送问题。根据上节求得的配送中心与自提点选址数据,对配送车辆进行路径规划计算。为了验证本节所设计的遗传算法的有效性,将本节所设计的遗传算法与文献中的启发式规则算法的运算结果进行对比。

　　文献中所设计的启发式规则算法用于求解末端共同配送路径规划问题,经编程计算得到的车辆配送路径如图 10.11 所示。

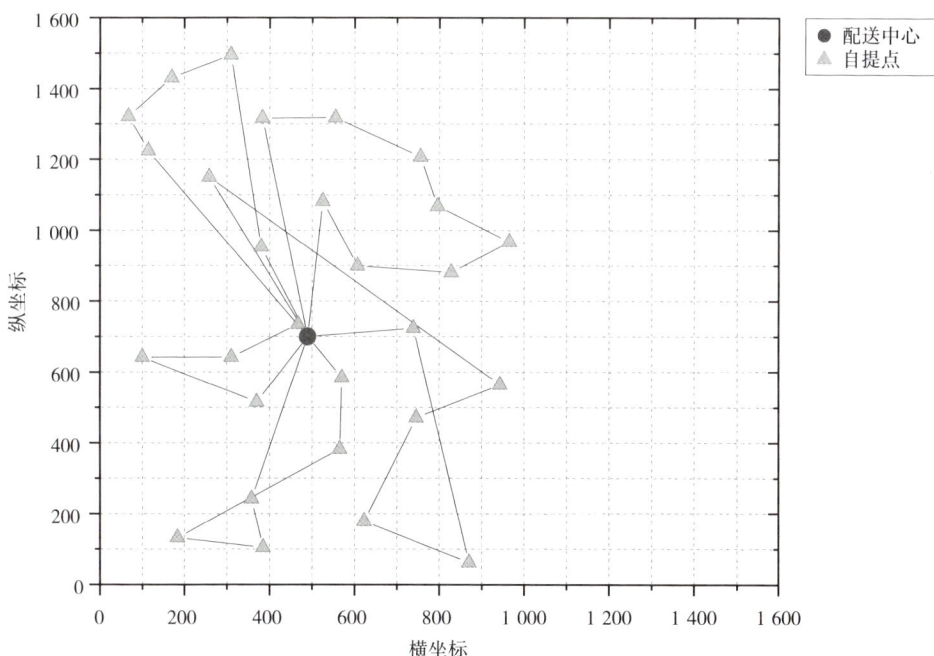

图 10.11　启发式规则算法计算所得车辆配送路径

　　通过启发式规则算法求得的各配送车辆序号对应的车辆行驶路径、车辆载重情况和车辆行驶距离见表 10.12。

表 10.12　启发式规则算法计算所得车辆配送路径数据

车辆序号	车辆行驶路径	车辆容载量/件	车辆满载率/%	车辆行驶路程/m
1	0—13—1—2—5—0	2 155	71.8	953.246
2	0—3—4—8—14—16—0	2 995	99.8	1 618.871
3	0—10—9—12—11—15—28—18—7—0	2 700	90	2 335.499
4	0—21—17—23—25—20—0	2 695	89.8	1 878.818
5	0—22—6—24—19—27—26—0	2 100	70	3 140.737
车辆行驶总路程				9 927.172

由图 10.11 可知,通过编程计算实现启发式规则算法求解 VRP 问题,从配送中心出发的 5 辆车对 28 个自提点完成配送任务,但两车辆路径之间交叉部分较多,导致车辆行驶距离较远。由表 10.12 可知,车辆行驶总路程为 9 927.172 m,虽然 5 辆车完成对所有自提点的配送任务,但第 1 辆车满载率为 71.8%,第 3 辆车满载率为 90%,第 4 辆车满载率为 89.8%,第 5 辆车满载率为 70%,车辆容量并没有得到充分利用,所以交叉路径过多导致的行驶路程较远以及满载率低的情况会造成时间和资源浪费,启发式规则算法的优化结果没有达到本节的预期优化目标。

通过对遗传算法求解问题进行编程计算得到的车辆配送路径,如图 10.12 所示。

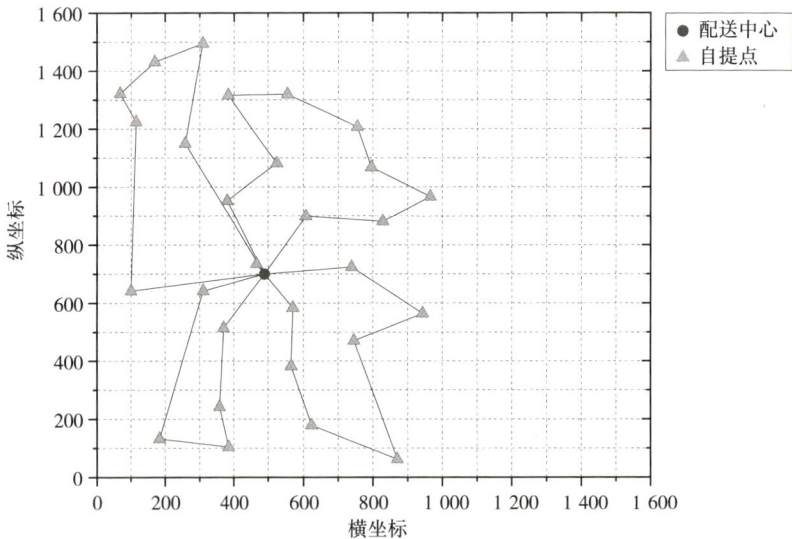

图 10.12　遗传算法所得车辆配送路径

通过遗传算法求得的各配送车辆序号对应的车辆行驶路径、车辆载重情况和车辆行驶距离,见表 10.13。

表 10.13　遗传算法计算所得车辆配送路径数据

车辆序号	车辆行驶路径	车辆容载量/件	车辆满载率/%	车辆行驶路程/m
1	0—2—21—17—23—25—22—0	2 980	99.3	2 243.464
2	0—16—14—19—27—24—6—26—0	2 770	92.3	1 982.053
3	0—20—10—7—18—28—15—11—12—9—0	2 980	99.3	2 101.651
4	0—5—3—4—8—1—0	2 925	97.5	1 551.780
5	0—13—0	990	33.0	83.762
车辆行驶总路程				7 962.709

由图 10.12 可知,通过编程计算实现遗传算法求解车辆路径问题,从配送中心出发的 5 辆车对 28 个自提点完成配送任务,且两车辆路径之间没有交叉部分。由表 10.13 可知,车辆行驶总路程为 7 962.709 m,前 4 辆车的容量得到充分的利用,拥有较高的满载率,虽然第 5 辆车满载率为 33%,但由于前 4 辆车的剩余容量已经无法满足自提点 13 的配送需求,所以必须另派一辆车来提供配送服务。总之,经过遗传算法的优化,各配送车在满足所有自提点配送需求的同时,车辆的行驶路程较短,并且有着较高的车辆满载率,节省了较多的时间与资源,符合本节的优化目标。

通过案例计算可知,在共同配送模式下,各末端物流企业通过整合末端配送资源,借助统一的物流车辆,配送中心采用 5 辆车可完成对所有自提点的配送任务,并且通过遗传算法求得的车辆行驶总距离相比通过启发式规则算法求得的车辆行驶总距离缩短 1 964.463 m,相应的配送总效率提升约 19.789%,通过编程所得遗传算法计算结果较优。

10.4　本章小结

本章以大连市沙河口区末端共同配送公司实际运营为背景,研究了配送设施的选址优化和车辆路径规划两大核心问题。首先,针对配送中心和自提点的选址问题,通过动态规划法和集合覆盖模型,构建了双层选址网络模型,确保在满足所有居民点需求的同时,实现配送距离的优化和运营成本的降低。利用基于规则的启发式算法,为自提点设置了合理的服务半径,并验证了其能够满足所有居民的自提需求,同时保持较低的运营成本和较高的服务满意度。其次,在车辆路径规划方面构建了以配送总路程最短为优化目标的数学模型。对遗传算法进行设计,有效解决了这一复杂的优化问题,并与启发式规则算法作对比,验证了遗传算法的有效性和优越性。

【参考文献】

[1] 诊断师物流研究会.物流成本的分析与控制[M].宋华,曹莉,译.北京:电子工业出版社,2005.

[2] 严世璐,蒋建林.基于交替方向法的韦伯问题求解方法[J].河南大学学报(自然科学版),2018,48(6):740-750.

[3] 毕娅.设施点选址决策模型的研究与综述[J].物流技术,2013,32(7):17-20.

[4] BAIDI M M, MANERBA D, PERBOLI G, et al. A Generalized Bin Packing Problem for parcel delivery in last-mile logistics[J]. European Journal of Operational Research,2019,274(3):990-999.

[5] BECK J C, PROSSER P, SELENSKY E. Graph transformations for the vehicle routing and job shop scheduling problems[J]. Graph Transformations, Proceedings, 2002(2505):60-74.

[6] 郑晓军,司昊,鲍洪阳.结合机床测头的城轨车体底架覆盖测量优化方法[J].机械科学与技术,2020,39(8):1237-1241.

第 11 章
不确定环境下集装箱多式联运路径优化

经济贸易的往来和发展不仅推动了交通运输向绿色环保友好的方向迈进,同时也对运输方式的可持续发展提出了新的要求。研究多式联运路径规划的目的在于合理组织运输方式,改善当前运输中的不合理现象,降低运输成本,从而达到降本增效的目标。本章以集装箱为研究对象,探讨复杂环境下考虑模糊时间的多式联运多目标路径优化问题。

11.1 多式联运中的不确定因素

多式联运是一种以实现货物运输最优效益的联运组织形式,整个过程可以看作一个整体来安排,组合不同运输方式,形成连续的、最优的、综合的货物一体化运输。在多式联运基础模型中,通常将货物的运输量、运输起止点、运输运营时的单位成本、运输方式的运输能力、转运节点的转运成本以及节点间的运输距离视为固定参数。利用这些固定参数进行路径选择,因此这些因素可以被视为多式联运过程中的确定性因素。

除了确定性因素,多式联运过程中还会受其他因素影响,这些因素会导致不同路段的运输时效产生变化,最终影响运输效率,这些因素被称为不确定因素。为了使研究结果更接近现实状况,将不确定因素以三角模糊数表示,并构建了考虑不确定因素的多目标路径优化模型,为实际运输过程中的优化调度提供参考依据。

11.1.1 不确定因素分析

在多式联运中,存在众多不确定因素,这些因素可根据其对运输时间的影响进行分类,具体如下:

(1)设备因素

多式联运涉及的主要运输设备包括车辆、火车、船舶、飞机等,以及相关的指挥调度和装卸设备。运输设备的突发故障可能导致运输时间延误,而设备的性能和可靠性则直接影响运输效率和安全性。

（2）线路因素

线路因素主要涉及各运输方式的基础设施,如路面通过能力、铁路路基、航道建筑物等。这些因素可能导致道路拥堵、线路通过能力降低,以及特定运输工具(如铁路和水路)的固定班期限制,从而影响运输任务开展时间。

（3）自然因素

自然因素包括地形地貌和气象条件等,其中,气候条件对运输环境的影响尤为显著。例如,雨雪天气可能导致车辆打滑或机械故障,雾天能见度低可能限制驾驶员视距,严重时甚至导致飞机停飞、火车晚点和汽车拥堵等。

（4）其他因素

其他因素包括市场因素、人员因素和偶然因素等。市场需求波动可能引起货物运送量和单位运输成本的变化,影响运输费用;运输人员经验的不足和专业技能的缺乏可能导致统计数据出现偏差和错误,影响运输信息的准确性;突发交通事故、机车抛锚等偶然因素也可能对多式联运过程产生影响。

以上多式联运过程中的不确定因素最终都会体现在运输成本和时间上,甚至影响多式联运的运营和组织。因此,在路径优化中考虑这些不确定因素具有重要意义。

11.1.2　不确定因素表达

在决策过程中,不确定现象可通过随机数或模糊数来描述和刻画。相应地,不确定规划包括随机规划、模糊规划和区间规划。在相关的优化问题中,存在的不确定性参数包括随机数、粗糙数、区间数和模糊数。

模糊数学专注于研究不确定性事物,通过模糊集合的相关理论将模糊对象进行精确化处理,从而架起研究确定性对象的数学与不确定性对象的数学之间的桥梁。本章节将利用模糊数学理论对多式联运过程中的不确定因素进行量化分析。

设 $\widetilde{A}_\lambda$ 是由一个元素均为确定数的三联体 (a_1, a_2, a_3) 确定的三角模糊数,其元素间的大小关系为 $a_1 < a_2 < a_3$,其隶属度函数 $\mu_A(x)$ 如下所示:

$$\mu_A(x) = \begin{cases} \dfrac{x - a_1}{a_2 - a_1}, & a_1 \leqslant x < a_2 \\[2mm] \dfrac{a_3 - x}{a_3 - a_2}, & a_2 \leqslant x < a_3 \\[2mm] 0, & \text{其他} \end{cases} \tag{11.1}$$

其中,模糊数还满足一定的运算规律,在模型的清晰化研究中可直接运用;

当 $\widetilde{X} = (x_1, x_2, x_3)$,$\widetilde{Y} = (y_1, y_2, y_3)$ 为两个三角模糊数时;

加法: $\widetilde{X} + \widetilde{Y} = (x_1 + y_1, x_2 + y_2, x_3 + y_3)$;

减法: $\widetilde{X} - \widetilde{Y} = (x_1 - y_1, x_2 - y_2, x_3 - y_3)$;

乘法: $\widetilde{X}\widetilde{Y} = (x_1 y_1, x_2 y_2, x_3 y_3)$, $x_1, y_1, x_2, y_2, x_3, y_3$ 均大于 0;

数乘: $k\widetilde{X} = (kx_1, kx_2, kx_3)$, $k \geq 0$。

11.1.3　不确定规划理论

在多式联运过程中,设备因素、线路因素、自然因素和其他因素的不确定性信息通常源于预测误差、历史统计数据的不足、偶然因素的发生,以及缺乏足够的理论来描述和支持这些因素。对于这些不确定因素,传统处理方法包括使用精确数、随机概率分布函数和模糊理论。

(1)精确数

这种方法将非精确数用一个近似的精确数来表达,并采用求解精确问题的方法进行求解。该方法舍弃了参数的模糊性,将其简化处理,在原本没有明显界限的对象之间划定出界限,将模糊数清晰化处理。虽然这种方法能够将复杂问题简单化,但是求解结果容易受到模型变化的影响,从而产生偏差。

(2)随机概率分布函数

这种方法根据模糊参数的历史统计数据,求出与其分布规律比较相符的概率分布函数,并依次求解。但是在现实问题中,要获得足够的历史数据是非常困难的。

(3)模糊理论

由 Bellman 和 Zadeh 在 1970 年提出的"模糊优化"理论,为处理不确定因素提供了有力的工具。实践证明,模糊优化理论在多目标优化、生产管理、生产调度等多个领域中发挥着重要作用。近年来,随着模糊技术的发展,使用模糊数处理不确定问题的方法获得了广泛关注,其优越性和应用前景是其他技术难以比拟的。

对于这些不确定因素,现代的处理方法主要包括期望值法、相关机会规划和机会约束规划。根据问题的时机需要,可选择某一种方法对其进行处理。

(1)期望值法

在存在模糊参数的函数中,使用模糊参数的数学期望代替该参数,从而把模糊数学规划转化为确定性的数学规划问题。将这种在期望值的约束下,求解目标函数最优期望的模型叫作期望值模型。

(2)相关机会规划

它是由 Liu 在 1997 年提出并推广到相关机会多目标规划和相关机会目标规划中的。相关机会规划是使事件的机会函数在不确定环境下达到最大值的优化问题,即找出事件在不确定环境中实现概率最大的解。

（3）机会约束规划

这种规划是由 Charnes 和 CooPer 在 1961 年提出的针对约束中包含随机变量且必须在观测到随机变量实现之前作出决策的问题。该方法所采取的原则是：允许所做的决策在一定程度上不满足约束条件，但所做决策应使约束条件成立的概率不小于某个给定的置信水平。

11.2　不确定环境下多式联运路径规划数学模型

不确定因素的发生对多式联运过程产生显著影响，最终都会反映在运输成本和时间上，甚至会影响多式联运运营和组织。因此，多式联运路径规划的数学模型需要考虑不确定因素的影响，并采用模糊理论来定量化表示这些不确定因素。针对运输成本最小化、运输时间最短化和碳排放量最小化 3 个目标，构建多式联运路径规划的数学模型。

11.2.1　多式联运网络构成

集装箱多式联运网络可以表示为一个图，由节点和弧线构成，具体包括两个部分：一是由枢纽、线路等交通运输固定设施组成的具有多个节点、多条线路交叉组成的复杂网络结构，即集装箱多式联运基础网络；二是由集装箱多式联运经营人组织管理不同区段运输方式装卸、仓储及运输等环节形成的立体经营模式，即多式联运运营网络。

（1）运输路线

运输路线是集装箱流经的通道，在多式联运网络中连接对应的城市节点，是多式联运网络中资源和信息流通的渠道。构成多式联运线路的基本条件包括硬件和软件两个方面，硬件条件主要指基础设施条件，软件条件包括多式联运各部门的协作、运输组织管理等。

（2）网络节点

网络节点是集装箱集散中转地，在多式联运网络中具有衔接、管理与控制的作用，主要包括集装箱堆场、集装箱货运站和港口。在网络节点上，主要进行货物的装卸、仓储以及运输方式的转换等作业。

在集装箱多式联运网络体系中，公路作为网络的基础，铁路作为网络的骨干，航线作为网络的核心。对于内陆集装箱中转站，公路可以提高货物运输的通达程度，便于提供货物门到门运输；铁路可以扩大集装箱运输规模，保证集装箱运输的时效性，扩大规模效益;航线运输能够更好地发挥港口的集疏运能力,有效地发挥集装箱枢纽作用。

11.2.2　多式联运网络设计

用图示的方式能很好地描述多式联运网络,其中节点 N 包括运输起点 O、中间运输或转运的节点 i 和目的地 D。各节点之间的连线表示两点可以互相到达。目前,建立多式联运网络模型的方法主要有两种:多重点法和多重边法。

(1)多重点法

多重点法通过将一个运输节点拆分为多个点来描述该点的不同运输方法。例如,两个节点间可以选择 3 种运输方式,那么这个城市用 3 个节点表示,在网络中,两点之间最多只能存在一种运输方式,因此两点之间只能有一条边。这种方法能很好地表达转运时间和转运成本。当进节点和出节点的运输方式不同时,需要考虑转换运输方式的成本和时间;否则,不考虑。

构造网络 $G(V, E)$,其中 V 用于存储中转节点的集合,E 用于存放各节点之间弧的集合。若任意两个节点之间可提供多种运输服务,为了更清楚地表达运输和中转节点的中转特点,将单一路径的基本网络作如下转换:假如每一个中间节点有 3 种运输方式可供选择,除了起始和终到节点,对于每一个中间点可以利用 3 个点构造次节点,转换前后的多式联运网络如图 11.1 所示。但是,这种方法过于烦琐,对于节点规模较少的网络可以使用,当节点规模较大时,多重点法就很难被采用。

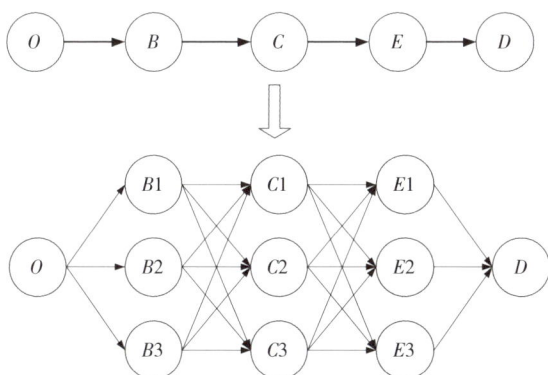

图 11.1　多重点法运输网络转换示意图

(2)多重边法

每个城市只表示一个节点,不同运输方式使用不同的边表示,两个节点之间按照运输方式的数量做边,如图 11.2 所示。构建网络 $G(V,E)$,其中 V 为节点集合,E 为边的集合。具体转换原则如下:这里以 O,D 间的单路径为例,若任意两城市之间只存在某一种运输方式,那么这两个城市之间只存在一条弧,否则会有多条边,这种方法不对城市节点进行改变。

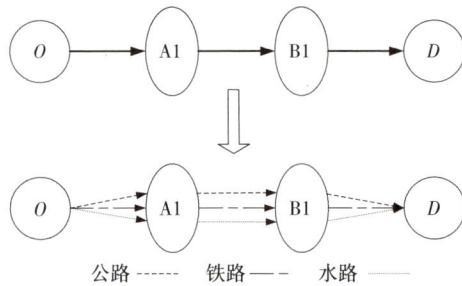

公路------　　铁路——　　水路———

图 11.2　多重边法运输网络转换示意图

11.2.3　问题描述

托运人要求将货物装载在集装箱内,从起始城市 O 送往目的城市 D,在运输网络中,有 N 个城市节点可作为途经城市考虑,城市之间提供多种运输方式,且各城市节点可以转换运输方式。考虑运输过程中不确定因素的干扰,运输时间和中转时间可能存在不确定性,因此用模糊数表示。经营人需综合考量运输成本、运输时间和碳排放量 3 个方面,为托运人提供一系列运输方案供其选择。

针对多式联运组合优化模型提出以下假设条件:

①不考虑货物运输种类;

②货物不可分,即相邻节点间的直接运输由单一运输方式承担;

③运输方式的转换只发生在中转站处,且中转站满足运输方式转换的需求;

④货物运输成本与运输方式、节点间的距离以及货运量相关;

⑤换装成本只与换装单价和货运量相关;

⑥货物运输过程产生的碳排放量与运输方式使用的燃料消耗量相关。

11.2.4　模型构建

(1)以成本、时间和碳排放量为目标

构建考虑模糊时间的多目标路径优化模型,模型中的相关符号及说明见表 11.1。

表 11.1　模型中的相关符号及说明

符号	说明
c,t,e	运输成本、时间成本和碳排放量的目标函数
o,d	多式联运运输网络的起始点和终点
P	运输节点的集合
M	集装箱多式联运网络中的运输方式集合
Q_{ij}^k	从 i 节点到 j 节点运输方式 k 的运输能力

符号	说明
d_{ij}^{k}	从节点 i 到节点 j 运输方式 k 的运输距离
x_{ij}^{k}	节点 i 到节点 j 以 k 运输方式安排货物运输
$c_{ij}^{k},t_{ij}^{k},e_{y}^{k}$	货物从节点 i 到节点 j 以运输方式 k 完成运输所需成本、时间和产生的碳排放量
y_{i}^{kl}	在节点 i 处运输方式由 k 转换为 l
$c_{j}^{kl},t_{j}^{kl},e_{j}^{kl}$	在节点 j 处运输方式由 k 转换为 l 所需的中转成本、时间和产生的中转碳排放量
τs_{ij}^{k}	货物以运输方式 k 从节点 i 到达节点 j 的最早出发时刻
tf_{jk}^{l}	货物在节点 j 由运输方式 k 转换成运输方式的结束时刻

（2）多目标路径优化模型以成本、时间和碳排放量为目标

运输时间和中转时间以三角模糊数表示，构建的模型如式（11.2）—式（11.13）所示，其中式（11.2）—式（11.4）为模型目标。

$$\min c = \sum_{i \in P} \sum_{j \in P} \sum_{k \in M} x_{ij}^{k} c_{ij}^{k} d_{ij}^{k} q + \sum_{j \in P} \sum_{k \in P} \sum_{l \in M} y_{j}^{kl} c_{j}^{kl} q \tag{11.2}$$

$$\min t = \sum_{i \in P} \sum_{i \in P} \sum_{k \in M} x_{ij}^{k} t_{ij}^{k} + \sum_{i \in P} \sum_{k \in P} \sum_{i \in M} y_{j}^{k} \tilde{t}_{j}^{k} + \sum_{i,h \in P} \sum_{k,j \in M} \min(ts_{jh}' - tf_{j}^{k}) y_{j}^{k} \tag{11.3}$$

$$\min e = \sum_{i \in P} \sum_{j \in P} \sum_{k \in M} x_{ij}^{k} e_{ij}^{k} d_{ij}^{k} Q + \sum_{j \in P} \sum_{k \in P} \sum_{l \in M} y_{j}^{kl} e_{j}^{kl} Q \tag{11.4}$$

$$\sum_{h \in P} \sum_{i \in P} \sum_{k \in M} x_{hj}^{t} - \sum_{i \in P} \sum_{j \in P} \sum_{k \in M} x_{ij}^{k} = \begin{cases} 1, & i = d \\ 0, & i = (P - o - d) \\ -1, & i = o \end{cases} \tag{11.5}$$

$$x_{ij}^{k} = \{0,1\} \tag{11.6}$$

$$y_{i}^{k} = \{0,1\} \tag{11.7}$$

$$\sum_{i \in P} \sum_{j \in P} \sum_{k \in M} x_{ij}^{k} \leqslant 1 \tag{11.8}$$

$$\sum_{i \in P} \sum_{k \in M} \sum_{i \in M} y_{i}^{\mu} \leqslant 1 \tag{11.9}$$

$$x_{ij}^{k} + x_{jp}' \geqslant 2y_{j}^{k} \tag{11.10}$$

$$q \cdot x_{ij}^{k} \leqslant Q_{ij}^{k} \tag{11.11}$$

$$\sum_{j,h \in P} \sum_{l \in M} ts_{jh}^{l} = \sum_{i,j \in P} \sum_{k \in M} tf_{ij}^{k} \tag{11.12}$$

$$\sum_{j,h \in P} \sum_{l \in M} ts_{jh}^{l} - \sum_{j \in P} \sum_{kj \in M} tf_{j}^{kl} \geqslant 0 \tag{11.13}$$

考虑模糊时间的多目标路径优化模型的优化目标，式（11.2）—式（11.4）分别表示货物运输成本、运输时间和碳排放量。这些目标值的计算考虑了直接运输过程和中

转过程两个方面。

约束条件中,式(11.5)保证流量守恒,从起始点 o 出发,终止于终点 d;

式(11.6)和式(11.7)为决策变量的取值约束;

式(11.8)表示相邻运输节点之间选择单一运输方式;

式(11.9)表示货物中转选择单一运输方式;

式(11.10)表示节点前后运输方式与节点运输方式中转的一致性;

式(11.11)表示货物运量不超过节点间运输方式的运能限制;

式(11.12)表示货物完成当前路段运输任务的时刻即为下一路段运输任务的最早出发时刻;

式(11.13)表示货物在节点换装结束的时刻早于或等同于离开该节点的最早出发时刻。

其中,式(11.3)目标函数的运输时间 $\tilde{t}_{ij}^{k}$ 和中转时间 $\tilde{t}_{j}^{kl}$,具有不确定性,用三角模糊数进行表示:

$$\tilde{t}_{ij}^{k} = (t_{ij}^{k1}, t_{ij}^{k2}, t_{ij}^{k3}) \tag{11.14}$$

$$\tilde{t}_{j}^{kl} = (t_{j1}^{kl}, t_{j2}^{kl}, t_{j3}^{kl}) \tag{11.15}$$

11.2.5 模糊模型的清晰转化

在以上建立的模型中,由于各弧段运输时间和节点中转时间为模糊数,所以总运输时间以及在节点需要等待班期出发的等待时间都为模糊数,即目标函数式(11.3)及式(11.13)涉及模糊参数,优化目标的数学意义不明确,需要将上述模糊多式联运路径规划模型转化为模糊机会约束模型,进而得到等价的清晰化形式,来进行计算求解。

1)模糊模型的机会约束规划转化

当约束条件中出现模糊变量时,一般可采用期望值或机会约束规划的方法进行处理。如果决策者期望得到的是一个平均意义下的解,那么可选择计算期望值的方法。如果客户对货运时间的要求只是一个大致的时间段,即只要在一定程度上满足要求即可,那么可以选择机会约束规划的方法来处理。两种建立模型的方法对实践均具有指导作用。

本章主要借鉴的是模糊机会约束规划的基本思路,根据 Liu 和 Iwamura 提出的模糊机会约束规划模型,将具有模糊参数的单目标机会约束规划表示为以下形式:

$$\begin{cases} \min \tilde{f} \\ \text{Pos}\{f(\boldsymbol{x}, \boldsymbol{\xi}) \leqslant \tilde{f}\} \geqslant \alpha \\ \text{Pos}\{g_i(\boldsymbol{x}, \boldsymbol{\xi}) \leqslant 0, i = 1, 2, 3, \cdots, p\} \geqslant \beta_i \end{cases} \tag{11.16}$$

式中 $\boldsymbol{x}$——决策向量;

       $\boldsymbol{\xi}$——模糊向量;

$\mathrm{Pos}\{\mid$ ——　$\mid\}$ 里事件发生的概率；

$f(\boldsymbol{x},\boldsymbol{\xi})$ ——目标函数；

$g_i(\boldsymbol{x},\boldsymbol{\xi})\leqslant 0,i=1,2,3,\cdots,p$ 的可能性至少为 β_i。

因为目标函数中模糊参数的存在，使得有多个可能的 $\tilde{f}$，满足 $\mathrm{Pos}\{f(\boldsymbol{x},\boldsymbol{\xi})\leqslant\tilde{f}\}\geqslant\alpha$，由于规划模型是要极小化目标值 $\tilde{f}$，所以 $\tilde{f}$ 是目标函数在置信水平 α 上所能取得的最小值，也就是 $\tilde{f}=\min\{\mathrm{Pos}\{f(\boldsymbol{x},\boldsymbol{\xi})\leqslant\tilde{f}\}\geqslant\alpha\}$。

采用模糊机会约束规划的基本思路是，将上节构建的模型转化为模糊机会约束规划模型：

目标函数：

$$\min[c,\tilde{t},e]\tag{11.17}$$

约束条件：

$$\mathrm{Pos}\Big\{\Big(\sum_{i\in P}\sum_{j\in P}\sum_{k\in M}x_{ij}^{k}\cdot\tilde{t}_{ij}^{k}+\sum_{j\in P}\sum_{k\in P}\sum_{l\in M}y_{j}^{kl}\cdot\tilde{t}_{j}^{kl}+\sum_{j,h\in P}\sum_{k,l\in M}\min(ts_{jh}^{l}-tf_{j}^{kl})y_{j}^{kl}\Big)\Big\}\leqslant\tilde{t}\Big\}\geqslant\alpha$$
$$\tag{11.18}$$

其他约束条件同式（11.2）、式（11.4）—式（11.13）。该模糊机会约束规划模型中，目标约束方程式（11.18）表示所求的目标值是在满足置信水平条件下 α 所能取得的最小值。

2）模糊机会约束规划模型的清晰化

将有关模糊运输时间的模糊多式联运路径优化模型转化为模糊机会约束规划模型后，为了进一步将模糊机会约束规划模型转化为清晰的等价形式，引入以下定理。

设有三角模糊数 $\tilde{A}=(a_1,a_2,a_3)$，其中 $a_1<a_2<a_3$，隶属函数为 $\mu_A(x)$，如下式所示，$\theta\in[0,1]$ 为给定的置信水平。

定理：当且仅当 $b\geqslant(1-\theta)a_1+\theta a_2,\mathrm{Pos}\{\tilde{A}\leqslant b\}\geqslant\theta$ 成立。

根据定理可以直接将上节的模糊机会约束条件式（11.18）转化为清晰的等价体：

$$(1-\beta)\cdot(ts_{jh}^{l1}-f_{j1}^{kl})+\beta\cdot(ts_{jh}^{l2}-f_{j2}^{kl})\geqslant 0\tag{11.19}$$

$$\begin{aligned}
\hat{t}\geqslant &\Big(\sum_{i\in P}\sum_{j\in P}\sum_{k\in M}x_{ij}^{k}\cdot t_{ij}^{k1}+\sum_{j\in P}\sum_{k\in P}\sum_{l\in M}y_{j}^{kl}\cdot t_{j1}^{kl}\Big)(1-\alpha)+\\
&\Big(\sum_{i\in P}\sum_{j\in P}\sum_{k\in M}x_{ij}^{k}\cdot t_{ij}^{k2}+\sum_{j\in P}\sum_{k\in P}\sum_{l\in M}y_{j}^{kl}\cdot t_{j2}^{kl}\Big)\alpha+\\
&\sum_{i,h\in Pk,l\in M}\min(ts_{jh}^{l}-tf_{j}^{kl})y_{j}^{kl}
\end{aligned}\tag{11.20}$$

那么原来的模糊机会模型可转化为以下确定性的清晰模型：

目标函数：

$$\min[c, \tilde{t}, e] \tag{11.21}$$

在约束条件中,以式(11.20)转换后的清晰等价体作为约束条件对时间进行约束,其余约束条件仍然同式(11.2)、式(11.4)—式(11.13),其中 $\alpha \in [0,1]$。

11.3　不确定环境下多式联运路径规划求解算法

多目标优化问题是指在约束条件下,需要同时满足多个目标的问题,而这些目标和约束条件之间往往存在对立和冲突。传统的多目标问题求解方法通常将多目标问题转化为单目标问题进行求解,从而继承单目标优化理论的成熟理论和广泛应用研究。常见方法有加权法、约束法和单纯形法等。

加权法是赋予各目标函数不同的权重比例,将多目标函数转换成新的单目标函数进行求解;约束法则将其中一个目标函数作为单目标问题的目标,其他目标函数则作为约束条件存在于模型中。尽管这些传统求解方法在处理方法上具有借鉴价值,但求解得到的单一解并没有从本质上解决各目标之间的冲突关系,且权重系数的选择具有主观性,存在一定的缺陷。

鉴于传统多目标问题求解方法的局限性,本章采用多目标算法对多目标问题进行求解,在单次优化过程中求解出多个均衡解。目前,多目标鸡群算法的研究开发还缺乏一定理论参考,因此本章沿用经典的 NSGA Ⅱ 多目标优化算法,并结合差分进化算法的寻优特性引入交叉变异策略,提出自适应策略,探究混合算法 DE-NSGA Ⅱ 处理模型和大规模问题的能力。

11.3.1　差分进化算法

差分进化算法(Differential Evolution, DE)是一种简单而有效的进化计算技术。该算法由 Storn 等人在 1995 年提出。差分进化算法变异操作具有创新性:算法首先选定一个个体,然后在该个体基础上加上两个不同个体的带权差完成变异操作。在迭代初期,由于种群个体差异较大,这种变异方式能够增强算法的全局搜索能力。随着迭代的进行,算法逐渐趋于收敛,种群中个体间的差异相对减小,使算法的局部搜索能力变强。这种变异方式使差分算法相对于其他同类优化算法在求解问题上呈现出很大的优越性,其主要的优点有:待定参数少;具有较强的群体搜索和协同搜索能力,以及较快的收敛速度。

从算法流程来看,差分进化算法始于随机初始化的种群,经过选择、交叉和变异操作产生新种群,具体流程如图 11.3 所示。

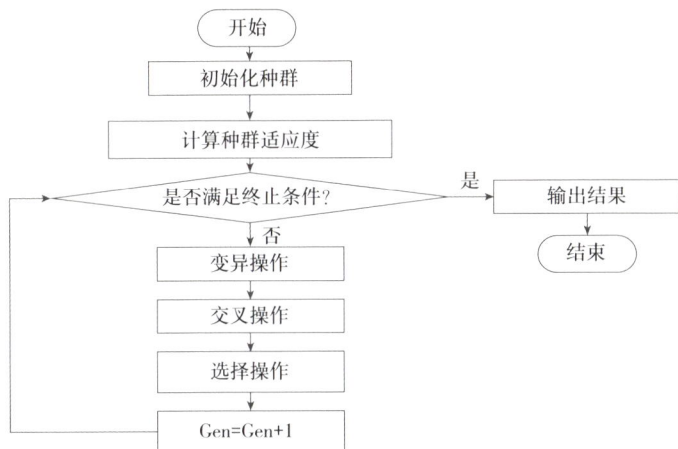

图 11.3　DE 算法流程图

1)种群初始化

建立优化搜索的初始点,利用式(11.22)随机生成初始化种群:

$$x_{ij}(G) = \text{rand}[0,1](x_{ij}^U - x_{ij}^L) + x_{ij}^L \tag{11.22}$$

式中　$\text{rand}[0,1]$ ——在 $[0,1]$ 之间产生的均匀随机数;

　　$x_{ij}(G)$ ——第 G 种群中第 i 条染色体的第 j 个基因。

2)差分变异操作

差分变异操作是差分进化算法的关键步骤,它是基于染色体的差异进行的,即在每个新个体的生成过程中用到了父代多个个体的线性组合,DE/rand/1/bin 差分变异策略可表示为:

$$t_i(G+1) = X_{r_1}(G) + F \times [X_{r_2}(G) - X_{r_3}(G)] \tag{11.23}$$

式中　$t_i(G)$ ——变异目标个体;

　　G——当前种群进化代数;

　　$X_{r1}(G)$,$X_{r2}(G)$,$X_{r3}(G)$ ——种群中的随机个体;

　　F——自适应缩放因子,$F \in [0,1]$,$1 \neq r_2 \neq r_3 \neq i,i \in \{1,2,\cdots,N\}$。

3)差分交叉操作

对群体中目标矢量个体 x_{ij},将与变异矢量 t_{ij} 进行交叉操作,产生试验个体 p_{ij}。 为保证个体 x_{ij} 的进化,首先通过随机选择,使得 p_{ij} 中至少有一位由 t_{ij} 贡献,而对于其他位,可利用一个交叉概率因子 cr,决定 p_{ij} 中哪位由 t_{ij} 贡献,哪位由 x_{ij} 贡献。交叉操作如式(11.24):

$$p_{ij}(G+1) = \begin{cases} t_{ij}(G+1), & \text{rand}(0,1) < cr \text{ 或 } j = \text{rand}(0,n) \\ x_{ij}(G), & \text{其他} \end{cases} \tag{11.24}$$

式中 t_{ij}, x_{ij}, p_{ij}——分别为变异个体、父代个体及实验的第 i 条染色体第 j 个基因;

  rand(0,1)——$[0,1]$ 的随机数, cr 为交叉概率, $cr \in [0,1]$;

  rand(0,n)——$[0,n]$ 的随机数, n 表示染色体长度。

4)选择操作

选择操作用适应度函数对新生成个体 $p_i(G+1)$ 和当前个体 $x_i(G)$ 进行比较,选择适应度更优的个体进入下一代,其具体操作如下:

$$x_i(G+1) = \begin{cases} p_i(G+1), & f(p_i(G+1)) \leqslant f(x_i(G)) \\ x_i(G), & \text{其他} \end{cases} \quad (11.25)$$

11.3.2 NSGA Ⅱ 多目标优化算法

改进非支配排序遗传算法是一种经典的多目标优化算法,它直接利用适应度函数值作为搜索信息,能够实现广泛而高效的搜索。在经过选择、交叉和变异运算后,该算法具有更好的全局优化能力。多式联运的多目标遗传算法运算过程如图 11.4 所示。

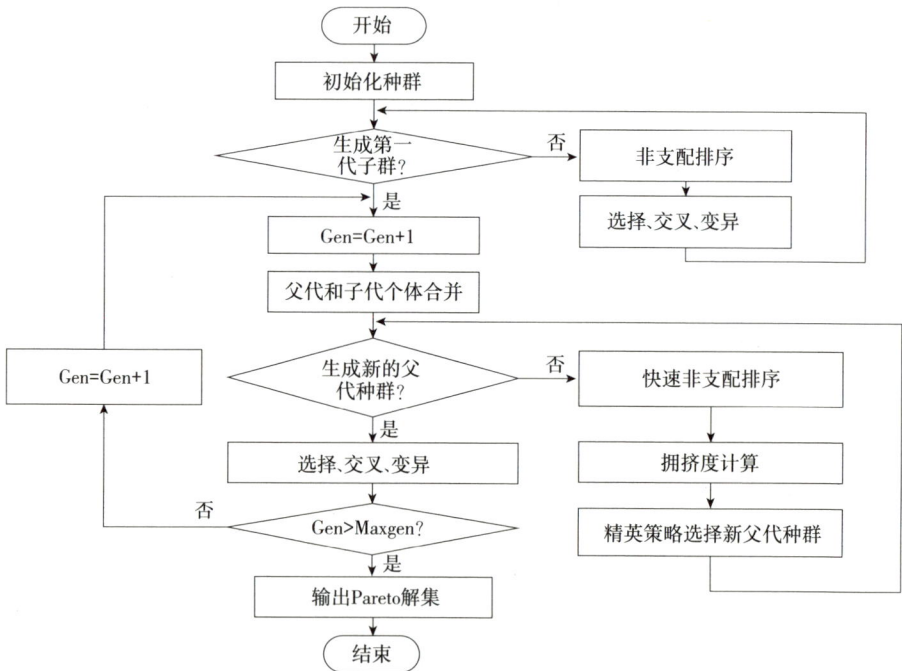

图 11.4　NSGA Ⅱ算法流程图

NSGA Ⅱ算法是在 NSGA 的基础上的进一步完善,具有以下优点:

(1)快速非支配排序法

在选择操作前,根据个体的非劣解支配水平对种群进行排序分层处理。将当前种群中的最优非劣解个体划分为统一等级,令其为第一层,并将第一层非劣解个体移除种群;在剩余种群中寻找新的非劣解,并将其归为第二层,将第二层非劣解个体移除种群;以此类推,直到将种群中的所有个体按照层次划分到不同的非劣层。从快速非支配排序的处理过程可以看出,第一层非劣解要优于第二层非劣解,以此类推,直到种群所有个体都排序至不同层级。

(2)拥挤距离

拥挤距离是指在个体 c 周围,只包含个体 c 占有的搜索空间的大小,如图 11.5 所示,拥挤度 i_d 即等于它在两个体 $(c-1)$ 和 $(c+1)$ 上函数目标值的水平距离之和,具体见式(11.26),其中 f_1、f_2 和 f_3 分别为模型的 3 个目标函数。如果两个个体的拥挤距离较大,则表明种群的多样性较好。

$$i_d = \sqrt{\left[f_1(i+1) - f_1(i-1)\right]^2 + \left[f_2(i+1) - f_2(i-1)\right]^2 + \left[f_3(i+1) - f_3(i-1)\right]^2}$$

$$(11.26)$$

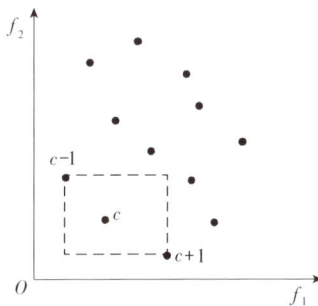

图 11.5 拥挤度距离示意图

(3)精英策略

扩大了采样空间,经选择后参加繁殖的个体所产生的后代同其父代个体共同竞争来产生下一代种群,因此,有利于保持优良的个体,迅速提高种群的整体水平。

精英策略是保留遗传算法中父代的优良个体与子代合并,生成新的父代。由于子代和父代种群各有 N 个个体,合并后即有 $2N$ 个个体,根据快速非支配排序对层级筛选,保留相对较优的个体作为新的父代。具体流程图如图 11.6 所示。

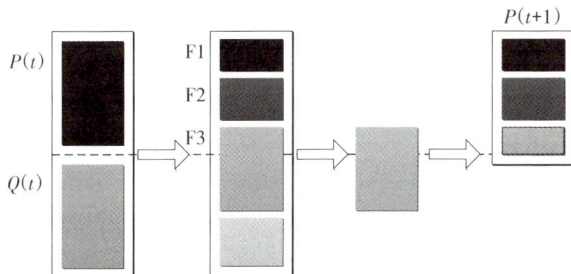

图 11.6 精英策略示意图

11.3.3　DE-NSGAⅡ算法设计

通过大量的研究发现,NSGAⅡ算法虽然基于拥挤距离机制保持种群的多样性,但也存在一定的不足。这是因为仅从拥挤距离大小判断个体的分布性能是有局限性的。一个容易被忽视的问题是,个体的密度和个体之间的拥挤距离并不总是一致的,但许多人误以为拥挤距离大的个体密度也大。这可能导致一些拥挤距离大且解密度也大的个体被保留下来,从而造成解的分布不均匀,容易陷入局部最优。

在进化算法中,变异算子的设置对算法的收敛性和运行速度有重要影响。在多目标进化算法的研究中,人们的注意力主要集中在构造非支配集、适应度赋值等问题上,对多目标进化算法的基本进化操作算子研究不多,尤其是变异算子。变异算子的设计影响着算法的局部搜索能力以及种群的多样性保持,所以最终所求解的收敛性、分布性在很大程度上取决于变异算子的设计。在种群算法运行初期,往往期望的是提高算法的寻优速度,而在算法搜索的后期,期望的是尽量提高算法的局部搜索能力,避免算法陷入局部最优。

在 DE 算法和 NSGAⅡ 的理论基础上,保留了 NSGAⅡ 算法的快速非支配排序和种群多样性保持策略,同时利用差分方式取代 NSGAⅡ 的模拟二进制算子和多项式变异算子,以产生子代个体。因此,提出了基于 DE 和 NSGAⅡ 的进化多目标优化算法。具体算法流程图如图 11.7 所示。

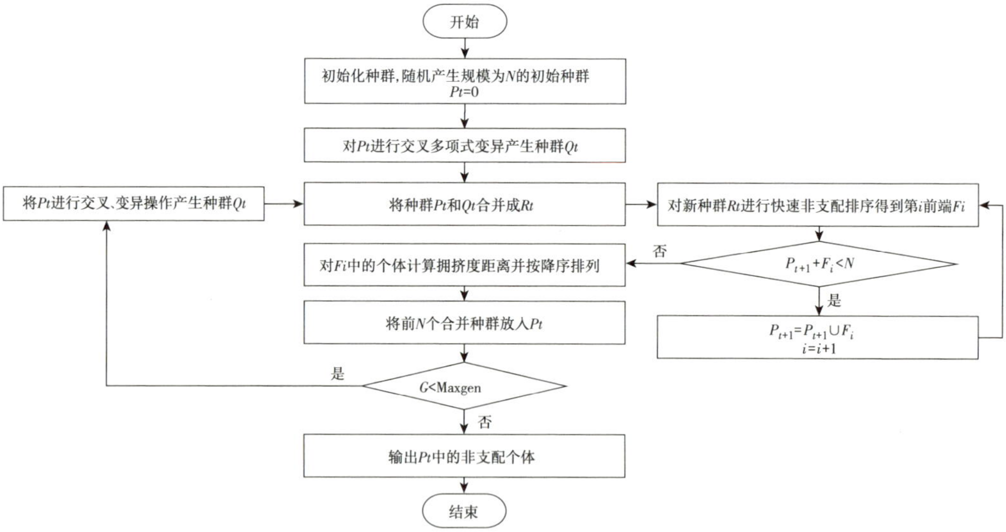

图 11.7　DE-NSGAⅡ 多目标优化算法

(1)编码与解码设计

差分进化算法主要用于求解连续空间的问题,但多式联运路径优化本质上是一个多目标多约束条件的整数规划问题。在该模型中,依旧选用二维矩阵编码对染色体进行实数编码。

一个矩阵编码代表一个完整的运输方案,矩阵的大小与运输网络节点数量有关,矩阵非"Inf"的位置表示路径途经节点,而位置的元素表示运输方式。这种编码方式能够在表达运输方案的路径和运输方式的同时降低计算复杂度。

(2)目标函数及适应度设计

适应度的评估通常是由目标函数和约束条件决定的,适应度值大的个体被选择的概率更高。在考虑模糊时间的多目标路径优化模型中,分别以成本、时间和碳排放量最小值为目标,依据适应度值的特性,利用约束条件对染色体进行筛选,根据各目标函数计算目标函数值,并将目标函数值的倒数作为适应度值,以评估个体的优劣。

(3)变异操作

基于差分算法的变异策略操作完成后,需要判断个体是否满足约束条件。若存在不符合约束条件的个体,则将其修正为满足约束条件的合格个体。修正后的变异目标个体粒子元素可以构成完整的路径,符合约束条件,可以进行适应度值求解和后续运算。

(4)交叉操作

进行交叉操作后,得到的向量元素值属于实数空间,不能直接在整数空间进行目标函数值的评价。因此,需要对新生成的染色体进行检查,若发现不合理则进行修正,以确保染色体的合理性。

11.3.4　算例分析

多目标非支配解集质量评价从空间分布性和收敛性两个方面展开,分别用于权衡 Pareto 解集的质量和算法的寻优能力。本章采用 DE-NSGA Ⅱ 算法求解路径优化问题,通过实例比较 DE-NSGA Ⅱ 算法和 NSGA Ⅱ 的解集空间分布情况和迭代收敛趋势。实验程序均由 Matlab 编写,在 Matlab R2014a 环境下运行。DE-NSGA Ⅱ 算法中,设置种群规模 $NP = 80$,最大进化代数 $maxgen = 200$,初始交叉因子 $CR_0 = 0.4$,初始缩放因子 $F_0 = 0.4$。 本案例中,满意度水平 $\alpha = \beta = 0.9$。

分段制计算运输成本、直接运输成本、运输基价、运输距离与货物质量相关。不同运输方式的运输基价、运输速度和碳排放量见表 11.2,运输中转的成本、时间和单位质量碳排放量,见表 11.3。

表 11.2　运输基价、运输速度及碳排放量

运输方式	公路	铁路	水路
运输基价 $c / [元 \cdot (t \cdot km)^{-1}]$	0.5	0.3	0.02
速度 $v / (km \cdot h^{-1})$	100	80	60

续表

运输方式	公路	铁路	水路
CO_2 排放量 $e/\left[kg\ CO_2 \cdot (t \cdot km)^{-1}\right]$	0.053 0	0.009 37	0.017 89

表 11.3　中转成本、中转时间和碳排放量

中转方式	中转费用/元	中转时间/h	单位碳排放量/kg CO_2
铁路—公路	300	(1.0　1.5　2.0)	0.032 4
水路—公路	400	(2　3　4)	0.032 4
铁路—水路	500	(2.5　3.5　4.5)	0.042 4

从运行时间看,中小规模下两种算法求解结果一致且时间相差不大;从不同规模求得的 Pareto 最优解集数量来看,求解小规模运输网络时,NSGA Ⅱ 和改进的 DE-NSGA Ⅱ 混合算法解集空间分布相当;当运输规模扩大后,改进算法的解集空间分布优于 NSGA Ⅱ 。

随机选择运输任务的起点和终点,选用相同参数运行 DE-NSGA Ⅱ 和 NSGA Ⅱ 得到不同规模下两种算法的运行结果,见表 11.4。

表 11.4　不同规模下算法求解结果

Pareto 最优解集个数/运行时间/s	NSGA Ⅱ	DE-NSGA Ⅱ
郴州—徐州	14/201. 363	14/226. 47
长沙—天津	15/214. 596	15/251. 617
深圳—徐州	13/197. 613	13/228. 529
福州—锦州	14/205. 155	14/285. 046
南昌—天津	13/184. 251	13/244. 092
深圳—天津	24/221. 469	26/288. 51
南昌—锦州	26/219. 334	28/296. 089
广州—天津	26/262. 168	28/242. 484
深圳—沈阳	36/240. 691	40/280. 416

从运行时间来看,中小规模下两种算法求解结果一致且时间相差不大;从不同规模求得的 Pareto 最优解集数量来看,求解小规模运输网络时,NSGA Ⅱ 和改进的 DE-NS-GA Ⅱ 混合算法解集空间分布相当;当运输规模扩大后,改进算法的解集空间分布优于 NSGA Ⅱ 。

以广州到沈阳的大规模货物运输为例,两种算法分别进行 30 次独立运算,图 11.8
给出了两种算法下 Pareto 解集的空间分布图,图 11.9 表示算例迭代过程中各目标均
值的比较,表 11.4 综合了 30 次测试结果并总结了两种算法的对比分析结果。

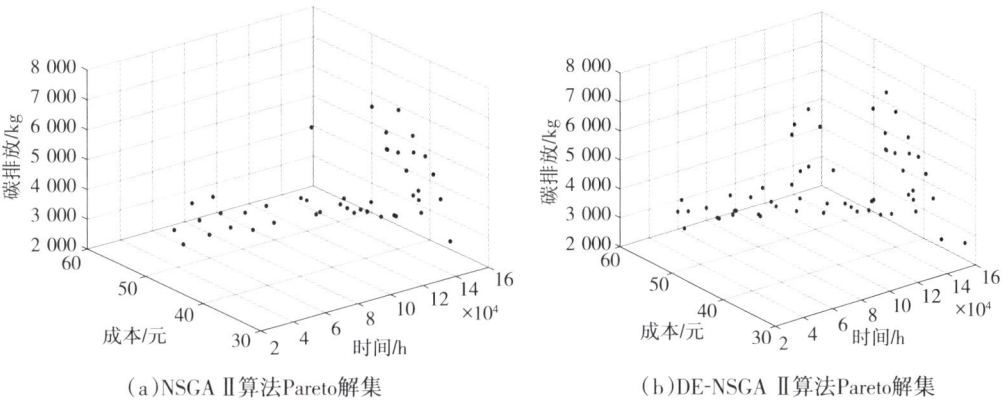

（a）NSGAⅡ算法Pareto解集　　　　　　　（b）DE-NSGAⅡ算法Pareto解集

图 11.8　Pareto 解集空间分布

比较图 11.8 的 Pareto 最优解集空间分布可知,DE-NSGAⅡ算法的 Pareto 最优解
集空间分布比 NSGAⅡ均匀,即 DE-NSGAⅡ算法能够获得较高质量的 Pareto 最优解。

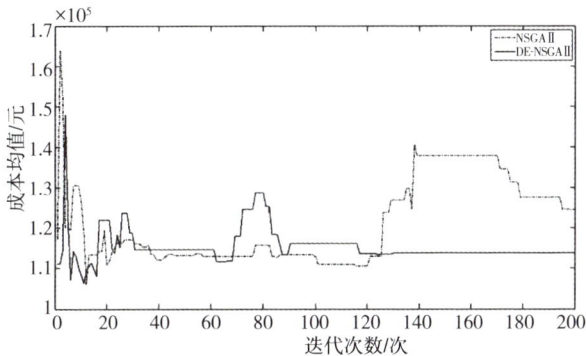

（a）成本均值

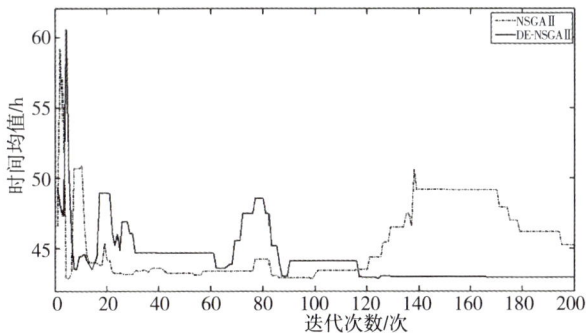

（b）时间均值

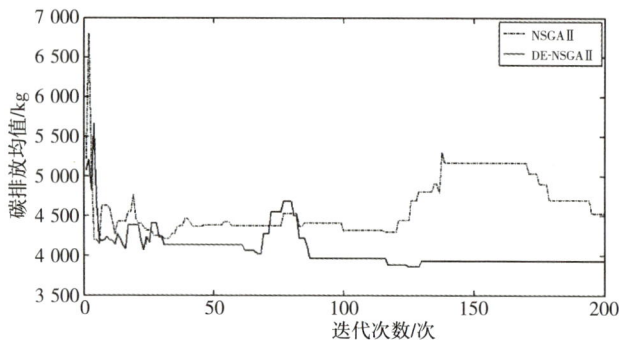

（c）碳排放均值

图 11.9 不同目标函数均值比较

从比较图 11.9 中目标函数均值的收敛曲线可以发现,改进算法的曲线(以下简称"改进曲线")比原算法曲线(以下简称"原曲线")具有以下特点:

（1）改进曲线收敛速度更快

虽然运行前期两个算法稍有波动,但改进曲线算法迭代 120 次后趋于稳定达到收敛,而原曲线收敛代数之间产生较大偏差主要是因为 NSGA Ⅱ 作为遗传算法的演化,具有对初始群体依赖性大的缺点,使种群波动范围不稳定,算法也不稳定。

（2）改进曲线末端值更小

曲线末端值表示的是 Pareto 最优解,改进曲线的末端值小说明原算法有可能出现早熟现象。因此,改进算法比原算法更有效,能更好地避免早熟现象,找到离最优解更接近的 Pareto 最优解。

（3）改进曲线更早终止

改进曲线都在 120 代左右终止,而原曲线则到算法结束也未达到收敛,这说明改进算法比原算法运算效率更高,这在解决更大规模的问题时将会更明显。

表 11.5 算法结果对比分析

	NSGA Ⅱ	DE-NSGA Ⅱ
运行时间均值/s	507.232	626.571
Pareto 解集数量均值	42.6	44.9
Pareto 解集数量标准差	3.30	3.35
Pareto 解集数量最大/最小值	45/35	56/40

由表 11.5 可知,DE-NSGA Ⅱ 算法运行时间比 NSGA Ⅱ 算法长,DE-NSGA Ⅱ 是 DE 和 NSGA Ⅱ 串联而成的,其执行循环相当于对 DE 和 NSGA Ⅱ 依次执行循环,故在时间复杂度方面次于 NSGA Ⅱ。综合 30 次运算比较,DE-NSGA Ⅱ 求得的 Pareto 解集数量平

均数、最大/最小 Pareto 解集数均大于 NSGA Ⅱ,算法求得解的分布性更好,提供运输方案更为全面。

11.4　本章小结

交通运输过程受到许多因素的影响,本章将这些影响多式联运过程的因素划分为确定性因素和不确定因素,同时引入模糊理论对不确定性因素进行定量化表示。在此基础上,本章提出了多式联运网络模型,并针对运输成本最小化、运输时间最短化和碳排放量最小化 3 个目标,构建了多式联运多目标路径优化模型,如何同时满足这些相悖的目标是本章要解决的关键问题。本章首先介绍了存在多个优化目标的 MOP 问题及其所对应的 Pareto 最优解的理论,并引入了求解多目标数学规划的带有精英策略的快速非支配排序遗传算法(NSGA Ⅱ)和差分进化算法。针对多式联运中的不确定因素问题,本章提出了一种混合算法,即 DE-NSGA Ⅱ算法。该算法兼具全局搜索能力和局部搜索能力,弥补了两种单一算法的劣势,使其在求解不确定环境下的多式联运路径优化问题时更加高效。

在设计算法流程时,本章结合不确定环境下不确定因素问题的特性,引入了差分进化算法的交叉变异策略,并提出交叉因子和缩放因子自适应策略,构成了新的混合NSGA Ⅱ算法。通过实例分析,本章对多式联运多目标路径优化模型进行了求解,得到了分布均匀的 Pareto 最优解集,提供了多种可供选择的多式联运优化方案。从不同角度验证了模型的可行性和混合 NSGA Ⅱ算法的有效性,结果表明混合 NSGA Ⅱ算法在求解不确定环境下的多式联运路径优化问题上具有更好的效果。

参考文献

[1] 谭小平.我国多式联运发展战略与行动[J].中国物流与采购,2018(14):26-27.

[2] 李世昌.易腐货物冷藏集装箱多式联运路径选择研究[D].北京:北京交通大学,2018.

[3] LIU B D. Dependent-chance Programming:A Class of Stochastic Optimization[J]. Computers & Mathematics with Applications,1997,34(12):89-104.

[4] CHARNES A,COOPER W W. Management Models and Industrial Applications of Liner Programming[J]. MANAGEMENT SCIENCE,1957,4(1):38-91.

[5] 李鑫.集装箱多式联运 EDI 系统研究[J].铁道运输与经济,2018,40(3):29-

33,102.

[6] 刘宝碇,赵瑞清.随机规划与模糊规划[M].北京:清华大学出版社,1998.

[7] 陶文华,刘洪涛.基于差分进化与 NSGA-Ⅱ的多目标优化算法[J].计算机工程,2016,42(11):219-224.

第12章
动态环境下应急物资配送和灾情侦察问题优化

自21世纪以来,我国每年因自然灾害造成的经济损失高达3 000亿元。正处于突发事件高发期,每年因自然灾害、事故灾难、公共卫生事件和社会安全事件等突发事件造成的人员伤亡和经济损失巨大。国家减灾网公布的数据显示,仅2017年全国各类自然灾害就造成1.4亿人次受灾,近900人死亡。为了保障人民的财产和生命安全,应急救援速度和方式至关重要。历史上,灾害发生时,人们无法快速掌握灾害现场的实时情况,致使救援不及时、救援方式不合理,进而造成巨大的人员伤亡和财产损失。随着科技的迅速发展,无人机能够在恶劣环境下实现大面积受灾区域的快速感知,降低救援风险,保证救援的时效性。例如,2021年郑州洪涝灾害中,无人机被用于通信指挥和运送救援物资。车辆与无人机协同进行大区域侦察作业,可大幅度提高区域侦察工作效率,并扩展侦察范围。无人机进行灾情侦察的同时,车辆进行应急物资配送,并作为无人机的起降点。分布式协同作业具有范围广、速度快、灵活性高、适应性强以及准确性和可靠性高等特点,以满足动态环境复杂多变的情况。

本章针对动态环境下车机协同任务分配及路径规划问题进行研究,包括车机协同路径规划问题和无人机覆盖扫描路径规划问题。分析实际情况下的约束限制,确定优化目标,将实际任务分配的限制条件进行数学表达,结合环境下的动态性因素,和对异构任务类型的任务聚类,建立多约束多目标数学模型;设计用于求解动态环境下车机协同路径规划和任务分配问题的求解方法,运用基于融合排序策略的多目标粒子群算法求解出合理的规划路线,并验证其可行性,通过求解案例结果,验证车机协同能否实现动态区域中作业任务以及方案的优化,从而进一步证明本书所建立数学模型的合理性以及所提出算法的有效性。

12.1 协同侦察与配送任务分析

针对本章所提出的动态环境下车机协同任务分配问题,其关联到两级车辆路径优化问题和无人机覆盖路径规划问题,即车机协同任务分配问题。通过比较研究车机协同任务分配各分支问题的特殊性与适用性,确定本章研究的分支问题需要与无人机覆盖路径规划问题相贴合。通过不同覆盖方式下无人机扫描路径时间与起降点之间关系的研究,为车机协同问题增加多维性。

12.1.1　两级车辆路径优化问题研究

两级车辆路径问题(2E-VRP)是 VRP 问题的延伸,一般定义为:一个(或多个)基地负责若干个客户的货物配送问题,基地根据客户所需货物的配送需求将客户需求点分为不同级别的访问点,并且在道路综合网络中设置具有中转和临时存储功能的中继站。因此,道路网络被分为两级,在第一级中由一级车辆从基地出发,规划行驶路径,服务一级访问点和中继站,配送或者转运货物,相当于传统的 VRP 问题。在第二级路网中由二级车辆携带转运货物从中继站出发,规划行驶路径,服务二级访问点,相当于开环的 VRP 问题;由此得到完整的闭环行驶路径,并在满足一定的约束条件(如货物需求量、发送量、送货时间、车辆容量限制、行驶里程限制、时间限制等)下,达到一定的目标(如路程最短、费用极小、时间尽量少、使用车辆数尽量少)。两级车辆路径规划示意图如图 12.1 所示。

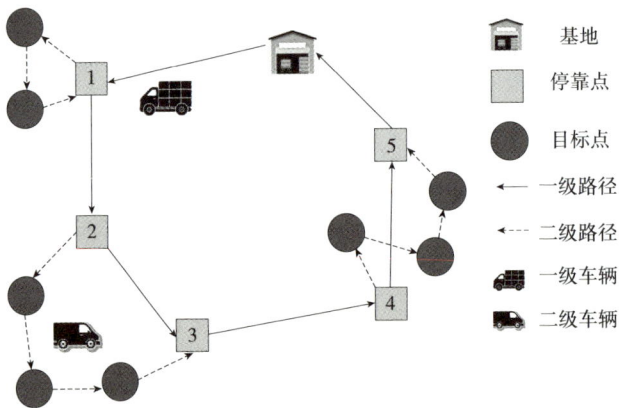

图 12.1　两级车辆路径规划示意图

12.1.2　车机协同任务分配问题研究

本章研究的车机协同任务分配问题是在 2E-VRP 的基础上的一个变种问题,由于地形和任务类型的约束,二级车辆往往不能满足分配的需求,因此考虑用无人机替换二级运输车辆进行任务分配,在路径上选择车辆与无人机的若干动态分离节点来替换2E-VRP 中固定的中继站,并确定无人机从某一分离节点出发、服务若干客户、再返回分离点的若干子回路。除此之外,本章以动态环境为背景现实问题中新增的需求点、取消的任务点、目标的需求量、时间窗等信息的变更,这些动态性因素在路径问题的研究中具有重要的现实意义。

　　车辆与无人机的协同配合按照同步要求可以分为两类:串行作业路径规划问题和
并行作业路径规划问题,如图 12.2 所示。二者最显著的区别在于串行作业有同步需
求,而并行作业无同步需求。在串行作业路径规划问题中,车载无人机从基地携带货
物出发,车辆既可以直接向客户配送货物,也可以选择让无人机从车辆上起飞,向客户
配送货物后再于车辆上降落,然后车辆载着货物和无人机继续前往下一个客户点,最
后返回基地。其中,车辆一级路径的变动会影响无人机的起降点,进而影响无人机的
二级行驶路径。反过来,无人机的二级行驶路径变动也会影响车辆的一级行驶路径,
这意味着车辆与无人机在汇合点需要同步,即形成一个从基地经汇合点到客户再到汇
合点的完全动态的两级配送网络。而并行式作业割裂了无人机与车辆的协同配合,仅
在基地处有路径点的重复,可以简单看作多车型的路径规划问题,不涉及 2E-VRP 问
题,因此不作为本章的研究对象。

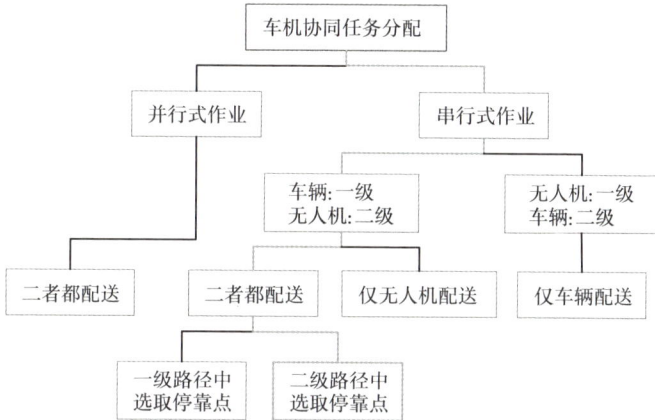

图 12.2　车机协同任务分配分类

12.1.3　无人机灾情侦察路径规划问题研究

　　本章研究的灾情侦察路径规划问题的运动方式主要有如图 12.3 所示的 3 种类
型:一是螺旋式灾情侦察,无人机从覆盖区域的中心开始,以恒定的螺旋间距向外沿一
定方向(如逆时针)螺旋扫描,直到完全覆盖整个区域。也可以从最外开始向内扫描,
如图 12.3(a)所示。二是平行式灾情侦察,无人机以平行航迹呈 S 形推进的方式从覆
盖区域边缘开始以等间隔距离扫描,直到完全覆盖整个区域,如图 12.3(b)所示。三
是固定线路式灾情侦察,无人机在固定目标点之间以直线行驶的方式扫描固定路线,
如图 12.3(c)所示。对无人机灾情侦察路径规划问题的求解,即选择合适的扫描方式
和无人机的起降点规划出最优的覆盖路径,以达到最佳效果。

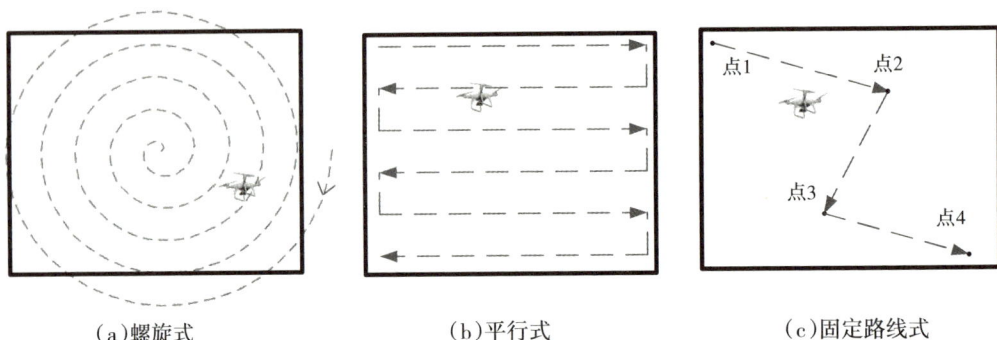

(a)螺旋式　　　　　　　　(b)平行式　　　　　　　　(c)固定路线式

图 12.3　三种侦察模式对比

1)螺旋式灾情侦察

当采用螺旋式灾情侦察时,无须考虑无人机的转弯半径,给定无人机的固定扫描宽度、速度和区域几何形状特征即可计算出扫描该区域所需的时间。通常情况下,无人机灾情侦察区域可近似看作多边形。对于多边形而言,将其质心与多边形顶点之间的连线定义为多边形的跨度 SP, 最大跨度记为 SP_{max}, 如图 12.4 所示。

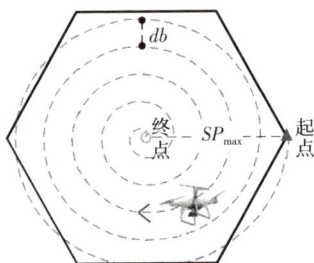

图 12.4　多边形跨度

由于无人机结束扫描时在区域的质心处,故降落点的选择不会对人机的扫描路径产生影响。

2)平行式灾情侦察

当采用平行式灾情侦察时,无论无人机以何种扫描路径飞行,其最终结束扫描的位置必定在任务作业区域的边界处,故需要考虑无人机的起降点对其扫描路径的影响,尽量使无人机完成扫描后能以最短的路径达到区域边界的降落点。当无人机灾情侦察区域近似看作多边形时,由于多边形的几何形状不确定,且需要判断无人机由一条路径切换为另一条路径的转弯时机,加之无明确的起降点,最终使得灾情侦察过于复杂。因此,本章采用基于有向包围盒(Oriented Bounding Box, OBB)策略的平行式灾情侦察,简化问题、降低问题复杂度,从而保证区域完整性。其基本思想为根据任务区域多边形的几何特性确定矩形的大小和方向,确定包裹任务目标区域多边形,使用无人机对该 OBB 矩形进行平行式灾情侦察,如图 12.5 所示。

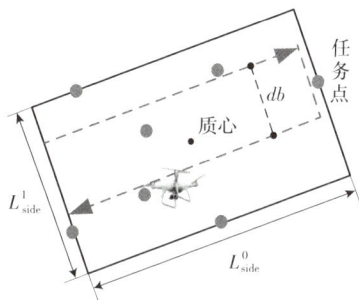

图 12.5　OBB 任务点

当无人机在边界处采用平行式灾情侦察时,一般默认其从顶点处出发,以 S 形递推的模式进行区域扫描。

3)固定线路灾情侦察

当无人机被指派到区域内固定任务点作业时,任务点之间的覆盖路径一般为固定直线。该类区域覆盖问题(固定目标点的区域覆盖)可以直接使用固定线路灾情侦察。对于第一类区域覆盖问题(全区域覆盖)需要使用螺旋式灾情侦察或平行式灾情侦察。同时采用这两种不同的扫描模式时,扫描路径的总长度可能相差很大。当任务区域多边形接近圆形时,使用螺旋式灾情侦察会比平行式灾情侦察效果更好。因此,可根据覆盖区域与圆的接近程度选择不同的扫描模式。通常用圆度来描述一个多边形接近圆的程度,其计算式为:

$$E = \frac{4\pi S}{C^2} \tag{12.1}$$

式中　S——多边形的面积;

　　　C——多边形的周长。

当 E 越接近于 1 时,表明该多边形越接近于圆,应使用螺旋式灾情侦察。当 E 越接近于 0 时,表明该多边形越不接近于圆,应使用平行式灾情侦察。

12.2　车机协同侦察与配送任务分配建模

本节首先对任务分配的建模流程进行综合性介绍,然后结合本章所研究的实际问题,对动态环境要素进行建模和假设,并定义相关数学模型符号。对应急情况下的动态性因素与场景进行具体分析与处理,按照任务目标的价值系数与任务种类,将目标重新聚类为不同离散区域的物资配送任务和灾情侦察任务。在两级车辆路径规划问题的基础上扩展了约束条件,考虑了无人机和车辆协同作业时的约束,并将最小作业时间和最大效能收益作为组合优化目标进行求解。

12.2.1 建模流程

车机协同任务分配建模需贴合实际任务需求,体现分布式、智能化、动态性的特点,为后续算法设计打好基础。建模流程图如图12.6所示,从无人机和车辆的角度出发,建立车机协同任务规划模型和无人机灾情侦察路径规划模型。建模包括问题描述、设定假设、分析约束条件、建立目标函数等步骤。建模完成后,设计响应算法求解人机的子任务点集内的访问顺序和车辆在子任务点集之间的访问顺序。在无人机和车辆执行任务的同时,考虑其协同作业策略。

本章核心决策问题包括以下两个部分:

①无人机灾情侦察路径规划决策:对于无人机侦察区域,在满足无人机续航约束的前提下,对任务要求区域和目标进行覆盖,合理规划无人机在二级路网中的路径,尽量减少灾情侦察路径规划的时间。

②车机协同任务规划决策:合理规划车辆在一级路网中的行驶路径,和无人机在二级路网中的起降点,完成任务,降低车辆与无人机的作业时间,一级可提高任务效能收益。

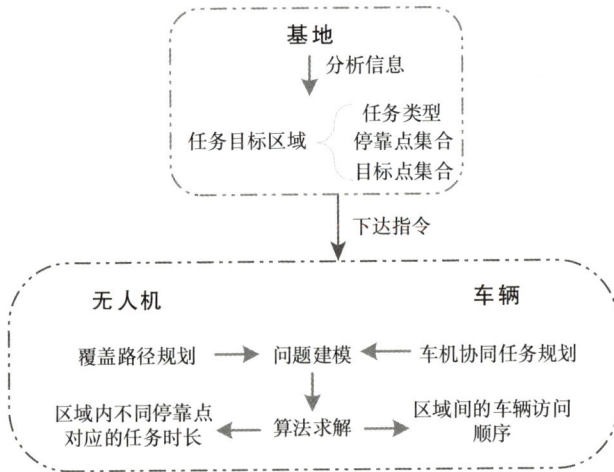

图12.6 车机协同任务分配流程图

12.2.2 问题描述

计划对任务聚类后的A,B,C和D这4个区域进行灾情侦察和配送作业。由于车辆机动性的约束以及无人机的续航约束,车机均不能在复杂应急环境下快速对任务区域执行作业。为了提高完成效率、减少完成作业时间,计划使用车载无人机协同任务分配对4个区域进行灾情侦察和应急物资配送。当车辆行驶到任务目标区域附近时,可以选择合适的车辆停靠点进行停车,同时无人机在此位置起飞。无人机在车辆停靠点处起飞视为无人机区域覆盖路径的起点,由此沿算法寻优设定好的路径引导车辆进行物资配送或进行区域灾情侦察,获取环境信息。无人机作业完成后继续行驶至任务区域附近的车辆停靠点降落,车辆回收无人机。车辆回收无人机后,出发前往下一个任务区域进行协同配合作业,如此循环,直至所有任务区域作业完成。

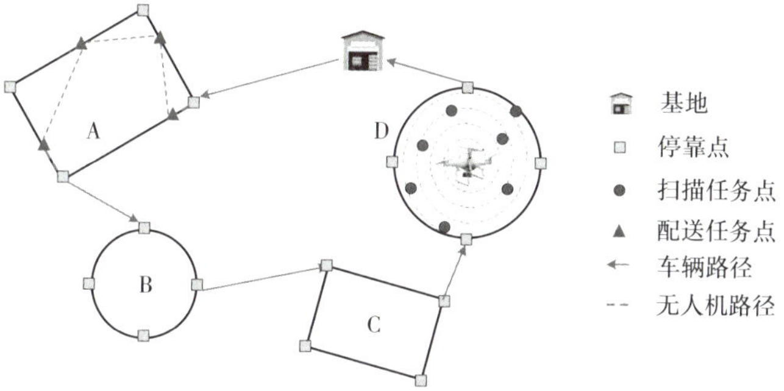

图 12.7　车机协同任务示例

为了更好地研究此问题,现作以下几种类型的假设:

1)基地与目标点

任务目标点是动态出现的待作业单位,将类型相同距离相近的待作业单位抽象为一个任务目标点,使用 $N = \{0, 1, \cdots, n\}$ 来表示任务目标点集合。其中,将基地标记为 $N_0 = \{0\}$,搭载无人机的车辆从基地出发,完成所有任务后返回基地。在任务目标点的位置信息和任务种类已知的条件下,经过任务聚类,可将 N 分为物资配送任务集合 $N_f = \{1, 2, \cdots, n_f\}$ 和灾情侦察任务集合 $N_s = \{1, 2, \cdots, n_s\}$。

考虑基地与任务点的特点,现作出以下假设:

假设 1:基地与任务点位置已知。

假设 2:任务点的任务目标类型已知。

假设 3:物资配送任务至少需要车辆完成,而灾情侦察任务只需无人机完成。

假设 4:车辆与无人机只需到达一次就可以完成一个目标点的作业。

假设 5:在任务分配阶段,任务点至多被完成一次作业。

2)停靠节点

在车机协同任务分配中,车辆扮演者为无人机提供续航能力的关键角色,以提高其连续作业能力。因此,无人机在任务执行过程中需多次返回车辆进行补给。车辆与无人机是同步行驶在任务区域目标点之间的,无人机与车辆的补给回合也应当在任务区域内。然而,由于无人机在行驶状态车辆上的起降技术仍未成熟,且考虑车辆在行驶过程中不能随意停靠,因此,在任务作业区域附近设置若干个车辆可以停靠的位置,有利于提高任务执行效率,并避免无人机在补给过程中的技术困难和安全风险。将所有待完成的任务作业区域标记为 $A=\{1,2,\cdots,m\}$。对任意一个任务作业区域 a,其周围都存在一定数量的车辆停靠点供无人机起飞降落,记为 P_a。只有当车辆停在停靠节点时,无人机才会降落到车上,更换备用电池或续航充电后从车上起飞前往下一个任务目标点。无人机飞出后,车辆继续行驶前往下一个停靠节点或停在原地等待无人机飞回。在任务聚类算法中,应整理出各个区域适合无人机起飞降落的车辆停靠点,以及不同起降点所对应的不同无人机侦察路径集合 Q_a。

考虑车辆停靠节点的特性,现作出如下假设:

假设1:车辆的停靠节点只是任务区域边界的几何点,并不一定是任务目标点,无人机没有完全访问的必要。

假设2:无人机只会在更换电池或充电时到达停靠点降落在车辆上,即无人机不会连续访问两个及两个以上的停靠点。

假设3:当无人机或车辆先完成作业时,可在停靠点处等待。

3)无人机与车辆

本章研究的对象是一架无人机和一辆可以充当无人机起降平台的地面车辆,该车辆能够在协同任务分配的过程中完成对无人机的运载、释放和回收。为了提高任务完成的作业效率,车辆通常会配备多块电池或充足的充电设施。这样使得无人机能够在完成一个区域的覆盖扫描后,通过快速更换电池或者充电,即可进行下一次的区域覆盖。无人机上搭载了扫描专用的传感器,也可进行应急物资配送。鉴于所使用的无人机为多旋翼无人机,故无人机在飞行过程中不考虑转弯半径的限制。

考虑车辆和无人机的特性,现作出如下假设:

假设1:相比于整体作业时间,无人机起降时间很短,可以忽略不计。

假设2:无人机与车辆在作业过程中均保持匀速运动。

假设3:无人机在飞行过程中保持相对地面的固定高度,且不考虑外界环境干扰对其飞行航迹的影响。

12.2.3 符号定义

本章以动态环境下车机协同执行对任务目标作业为背景,将任务按类型和空间重新聚类为不同的灾情侦察任务与应急物资配送任务后,进行数学模型的建立,对数学模型中所用到的符号、变量做解释说明,见表12.1。

表12.1 符号及变量

模型符号	解释说明
N	$\{0,1,2,\cdots,n\}$,待规划任务目标点集合,0 表示基地

续表

模型符号	解释说明
N_f	待规划应急物资配送任务点集合
N_s	待规划灾情侦察任务点集合
P	$\{1,2,\cdots,m\}$ 车辆停靠点(无人机起降点)集合
i,j	坐标点序号
ω_i	第 i 个任务目标点的价值系数
A	$\{1,2,\cdots,a\}$,聚类后的任务区域集合
N_a	聚类后第 a 个区域的任务目标点集合
P_a	第 a 个任务区域内停靠点集合
B_a	第 a 个任务区域的边界几何信息
$L_{i,j}$	第 i,j 个任务目标点之间的距离
V_c	车辆平均行驶速度,常量
$L_{\max}$	车辆最远行驶距离,常量
V_d	无人机平均飞行速度
$T_{\max}$	无人机最大续航时间
T_a	第 a 个任务区域无人机单次任务时间
Q_a	第 a 个任务区域无人机扫描路径集合
l_a^b	第 a 个任务区域第 b 个扫描路径长度
x_{ij}	决策变量,如果车辆从点 i 行驶到点 j,则为 1,否则为 0
y_{ij}	决策变量,如果无人机从点 i 行驶到点 j,则为 1,否则为 0
X	$\{x_{01},x_{12},\cdots,x_{n0}\}$,车辆访问顺序
Y	$\{y_{01},y_{12},\cdots,y_{n0}\}$,无人机访问顺序

12.2.4　动态性体现

传统的静态车机协同任务分配是指在固定的环境中,无人机与地面车辆沿着任务规划后路径访问顺序依次执行任务,一旦在车辆与无人机行驶的路途中出现了环境的改变,则只能放弃已规划好的路径,从起点开始重新规划。而真实的环境具有动态性和复杂性,会随着时间而动态变化,车机或者任务目标点的状态发生改变后,必然会影响后续的路径访问顺序,任务分配方案要随之改变。因此,需要考虑动态环境下的任务分配。

通过对动态环境中动态性要素的监测,可感知到环境中各要素状态转移的时刻,此时基地不必从当前时刻的车辆路径起点位置重新规划车机任务分配,而是需要从当前时刻的车辆位置重新对后续未执行的任务目标点进行任务分配,简化分配过程,设计能满足动态变化的数学模型,进而达到快速响应动态需求的目标。

任务规划需要考虑的动态性因素有:

(1)时间因素

在执行任务分配结果的过程中,考虑有重新分配的需求,为更好贴合实际动态环境,将表12.1集合元素与时间因素 t 相结合,以表达不同时刻下已执行和未执行任务目标的对应关系。将车辆到达停靠点 i 的时刻记为 t_i,t_0 表示初始时刻车辆和无人机准备从基地出发,此时进行任务分配时,目标点集合为 N^{t_0},车辆访问顺序为 X^{t_0},无人机访问顺序为 Y^{t_0}。当车辆在任务区域停靠点 i,j 之间行驶,并存在动态性的因素,使车机需要重新分配任务时,则将车辆到达停靠点 i 的时刻 t_i 记为发现时刻,将车辆达到停靠点 j 的时刻 t_j 记为重分配的初始时刻,则重分配时场景上的待分配目标点集合 N^{t_j} 和停靠点集合 P^{t_j},满足如下式:

$$N^{t_j}\{n_j,\cdots,n\} = N^{t_0}\{0,1,\cdots,n\} - X^{t_0}_{t_j-t_0}\{x_{01},\cdots,x_{ij}\} - Y^{t_0}_{t_j-t_0}\{y_{01},\cdots,y_{ij}\}$$

(12.2)

$$P^{t_j}\{n_j,\cdots,n\} = P^{t_0}\{0,1,\cdots,n\} - X^{t_0}_{t_j-t_0}\{x_{01},\cdots,x_{ij}\}$$ (12.3)

其中 $X^{t_0}_{t_j-t_0}$——车辆按照 X^{t_0} 访问顺序行驶 $t_j - t_0$ 时间段后,已经访问过的停靠点。

$Y^{t_0}_{t_j-t_0}$——无人机按照 Y^{t_0} 访问顺序行驶 $t_j - t_0$ 时间段后,已经访问过的目标点。

使用重分配初始时刻的 N^{t_j} 重新计算得到新一轮的车辆访问顺序 X^{t_j},Y^{t_j}。如此反复,直至所有任务目标点均被访问。

(2)任务取消或增加

当出现新的任务目标点时,判断其优先级并聚类分析,在当前任务目标集合中增加一个或多个任务,并需通知无人机或车辆在新任务目标点附近执行相应任务。如果优先级有所下降,则可取消任务目标集中的某个或多个任务。因此,使用式(12.4)可更新任务目标集合:

$$N^{t+1}_p\{0,1,\cdots,n^{t+1}\} = N^t_p\{0,1,\cdots,n^t\} + N^k_p\{n_i,\cdots,n_j\},(k=0,1)(p=f,s)$$

(12.4)

式中 p——任务类型为应急物资配送或灾情侦察;

k——任务取消或新增;

t 和 $t+1$——发现时刻和重分配初始时刻;

n_i 和 n_j——需要取消或新增的任务序号;

N^t_p——当前时刻 t 下 p 种任务类型待完成的任务目标集合;

N_p^k ——当前需要取消或新增的 p 种任务类型的任务目标集合。

当在 t 时刻出现新增任务时,将新任务目标点的位置和种类对比已完成聚类的任务目标区域。若在某未完成任务目标区域 a 内,即 $N_p^k \in B_a$,则不需要改变车辆对现有未完成任务目标区域的访问顺序 X^t,只需重新求解无人机覆盖路径规划,计算任务目标区域内车辆与无人机协同作业时的应急物资配送顺序 Y^t。

$$N_a^{t+1}\{n_{ai}, \cdots, n_{aj}\} = N_a^t\{n_{ai'}, \cdots, n_{aj'}\} + N_a^k\{n_{i''}, \cdots, n_{j''}\}, (k = 0, 1) \quad (12.5)$$

式中　a ——任务区域的序号;

n_{ai}, n_{aj} ——任务区域 a 内不同的任务目标点;

k ——任务取消或新增;

t 和 $t+1$ ——发现时刻和重分配初始时刻。

若在剩余区域之外,则需新增任务目标区域 $a = m + 1$,需调整价值系数,重新求解车机协同任务分配,最终改变车辆路径规划后的任务目标区域访问顺序 X^t 以及区域内车机协同作业的应急物资配送顺序或灾情侦察方式的改变 Y^t。

$$A^{t+1}\{1, 2, \cdots, m+1\} = A^t\{1, 2, \cdots, m\} + N_{m+1}\{n_i, \cdots, n_j\} \quad (12.6)$$

(3)需进行重新评价的任务价值系数

考虑新任务目标点出现或原有任务目标点取消会导致原有环境上任务优先级的变化,因此,将任务目标的价值系数 ω_i 与时间因素 t 相结合,来表达随时间的变化任务目标价值系数也会随之改变。任务目标的价值系数与两个部分的因素有关:一是车辆到达任务作业区域的时间是否满足时间窗要求,二是任务目标的紧急值。接下来,将目标的价值系数量化为与两个部分因素相关的函数。

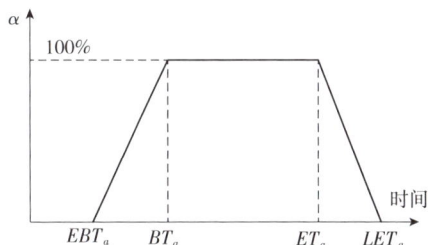

图 12.8　时效性函数

$$\alpha(t) = \begin{cases} \dfrac{t - EBT_a}{BT_a - EBT_a}, & t \in [EBT_a, BT_a] \\[2mm] 100\%, & t \in [BT_a, ET_a] \\[2mm] \dfrac{LET_a - t}{LET_a - ET_a}, & t \in [ET_a, LET_a] \\[2mm] 0, & 其他 \end{cases} \quad (12.7)$$

α 表示与任务时间窗相关的时效性函数,将其描述成到达任务目标区域附近停点处时间的分段函数,如图 12.8 所示,在最佳任务作业时间窗 $[BT_a, ET_a]$ 内任务准备完成度为 100%,而在 $[EBT_a, BT_a]$、$[ET_a, LET_a]$ 内任务准备完成度随到达的时间线性变化,如式(12.7)所示。

我们在这里设置了随时间变化的紧急率 θ,则任务目标点紧急值随时间的变化关系为 $e^{\theta t}$。执行第 a 个任务区域作业的在途时间是车辆从基地出发一直到第 a 个任务区域附近停点处的车辆行驶时间,在途时间越短,任务目标点的紧急度上升越低,如式(12.8)所示。

$$\beta(t) = e^{\theta(t_a - t_0)} \tag{12.8}$$

以上综合考虑车机协同任务分配的时效性和任务目标的紧急性的要求,分别用 α 和 β 表示,将二者线性结合得到所有任务目标点的动态价值系数 ω,如式(12.9)所示,其中 λ_1 和 λ_2 为常数。

$$\omega = \lambda_1 \alpha + \lambda_2 \beta \tag{12.9}$$

12.2.5 任务聚类

为了有效降低问题的复杂程度并贴近实际场景,采用“先聚类后规划”的求解思想具有较高的可行性。因此,在建立任务分配模型前,本研究将下发的任务集分解为适合单架无人机和单辆车辆单次能完成的子任务。接着,根据车机协同作业的环境特点和任务目标点的作业种类,对子任务进行聚类,流程详见图示。本章研究目标点的任务种类如下:

(1)灾情侦察任务

携带摄像头和传感器的无人机可对目标区域进行数据采集,以确定目标位置。

(2)应急物资配送任务

车辆可以向可达目标位置进行应急物资配送,而无人机可以向车辆不可达目标位置进行物资配送。

任务聚类中,用 $A_a^p = \{1, 2, \cdots, n\}$,$p = f, s$ 表示第 a 个任务作业区域中 p 类作业(f 应急物资配送,s 灾情侦察)的任务目标点集合。使用 $T_a^p(i, j)$,$p = f, s$ 表示第 a 个任务作业区域 p 类作业中无人机覆盖扫描作业从 i 点起飞到 j 点降落的总时长。

当作业类型为灾情侦察时,由 12.1.3 节可知,需要先计算第 a 个作业区域内的圆度,从而方便选择无人机覆盖扫描模式。当区域圆度大于 0.86 时,可将区域边界视为半径为 $SP_{\max}$ 的圆,此时选择螺旋式覆盖扫描所消耗的时间更少,并且无人机的起降点并不影响其扫描总时长。为增加周围任务区域之间车辆路径联通的多样性,增大模型的解空间,在边界处设置螺旋角为 $[0, 2\pi]$ 之间 $\pi/4$ 步长变化的 8 个停靠点。停靠点集合记为 $P_a \in P$,故 $T_a^s(i, j)$,$i, j \in P_a$ 为定值。当区域圆度小于等于 0.86 时,可通过有向矩形包围盒策略,将区域边界视为矩形,此时选择平行式覆盖扫描所消耗的时间更少,但无人机的起降点影响其扫描总时长。由于无人机在矩形顶点处扫描效率更高,因此,将矩形边界的 4 个顶点设置为无人机起降点,即车辆停靠点,记 $P_a \in P$。通过判断无人机起降点的相对位置关系和无人机的转向次数,可得知区域覆盖扫描时间的取值范围为 $T_a^s(i,j) \in \left[t_1, t_1 + \sqrt{L_{\text{side}}^{12} + L_{\text{side}}^{02}}/v_d \right]$,$i,j \in P_a$。

当作业类型为应急物资配送时,无人机需要对固定目标点进行访问,因此其路径一般为寻优后的顺序访问最优结果。车辆停靠点的选择一般为任务目标点,即任务区域多边形的顶点,记 $P_a = N_a$。由目标点之间的欧氏距离和访问顺序可知,不同起降点对应的任务时长 $T_a^f(i,j)$,$i,j \in P_a$ 不同,需要根据寻优结果进行具体计算。

12.2.6　数学模型建立

根据本章对车机协同侦察与配送任务分配问题的多要素问题描述、符号定义、动态性因素的考虑和对灾情侦察及应急物资配送任务的聚类,本节建立的数学模型如下:

目标函数:

$$\min F_1 = \frac{\sum\limits_{i,j \notin N_a^t \cup P_a^t} L_{ij} x_{ij}^t}{V_c} + \max\left(\frac{\sum\limits_{i,j \in N_a^t \cup P_a^t} L_{ij} x_{ij}^t}{V_c}, \sum\limits_{i,j \in N_a^t} T_a^p(i,j) \right) \tag{12.10}$$

$$\max F_2 = \sum\limits_{i,j \in N_a^t \cup P_a^t} \omega_j^t (x_{ij}^t + y_{ij}^t) \tag{12.11}$$

约束条件:

$$\sum\limits_{i,j \in N^t \cup P^t} L_{ij} x_{ij}^t < L_{\max} \tag{12.12}$$

$$\sum\limits_{j \in N \cup P} x_{0j}^t = 1, \ \sum\limits_{i \in N \cup P} x_{i0}^t = 1 \tag{12.13}$$

$$\sum\limits_{i,k \in P} x_{ik}^t = \sum\limits_{k,j \in P} x_{kj}^t, i \neq k \neq j \tag{12.14}$$

$$\sum\limits_{i=0}^{n} x_{ij}^t \leqslant 2, \forall j \in P_a \tag{12.15}$$

$$\sum\limits_{i,j \in N} cp_{ij} + vp_{ij} \geqslant 1 \tag{12.16}$$

$$T_a^f(i,j) = \frac{\sum\limits_{i,j \in Q_a^t} l_a^b y_{ij}^t}{V_d} \leqslant T_{\max}, \forall i,j \in N_f \tag{12.17}$$

$$T_a^s(i,j) \leqslant T_{\max}, \forall i,j \in N_s \tag{12.18}$$

$$\sum\limits_{i,j \in P_a^t} \sum\limits_{i \in N_a^t} y_{ij}^t = 1, \ \sum\limits_{i,j \in P_a^t} \sum\limits_{j \in N_a^t} y_{ij}^t = 1 \tag{12.19}$$

$$\sum\limits_{i,j \in P_a^t} \sum\limits_{i,k \in N_a^t} y_{ik}^t = \sum\limits_{i,j \in P_a^t} \sum\limits_{k,j \in N_a^t} y_{kj}^t, i \neq k \neq j \cap \forall a \in A \tag{12.20}$$

$$\sum_{i \in N_a^t} y_{ji}^t \le \sum_{k \in P_a^t} x_{kj}^t, \forall j \in P_a^t, a \in S \tag{12.21}$$

$$\sum_{i \in N_a^t} y_{ij}^t \le \sum_{k \in P_a^t} x_{jk}^t, \forall j \in P_a^t, a \in A \tag{12.22}$$

决策变量:

$$x_{ij}^t \in \{0,1\}, \forall i, j \in N_f^t \cup P^t \tag{12.23}$$

$$y_{ij}^t \in \{0,1\}, \forall i, j \in N_s^t \cup P^t \tag{12.24}$$

$$cp_{ij} = \begin{cases} 1, & x_{ij}^t = 1 \cap j \in N_s \\ 0, & \text{其他} \end{cases} \tag{12.25}$$

$$vp_{ij} = \begin{cases} 1, & x_{ij} = 1 \cap j \in N_f \\ 0, & \text{其他} \end{cases} \tag{12.26}$$

其中,目标函数(12.10)表示完成目标作业的总时间。它由两个部分组成:第一部分是车辆在基地及多个聚类后任务区域之间行驶的时间;第二部分是车辆和无人机在任务区域内执行应急物资配送或灾情侦察任务所行驶的时间,考虑无人机或车辆完成作业后需在起飞降落点处互相等待另一作战单元完成作业,故取车辆在任务目标点之间行驶时间和无人机在任务区域内飞行时间的较大值。

目标函数(12.11)表示带有价值系数的任务目标完成时效能收益总和,其中包括应急物资配送任务的效能收益和灾情侦察任务的效能收益。

约束(12.12)表示车辆行驶的总路程不能超过车辆的最大行驶路程。

约束(12.13)表示车辆从基地出发,完成任务分配后返回基地。

约束(12.14)确保每个车辆停靠无人机起降点的入度等于出度,保证车辆在不同任务作业区域内行驶的连贯性。

约束(12.15)确保车辆只会进入聚类后的任务作业区域一次,不会出现再次返回该作业区域的情况。

约束(12.16)和决策变量(12.25)及决策变量(12.26),确保任意一个任务目标点能够由车辆或无人机完成任务作业。

约束(12.17)和约束(12.18)表示无人机起降点不同对应无人机区域作业完成的时间不同,且不能超过无人机最大续航时间。

约束(12.19)表示无人机在任务作业区域内只起飞降落一次。

约束(12.20)表示无人机在任务作业区域内的停点入度等于出度,保证无人机行驶的连续性。

约束(12.21)和约束(12.22)确保无人机只能在车辆停靠时起飞降落,且保证无人机起降次数不超过车辆停靠次数,以表达在侦察应急物资配送任务中存在不需要无人机做引导的实际情况。

决策变量(12.23)和决策变量(12.24)定义了决策变量在一般情况下的取值范围。

12.3 基于粒子群算法的求解算法

本章提出的动态环境变换下车机协同应急物资配送和灾情侦察问题具有较高的复杂性且难以直接求解。因此,设计了两阶段求解算法对车辆和无人机的协同路径进行规划。第一阶段专注于无人机的覆盖路径规划,结合聚类后的任务区域、任务种类差异以及任务区域附近停点的设置,在保证无人机续航能力范围内的基础上,设计任务聚类算法,求解不同任务类型、不同任务作业区域下无人机的飞行路径及其作业时间。第二阶段主要对车辆的行驶路径进行规划,结合多个任务区域附近无人机飞行的起降点,以最短路径和最大收益为双目标,完成车机协同应急物资配送或灾情侦察任务。本章引入聚类算法对异构任务进行聚类重组分类,在保障无人机续航条件与车辆便捷性的同时,避免了因处理不同类型任务时无人机起降次数过多而造成的战略资源浪费与损失。考虑时间成本和任务紧急程度的双目标优化,平衡二者对任务目标点的影响,使分配结果更贴合实际决策的均衡性要求。通过引入动态性因素的监测与反馈,重新进行车机任务分配。为此,本章设计了基于融合排序策略的多目标粒子群优化算法(FR-MOPSO),该算法具备高效的双目标优化能力以及贴合模型的粒子编码方式。在保证全局搜索能力和局部收敛能力的前提下,提高种群的多样性,保障分配算法的求解效率及解的质量,如图 12.9 所示。

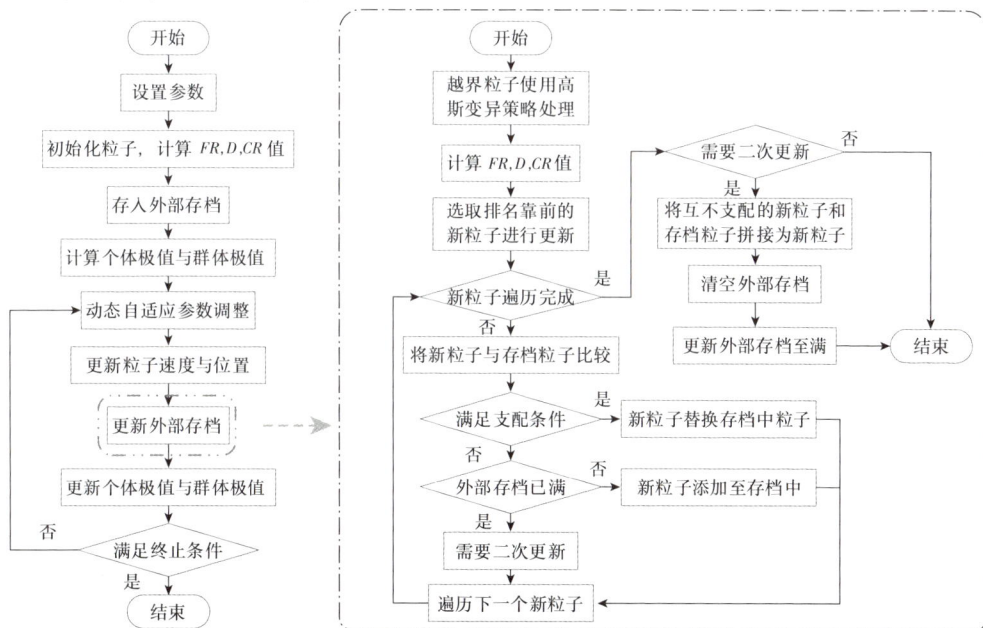

图 12.9 融合排序策略的 MOPSO 算法

12.3.1　编码方式

粒子群优化(Particle Swarm Optimization, PSO)算法的编码旨在构造出既符合问题特点又满足条件的粒子位置与速度,将实际求解问题的特性表达成 PSO 在计算过程中所需的形式,以便于进行后续操作。编码方式不仅决定了粒子的表现机制,而且对算法的各阶段性能产生了重要影响。良好的编码方式不仅能增强算法的寻优能力,还能提升算法的求解效率,大量节省算力成本,如图 12.10 所示。

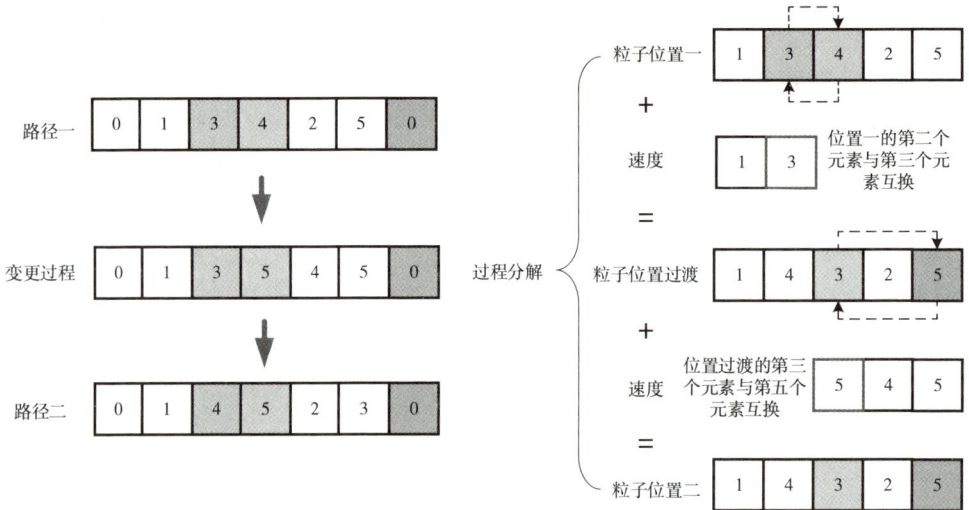

图 12.10　PSO 流程图

考虑待解决问题的特点,本章采用整数编码方式对粒子的位置与速度进行编码。在由聚类后的任务目标区域 $\{1,2,\cdots,a\}$ 与车辆停靠点 $\{1,2,\cdots,m\}$ 构成的路网中,任务目标区域为一级路径规划中车辆需要访问的点,车辆停靠点为无人机覆盖扫描路径规划中,路径的起点和终点。在一级路网中,车辆所经过的路径可以使用任务目标区域访问顺序表达,如 V_{Rout}:0—1—3—4—2—5—0,表示车辆从基地出发经过第 1,3,4,2,5 个任务目标区域后又返回基地 0,因此粒子的位置信息可以表示为 $X_1 = [1,3,4,2,5]$。当位置信息的更新满足式 $x_i(t+1) = x_i(t) + v_i(t+1)$ 时,其新的位置可能为 $X_2 = [1,4,5,2,3]$,$X_2[2] = X_1[3] = 4$。由此可知,一号粒子的第 2 个元素与第 3 个元素进行了互换,$V[1] = 1,V[2] = 3$。交换位置后,粒子位置 $X_1 = [1,4,3,2,5]$,$X_2 = [1,4,5,2,3]$。后续几个元素的速度为 $V[3] = 5,V[4] = 4,V[5] = 5$,故速度可表示为 $V = [1,3,5,4,5]$。

通过 1.2.3 节对二级的无人机覆盖扫描路径规划问题的分析,可以得知在螺旋式或平行式扫描覆盖某个任务区域时,其路径规划与无人机的起降点选择有关,不同起降点的设置会影响任务时间。而对于应急物资配送这类作业类型,无人机需要访问固定点进行任务分配,其起降点的设置会成为开环路径规划的起终点,进而求出多组起降点所对应的访问顺序,用 $T_a^p(i,j)p=f,s$ 表示不同起降点 i,j 所对于 p 种任务类型的执行时间,如图 12.11 所示,显然 $T_1^s(1,4) < T_1^s(2,4)$。故原有的一维粒子位置编码不能同时满足车辆和无人机两种单元位置信息的变更,本章引入二维粒子编码格式。如图 12.11 所示,粒子的单列位置信息 $X_{1j} = [1,1,4]^T$ 表示车辆选择任务作业区域 1 为第一访问区域,无人机选择停靠点 1 和停靠点 4 作为覆盖扫描路径规划的起飞点与降落点,其中,X_{i2},X_{i3} 粒子位置的上限不能超过 X_{i1} 对应目标区域的停靠点数目。而粒子位置更新为 $X_{1j} = [1,2,4]^T$ 后,表示无人机选择停靠点 2 和停靠点 4 作为起降点,则粒子的单列速度信息可用 $V_{1j} = [1,1,0]^T$ 表示,如图 12.12 所示。

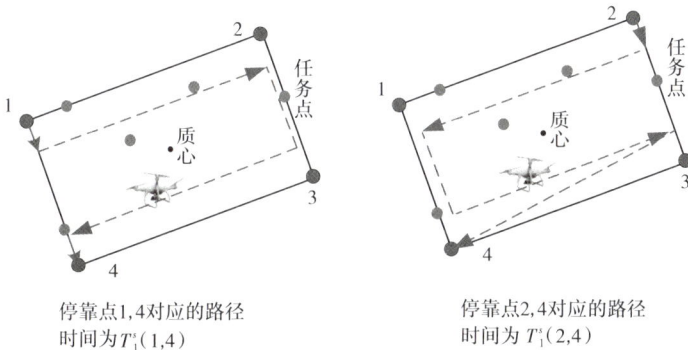

图 12.11 停靠点与无人机路径的对应关系

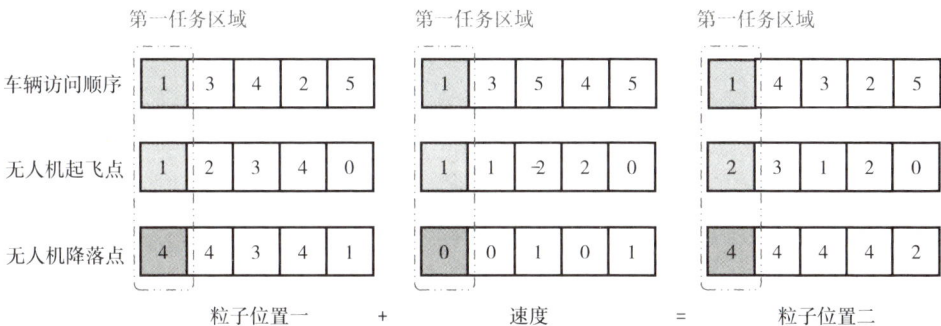

图 12.12 二维粒子位置更新

12.3.2 动态自适应参数调整

粒子群算法通常可以调整的参数主要有种群大小、最大搜索空间、速度、最大迭代次数、惯性权重、加速因子等。根据目前已有的对于粒子群算法的研究现状,应在迭代前期粒子保持较大速度用来提高全局搜索能力,而在迭代后期接近真实解时,需要有效调整并在一定程度上限制粒子的速度提高收敛能力,防止粒子速度过大跳出最优区域错失收敛到真实解的机会。

根据粒子群算法公式 $v_i(t+1) = w \cdot v_i(t) + c_1 r_1(P_{\text{best}_i} - x_i(t)) + c_2 r_2(G_{\text{best}_i} - $

$x_i(t)$)，惯性权重 w 体现的是粒子继承先前速度的能力，从而影响粒子的全局和局部搜索性能，因此惯性权重 w 是粒子群算法中全局开发与局部搜索能力的关键参数。惯性权重较大时，粒子将继承较大的前代速度，有利于跳出局部收敛的限制并进行更好的全局优化。惯性权重较小时，粒子局部搜索能力强，可以在特定区域进行寻优。基于上述分析，本章采用动态非线性参数调整惯性权重来解决算法易陷入局部最优和迭代后期时常在全局最优解周围震荡的现象，权重调整策略为：

$$w = w_{max} - (w_{max} - w_{min}) \cdot \left(\frac{2t}{T_{max}} - \left(\frac{t}{T_{max}} \right)^2 \right)^2 \qquad (12.27)$$

式中　w_{max}, w_{min}——惯性权重的最大值和最小值，定义为 0.9 和 0.4；

　　　t——当前的迭代次数；

　　　T_{max}——最大迭代次数，本章设置为 300 次。

个体加速因子 c_1 代表了粒子对自身的学习与认知能力。粒子在参数 c_1 的作用下会根据自身历史搜索的最佳位置来调整更新下一代粒子的飞行速度，从而调整搜索位置。

个体加速因子 c_2 代表了粒子对整个群体的学习与认知能力。粒子通过信息共享，获取整体粒子的最佳位置，更新调整自身的位置和速度。通过参数 c_2 的调整，粒子种群间的智能学习能力得以发挥。若参数 c_2 为 0，则每个粒子将单独寻优，各自搜索，没有信息间的互相交流共享，各个粒子很难找到全局最优解。通过上述分析，本章针对 c_1, c_2 的调整函数如下所示：

$$c_1(t) = \frac{c_{1max} - c_{1min}}{1 + \exp(a \cdot (t - 0.5 t_{max}))} + c_{1min} \qquad (12.28)$$

$$c_2(t) = \frac{c_{2max} - c_{2min}}{1 + \exp(a \cdot (t - 0.5 t_{max}))} + c_{2min} \qquad (12.29)$$

式中　c_{1max}, c_{2max}——个体加速因子最大值、全局加速因子最大值，取值为 2；

　　　c_{1min}, c_{2min}——个体加速因子、全局加速因子最小值，取值 0.6；

　　　t——当前迭代次数；

　　　t_{max}——最大迭代次数，本章取值为 300 次；

　　　a——常数。

12.3.3　融合排序策略

在多目标问题优化中，难点在于无法对比粒子在各个目标之间的优劣程度，最为简单的策略就是将粒子放在决策空间中进行排序，从而区分粒子的优劣，挑选排名靠前的粒子为最优解。为了能够获得兼顾收敛性和多样性的近似帕累托边界，需要选择能够代表收敛性和多样性的非支配解作为最优解。因此，本节在结合集中排序策略的基础上，保留个体在解空间中的收敛性特征与多样性特征，提出基于融合排序策略的多目标粒子群算法。

1)平均排序

由于有时候很难计算出可行解在每个目标上的优劣性差异,于是有些研究转向获取种群在空间中的相对位置信息,Bentley 等人正是采用这种思想提出了平均排序策略(Average Ranking, AR),先计算可行解在每个目标上的适应度值并建立排序,然后将各个目标上的排序值累加,最终得到每个可行解的排名。可行解 x_i 的排序值计算式为:

$$AR(x_i) = \sum_{n=1}^{N} r_n(x_i) \qquad (12.30)$$

式中　$r_n(x_i)$ ——可行解 x_i 在第 n 个目标上适应度值的排序。

2)劣势排序

劣势排序(Global Detriment, GD)考虑了可行解个体之间的差异性,通过相互比较可行解在空间中的差异程度而得到排序值,GD 计算式为:

$$GD(x_i) = \sum_{x_i \neq x_j} \sum_{n=1}^{N} \max(f_n(x_i) - f_n(x_j), 0) \qquad (12.31)$$

从定义出发,对于两端边缘的点来说,会因为适应度值的 GD 排序较大而被丢弃,导致最优解分布在中间区域。但是这些边缘点在多目标优化与决策中能体现出算法的分布均匀性,也是估计帕累托边界范围和适应度值范围的重要参考点,应当保留。

3)融合排序

AR 得到的近似帕累托最优解分布在靠近目标函数的区域,而 GD 得到的帕累托最优解分布在中间区域,从最优化的角度出发,结合二者的优缺点,采用融合排序(Fusion Ranking, FR)策略,可以获得比较满意的排序结果,具体计算式为:

$$FR(x_i) = \omega_1 AR(x_i) + \omega_2 GD(x_i) \qquad (12.32)$$

其中, ω_1, ω_2 是在 $[0,1]$ 之间取值的权重系数,用于协调 AR 和 GD 的权重,具体应用中可根据实际多目标优化问题进行相应调节,如果需要较多边缘点的可行解,可取较大的 ω_1 值;反之,如果需要较多中间区域的可行解,则可取较大的 ω_2 值。本章取值分别为 0.4,0.6。候选解 FR 的值越小,表明支配的候选解越多,越靠近帕累托前端。FR 通过目标上的偏好信息,结合可行解在解空间中的排名与可行解之间的分布状态,使可行解在解空间中能得到比较全面的评估,从而更好地指导算法收敛。

12.3.4　Gbest 与 Pbest 的选取

在单目标的粒子群算法中,算法跟随 Gbest 与 Pbest 的方向,函数可以较快得到收敛,并且二者均能通过简单对比快速准确得到。而在多目标的粒子群算法中,由于缺少候选解之间的关系,最优个体很难被确定。对于 Pbest 的选取,主流的研究都是基于帕累托支配关系,在当前粒子位置与个体历史最优位置中选取非支配的粒子作为 Pbest,如果互不支配,则在其中随机选取。而对于 Gbest 的选取,无论是随机选择还是密度排序都会降低解的多样性。因此,本章采用基于融合评价策略的选取方式。

为保证帕累托边界非支配解集的多样性,在算法寻优过程中应引导粒子向帕累托边界处非支配解较为稀疏的区域飞行。因此,本章采用计算粒子的切比雪夫距离衡量算法分布性的优劣,具体计算式为:

$$D(x_i) = \sum_{x_i \neq x_j} \max\{|x_i - x_j|\} \tag{12.33}$$

式中　$D(x_i)$——粒子 x_i 与周围其他粒子的切比雪夫距离之和,其值越大,说明个体周围粒子个数越少,分布性越好。

式(12.32)可以判断粒子的优劣性,因此提出融合评价策略,具体的计算式为:

$$CR(x_i) = \frac{FR(x_i)}{D(x_i)} \tag{12.34}$$

由 FR 和 D 的定义可知,CR 越小,表明该粒子的优劣性和分布性越好。因此,按照 CR 的排序,取具有较小 CR 值的粒子作为整个种群的 Gbest;比较个体当前 CR 值与历史 CR 值,取较小者作为 Pbest 参与迭代寻优。

12.3.5　外部存档的更新与维护

在多目标粒子群算法的迭代计算中,种群的速度和位置更新后,会产生不同数量的非劣解。然而非劣解的数量需要被限制,否则,数量过大会降低算法的效率,因此需要增加外部存档暂时存储每次迭代计算中种群所产生的非劣解,从当前迭代的外部存档中通过式(12.34)可以获得 Gbest,而当迭代次数达到设定的最大迭代次数时,此时通过外部存档可以获得最终的计算结果 Pbest。为了节约存储空间和提高计算效率,通常需要限制外部存档的容量,因此,需要采取适当的选择策略来保留一部分非劣解更新外部存档。存档中的选择策略应有利于引导粒子的搜索方向趋近于帕累托边界,以及保持良好的分布性,因此,通过计算粒子的 CR 值来作为选择策略的依据。同时为了增加稀疏解附近的非劣解数量,以及增添外部存档中的种群多样性,还需要对部分粒子进行高斯变异,以避免陷入局部最优。本章提出的外部存档更新与维护策略如下:

①为避免算法发生早熟,陷入局部最优,当粒子更新后位置达到边界时,通过计算当前粒子 CR 值判断其收敛性。若与种群中的粒子 CR 值相比,排名在前 30% 则不进行变异操作。否则,采用高斯变异策略重新初始化位置和速度,增加扰动以跳出局部最优,扩大粒子搜索区,高斯变异策略的计算式为:

$$x_i^{t+1} = N\left(\frac{G_{\text{best}_i} - P_{\text{best}_i}}{2}, |G_{\text{best}_i} - P_{\text{best}_i}|\right) \tag{12.35}$$

$$v_i^{t+1} = -v_i^t \tag{12.36}$$

式中　$N(\theta, \sigma)$——均值为 θ,方差为 σ^2 的正态随机数。

②粒子速度和位置更新后,判断新粒子与外部存档中粒子的支配关系,当非劣解的数量没有超过外部存档容量且粒子产生的新解与外部存档内部存储的非劣解互不支配时,将新解直接储存到外部文档中。

③当粒子产生的新解被外部存档中的非劣解支配时,直接忽略新解。

④当粒子产生的新解支配外部存档中的部分非劣解时,删除被支配的所有非劣解,将新解储存到外部存档中。

⑤当非劣解的数量超过外部存档容量并且产生的新解与外部文档中的非劣解互不支配时,将新解 CR 值前 50% 的粒子与外部存档中粒子的 CR 值比较,替换存档中 CR 值较差的粒子。

12.4　算例求解与分析

12.4.1　算例数据

1)数据采集

对于车机协同任务规划问题,考虑无人机的侦察路径规划和无人机的续航约束,因此,需要知道无人机飞行过程中的速度、最大续航时间、覆盖宽度等因素。在实验过程中,无人机的相关性能参数是参考大疆 PHANTOM4RTK 无人机设定的,该无人机是一款小型多旋翼高精度航测无人机,面对低空摄影测量应用。该无人机的平均速度为 40 km/h(最大速度为 50 km/h),最大转弯速率为 0.7,最大续航时间为 30 min,携带相机的水平视角为 84°,考虑到应急区域内树木和建筑物的高度,这里设置无人机的飞行高度为 200 m,此高度和水平视角下计算得到的无人机的覆盖宽度为 150 m;车辆的平均速度为 50 km/h。车辆和无人机的相关参数总结见表 12.2。

表 12.2　车辆和无人机的相关参数

类型	参数类型	参数数值
车辆	平均速度/(km·h⁻¹)	50
无人机	平均速度/(km·h⁻¹)	40
	最大续航时间/min	30
	高度/m	200
	转弯速率	0.7
	水平视角/(°)	84
	覆盖宽度/m	150

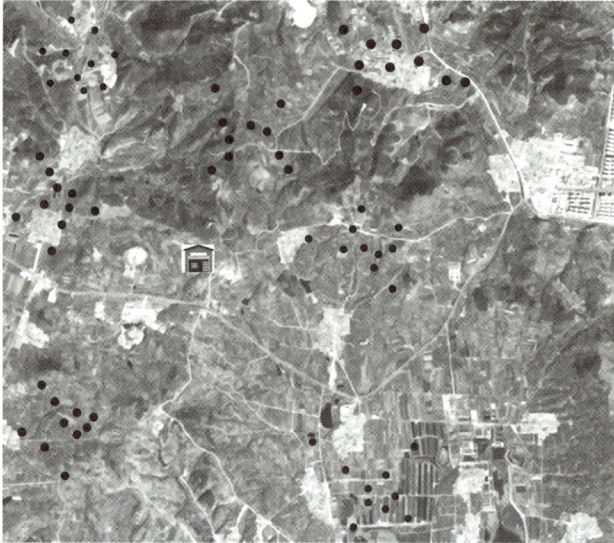

图 12.13　目标点位置信息

2）获取基地和紧急目标点位置信息

通过基地对周围 20 km 矩形范围内的区域进行检测和数据采集，获取到某个时间点，出现 70 个不同任务类型的目标，位置信息如图 12.13 所示。

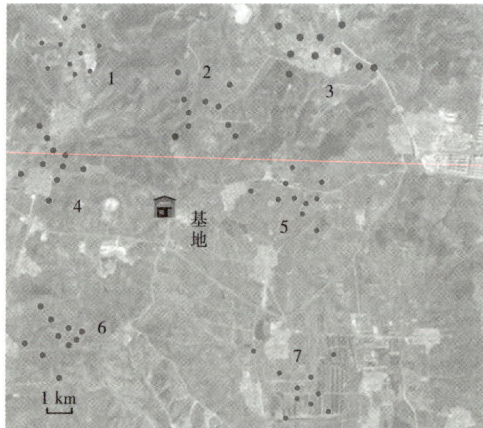

图 12.14　聚类后目标点位置信息

根据任务目标点的位置信息和无人机的续航半径，通过异构任务聚类算法得出 7 个一级车辆路径规划的任务区域点集，其位置信息如图 12.14 所示。统计任务区域内每个任务点的最早任务时间和最晚任务时间，各取最小值得出整个区域的最早任务时间和最晚任务时间。统计区域内每个任务点的紧急度，取平均值作为整个区域的紧急度，相关数据见表 12.3。

表 12.3　目标点相关信息

区域	点编号	坐标	最早任务时间	最晚任务时间	紧急度
0	0	(8,10)	0	+∞	0
1	1,2,…,10	(1.84,18.78)…	0 h	1 h	0.265
2	11,12,…,20	(8.80,15.48)…	0 h	30 min	0.786
3	21,22,…,30	(15.55,17.46)…	0 h	30 min	0.841
4	31,32,…,40	(2.97,11.68)…	1 h 10 min	1 h 30 min	0.759
5	41,42,…,50	(10.74,12.01)…	1 h 10 min	1 h 30 min	0.273
6	51,52,…,60	(2.45,4.56)…	1 h 10 min	1 h 30 min	0.152
7	61,62,…,70	(11.83,2.48)…	2 h	2 h 30 min	0.565

3）动态性因素的体现

在车机协同执行任务作业的过程中，基地依旧会传递新的信息，设置在任务规划开始后的 1 h 30 min，如果有 20 个新目标，通过异构任务聚类算法，得到新的任务区域信息，见表 12.4。

表 12.4　新目标点相关信息

区域	点编号	坐标	最早任务时间	最晚任务时间	紧急度
8	71,72,…,80	(6.59,5.79)…	2 h	2 h 30 min	0.563
9	81,82,…,90	(17.42,6.79)…	2 h	2 h 30 min	0.714

12.4.2　算例结果分析

本章采用 Matlab R2020a 完成算法程序设计，算法参数设计调整如下：最大迭代次数依据目标点规模进行调整，算法最大迭代次数设置为 2 000；种群规模设置为 500；外部存档最大容量设置为 300；通过对所构建的案例进行求解，本章进行了 30 次独立模拟仿真实验，对求得的 30 次仿真实验结果，选取其中仿真最优解进行分析，仿真结果中包括以下几个具体部分：任务聚类后任务目标区域信息、车辆访问任务目标点/区域顺序、无人机访问任务目标点/区域顺序。

1）实验结果

通过任务聚类，将 70 个目标点做分类处理，得出 7 个不同任务区域，包括任务类型、质心坐标、圆度、停靠点等结果，见表 12.5。

表 12.5　聚类后任务部分区域信息

任务区域	任务类型	质心坐标	圆度	无人机作业时间/s	停靠点 1	停靠点 2
1	灾情侦察	(2.21,18.08)	0.86	1 220	(2.65,19.45)	(3.36,17.74)
2	应急物资配送	(8.98,14.81)	—	458	(9.13,16.29)	(10.16,16.79)
3	应急物资配送	(16.15,16.98)	—	351	(15.16,17.27)	(15.91,16.69)
4	应急物资配送	(3.10,11.27)	—	361	(3.42,11.67)	(2.75,10.63)
5	灾情侦察	(11.51,11.38)	0.75	541	(12.09,10.71)	(11.81,11.86)
6	灾情侦察	(1.951,3.861)	0.67	1 576	(2.996,3.816)	(2.075,5.38)
7	应急物资配送	(12.22,2.13)	—	407	(11.81,1.86)	(13.05,2.14)
8	灾情侦察	(6.76,6.24)	0.73	1 320	(6.592,5.791)	(6.592,5.791)
9	应急物资配送	(18.06,5.92)	—	351	(17.39,5.85)	(17.80,6.29)

　　将任务区域视为一级车辆路径规划的车辆访问点,停靠点作为车辆在任务区域边界处的任务作业点和无人机在二级路径规划的起始点和终止点,在初始时刻由 FR-MOPSO 算法求解车机协同任务规划问题,得出车辆和无人机在一级路网和二级路网下的访问顺序,如图 12.15 所示。

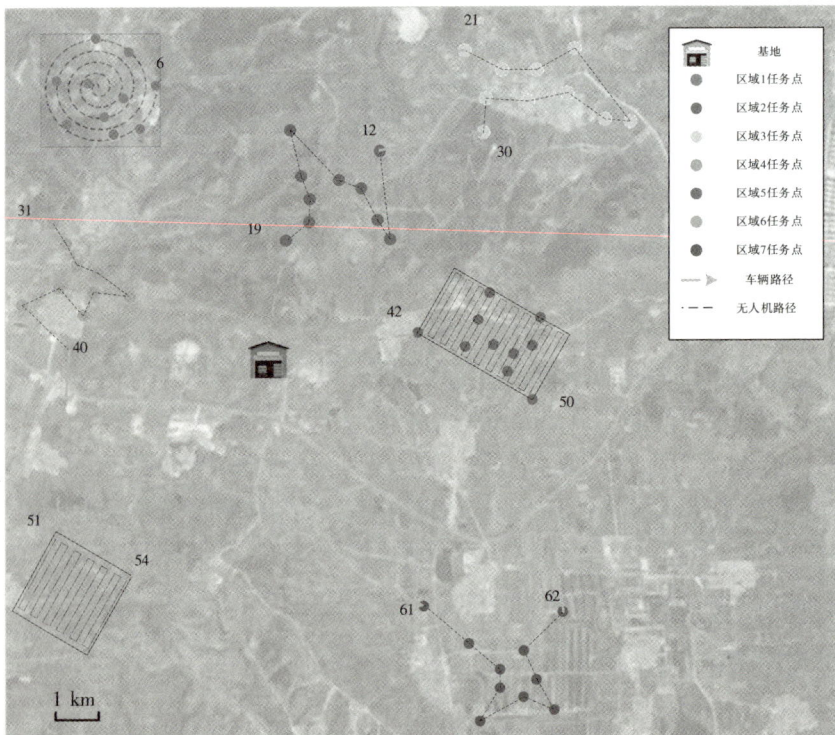

图 12.15　初始时刻路径规划结果

当车辆携带无人机出发后的 1 h 30 min,有 20 个新目标出现,聚类后得到新的任务区域信息见表 12.5 任务区域 8—9 所示,对车辆无人机重新进行任务规划的结果如图 12.16 所示,任务规划具体结果见表 12.6。

除车机协同任务分配外,本章设置了以车辆优化方向得到的路径规划场景:在车机协同任务分配中,不考虑车辆与无人机配合的全局优化方向,而是以车辆完成路径规划效果最优为优化方向,重新进行相同场景下的案例结果分析,得出结果如图 12.17 所示。同理,以无人机为优化方向的路径规划场景得出的结果见表 12.8 和图 12.17 所示。

表 12.6　车机协同为优化方向路径规划结果

车辆路径编号	车辆行驶路径	无人机行驶路径	任务类型	扫描方式	车辆运行时长/s	无人机飞行时长/s	效能收益
0							
2	0—19	19—17—16—13—11—14—15—18—20—12	应急物资配送	固定路线	412	486	0.87
3	12—30	30—25—26—27—28—29—24—23—22—21	应急物资配送	固定路线	390	351	0.72
1	21—06	06—10—09—07—03—01—02—05—08—04	灾情侦察	螺旋式	825	1 220	0.41
4	停靠点—31	31—32—33—34—38—37—39—36—35—40	应急物资配送	固定路线	385	454	0.66
6	40—51	51—55—52—58—53—56—57—60—59—54	灾情侦察	平行式	513	727	0.38
8	54—停靠点	71—78—73—75—74—77—76—79—72—80	灾情侦察	平行式	436	1 510	0.51
9	停靠点—81	81—82—83—84—85—90—89—88—87—86	应急物资配送	固定路线	795	363	0.82
7	86—62	62—64—66—70—68—69—67—65—63—61	应急物资配送	固定路线	370	378	0.74
5	61—50	50—48—49—47—44—46—45—43—41—42	灾情侦察	平行式	652	1 510	0.43
0	42—0				496		

表 12.7　车辆为优化方向路径规划结果

车辆路径编号	车辆行驶路径	无人机行驶路径	任务类型	扫描方式	车辆运行时长/s	无人机飞行时长/s	效能收益
0							

续表

车辆路径编号	车辆行驶路径	无人机行驶路径	任务类型	扫描方式	车辆运行时长/s	无人机飞行时长/s	效能收益
2	0—19	19—17—16—13—11—12—14—15—18—20	应急物资配送	固定路线	412	558	0.87
3	20—30	30—25—26—27—28—29—24—23—22—21	应急物资配送	固定路线	445	351	0.65
1	21—06	06—10—09—07—03—01—02—05—08—04	灾情侦察	螺旋式	825	1 220	0.39
4	停靠点—31	31—32—33—34—38—37—39—36—35—40	应急物资配送	固定路线	385	454	0.64
6	40—51	51—55—52—58—53—56—57—60—59—54	灾情侦察	平行式	513	727	0.36
8	54—停靠点	71—78—73—75—74—77—76—79—72—80	灾情侦察	平行式	436	1 610	0.49
9	80—86	86—87—88—89—90—85—84—83—82—81—86	应急物资配送	固定路线	765	532	0.78
7	86—62	62—64—66—70—68—69—67—65—63—61—62	应急物资配送	固定路线	370	562	0.71
5	62—50	50—48—49—47—44—46—45—43—41—42	应急物资配送	平行式	519	1 510	0.41
0	42—0				496		

表 12.8　无人机为优化方向路径规划结果

车辆路径编号	车辆行驶路径	无人机行驶路径	任务类型	扫描方式	车辆运行时长/s	无人机飞行时长/s	效能收益
0							
2	0—11	11—13—16—17—19—20—18—15—14—12	应急物资配送	固定路线	572	396	0.85
3	12—29	29—28—27—26—30—25—21—22—23—24	应急物资配送	固定路线	648	341	0.72
1	24—06	06—10—09—07—03—01—02—05—08—04	灾情侦察	螺旋式	825	1 220	0.41
4	停靠点—31	31—32—33—36—35—40—39—37—34—38	应急物资配送	固定路线	385	392	0.68

续表

车辆路径编号	车辆行驶路径	无人机行驶路径	任务类型	扫描方式	车辆运行时长/s	无人机飞行时长/s	效能收益
6	38—51	51—55—52—58—53—56—57—60—59—54	灾情侦察	平行式	682	727	0.37
8	54—停靠点	71—78—73—75—74—77—76—79—72—80	灾情侦察	平行式	436	1 510	0.47
9	停靠点—81	81—82—83—84—85—90—89—88—87—86	应急物资配送	固定路线	795	363	0.81
7	86—62	62—64—66—70—68—69—67—65—63—61	应急物资配送	固定路线	370	378	0.73
5	61—50	50—48—49—47—44—46—45—43—41—42	灾情侦察	平行式	652	1 510	0.41
0					496		

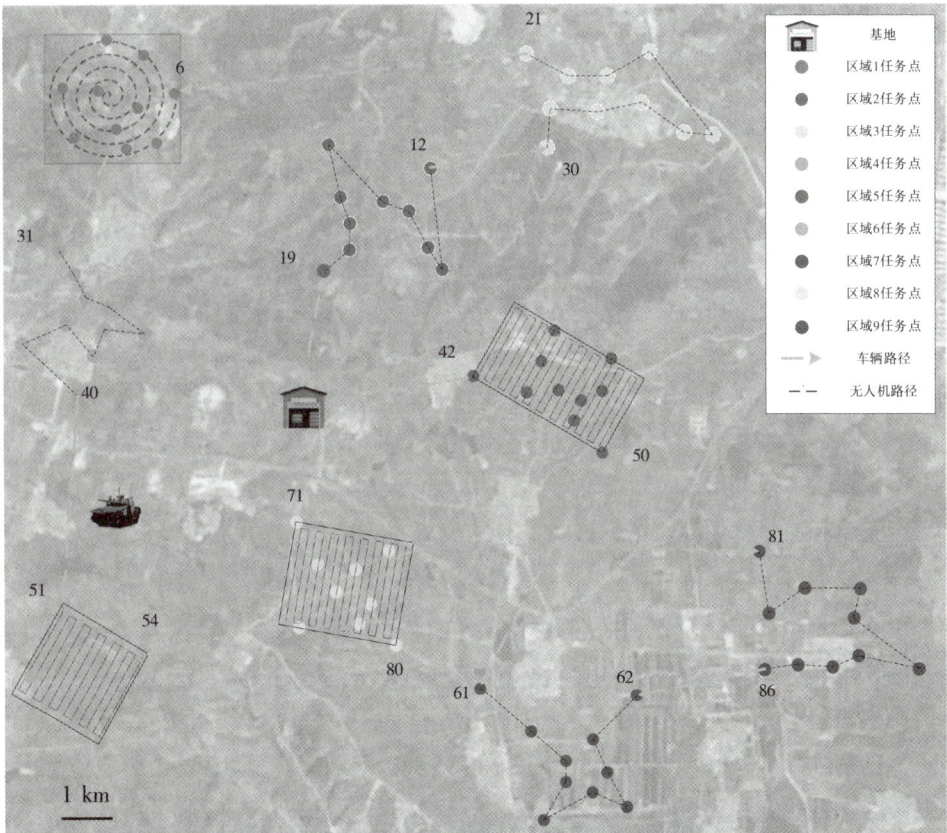

图 12.16　车机协同为优化方向路径规划结果

对比图 12.15 和图 12.16,当有新目标出现后,会基于车辆当前位置,对还未完成任务作业的目标区域重新进行任务分配。此时,车辆已完成任务区域 2,3,1,4 的作业,正前往区域 6 进行灾情侦察作业,原计划后续车辆路径访问顺序为区域 6,7,5。考虑新增侦察扫描区域 8 和应急物资配送任务区域 9,车辆会以目标点 51 为起点,基地为终点,对区域 6,7,8,9,5 重新进行车机协同任务分配。考虑距离和任务优先级的要求,最终后续车辆路径访问顺序为区域 6,8,9,7,5。由于区域 6,8 距离车辆位置较近,因此,先执行区域 6 和 8 的灾情侦察任务。由于区域 9 的任务优先级大于区域 7,故车辆与无人机会先执行任务区域 9 的应急物资配送任务,后执行区域 7 的应急物资配送任务。最后,车辆与无人机完成区域 5 的灾情侦察作业后返回基地。

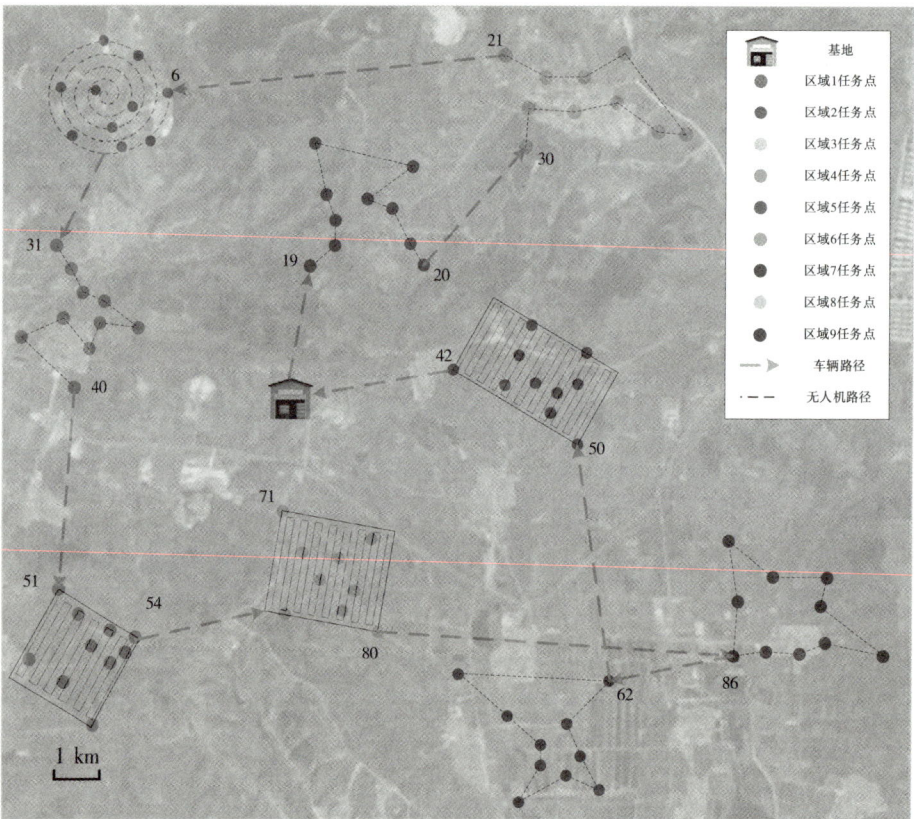

图 12.17　车辆为优化方向路径规划结果

此处不考虑车机协同任务分配的全局最优结果,而是以车辆任务分配的时间和收益为优化方向,则车辆会选择较短的行驶路径进行任务分配,结果见表 12.8、图 12.17 所示。相比图 12.16,区域 2,8,7,9 的车辆停靠点访问顺序有变化,无人机覆盖路径规划顺序也有变化。区域 2 中,车辆于停靠点 20 离开,车辆在区域内和区域外的行驶路径 19—20—30 所消耗的时间要小于图 12.16 中路径 19—12—30,而无人机覆盖扫描

此区域的路径长度要大于图 12.16 中的长度。区域 7 中车辆于停靠点 62 处等待无人
机完成应急物资配送任务,车辆在区域内和区域外行驶路径 62—50 要小于图 12.16
中路径 62—61—50,而无人机覆盖扫描此区域的路径长度要大于图 12.16 中的长度。
区域 9 中车辆于停靠点 86 处等待无人机完成应急物资配送任务,车辆在区域内和区
域外行驶路径 86—62 要小于图 12.16 中路径 81—86—62,而无人机侦察此区域的路
径长度要大于图 12.16 中的长度。

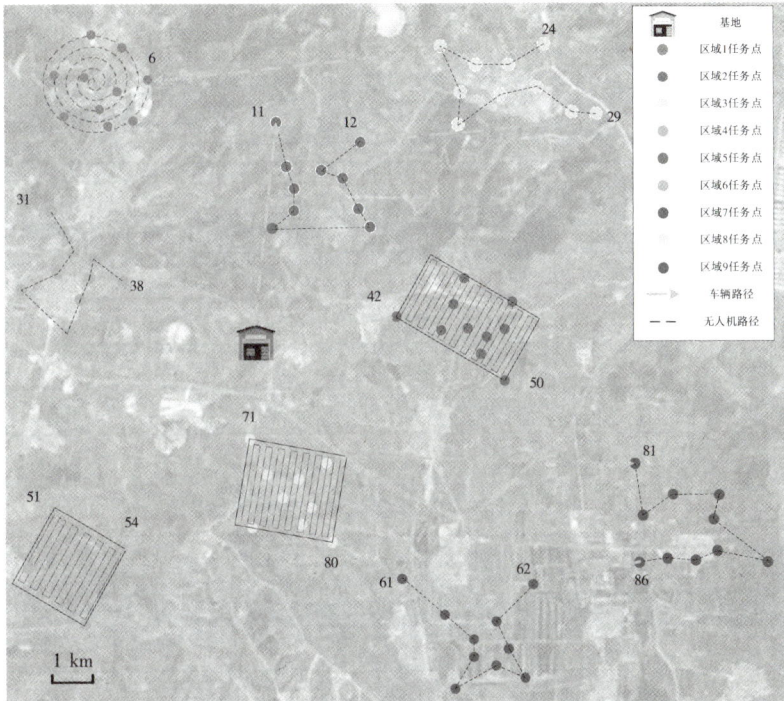

图 12.18　无人机为优化方向路径规划结果

　　此处不考虑车机协同任务分配的全局最优,以无人机扫描覆盖路径规划的时间和
收益为优化方向,则无人机会选择较短的行驶路径进行任务分配,结果见表 12.8、图
12.18 所示。相比图 12.16,区域 2,3,4 的车辆停靠点访问顺序有变化,无人机覆盖路
径规划顺序有变化。区域 2 中无人机起降点为点 11 和点 12,无人机在此区域中的覆
盖扫描时间要小于图 12.16 中的时间,但车辆在区域内和区域外的行驶路径 0—11—
12—29 花费时间要大于图 12.16 中 0—19—12—30。区域 3 中无人机起降点为点 29
和点 24,无人机在此区域中的覆盖扫描时间要小于图 12.16 中的时间,但车辆在区域
内和区域外的行驶路径 29—24—06 花费时间要大于图 12.16 中 30—21—06。区域 4
中无人机起降点为点 31 和点 38,无人机在此区域中的覆盖扫描时间要小于图 12.16
中的时间,但车辆在区域内和区域外的行驶路径 31—38—51 花费时间要大于图 12.16
中 31—40—51。

2）数据分析

在证明本章所提出算法的有效性的基础上，通过对实例的仿真，能够得到车机协同配合作业对 9 个任务区域共 90 个目标点的任务分配结果。在求解具有动态性因素的异构车机任务分配问题时，需要在保持对高紧急度目标的快速响应的前提下，尽量减少提前抵达的时间偏移成本和延迟抵达的紧急提升成本，合理安排车辆与无人机在各个任务区域之间进行应急物资配送作业和搜索侦察作业，达到一级路径和二级路径层面上的双重优化，避免陷入车辆一级路径规划或无人机覆盖路径规划的局部最优解。将上述仿真实验结果归纳总结，见表 12.9—表 12.11。

表 12.9　不同优化方向结果对比表

全局路径信息	优化方向		
	车机协同	车辆	无人机
车辆行驶时间/s	5 274	5 166	6 827
无人机飞行时间/s	6 999	7 524	5 861
总时间/s	12 273	12 690	12 688
总效能	5.54	5.3	5.35

表 12.10　车机协同与车辆优化方向对比结果表

部分区域路径信息	车辆行驶时间/s		无人机行驶时间/s	
	车机协同	车辆	车机协同	车辆
区域 2			486	558
区域 3	390	445		
区域 8			1 510	1 610
区域 9	795	765	363	532
区域 7			378	562
区域 5	652	519		
总和	1 837	1 729	2 737	3 262

表 12.11　车机协同与车辆优化方向对比结果表

部分区域路径信息	车辆行驶时间/s		无人机行驶时间/s	
	车机协同	车辆	车机协同	车辆
区域 2	412	572	486	396
区域 3	390	648	351	341

续表

部分区域路径信息	车辆行驶时间/s		无人机行驶时间/s	
	车机协同	车辆	车机协同	车辆
区域 4			454	392
区域 6	513	682		
总和	1 315	1 902	1 291	1 129

根据上述求解结果的数据对比,本次实验的优化结果可从以下几个方面进行分析:

(1)车机协同优化方向对比车辆的优化方向

以车机协同和车辆作为对比的优化方向,通过图 12.16 与图 12.17 可得出任务区域 2,7,8,9 的车辆一级路径规划结果和无人机覆盖路径规划结果有所不同,其余任务区域的优化结果不变。单纯对比以上 4 个区域的总时间,通过表 12.9 和表 12.10 可以得出,采用车机协同作为优化方向相比单一车辆作为优化目标,其车辆行驶时间增加了 5.88%,但是其无人机飞行时间降低了 19.18%,在 4 个区域的总时间上降低了 9.12%。由于其余 5 个区域的优化结果并无变化,导致从全局的 9 个区域上分析,时间上的优化提升被一定程度地稀释。车辆行驶时间增加了 2.05%,无人机飞行时间降低了 7.51%,总时间上降低了 3.40%。

(2)车机协同优化方向对比无人机的优化方向

通过图 12.16 和图 12.18,可得出任务区域 2,3,4 的车辆一级路径规划结果与无人机覆盖路径规划结果有所不同,其余任务区域的优化结果保持不变。单纯对比以上 3 个区域的总时间,通过表 12.9 和表 12.11 可以得出,采用车机协同作为优化方向相比采用无人机作为优化方向,其车辆行驶时间降低了 26.04%,无人机飞行时间增加了 15.37%,在 3 个区域的总时间上降低了 9.03%。由于其余 6 个区域的优化结果并无变化,导致从全局的 9 个区域上分析,时间上的优化提升被一定程度地稀释。车辆行驶时间降低了 10.01%,无人机飞行时间只增加了 2.52%,总时间上降低了 3.27%。

(3)效能收益

由于车辆必须等待无人机完成作业,造成图 12.17 中任务区域 5 的任务分配的开始时间要晚于图 12.16 中同一区域的开始时间,从而影响单个任务区域的效能收益。时间因素的影响会作用于 9 个区域的任务分配全过程,前置任务区域完成时间越晚,对后续的效能收益影响越大。从全局分析,以车机协同和单一车辆作为对比的优化方向,车机协同完成任务的总效能相比单一车辆提升了 4.5%,而以车机协同和无人机作为对比的优化方向,车机协同完成任务的总效能相比无人机提升了 3.5%。结果表明,车机协同在处理动态性因素上的表现要优于以单一车辆为优化目标或无人机为优化目标的任务分配。

由此可得,在处理异构任务的车辆和无人机任务分配时,考虑车辆与无人机的协同配合,能够在保障一级路网和二级路网任务完成效率的基础上,使总任务时间和总效能收益都能达到全局最优解。为了避免因车辆路径规划或无人机灾情侦察路径规划而陷入各自的局部最优解,从而增加了任务分配结果执行的整体性和稳定性。

12.5　本章小结

车机协同任务分配是经典 VRP 问题的延伸和变体,但是在经典 VRP 问题中,车辆通常只在一级路网上行驶,并且行驶状态较为稳定。然而,考虑到动态环境下的应急异构任务类型,往往单独一个车辆或一级路网不足以解决全部的任务需求。在任务分析聚类后,引入二级路网和无人机协同任务的概念,研究需要车辆与无人机之间相互配合的二级车辆路径规划问题和无人机覆盖路径规划问题。结合应急环境的动态性和复杂性,确定本章的研究主题——动态环境下的车机协同任务分配。及时响应应急环境中出现的紧急任务目标,在保障求解结果具有时效性的前提下,本章以车机总任务时间和总效能收益为双目标建立了动态环境下的车机协同任务分配数学模型,并设计了基于融合排序策略的多目标粒子群算法,并通过仿真实验来验证模型与算法的有效性和实用性。

【参考文献】

[1] 吕伟,李志红,马亚萍,等.考虑受灾点需求时间窗的应急物资配送车辆路径规划研究[J].中国安全生产科学技术,2020,16(3):5-11.

[2] 赵磊.基于强化学习的无人机灾后救援路径规划模型与方法研究[D].西安:长安大学,2022.

[3] WANG D S, HU P, DU J X, et al. Routing and scheduling for hybrid truck-drone collaborative parcel delivery with independent and truck. carried drones[J]. IEEE Internet of Things Journal,2019,6(6):10483-10495.

[4] 马艳芳,李保玉,杨屹夫,等.客户分类下生鲜配送两级路径问题与算法研究[J].计算机工程与应用,2021,57(20):287-298.

[5] 王盛.最短任务时长的多无人机协同全覆盖路径规划方法[D].武汉:华中科技大学,2021.

[6] 陈琨.动态环境下的多无人机协同控制技术研究与验证[D].北京:北京邮电

大学, 2019.

［7］安子轩. 灾后应急救援背景下卡车-无人机协同配送路径规划［J］. 物流科技,
2024, 47（10）: 92-98, 111.

［8］吴起贤. 动态环境下车机协同任务分配研究［D］. 大连: 大连交通大学, 2023.

［9］LI X, LI X L, WANG K, et al. A multi. objective particle swarm optimization al-
gorithm based on enhanced selection［J］. IEEE Access. 2019（7）: 168091-168103.